Christoph J. Börner | Oliver Everling | Robert Soethe (Hrsg.)

Kauf, Miete und Leasing im Rating

Christoph J. Börner | Oliver Everling
Robert Soethe (Hrsg.)

Kauf, Miete und Leasing im Rating

Finanzierungswege langlebiger
Wirtschaftsgüter sicher beurteilen

Bibliografische Information Der Deutschen Nationalbibliothek
Die Deutsche Nationalbibliothek verzeichnet diese Publikation in der
Deutschen Nationalbibliografie; detaillierte bibliografische Daten sind im Internet über
<http://dnb.d-nb.de> abrufbar.

Professor Dr. Christoph J. Börner leitet den Lehrstuhl für Betriebswirtschaftslehre, insbesondere Finanzdienstleistungen, an der Heinrich-Heine-Universität Düsseldorf.

Dr. Oliver Everling ist Inhaber der Everling Advisory Services und CEO der RATING EVIDENCE GmbH in Frankfurt am Main.

Robert Soethe ist Geschäftsführer der LHI Leasing GmbH in München, verantwortlich für Konzeption und Kalkulation sowie Steuermanagement und Akquisition.

1. Auflage 2008

Alle Rechte vorbehalten
© Betriebswirtschaftlicher Verlag Dr. Th. Gabler | GWV Fachverlage GmbH, Wiesbaden 2008

Lektorat: Stefanie Brich | Guido Notthoff

Der Gabler Verlag ist ein Unternehmen von Springer Science+Business Media.
www.gabler.de

Das Werk einschließlich aller seiner Teile ist urheberrechtlich geschützt. Jede Verwertung außerhalb der engen Grenzen des Urheberrechtsgesetzes ist ohne Zustimmung des Verlags unzulässig und strafbar. Das gilt insbesondere für Vervielfältigungen, Übersetzungen, Mikroverfilmungen und die Einspeicherung und Verarbeitung in elektronischen Systemen.

Die Wiedergabe von Gebrauchsnamen, Handelsnamen, Warenbezeichnungen usw. in diesem Werk berechtigt auch ohne besondere Kennzeichnung nicht zu der Annahme, dass solche Namen im Sinne der Warenzeichen- und Markenschutz-Gesetzgebung als frei zu betrachten wären und daher von jedermann benutzt werden dürften.

Umschlaggestaltung: Nina Faber de.sign, Wiesbaden
Druck und buchbinderische Verarbeitung: Wilhelm & Adam, Heusenstamm
Gedruckt auf säurefreiem und chlorfrei gebleichtem Papier

ISBN 978-3-8349-0543-7

Vorwort

Fast alle Unternehmen sind in ihrer Geschäftstätigkeit auf den Einsatz langlebiger Wirtschaftsgüter angewiesen. Für die meisten Unternehmen ist es inzwischen eine Selbstverständlichkeit, nicht selbst Eigentümer der eingesetzten produktiven Faktoren zu sein, sondern sich lediglich den Nutzen zu eigen zu machen, den Investitionsgüter für ihre Unternehmen erbringen. Dazu bedienen sich die Unternehmen als Alternative zum Kauf der Gestaltungsmöglichkeiten von Miete und Leasing in seinen verschiedenen Varianten. Welche Option die für das jeweilige Unternehmen zielführendere ist, lässt sich jedoch kaum anhand allgemeingültiger Daumenregeln beurteilen.

Der betriebswirtschaftliche Vergleich der Gestaltungsalternativen Kauf, Miete oder Leasing ist daher so alt wie diese Gestaltungsmöglichkeiten selbst. Schon immer mussten sich Kaufleute mit der Frage auseinandersetzen, ob sie alternativ zum Kauf von der Miete oder dem Leasing langlebiger Wirtschaftsgüter Gebrauch machen sollen. Die Entscheidung fällt oft nicht leicht. Die Komplexität des Vergleichs resultiert aus der Vielfalt der Zielsetzungen und Instrumente, den unterschiedlichen Erwartungen über Nutzungsverläufe und den Kostenstrukturen. In der betriebswirtschaftlichen Forschung steht hierbei die Vorteilhaftigkeitsanalyse von Kauf versus Leasing im Vordergrund. Zahlreiche Studien zeigen, dass es in diesem Kontext keineswegs nur um die Untersuchung steuerlicher Implikationen geht, sondern auch um die Optimierung der Finanzierungspolitik und der Kapitalstruktur der Unternehmen insgesamt.

Allzu abstrakte Annahmen über die Funktionsweise der Finanzmärkte, wie sie in Modellen der neoklassischen Finanzierungstheorie getroffen werden, wie etwa die Abwesenheit von Transaktionskosten und Steuern, die unendliche Reaktionsgeschwindigkeit der Finanzmärkte und die perfekte Information aller ihrer Marktteilnehmer haben oft zu theoretischen Ergebnissen geführt, die in der Unternehmenspraxis kaum Einzug finden konnten. Insbesondere die Konsequenzen der Gestaltungsvarianten auf die gesamten Kapitalkosten des Unternehmens sind nur unter mehr oder weniger einschränkenden Annahmen ableitbar.

Einen neuen Ansatzpunkt, die Gestaltungsmöglichkeiten von Kauf, Miete und Leasing miteinander zu vergleichen, liefert das Rating. Während der Vorteilhaftigkeitsvergleich schon lange Gegenstand der Fachliteratur ist, fehlt es in diesem Kontext an einer systematischen Darstellung der Gesichtspunkte des Ratings. Die Lücke in der Literatur ist umso erstaunlicher, als doch in der Praxis wie auch in zahlreichen Medien bereits oft die Vorteile von Miete oder Leasing gegenüber dem Kauf langlebiger Wirtschaftsgüter im Rating dargestellt wurde.

Es ist das Anliegen der Herausgeber, diese Lücke in der Literatur zu schließen und mit dem vorliegenden Buch erstmals einen Titel anzubieten, der durch Beiträge unterschiedlicher Autoren aus verschiedenen Perspektiven die fachliche Diskussion um die Auswirkungen von Kauf, Miete oder Leasing im Rating weiterführt. Seit Inkrafttreten der neuen Baseler Eigenkapitalvereinbarung (Basel II) Anfang 2007 haben diese Auswirkungen eine noch weiter reichende Bedeutung für die Finanzwirtschaft jedes Unternehmens.

Durch das neue bankenaufsichtliche Regelwerk nach Basel II sind Banken nicht nur aufgrund der schon seit dem 20.12.2002 gültigen Mindestanforderungen an das Kreditgeschäft, die 2005 in die umfassenderen Mindestanforderungen an das Risikomanagement der Kreditinstitute überführt wurden, zur Risikoklassifizierung angehalten, sondern haben unter bestimmten Voraussetzungen das Rating auch zum Anknüpfungspunkt ihrer Eigenmittelunterlegung im Kreditgeschäft zu machen. Ratings sind daher nicht nur für die Beantwortung von Fragen nach der Sicherheitenbestellung, des Kreditvolumens und der sonstigen Kredit- und Konditionengestaltung maßgeblich, sondern auch für die Kreditkosten.

Wer also Kauf, Miete und Leasing isoliert vergleicht und nicht im Zusammenhang ihrer Auswirkungen auf das Verhalten der übrigen Geld-, Kredit- und Kapitalgeber eines Unternehmens analysiert, dürfte kaum ein Optimum in der Finanzierungspolitik erreichen. Die Analyse wird durch die vorhandenen Darstellungen erleichtert und weitergeführt, die sich einerseits auf die von Banken und Ratingagenturen angelegten Kriterien des Ratings beziehen, andererseits die bilanziellen und finanziellen Aspekte von Kauf, Miete und Leasing aufzeigen.

Auf der einen Seite haben bankinterne Ratingsysteme Mindestanforderungen zu erfüllen, die von der Bankenaufsicht an sie gestellt werden, auf der anderen Seite haben sich Ratingagenturen an bestimmten Rahmenbedingungen auszurichten, die erst ihre Anerkennung für bankenaufsichtliche Zwecke erlauben. Aufgrund dieser gesetzten Bedingungen des Ratings wie auch aufgrund freiwilliger Transparenz der Kriterien und Verfahren, wie sie beispielsweise in der Initiative Finanzstandort Deutschland (IFD) verabredet wurde, wird es mit höherer Treffgenauigkeit als je zuvor möglich, die Implikationen der Gestaltungsoptionen des Unternehmens zu analysieren.

Neben bankinternen Ratings sind die Ratings unabhängiger Agenturen einem steten Wandel unterworfen, da sich die Anbieter unabhängiger Ratings darum bemühen, sich den wandelnden Bedingungen ihrer Geschäftstätigkeit anzupassen und den Veränderungen bei den Einflussfaktoren des Bonitätsrisikos gerecht zu werden. Erstmals wurde die Arbeit der Ratingagenturen in den USA zum Gegenstand eines Gesetzes gemacht, dem „credit rating agency reform act of 2006", der am 29.09.2006 durch den US-amerikanischen Präsidenten in Kraft gesetzt wurde. Weitere Regelwerke, die die Arbeit insbesondere der internationalen Ratingagenturen beeinflussen, sind der „code of conduct fundamentals for credit rating agencies" der IOSCO sowie künftig möglicherweise auch eine Norm für Ratingdienstleistungen, die durch eine Arbeitsgruppe der „international organization for standardization (ISO)" erarbeitet wird.

Mit dem vorliegenden Werk kann vor dem Hintergrund der dynamischen Veränderungen sowohl in der Leasingbranche als auch in der Unternehmenspraxis und dem Rating nicht der Anspruch erhoben werden, umfassend und abschließend die Problematik des Kaufs, der Miete und des Leasings im Rating zu behandeln. Das Buch soll vielmehr Diskussionsbeitrag sein, um Optimalitätskriterien zu erkennen und Argumente für bessere Gestaltungsalternativen zu finden. Darüber hinaus soll auch die wissenschaftliche Forschung angeregt werden.

Nach Experteneinschätzungen sind die Zukunftsperspektiven der Leasingbranche nach wie vor gut. Miete und Leasing befinden sich als Investitions- und Finanzierungsalternativen weiterhin auf dem Wachstumspfad. Nach einer im Juni 2007 veröffentlichten europäischen Studie der anerkannten Ratingagentur DBRS aus Toronto, Kanada, werden Unternehmen von leistungsstarken, überwiegend bankennahen Anbietern profitieren, die mit Ratings von BBB bis A klar im Investment-Grade-Bereich über eine beachtliche Potenz verfügen, ihre Kunden langfristig zu begleiten.

Dieses Buch ist nur durch das Zusammenwirken zahlreicher Personen möglich geworden. An vorderster Stelle danken wir den Autoren, die durch ihre fachlichen Beiträge verschiedene Aspekte des Themas beleuchtet haben, für die Projektbetreuung Frau Daniela Grübel von der LHI Leasing GmbH sowie Frau My Linh Trieu von der RATING EVIDENCE GmbH wie auch Herrn Guido Notthoff aus dem Lektorat des Gabler Verlags. Kommentare und Anregungen unserer Leser greifen wir gern auf: Bitte zögern Sie nicht, die Herausgeber per E-Mail an info@everling.de zu kontaktieren!

Düsseldorf, Frankfurt am Main und München, August 2007

PROFESSOR DR. CHRISTOPH J. BÖRNER, DR. OLIVER EVERLING und ROBERT SOETHE

Inhalt

Vorwort 5

I. Wirtschaftliche und rechtliche Grundlagen

Verschuldungsgrad, Kapitalkosten und Rentabilität von Kauf, Miete und Leasing:
Die Sicht der Eigen- und Fremdkapitalgeber............................. 13
Christoph J. Börner/Martin Sauermann

Vorteilsvergleich von Finance-Leasing und Operate-Leasing................. 33
Rainer Goldberg

Verfügungsgewalt über Nutzungsgegenstände bei Kauf oder Leasing 47
Hanns-Peter Siebert

Zivilrechtliche Bedeutung von Dauernutzungsverhältnissen 61
Benno Kreuzmair

Bonitätsprüfung und Vertragsentscheidung auf Seiten der Leasinggesellschaften .. 77
Marcus Albrecht/Thomas Hartmann-Wendels/Patrick Wohl

II. Kauf, Miete oder Leasing in der Rechnungslegung

Gestaltungsalternativen nach Handels- und Steuerrecht 97
Klaus Löffler/Simone Angloher

Kauf, Miete und Leasing nach International Financial Reporting Standards (IFRS) 119
Konrad Fritz Göller

III. Besonderheiten einzelner Assetklassen

Immobilien als Assetklasse 153
Robert Soethe/Elmar Pfeiffer

Mobilien-Leasing und Rating 175
Martin Starck /Burkhard Scherer

Immaterielle Wirtschaftsgüter 191
Robert Soethe/Franz Unterbichler

IV. Gestaltungsmöglichkeiten im Ratingurteil

Auskunftsratings für Risikoprüfungen im Leasingprozess 207
Helmut Rödl

Kauf, Miete oder Leasing im internen Rating 227
Eberhard Brezski

Ratingansätze zu Kauf, Leasing oder Miete 241
Johannes Reuke/Christina Weymann

Leasing im Rating 255
Frank Sicking

Kauf, Miete oder Leasing im Kennzahlenvergleich: Auswirkungen auf das Rating . 269
Johannes Wassenberg/Sabine Renner

Kauf, Miete oder Leasing unter qualitativen Ratingkriterien 281
Martin Amann/Uwe Burkert/Marco Göck

Die Herausgeber 295

Die Autoren 297

Stichwortverzeichnis 301

Teil I:

Wirtschaftliche und rechtliche Grundlagen

Verschuldungsgrad, Kapitalkosten und Rentabilität von Kauf, Miete und Leasing: Die Sicht der Eigen- und Fremdkapitalgeber

Christoph J. Börner / Martin Sauermann

1. Einleitung
2. Untersuchungsobjekte
    - 2.1 Leasing
    - 2.2 Kauf
    - 2.3 Miete
3. Unternehmensbewertung
    - 3.1 Verschuldungsgrad
        - 3.1.1 Vermieter als Kapitalgeber?
        - 3.1.2 Fremdkapitaleinsatz beim Kreditkauf
        - 3.1.3 Leasinggeber als Kapitalgeber?
        - 3.1.4 Cashflows einer Leasingfinanzierung
    - 3.2 Kapitalkosten
    - 3.3 Rentabilität
        - 3.3.1 Rentabilität und Miete
        - 3.3.2 Rentabilitätswirkung des Kreditkaufs
        - 3.3.3 Rentabilitätswirkung des Leasings
        - 3.3.4 Alternativenwahl anhand der Rentabilitätswirkung
4. Schlussbemerkung

Literatur

1. Einleitung

Hinsichtlich der Entscheidung zwischen Kauf, Miete und Leasing als geeignete Form für die Beschaffung eines Investitionsgutes wird von Leasinggesellschaften in der Regel eine Reihe von Argumenten angeführt, die für das Leasing sprechen und dessen Vorteilhaftigkeit beweisen sollen. Die Argumente aus der Werbung umfassen unter anderem die Behauptungen, dass Leasing eine hundertprozentige Fremdfinanzierung sei, Flexibilität schaffe, bilanzneutral sei und für das betreffende Unternehmen Steuervorteile mit sich bringe. Und tatsächlich scheint doch die aktuelle Entwicklung des Leasings dessen Vorteilhaftigkeit zu belegen.[1]

Die Einschaltung eines weiteren Intermediärs, des Leasinggebers, in eine Investitionsentscheidung bringt jedoch zunächst weitere Kosten mit sich, die beim Kauf eines vergleichbaren Investitionsgutes nicht anfallen würden. So wird eine Leasinggesellschaft im Rahmen eines Leasingvertrags zweifellos Verwaltungskosten, Risikozuschläge und Gewinnaufschläge über die Ratenzahlungen für Leasingobjekte von ihren Kunden erheben.

So kann es auch nicht verwundern, dass verschiedene Kosten- und Liquiditätsvergleichsrechnungen zu unterschiedlichen Ergebnissen hinsichtlich der Vorteilhaftigkeit des Leasings kommen.[2] Insbesondere Steuersätze, Kalkulationszinssätze und die individuellen vertraglichen Konditionen von Leasing, Kauf und Miete haben maßgeblichen Einfluss auf das Ergebnis einer Vorteilhaftigkeitsanalyse. Es scheint sich also in der Literatur das für Ökonomen typische Ergebnis zu zeigen: Ob Leasing vorteilhaft ist oder nicht, hängt von den zuvor getroffenen Annahmen ab.

Der vorliegende Beitrag wird daher einen alternativen Weg zur Beurteilung der Vorteilhaftigkeit von Leasingtransaktionen gehen. Analysiert wird die Veränderung des Unternehmenswerts durch Leasing, Kauf und Miete. Dieser Weg zeigt insofern auch die Auswirkungen des Leasings auf das Rating eines Unternehmens auf, als der Unternehmenswert eine wesentliche Ausgangsgröße bei der Abschätzung der Ausfallwahrscheinlichkeit ist.

Da die Vorteilhaftigkeitsfrage einer Leasingentscheidung konsequenterweise auch Auswirkungen auf den Wert eines Unternehmens hat, soll sie nachfolgend aus der Perspektive des Ziels der Rentabilitäts- bzw. Unternehmenswertsteigerung betrachtet werden. Da der Wert eines Unternehmens auch als Wert des eingesetzten Eigen- und Fremdkapitals des Unternehmens betrachtet werden kann, sind für die Beurteilung der Unternehmenswertsteigerung durch Leasing entsprechend die Auswirkungen einer Leasingentscheidung auf Verschuldungsgrad, Kapitalkosten und Rentabilität eines Unternehmens zu analysieren. So könnte aus der Bestimmung dieser Größen in einem nächsten Schritt im Rahmen einer

---

[1] So belief sich das Mobilien-Leasing-Neugeschäft 2005 in Deutschland auf ein Volumen von ca. 44,4 Mrd. EUR. Vgl. Gürtler/Städtler (2006), S. 36.
[2] Kritische Beurteilungen finden sich beispielsweise in Wöhe (2002), S. 279–297, Perridon/Steiner (2004), S. 459–470, Haberstock (1983), S. 442–509. Zu vorteilhaften Ergebnissen kommen hingegen Laumanns (1988), S. 59–78 und Kratzer/Kreuzmair (2002), S. 133–141.

Unternehmensbewertung durch das Discounted-Cashflow-Verfahren der Wert eines Unternehmens bestimmt werden. Hinsichtlich des Ratings eines Unternehmens ist schließlich davon auszugehen, dass ceteris paribus ein gesteigerter Unternehmenswert bzw. eine verbesserte Rentabilität und reduzierte Kapitalkosten zu einer Verbesserung führen müssen. Nachfolgend wird also ein quantitativ orientierter Ansatz für den Vergleich gewählt. Qualitative Kriterien wie beispielsweise die Flexibilität einer einmal getroffenen Investitionsentscheidung sollten bei individuellen Entscheidungen jedoch nicht unberücksichtigt bleiben. Vorab kann an dieser Stelle schon gesagt werden, dass die Flexibilität bei einer Beschaffung durch Anmietung wohl am höchsten ist und der Kauf eines Investitionsobjekts dem Käufer wohl auch noch mehr Flexibilität lässt als dem Leasingnehmer beim Leasen eines entsprechenden Objekts. Die vorliegende quantitativ orientierte Untersuchung muss daher von Entscheidungsträgern auch immer mit qualitativen Kriterien abgewogen werden, bietet jedoch bereits einen wesentlichen Baustein für individuelle Entscheidungen.

2. Untersuchungsobjekte

Für den Vergleich von Miete, Kauf und Leasing sollen zunächst die relevanten Untersuchungsobjekte benannt und abgegrenzt werden. Die nachfolgende Diskussion der Wahl der Untersuchungsobjekte verfolgt dabei das Ziel, insbesondere hinsichtlich der Finanzierung vergleichbare Szenarien für die drei Finanzierungswege zu definieren.

2.1 Leasing

Unter dem Begriff Leasing versteht man die Gebrauchsüberlassung eines Gutes, zumeist eines Investitionsgutes, von einem Leasinggeber an einen Leasingnehmer. Häufig erwirbt der Leasinggeber dieses Gut zuvor selbst, bereits mit der Absicht, es an den Leasingnehmer weiterzugeben. Während der Vertragslaufzeit bleibt der Leasinggeber rechtlicher Eigentümer des Gutes, der Leasingnehmer ist rechtlich gesehen nur der Besitzer des Gutes. Als Gegenleistung für die Gebrauchsüberlassung leistet der Leasingnehmer regelmäßige Ratenzahlungen. Neben der Vereinbarung von Ratenzahlungen und der Gebrauchsüberlassung werden häufig noch Kaufoptionen für den Leasingnehmer, Andienungsrechte für den Leasinggeber und Service- und Wartungsleistungen in einem Leasingvertrag vereinbart.

Die gebräuchlichen Leasingverträge können in zwei Hauptgruppen unterteilt werden, das Finanzierungsleasing und das Operate-Leasing. Die Unterscheidung erfolgt dabei entsprechend der Ausgestaltung der Leasingverträge, die sich aus finanzwirtschaftlicher und rechtlicher Sicht zwischen den traditionellen Formen des Kaufs und der Miete bewegen.

Die am weitesten verbreitete Leasingform ist das Finanzierungsleasing. Diese Vertragsform ähnelt hinsichtlich der Aufteilung der Rechte und Pflichten der Vertragsparteien eher einem Kauf- als einem Mietvertrag. So ist ein wesentliches Merkmal des Finanzierungsleasings ein in der Regel mehrjähriges, von Leasinggeber und -nehmer unkündbares Vertragsverhältnis, das zur Folge hat, dass der Leasingnehmer das Investitionsrisiko dieser Beschaffungsalternative trägt und Finanzierungsleasingverträge für ihn somit Finanzierungsalternativen darstellen.

Das Operate-Leasing entspricht hingegen weitestgehend einem üblichen Mietverhältnis. Denn Operate-Leasingverträge zeichnen sich in der Regel durch kürzere Vertragslaufzeiten mit Kündigungsmöglichkeiten aus. Sie stellen für einen Investor somit eine Investitionsalternative dar. Ferner bedeutet dies, dass das Investitionsrisiko auf Seiten des Leasinggebers liegt und dieser die Amortisation der Anschaffung durch den (oder eventuell mehrere) Leasingnehmer sicherstellen muss. Für die vorliegende Betrachtung soll das Operate-Leasing daher im Rahmen der Miete analysiert werden.[3]

Aus der Frage der Laufzeit in Relation zur betriebsgewöhnlichen Nutzungsdauer eines Objekts und insbesondere hinsichtlich der Kündigungsmöglichkeit eines Leasingvertrags ergibt sich ein weiteres wesentliches Merkmal des Leasings: die steuerliche Zurechenbarkeit. Wie bereits erwähnt, fallen beim Leasing Eigentum und Besitz an einem Leasingobjekt grundsätzlich auseinander. Je nach Vertragsgestaltung[4] nimmt der Leasinggeber oder der Leasingnehmer das Objekt in seine Bilanz auf. Prinzipiell muss derjenige Vertragspartner ein Leasingobjekt bilanzieren, dem sämtliche wirtschaftlich sinnvolle Chancen mit oder ohne Risiken aus diesem Vermögensgegenstand zuzurechnen sind.[5] Für Operate-Leasingverträge ist die Zurechenbarkeit daher klar. Aufgrund der Möglichkeit, den Leasingvertrag jederzeit kündigen zu können, trägt der Leasinggeber gegebenenfalls Vor- oder Nachteile aus dem Leasingobjekt und muss es daher in seine Bilanz aufnehmen. Bei Finanzierungsleasingverträgen ist die Frage der Zurechenbarkeit nicht so eindeutig zu beantworten. Hier kommt es vielmehr auf die individuelle Vertragsgestaltung an. Für die Praxis von besonderer Relevanz ist hierbei der Fall, dass ein Objekt vom Leasingnehmer genutzt wird, jedoch vom Leasinggeber bilanziert wird. Dies ist in der Regel die von allen Beteiligten angestrebte Vertragsform und stellt für die Frage der Unternehmensbewertung auch das größte Problem dar. An dieser Stelle sei bereits angemerkt, dass die Bilanzierung beim Leasinggeber bedeutet, dass der Leasingnehmer keine für ihn steuermindernden Abschreibungen und Fremdkapitalzinsen realisieren kann, dafür allerdings die zu zahlenden Leasingraten als Betriebsausgaben steuermindernd berücksichtigt werden.

---

[3] Büschgen erachtet sogar den Begriff Operate-Leasing als entbehrlich und sieht in ihm nur ein Synonym für die Begriffe Miete oder Pacht. Vgl. Büschgen (1998), S. 7.

[4] Neben der vertraglichen Länge der Grundmietzeit im Verhältnis zur betriebsgewöhnlichen Nutzungsdauer und eventuellen Kündigungsmöglichkeiten der Vertragsparteien sind die Einräumung einer Kaufoption oder Mietverlängerungsoption, ein Andienungsrecht des Leasinggebers und die Aufteilung eines den Restwert übertreffenden Mehrerlöses nach Veräußerung entscheidende Kriterien für die steuerliche Zurechenbarkeit eines Leasingobjekts.

[5] Vgl. hierzu Findeisen (1998), S. 475.

2.2 Kauf

Als weitere Finanzierungsalternative eines Investitionsobjekts ist der Kauf zu betrachten. Hierbei gibt es hinsichtlich der Mittelherkunft drei Grundarten zu unterscheiden: der Kauf mit Eigenmitteln, der Kauf mit Fremdmitteln und eine Mischform aus Eigen- und Fremdmitteln. Da die Vorteilhaftigkeit der Finanzierungsalternativen Leasing und Kauf verglichen werden soll, stellt sich die Frage, wie der Kauf eines Investitionsobjekts finanziert wird.

Angesichts der geringen Eigenkapitalquoten deutscher Unternehmen scheint eine hundertprozentige Finanzierung aus Eigenkapital eher ein Ausnahmefall. Daher wird ein Vergleich zwischen einer reinen Eigenkapitalfinanzierung und einer Leasingfinanzierung im Rahmen dieser Untersuchung nicht angestellt. Die Frage, ob stattdessen eine hundertprozentige Fremdkapitalfinanzierung oder eine Mischfinanzierung aus Eigen- und Fremdkapital für eine Investition in Betracht kommt, hängt wohl maßgeblich von der Finanzsituation eines Unternehmens und dessen Bonität ab. In der Literatur werden hierzu verschiedene Ansichten vertreten. Die herrschende Meinung sieht jedoch als adäquates Vergleichsobjekt die hundertprozentige Fremdfinanzierung an, da ja auch das Leasing eine hundertprozentige Fremdfinanzierung sei. Gemäß Mellwig (1980 b) handele es sich bei jeder Investitionsentscheidung um eine Grenzentscheidung, für die zusätzliche Mittel bereitgestellt werden müssen, wodurch in der Regel Einzelinvestitionen nicht adäquat durch Gewinnthesaurierung oder Beteiligungsfinanzierung bestritten werden können.[6] Ferner beinhaltet die Eigenschaft des Leasings, dass feste, periodische Zahlungsverpflichtungen eingegangen werden, eher den Charakter einer Fremdkapitalfinanzierung als den einer Eigenkapitalfinanzierung.[7]

Es verbleibt somit die Frage, wie Fremdkapital zur Verfügung gestellt wird. Da sich das Leasing in der Regel auf langlebige Investitionsgüter des Anlagevermögens bezieht, sind kurzfristige Kredite wie Lieferanten- und Kontokorrentkredit ungeeignete Vergleichsmaßstäbe. Eine dem Leasing vergleichbare Kauffinanzierung stellen vielmehr das Finanzierungsdarlehen und der Investitionskredit jeweils mit einer Sicherungsübereignung des Investitionsobjekts dar. So ist bei diesen Finanzierungsvarianten eine ähnlich enge Bindung des Investitionsobjekts an dessen Finanzierung zu beobachten wie beim Leasing. Ferner handelt es sich hierbei um mittel- bis langfristige Finanzierungsformen, deren Laufzeit ähnlich der des Leasings gestaltet werden kann.[8]

Zur Konkretisierung der Finanzierungsvariante „Kauf" wird somit nachfolgend der Kreditkauf herangezogen. Steuerlich unterscheidet sich der Kreditkauf vom Leasing dahingehend, dass das Kaufobjekt vom Käufer abgeschrieben werden kann und Zinszahlungen für den Kredit anfallen, beides Sachverhalte, die die Steuerschuld des Käufers mindern.

---

[6] Vgl. Mellwig (1980 b), S. 22.
[7] Vgl. beispielsweise Wöhe (2002), S. 288, Köhn (1989), S. 7 f., Berger (2002), S. 1074 f., Tacke (1999), S. 4, Haberstock (1983), S. 452 f. und Mellwig (1980 a), S. 1044. Alternative Finanzierungsstrukturen diskutieren hingegen Kratzer/Kreuzmair (2002), S. 137, Laumanns (1988), S. 61 f. und Schall (1974), S. 1212.
[8] Vgl. Köhn (1989), S. 33 f. und Laumanns (1988), S. 61.

2.3 Miete

Die dritte Finanzierungsalternative, die im Rahmen dieses Beitrags betrachtet werden soll, die Miete, ist weitestgehend vergleichbar mit dem Operate-Leasing. Hierbei gelten somit die §§ 535 ff. BGB. Es handelt sich also um die Übertragung eines Nutzungsrechts von einem Vermieter auf einen Mieter, wobei der Vertrag zwischen beiden Parteien unter Einhaltung einer Frist jederzeit gekündigt werden kann. Wie bereits zum Operate-Leasing bemerkt, ergibt sich hieraus, dass das Investitionsrisiko beim Vermieter liegt. Wesentliche Eigenschaft einer solchen Vertragsgestaltung ist ferner, dass die Dauer der Nutzungsüberlassung in der Regel erheblich kürzer ist als die technische Nutzungsdauer des in Frage stehenden Objekts. Dies hat zur Folge, dass der Vermieter nicht mit einer vollständigen Amortisation des Mietobjekts im Rahmen eines einzigen Vertrags rechnen kann. Aus der Übernahme des Investitionsrisikos und der Problematik der Amortisation ergeben sich Konsequenzen bei der Auswahl der in Frage kommenden Objekte eines Mietvertrags. Aus Sicht des Vermieters muss sichergestellt sein, dass entsprechende Mietobjekte wertbeständig sind und von Dritten zukünftig noch verwendet werden, also mehrfach vermietet werden können. Aus diesem Grund ist der Kreis der Investitionsgüter, für die eine solche Beschaffungsvariante in Frage kommt, sehr begrenzt. Steuerliche Konsequenzen der Miete ergeben sich aus den Zahlungen der Mietraten, stellen diese doch Betriebsausgaben für den Mieter eines Objekts dar und schmälern somit den zu versteuernden Gewinn.

3. Unternehmensbewertung

Zur Bestimmung eines Unternehmenswerts ist die Discounted-Cashflow-Methode (DCF-Methode) eine weit verbreitete Vorgehensweise. Dabei wird der Wert eines Unternehmens aus der Diskontierung seiner Cashflows abgeleitet. Hierzu ist zum einen eine korrekte Prognose zukünftiger Cashflows und zum anderen die Bestimmung eines risikoadäquaten Diskontierungsfaktors erforderlich. Aus der DCF-Methode lässt sich somit auch die Weighted-Average-Cost-of-Capital-Methode ableiten. Bei dieser Methode werden die durchschnittlichen Kapitalkosten eines Unternehmens, WACC („weighted average cost of capital"), als Diskontierungsfaktor herangezogen und dienen auch als Instrument zur Bestimmung der Eigenkapitalrentabilität eines mit Eigen- und Fremdkapital finanzierten Unternehmens. Bezeichnet man das eingesetzte Eigenkapital mit EK und das eingesetzte Fremdkapital mit FK, so ergeben sich die WACC als der mit der Eigen- und Fremdkapitalquote gewichtete Durchschnitt des Fremdkapitalzinssatzes i und des Eigenkapitalkostensatzes e. Bei Berücksichtigung des Steuersatzes τ können die WACC somit wie folgt definiert werden:

$$WACC = (1 - \tau) \cdot i \cdot \frac{FK}{EK + FK} + e \cdot \frac{EK}{EK + FK} \qquad (1)$$

Erwähnenswert ist hierbei, dass es sich bei den Kostensätzen um **Grenzkostensätze** handelt. Insbesondere der Zinssatz ist daher nicht so zu verstehen, dass es sich um einen gewichteten Durchschnitt der bestehenden Zinsverpflichtungen handelt, vielmehr bildet der Zinssatz die Möglichkeit ab, zu der sich das in Frage stehende Unternehmen zusätzlich verschulden kann. Er beinhaltet im Kontext des vorliegenden Beitrags auch die Risikoprämie für das Bonitätsrisiko des betrachteten Unternehmens im Fall der Kreditfinanzierung. Der Steuersatz τ stellt die einfache Form einer Gewinnsteuer dar, die ungeachtet der Verwendung des Überschusses auf Unternehmensebene erhoben wird. Die Berücksichtigung des Steuersatzes zeigt also, dass eine Fremdkapitalfinanzierung gegenüber einer Eigenkapitalfinanzierung insofern vorteilhafter ist, als dass Zinszahlungen auf das eingesetzte Fremdkapital die Bemessungsgrundlage für die Steuerzahlung schmälern.

Die Auflösung dieser Gleichung nach *e* ergibt die Eigenkapitalrentabilität:

$$e = WACC + (WACC - (1 - \tau) \cdot i) \cdot \frac{FK}{EK} \tag{2}$$

Sowohl zur Bestimmung des Kapitalkostensatzes als auch zur Bestimmung der Eigenkapitalrentabilität muss also der Verschuldungsgrad eines Unternehmens *(FK/EK)* bekannt sein.

Gleichung (2) wird häufig auch als Leverage-Formel bezeichnet, da sie den Zusammenhang zwischen der Eigenkapitalrentabilität und dem Verschuldungsgrad eines Unternehmens verdeutlicht. So kann anhand der Formel gezeigt werden, dass der Verschuldungsgrad eine Hebelwirkung (Leverage-Effekt) auf die Eigenkapitalrentabilität eines Unternehmens haben kann. Voraussetzung für einen positiven Leverage-Effekt, also dafür, dass eine Erhöhung der Verschuldung bzw. eine Senkung der Eigenkapitalquote die Eigenkapitalrentabilität erhöht, ist, dass die durchschnittlichen Kapitalkosten *(WACC)* größer sind als die Fremdkapitalzinsen nach Steuern $((1 - \tau) \, i)$.

Wie lassen sich nun Kreditkauf, Miete und Leasing bezüglich der genannten Kriterien Verschuldungsgrad, Kapitalkosten und Rentabilität charakterisieren?

3.1 Verschuldungsgrad

Eine hilfreiche Vorüberlegung für die Wirkungsanalyse von Kreditkauf, Miete oder Leasing auf den Verschuldungsgrad eines Unternehmens ist, ob sich durch die Mittelbeschaffung der genannten Investitions- bzw. Finanzierungsalternativen der Kreis der Kapitalgeber ändert. Erhöhen sich die Werte für Eigenkapital oder Fremdkapital in den Gleichungen (1) und (2) im Falle der Anmietung, des Kreditkaufs oder des Leasings eines Investitionsobjekts? Sollte dies der Fall sein, so ließe sich anhand eines Vergleichs der Werte dieses zusätzlichen Kapitals und der Kapitaldienste über die Vorteilhaftigkeit der Alternativen urteilen.

3.1.1 Vermieter als Kapitalgeber?

Gängige Unterscheidungskriterien für Eigen- und Fremdkapital sind die Rechtsstellung des Inhabers eines entsprechenden Schuldtitels, der Anspruch auf Rückzahlung und Erträge des eingebrachten Kapitals und eventuelle Mitwirkungs- und Kontrollrechte für den Kapitalgeber.

Im Falle der Miete scheint klar, dass diese nicht anhand dieser Kriterien beurteilt werden kann. Die Frage, ob es sich bei einem Vermieter auch um einen Kapitalgeber handelt, ist daher wohl eindeutig zu negieren. Eine jederzeit kündbare Gebrauchsüberlassung bindet einen Mieter nicht wie beispielsweise ein kreditfinanzierter Kauf oder ein langfristiges, unkündbares Leasingverhältnis. Da Mietverhältnisse jederzeit kündbar sind, lassen sich deren Cashflows auch nicht verlässlich prognostizieren und diskontieren. Eine Umrechnung von Mietverpflichtungen in einen Kapitalwert ist daher mit zu vielen Unwägbarkeiten verbunden und nicht zweckmäßig.

3.1.2 Fremdkapitaleinsatz beim Kreditkauf

Der Kreditkauf – bzw. der zugrunde liegende Kredit – lässt sich ebenfalls schnell einordnen, handelt es sich doch eindeutig um Fremdkapital, mit einem festen Anspruch auf Rückzahlung und regelmäßig zu zahlenden Zinsen. Die Frage nach der Höhe, in der ein Kredit das Fremdkapital des Unternehmens und somit den Verschuldungsgrad beeinflusst, lässt sich dementsprechend leicht bestimmen: Es ist der Kreditbetrag. Für eine Investition ist daher die Annahme plausibel, dass die Beschaffung eines Investitionsobjekts zu einem Kreditbetrag und somit zu einer Fremdkapitalerhöhung in Höhe der Anschaffungskosten eines solchen Objekts führt.[9] Hinsichtlich der Zinszahlungen auf den Kreditbetrag ist hierbei erwähnenswert, dass deren Diskontierung mit i zu einem Barwert von null führt.

3.1.3 Leasinggeber als Kapitalgeber?

Die Frage, ob ein Leasinggeber gleichzeitig Kapitalgeber für ein Unternehmen ist, ist dagegen nicht so eindeutig zu beantworten. Schließlich nimmt der Leasingnehmer einen Leasinggegenstand trotz des langfristigen und unkündbaren Vertragsverhältnisses nicht in seine Bilanz auf.[10] Bei einer genaueren Betrachtung eines Leasingverhältnisses kann man aus Sicht des Leasingnehmers zwei Transaktionen separieren:

1. Beschaffung eines Vermögensgegenstands
2. Beschaffung der dazugehörigen Anschaffungsfinanzierung gegen Zahlung regelmäßiger Entgelte, der Leasingraten, und Verzicht auf steuermindernde Abschreibungen und Zinszahlungen sowie Verzicht auf einen Restwert des Vermögensgegenstands

Die Unterteilung einer Leasingtransaktion in zwei separate Transaktionen zeigt somit, dass der Leasinggeber seinem Kunden gegen ein periodisches Entgelt Kapital zur Verfü-

---
[9] Vgl. Köhn (1989), S. 8.
[10] Hierbei ist ein Vertrag wie oben beschrieben gemeint, also ein Finanzierungsleasingverhältnis, das der Leasinggeber bilanziert.

gung stellt: die Leasingraten, die Steuervorteile aus den Abschreibungsmöglichkeiten, die der Leasinggeber als rechtlicher Eigentümer für sich geltend machen kann, und diejenigen Steuervorteile, auf die der Leasingnehmer dadurch verzichtet, dass er keine steuermindernden Zinszahlungen aus einer Fremdfinanzierung leistet, und den Restwert eines Objekts, das ja nach der Nutzung wieder an den Leasinggeber zurückfällt. Somit kann festgehalten werden, dass es sich nicht nur aus der Intention eines Investors bei Leasing und Kreditkauf um substitutive Beschaffungsvarianten handelt, sondern dass der Leasinggeber auch wesentliche Merkmale eines Kapitalgebers hat. Der Leasinggeber kann also zu dem Kreis der Kapitalgeber, genauer zu dem der Fremdkapitalgeber gerechnet werden. Als Zwischenergebnis bleibt daher festzuhalten, dass sowohl der Kreditkauf als auch die Beschaffungsvariante Leasing das eingesetzte Fremdkapital und somit den Verschuldungsgrad eines Unternehmens erhöhen. Doch lässt sich im Falle des Leasings der Betrag des überlassenen Fremdkapitals nicht ohne weiteres bestimmen.

Um welchen Betrag würde die Beschaffung eines Objekts durch dessen Leasing das im Unternehmen eingesetzte Fremdkapital erhöhen, verglichen mit der Beschaffung über einen Kreditkauf? Ein direkter Vergleich wie zwischen alternativen Kreditangeboten ist nicht möglich, sind doch Leasing und Kreditaufnahme durch zeitlich unterschiedliche Ein- und Auszahlungsströme charakterisiert. So ist die Kreditaufnahme zunächst mit einer Einzahlung und schließlich periodischen Auszahlungen, den Zins- und Tilgungszahlungen, verbunden. Die Beschaffungsvariante Leasing bringt hingegen – in ihrer einfachsten Ausgestaltung – nur die periodische Auszahlung von Leasingraten mit sich. Um einen Vergleich anstellen zu können, müssen daher die Belastungen des Leasings in eine dem Fremdkapital vergleichbare bzw. äquivalente Größe umgerechnet werden, sodass ein mit einem Kredit vergleichbarer Betrag bestimmt wird.

Auch lässt eine ausschließliche Betrachtung der Leasingraten einen adäquaten Vergleich der Beschaffungsvarianten eines Investitionsobjekts nicht direkt zu. Vielmehr müssen weitere, für das Entscheidungskalkül eines potenziellen Leasingnehmers relevante Faktoren beachtet werden, um einen Vergleich mit einem Kreditkauf zu ermöglichen.[11]

3.1.4 Cashflows einer Leasingfinanzierung

Zunächst ist die Belastung aus den Leasingraten zu konkretisieren. Leasingraten stellen für einen Leasingnehmer Betriebsausgaben in dessen Gewinn- und Verlustrechnung dar, wirken sich somit mindernd auf den Überschuss in der Periode aus, in der sie geleistet werden und haben daher eine steuerreduzierende Wirkung. Bei einem Steuersatz von τ belasten die Leasingraten pro Periode, L_t, einen Leasingnehmer also nur in Höhe von $L_t(1-\tau)$, sodass die Gesamtheit aller Leasingraten, die während der Laufzeit eines Leasingvertrags über die Zeit $t = 1,...,T$ anfallen, $\sum_{t=1}^{T} L_t (1-\tau)$ beträgt. Äquivalente Steuereffekte ergeben sich beim Kauf eines Investitionsgutes über die Kreditaufnahme, da die Zinszahlungen sich ebenfalls mindernd auf die Steuerschuld eines Unternehmens auswir-

---

[11] Vgl. hierzu auch verschiedene Vergleichsrechnungen, wie z. B. von Haberstock (1983), Mellwig (1980 a) und Wöhe (2002).

ken. Der Leasingnehmer verzichtet somit also im Gegensatz zu den Kreditnehmern auf die Steuereinsparungen, die sich aus den periodischen Zinszahlungen eines Kredits ergeben würden. Bezeichnet man die Höhe eines vergleichbaren Kredits mit FK und den darauf anfallenden Zinssatz mit i, so verzichtet der Leasingnehmer auf $\sum_{t=1}^{T} FK_{t-1} \cdot i \cdot \tau$. Hierbei ist zu beachten, dass für den Barwert der Steuereinsparungen aus der Zinszahlung in t als Bezugsgröße FK_{t-1} zu verwenden ist.

Doch ist der fremdfinanzierte Erwerb eines Gutes nicht nur mit dem Steuerschild aus der Fremdkapitalbelastung verbunden, vielmehr wird ein erworbenes Investitionsgut über dessen Nutzungsdauer abgeschrieben und bringt dem Käufer im Gegensatz zum Leasingnehmer somit auch den Vorteil der Steuerminderung in den Abschreibungsperioden. Bei einer Laufzeit von $t = 1,...,T$ und einem Steuersatz von τ ergibt sich somit ein Verzicht auf $\sum_{t=1}^{T} AfA_t \cdot \tau$ für den Leasingnehmer gegenüber einem Käufer. Schließlich verbleibt nach Vertragsablauf noch ein Restwert, auf dessen Nutzung der Leasingnehmer in der Regel verzichten muss, da er sich nicht im Besitz des Leasingobjekts befindet. Der Restwert sei mit R_T bezeichnet. Der Restwert soll hierbei auch die Vergleichbarkeit der Beschaffungsvarianten Kauf und Miete sicherstellen. Obwohl ein Leasingverhältnis maximal über 90 Prozent der betriebsgewöhnlichen Nutzungsdauer eines Leasinggutes läuft[12] und der Anschaffungspreis in den Leasingraten sowie – beim Teilamortisationsleasing – durch eine vorab fixierte Restzahlung vollständig amortisiert wird, soll hier davon ausgegangen werden, dass der vom Leasinggeber erzielte, vorab vereinbarte Verwertungserlös dem ökonomischen Restwert ab dem Ablauf des Leasingverhältnisses bis zum Ende der betriebsgewöhnlichen Nutzungsdauer entspricht. Mit einer Bezugnahme auf die betriebsgewöhnliche Nutzungsdauer werden zugleich die Probleme im Barwertkalkül bei unterschiedlichen Zeiträumen vermieden.

Bei einer wesentlich differenzierteren Betrachtung müsste die Optionspreistheorie zur Bewertung von Leasingverträgen herangezogen werden, wenn eine Kaufoption oder ein Andienungsrecht nach Ablauf des Leasingverhältnisses vereinbart wurden. Im Falle der Kaufoption müsste im Rahmen des Modells der Restwert vielmehr durch den Wert der Option ersetzt werden, befindet sich der Leasingnehmer doch in der Position eines Inhabers einer Call-Option. Im Falle eines Andienungsrechts hat vielmehr der Leasinggeber das Recht, das Leasingobjekt an den Leasingnehmer zu verkaufen. Letzterer befindet sich also in der Position eines Verkäufers einer Put-Option. In einem solchen Fall müsste der Restwert also durch den Wert einer verkauften Put-Option ersetzt werden. Für die Bestimmung der jeweiligen Werte ist dabei auf Modelle der Optionspreistheorie zurückzugreifen.[13] Deren Darstellung würde jedoch den Rahmen dieses Beitrags überspannen, sodass nachfolgend davon ausgegangen werden soll, dass ein Leasingverhältnis ohne Andienungsrecht und Kaufoption vorliegt.

---

[12] Denn gemäß den Leasingerlassen der Finanzverwaltung kann nur bei einer Grundmietzeit von höchstens 90 Prozent der betriebsgewöhnlichen Nutzungsdauer eine Bilanzierung des Leasinggegenstandes beim Leasinggeber erfolgen.

[13] Vgl. beispielsweise Rudolph/Schäfer (2005).

Die einzelnen Komponenten seien der Übersicht halber nachfolgend nochmals aufgeführt.[14]

$\sum_{t=1}^{T} L_t (1 - \tau)$: Nettobelastung durch Leasingraten

$\sum_{t=1}^{T} FK_{t-1} \cdot i \cdot \tau$: Steuerersparnis durch Zinszahlungen bei Kreditkauf

$\sum_{t=1}^{T} AfA_t \cdot \tau$: Steuerersparnis durch Abschreibungen bei Kreditkauf

R_T: Restwert des Investitionsobjekts, auf den der Leasingnehmer verzichten muss

Doch wie bereits erwähnt wurde, ist der zeitliche Anfall dieser Zahlungen bzw. der Verzicht auf solche nicht direkt mit einer Kreditaufnahme vergleichbar. Um einen mit der Fremdkapitalerhöhung einer Kreditaufnahme vergleichbaren Wert zu erhalten, müssen die Zahlungen zunächst diskontiert werden. Hier kann das Prinzip der Wertadditivität bzw. der Adjusted-Present-Value-Ansatz (APV-Ansatz) nach Myers (1974) herangezogen werden. Demnach können zwei Zahlungsströme isoliert bewertet werden, da die Summe der Werte dieser Zahlungsströme dem Wert des Gesamtzahlungsstroms entsprechen muss. Ferner kann gemäß dem APV-Ansatz eine Investition dergestalt bewertet werden, dass zunächst der Barwert eines Investitionsobjekts unter der Prämisse ermittelt wird, es handele sich um eine ausschließliche Eigenkapitalfinanzierung, und hierzu die Barwerte sämtlicher monetärer Vorteile aus einer davon abweichenden Finanzierung addiert werden (wie z. B. Steuerschilde).[15] Für die Diskontierung der einzelnen Cashflows müsste für jede Komponente ein dem Risiko des jeweiligen Cashflows angepasster Diskontierungsfaktor verwendet werden. Für die vorliegende Untersuchung sei jedoch davon auszugehen, dass sich sämtliche benannten Cashflows in derselben Risikoklasse befinden und daher ein einheitlicher Diskontierungssatz gewählt werden kann. Angesichts der Tatsache, dass sich ein Investor im Falle eines langfristigen, unkündbaren Leasings eines Objekts einem ähnlichen Risiko aussetzt wie bei dessen Kauf, erscheint als einheitlicher Diskontierungssatz der Fremdkapitalzins i, zu dem sich das Unternehmen verschulden kann, plausibel.[16] Mit dieser Annahme werden die Ratenzahlungen des Leasings und somit das Risiko des Leasings selbst mit dem Risiko der Kreditaufnahme gleichgesetzt. Die Diskontierung der Zahlungen bzw. die Kosten des Leasings ergeben schließlich den Kapitalwert, das durch das Leasing bedingte Fremdkapitaläquivalent.[17]

---

[14] Vgl. Bautista/Dill/Myers (1976) und Berger (2002).

[15] Vgl. Myers (1974) und Bautista/Dill/Myers (1976).

[16] Diese Annahme mag insbesondere für die Diskontierung des Restwerts fraglich erscheinen, sodass hierfür auch ein höherer Diskontierungsfaktor gewählt werden kann, der somit ein höheres Risiko der Wertentwicklung eines Investitionsobjekts widerspiegelt.

[17] Drukarczyk (2001) spricht in diesem Zusammenhang von einem belastungsgleichen Fremdkapitalbetrag. Vgl. Drukarczyk (2001), S. 297.

Kapitalwert der Cashflows bzw. Wert eines Fremdkapitaläquivalents des Leasings:[18]

$$C_0 = \sum_{t=1}^{T} \frac{L_t(1-\tau)}{(1+i)^t} + \sum_{t=1}^{T} \frac{FK_{t-1} \cdot i \cdot \tau}{(1+i)^t} + \sum_{t=1}^{T} \frac{AfA_t \cdot \tau}{(1+i)^t} + \frac{R_T}{(1+i)^T} \quad (3)$$

Diese Gleichung besagt, dass der Leasingnehmer neben der Zahlung von Leasingraten weitere Nachteile aus dem Verzicht auf die Steuerersparnis aus Abschreibungen und Zinszahlungen und den Verzicht auf den Restwert des Investitionsobjekts hinnehmen muss. Zwar erscheint dieser Kapitalwert so nicht auf der Passivseite der Bilanz des Leasingnehmers, doch spiegelt er den Wert der eingegangenen Leasingverpflichtung zum Zeitpunkt null wider bzw. zeigt auf, in welcher Höhe der Leasingnehmer auf Fremdkapital zur Beschaffung desselben Gutes verzichten kann.

Um die Auswirkungen des Leasings auf den Verschuldungsgrad eines Unternehmens im Vergleich zu den Auswirkungen einer Kreditaufnahme darzustellen, müssen nun noch das Fremdkapitaläquivalent des Leasings mit der Höhe des Kredits, FK, verglichen werden. Die Daten für den Kredit sollten bei Einholung von Kreditangeboten, sofern die Anschaffungskosten für ein Investitionsobjekt bekannt sind, unmittelbar ersichtlich sein. Hinsichtlich des Fremdkapitaläquivalents des Leasings sollten die einzelnen Komponenten für einen Entscheidungsträger ebenfalls bekannt oder ermittelbar sein. Gleichermaßen ist davon auszugehen, dass zukünftige Kreditgeber und Geschäftspartner bei einer Bilanzanalyse diesen Wert herleiten können. Auch wenn er so nicht in der Bilanz steht, ist doch gemäß § 285 Nr. 3 HGB im Anhang eines Jahresabschlusses über sonstige finanzielle Verpflichtungen, die nicht in der Bilanz erscheinen, aber für die Beurteilung der Finanzlage eines Unternehmens von Bedeutung sind, Auskunft zu geben.

Wie die Gleichungen (1) und (2) zeigen, hängen Kapitalkosten und Eigenkapitalrentabilität von der Höhe des Fremdkapitals ab. Für die Kapitalkosten gilt, dass, wenn der Fremdkapitalanteil in der Kapitalstruktur eines Unternehmens steigt, die Kapitalkosten sinken, sofern $(1-\tau)\,i$ kleiner ist als e, also die nach Steuern zu zahlenden Fremdkapitalzinsen kleiner sind als die Eigenkapitalkosten.

Für Eigenkapitalgeber wird der Eingang weiterer Fremdkapitalverpflichtungen nur der Höhe nach von Bedeutung sein, also ebenfalls die Frage bestehen, ob das durch einen Leasingvertrag induzierte Fremdkapitaläquivalent größer, kleiner oder gleich einem Fremdkapitaleinsatz bei Kreditaufnahme ist. Schließlich werden sie im Falle einer Insolvenz nach sämtlichen Fremdkapitalgebern nachrangig bedient und erhalten auch im Falle einer Fortführung eines Unternehmens nur die Residualansprüche nach Erfüllung sämtlicher Fremdkapitaldienste und Leasingratenzahlungen.

Für Fremdkapitalgeber ist hingegen über die absolute Verschuldung „ihres" Unternehmens auch die Frage des Rangs ihrer Ansprüche und eventuell neu einzugehender Verpflich-

---

[18] Bei Bedarf könnten hier noch weitere vertragsindividuelle Zahlungen bzw. Entlastung von Zahlungen wie z. B. vom Leasinggeber übernommene Service- und Wartungskosten hinzugefügt werden.

tungen von Bedeutung. Und hier stellt sich die Frage, ob bisherige Fremdkapitalgeber im Falle einer Insolvenz gegenüber neu hinzukommenden Fremdkapitalgebern bei einer kreditfinanzierten Investition oder gegenüber Leasinggebern gleichermaßen nachrangig bedient werden oder ob eine der beiden Alternativen für bisherige Fremdkapitalgeber vorteilhafter ist.

Hierzu sei zunächst noch einmal auf die in dieser Untersuchung definierten Vergleichsobjekte verwiesen. Wie eingangs erwähnt, ist der Kreditkauf im Rahmen des hier angestellten Vergleichs als hundertprozentige Fremdfinanzierung definiert. Es scheint somit auch nur konsequent, von einer Besicherung eines solchen Kredits auszugehen. Doch ist auch im Vergleich zu einem solchen besicherten Kredit anzumerken, dass aufgrund der uneingeschränkten Eigentümerstellung der Leasinggeber im Insolvenzfall besser gestellt ist, sich die bisherigen Fremdkapitalgeber bei einer Leasingfinanzierung im Insolvenzfall also in einer schlechteren Situation befinden als bei einer Kreditfinanzierung. So kann der Leasinggeber auch unter bestimmten Voraussetzungen die Aussonderung des Leasinggegenstands fordern.[19] Hinsichtlich der Zugriffsmöglichkeiten der bisherigen Gläubiger auf ein Investitionsobjekt schneidet Leasing im Vergleich zu einem kreditfinanzierten Kauf mit Sicherungsübereignung schlechter ab.

3.2 Kapitalkosten

Die durchschnittlichen Kapitalkosten werden, wie oben beschrieben, von der Höhe des eingesetzten Fremdkapitals FK, der Höhe des eingesetzten Eigenkapitals EK, dem Fremdkapitalzins i, der Eigenkapitalkosten e und dem Steuersatz τ eines Unternehmens beeinflusst. Wie bereits ausgeführt, sind weder Vermieter, Kreditgeber oder Leasinggeber zu den Eigenkapitalgebern zu zählen. Hinsichtlich der Kostensätze i, e und des Steuersatzes τ kann zwar nicht mit Bestimmtheit gesagt werden, dass diese bei Abschluss einer Miet-, Kauf- oder Leasingtransaktion künftig konstant bleiben, schließlich ist die Durchführung eines Investitionsprojekts auch immer zwangsläufig mit Unsicherheiten beladen, doch kann auch nicht sicher von deren Erhöhung ausgegangen werden. Für den vorliegenden Vergleich wird angenommen, dass die Entscheidung über die Anschaffung eines Investitionsobjekts bereits gefallen ist und nur noch die Frage der Mittel der Beschaffung analysiert werden soll. Folglich ist davon auszugehen, dass alle drei Beschaffungsvarianten Kauf, Miete oder Leasing keinen Einfluss auf das Investitionsprojekt haben. Sie haben somit auch keinen Einfluss auf eventuelle unsichere zukünftige Zahlungsströme, die dieses Projekt generiert. Deren Erwartungswert ist vielmehr im Zeitpunkt der Anschaffung in allen drei Fällen gleich. Daher ist anzunehmen, dass bei allen drei Beschaffungsvarianten die Auswirkungen auf die Kosten- bzw. Steuersätze ausschließlich von der Höhe der durch die jeweilige Beschaffungsvariante induzierten Auswirkung auf den Fremdkapitalanteil einer Unternehmung abhängen. Die genaue Auswirkung kann natürlich erst nach erfolgter Transaktion bestimmt werden, doch kann bereits vermutet werden, dass die geforderte

---

[19] Vgl. § 47 Insolvenzordnung und Engel/Völckers (1999).

Mindestverzinsung künftiger Eigen- und Fremdkapitalgeber von der Höhe zusätzlich eingesetzten Fremdkapitals abhängt. Nachfolgend soll daher davon ausgegangen werden, dass Eigen- und Fremdkapitalkosten zunächst unbeeinflusst bleiben, was plausibel erscheint, wenn man von bereits bestehenden Kreditverträgen und bereits eingezahltem Eigenkapital ausgeht. Betrachtet man daher die Auswirkungen des Leasings bzw. der Kreditaufnahme auf die durchschnittlichen Kapitalkosten, ist ausschließlich die Höhe des endgültigen Fremdkapitaleinsatzes (gegebenenfalls inklusive des durch das Leasing induzierten Fremdkapitaläquivalents) ausschlaggebend. Die Frage, wie sich Miete, Kauf oder Leasing auf die durchschnittlichen Kapitalkosten auswirken, hängt somit ausschließlich von der Frage ab, ob und wie das im Unternehmen gebundene Fremdkapital *FK* in Gleichung (1) der Höhe nach beeinflusst wird.

Wie bereits diskutiert, hat das Eingehen eines Mietverhältnisses keinen Einfluss auf die Höhe des Fremdkapitals. Die durchschnittlichen Kapitalkosten bleiben in diesem Fall daher konstant. Bei der Kreditaufnahme wird der Fremdkapitaleinsatz hingegen in Höhe der Anschaffungskosten des Investitionsobjekts erhöht. Bei einem Leasingverhältnis ist schließlich im Vergleich zu einer Kreditbeschaffung von einer Fremdkapitalerhöhung äquivalent zu Gleichung (3) auszugehen.

In beiden Fällen steigt damit der Fremdkapitaleinsatz, was zur Folge hat, dass die Eigenkapitalquote sinkt, also der Eigenkapitalkostensatz *e* in Gleichung (1) geringer gewichtet wird. Sofern gilt, dass $(1 - \tau) i < e$, werden die durchschnittlichen Kapitalkosten daher zunächst sinken. In welcher Höhe die durchschnittlichen Kapitalkosten nun von den beiden Alternativen Kredit und Leasing beeinflusst werden, hängt maßgeblich von der Höhe des erläuterten Kapitalwerts des Leasings ab. Hier müsste im Einzelfall geprüft werden, welche Beschaffungsvariante den größeren Einfluss auf die Gesamtverschuldung hat.

3.3 Rentabilität

Die Rentabilität einer Maßnahme, eines Projekts oder eines Unternehmens ergibt sich aus dem Verhältnis des erwirtschafteten Ergebnisses zum eingesetzten Kapital. Je nach Ergebnisdefinition und Bezugsgröße kann zwischen Eigen- und Gesamtkapitalrentabilität unterschieden werden. Während die Gesamtkapitalrentabilität (*GKR*) den Jahresüberschuss und die Fremdkapitalzinsen ins Verhältnis zu dem gesamten eingesetzten Kapital betrachtet, ergibt sich aus der Definition der Eigenkapitalrentabilität als Jahresüberschuss zum eingesetzten Eigenkapital ein funktionaler Zusammenhang zwischen der Rentabilität des Eigenkapitals und dem Verschuldungsgrad eines Unternehmens.

Gesamtkapitalrentabilität:

$$GKR = \frac{Jahresüberschuss + Fremdkapitalzinsen}{Eigenkapital + Fremdkapital \cdot 100\,\%} \tag{4}$$

Eigenkapitalrentabilität:

$$EKR = \frac{Jahres\ddot{u}berschuss}{Eigenkapital} \cdot 100\ \% \qquad (5)$$

Wie bereits bemerkt, lässt sich aus der Gleichung der durchschnittlichen Kapitalkosten (*WACC*) mit einfachen Umformungen die Abhängigkeit der Eigenkapitalrentabilität von den Variablen Kapitalkosten bzw. Gesamtkapitalrentabilität, Fremdkapitalzins, Steuersatz und Verschuldungsgrad darstellen. Der funktionale Zusammenhang der Eigenkapitalrentabilität mit dem Verschuldungsgrad eines Unternehmens wird ja als Leverage-Effekt bezeichnet. Dem Leverage-Effekt liegt, entsprechend der Aufteilung des Gesamtkapitals in Eigen- und Fremdkapital, auch eine Aufteilung der Periodenüberschüsse in Fremdkapitalzinsen und einer verbleibenden Residualgröße zugrunde. Da Fremdkapitalzinsen in vertraglich festgelegter Höhe zu leisten sind, wird das eingesetzte Eigenkapital somit entsprechend dieser Residualgröße verzinst. Entscheidende Voraussetzung hierfür ist nur, dass die Gesamtkapitalrentabilität bzw. die durchschnittlichen Kapitalkosten (*WACC*) größer als der Fremdkapitalzins nach Steuern sind.

Nachfolgend sei dies noch einmal an Gleichung (6) erläutert, die auf Gleichung (2) aufbaut. Aus Plausibilitätsgründen sei hier jedoch die Gesamtkapitalrentabilität anstelle der *WACC* dargestellt. Der Zusammenhang ergibt sich aus Gleichung (4):

$$e = GKR + (GKR - (1 - \tau) \cdot i \cdot \frac{FK}{EK} \qquad (6)$$

Die Gleichung macht deutlich, dass die Eigenkapitalrentabilität zunächst von den durchschnittlichen Kapitalkosten bzw. der Gesamtkapitalrentabilität abhängt und dieser erste Term mit dem Produkt aus der Rentabilitätsdifferenz zwischen Gesamt- und Fremdkapital und dem Verschuldungsgrad des Unternehmens addiert wird.

Für die vorliegende Untersuchung stellt sich nunmehr zunächst die Frage, wie das Gesamtkapital durch die Beschaffungsalternativen Miete, Kauf oder Leasing beeinflusst wird und wie sich diese Entscheidung auf die Gesamt- und Eigenkapitalrentabilität auswirkt.

Um einen Vergleich anstellen zu können, muss zunächst davon ausgegangen werden, dass alle drei Alternativen die Beschaffung desselben Gutes ermöglichen und vorsehen. Es stellt sich somit die Frage, ob alle drei Alternativen auch konsequenterweise dieselben Periodenüberschüsse erwirtschaften.

3.3.1 Rentabilität und Miete

Hierzu ist bei der Beschaffung eines Objekts über Anmietung anzumerken, dass zwar keine Zinszahlungen anfallen, jedoch regelmäßige Mietzahlungen fällig werden, die als Betriebsausgaben zu verbuchen sind und somit im Vergleich zum Kauf eines Objekts den

Periodenüberschuss schmälern. So hat zwar die Anmietung keinen Einfluss auf die Höhe und Zusammensetzung des eingesetzten Gesamt- und Eigenkapitals eines Unternehmens, jedoch auf die Höhe des Periodenüberschusses, der hierdurch sinkt. Für die Entscheidung über die Anmietung eines Objekts ist daher im Einzelfall zu klären, ob der zusätzlich prognostizierte Periodenüberschuss, der auf die Anmietung eines Objekts zurückzuführen ist, die anfallenden Mietzahlungen übersteigt. Trifft dies zu, so sind sowohl Eigen- als auch Gesamtkapitalrentabilität positiv betroffen.

3.3.2 Rentabilitätswirkung des Kreditkaufs

Bei dem Kauf eines Investitionsobjekts über einen Kredit wird der Periodenüberschuss hingegen nicht durch zusätzliche Mietzahlungen geschmälert. Hierbei ist vielmehr die Höhe des Gesamtkapitals und dessen Zusammensetzung betroffen. Da ja von einer hundertprozentigen Fremdfinanzierung auszugehen ist, wird also das eingesetzte Fremdkapital in der Höhe der Anschaffungskosten des in Frage stehenden Investitionsobjekts steigen, da über diese Summe ein Kredit aufzunehmen ist. Für die Gesamtkapitalrentabilität hat dies zunächst keine eindeutigen Konsequenzen, hängt diese doch vielmehr von der Relation des Fremdkapitalzinses i zum Fremdkapital FK ab. Somit muss bei isolierter Betrachtung der Vorteilhaftigkeit eines Kreditkaufs eine Einzelfallbetrachtung erfolgen, die die gegebene Gesamtkapitalrentabilität eines Unternehmens mit den Kreditkonditionen, also mit dem Zins i und der Auswirkung auf die Höhe des eingesetzten Fremdkapitals des Unternehmens FK vergleicht. Für die Eigenkapitalrentabilität kommt hier wieder der Leverage-Effekt zum Tragen: Sofern die Gesamtkapitalrentabilität größer als der Fremdkapitalzins ist (vermindert um den Steuersatz), wirkt der zusätzliche Einsatz des Fremdkapitals, also die Erhöhung des Verschuldungsgrads (FK/EK), wie ein Hebel auf die Eigenkapitalrentabilität und lässt diese steigen.

3.3.3 Rentabilitätswirkung des Leasings

Rechnet man den Leasinggeber eines Investitionsobjekts zu dem Kreis der Kapitalgeber, wie bereits diskutiert, so führt die Kapitalisierung der Leasingkosten zu der Bestimmung eines Fremdkapitaläquivalents. Der Wert dieses Fremdkapitaläquivalents ist es nun, der sich wie eine Erhöhung des Fremdkapitals auf die Eigen- und Gesamtkapitalrentabilität auswirkt (vgl. Gleichungen (4), (5) und (6)). Die Auswirkungen sind bei einer isolierten Betrachtung des Leasings analog zum Kreditkauf. Zunächst muss hinsichtlich der Gesamtkapitalrentabilität konstatiert werden, dass die Höhe des Gesamtkapitals steigt und es sich in der Zusammensetzung ändert: Das bislang eingesetzte Fremdkapital steigt um den Wert des Fremdkapitaläquivalents. Eine Aussage über die Vorteilhaftigkeit lässt sich auch hier, wie beim Kreditkauf, nur im Einzelfall machen, sofern die Konditionen und insbesondere die Höhe des Fremdkapitaläquivalents und des Zinssatzes i des fraglichen Unternehmens bekannt sind. Hinsichtlich der Eigenkapitalrentabilität lässt sich hier ebenfalls, wie beim Kreditkauf, der Leverage-Effekt feststellen. Da der Fremdkapitaleinsatz bei der Leasingalternative in Höhe des Werts des Fremdkapitaläquivalents steigt, setzt hier derselbe Hebeleffekt auf die Eigenkapitalrentabilität ein wie beim Kreditkauf, vorausgesetzt die Gesamtkapitalrentabilität übersteigt den Fremdkapitalzins i.

3.3.4 Alternativenwahl anhand der Rentabilitätswirkung

Es verbleibt schließlich die Frage, welcher Beschaffungsalternative der Vorrang zu gewähren ist. Hier müssen die entsprechenden Rentabilitätskennzahlen errechnet und verglichen werden. Für die Alternative Anmietung ist dies leicht aus den Mietkonditionen abzuleiten und zu berechnen. Für den Kreditkauf sollte die Auswirkung auf den Verschuldungsgrad eines Unternehmens ebenfalls leicht bestimmbar sein. Für die Beschaffungsvariante Leasing muss hingegen das Fremdkapitaläquivalent bestimmt werden. Ist dieses jedoch bestimmt, so lässt sich auch schnell ein Vergleich mit dem Kreditkauf anstellen, indem die Auswirkung auf den Verschuldungsgrad aufgezeigt wird. Wenn bei beiden Alternativen von einem konstanten Fremdkapitalzins ausgegangen werden kann und dieser bei beiden Alternativen geringer ist als die Gesamtkapitalrentabilität des fraglichen Unternehmens, dann ist die Alternative, die bei gegebenem Investitionsobjekt eine höhere Verschuldung mit sich bringt, hinsichtlich der Gesamtkapitalrentabilität zwar die nachteilige, hinsichtlich der Eigenkapitalrentabilität jedoch die vorteilhaftere, da sie den größeren Hebeleffekt auf die Eigenkapitalrentabilität mit sich bringt.

Alternativ lässt sich dieses Ergebnis auch an einer Bilanz, in der Aktiva und Passiva zu Marktwerten ausgewiesen werden, nachvollziehen. Hierzu sei ein Unternehmen betrachtet, das vor einer Leasingentscheidung steht. Zunächst sei angenommen, dass das Fremdkapitaläquivalent als zusätzliche Bilanzposition aufgeführt würde und der durch Leasing erworbene Vermögensgegenstand konsequenterweise auch Eingang in die Bilanz finde. Steht nun ein Unternehmen vor der Wahl, einen gegebenen Vermögensgegenstand entweder durch Leasing oder Kreditkauf zu erwerben, so hat die Finanzierungsform zunächst keinen Einfluss auf die Aktivseite der Bilanz: In beiden Fällen steht der gleiche Wert desselben Vermögensgegenstands in der Bilanz.

Da die Aktivseite der Bilanz in beiden Fällen identisch ist, muss auch die Passivseite bei den Finanzierungsalternativen Kreditkauf und Leasing dieselbe Höhe aufweisen. Hat jedoch das durch das Leasing induzierte Fremdkapitaläquivalent einen anderen Wert als der alternative Kredit, so hat dies unmittelbar Konsequenzen für das Eigenkapital. Ist das Fremdkapitaläquivalent größer als das Fremdkapital, das durch einen Kredit aufgenommen werden würde, so ist das Eigenkapital im Leasingfall geringer als bei der Kreditfinanzierung und das Leasing somit nachteiliger.

4. Schlussbemerkung

Ziel des vorliegenden Vergleichs der Beschaffungsvarianten Miete, Kauf und Leasing war, aus Sicht der Unternehmensbewertung und im Hinblick auf das Rating eines Unternehmens Aussagen über die Vorteilhaftigkeit des Leasings treffen zu können. Hierfür wurden die für eine Unternehmensbewertung und das Rating relevanten Kennzahlen Verschuldungsgrad, Kapitalkosten und Rentabilität untersucht.

Es zeigt sich, dass Leasinggeber zum Kreis der Kapitalgeber gerechnet werden können und daher Leasingverpflichtungen – im Gegensatz zu den Mietzahlungen bei der Anmietung von Investitionsgütern – in einen mit dem Fremdkapital eines Unternehmens vergleichbaren Wert umgerechnet werden können. Ein solcher Barwert der Leasingverpflichtungen kann sodann der Höhe nach mit dem Fremdkapitaleinsatz bei einem kreditfinanziertem Kauf desselben Gutes verglichen werden. Somit können schließlich die Auswirkungen auf den Verschuldungsgrad, Kapitalkosten und letztlich auch auf die Rentabilität gemacht werden. Eine Analyse dieser Auswirkungen lassen ebenfalls leicht Rückschlüsse auf die Auswirkung auf den Unternehmenswert und das Rating des Unternehmens zu. Gesunkene Kapitalkosten und höhere Rentabilität führen ceteris paribus zu einer Verbesserung des Ratings und ermöglichen auf diesem Wege einen Vorteilhaftigkeitsvergleich einer Leasingtransaktion im Gegensatz zur Anmietung oder zum Kauf eines Investitionsgutes.

Literatur

BAUTISTA, A. J./DILL, D. A./MYERS, S. C. (1976): Valuation of Financial Lease Contracts, in: The Journal of Finance, Vol. XXXI/1976, S. 799–819.

BERGER, M. (2002): Die Berücksichtigung von Leasing bei der Bewertung, in: Loderer, C. et al.: Handbuch der Bewertung. Praktische Methoden und Modelle zur Bewertung von Projekten, Unternehmen und Strategien, 2. Aufl., Frankfurt/Main 2002, S. 1061–1108.

BÖRNER, C. J./BÜSCHGEN H. E. (2003): Bankbetriebslehre, 4. Aufl., Stuttgart 2003, S. 144 ff.

BÜSCHGEN, H. E. (1969): Leasing als Finanzierungshilfe, WPG/1969, S. 429–440.

BÜSCHGEN, H. E. (1980): Finanzleasing als Finanzierungsalternative. Eine kritische Würdigung unter betriebswirtschaftlichen Aspekten, in: ZfB 9/1980, S. 1028–1041.

BÜSCHGEN, H. E. (1993): Leasing. Erfolgs- und liquiditätsorientierter Vergleich zu traditionellen Finanzierungsinstrumenten, in: Gebhardt, G./Gerke, W./Steiner, M. (Hrsg.): Handbuch des Finanzmanagements. Instrumente und Märkte der Unternehmensfinanzierung, München 1993, S. 495–517.

BÜSCHGEN, H. E. (1998): Charakteristika, Voraussetzungen, Grundformen und Funktionen des Leasing, in: Büschgen, H. E. (Hrsg.): Praxishandbuch Leasing, München 1998, S. 1–34.

COPELAND, T./KOLLER, T./MURRIN, J. (2002): Unternehmenswert. Methoden und Strategien für eine wertorientierte Unternehmensführung, 3. Aufl., Frankfurt/Main 2002.

DRUKARCZYK, J. (2001): Unternehmensbewertung, 3. Aufl., München 2001, S. 297–299.

DIETZ, A. (1990): Die betriebswirtschaftlichen Grundlagen des Leasing, in: ZfB 60/1990, S. 1139–1158.

ENGEL, J. (1997): Miete, Kauf, Leasing, 2. Aufl., Bonn 1997.

ENGEL, J./VÖLCKERS, E. (1999): Leasing in der Insolvenz, Berlin 1999.

FEINEN, K. (2002): Das Leasinggeschäft, 4. Aufl., Frankfurt/Main 2002.

FINDEISEN, K.-D. (1998): Leasing im Handelsbilanzrecht, in: Büschgen, H. E. (Hrsg.): Praxishandbuch Leasing, München 1998, S. 463–513.

FLOITGRAF, F. (1970): Leasing von industriellen Anlagen als Finanzierungsproblem, in: Janberg, H. (Hrsg.): Finanzierungs-Handbuch, 2. Aufl., Wiesbaden 1970, S. 495–524.

GÜRTLER, J./STÄDTLER A. (2006): Verhaltener Start der Ausrüstungsinvestitionen im ersten Halbjahr 2006. Nur minimale Verbesserung des Geschäftsklimas in der Leasingbranche, in: Ifo Schnelldienst 5/2006, S. 35–39.

HABERSTOCK, L. (1983): Kredit-Kauf oder Leasing? Ein Vorteilhaftigkeitsvergleich unter Berücksichtigung der steuerlichen Auswirkungen, StJB 1983/1984, S. 442–509.

KÖHN, L. (1989): Finanzierungsleasing oder Kreditkauf. Wirtschaftlichkeitsvergleich aus der Sicht des Leasingnehmers, Hagen 1989.

KRATZER, J./KREUZMAIR, B. (2002): Leasing in Theorie und Praxis. Leitfaden für Anbieter und Anwender, 2. Aufl., Wiesbaden 2002.

KROLL, M. (1992): Kauf oder Leasing? Entscheidungsmodell für die Praxis: Vertragsgestaltung, betriebswirtschaftliche Analyse, Vergleichsrechnung, Wiesbaden 1992.

LAUMANNS, W. (1988): Kauf oder Leasing. Belastungsvergleich am Beispiel des Mobilien Leasing, in: Hagenmüller, K. F./Stoppok, G. (Hrsg.): Leasing-Handbuch für die betriebliche Praxis, 5. Aufl., Frankfurt/Main 1988, S. 59–78.

MELLWIG, W. (1980 a): Finanzplanung und Leasing, in: ZfB 9/1980, S. 1042–1064.

MELLWIG, W. (1980 b): Sensitivitätsanalyse des Steuereinflusses in der Investitionsplanung. Überlegungen zur praktischen Relevanz einer Berücksichtigung der Steuern bei der Investitionsentscheidung, in: zfbf 32/1980, S. 16–39.

PERRIDON, L./STEINER M. (2004): Finanzwirtschaft der Unternehmung, 13. Aufl., München 2004, S. 459–470.

RUDOLPH, B./SCHÄFER K. (2005): Derivative Finanzmarktinstrumente. Eine anwendungsbezogene Einführung in Märkte, Strategien und Bewertung, Berlin/Heidelberg 2005.

SCHALL, L.D. (1974): The Lease-Or-Buy and Asset Acquisition Decision, in: The Journal of Finance, Vol. XXIX/1974, S. 1203–1214.

TACKE, H.R. (1999): Leasing, 3. Aufl., Stuttgart 1999.

WÖHE, G. (2002): Grundzüge der Unternehmensfinanzierung, 9. Aufl., München 2002, S. 279–297.

Vorteilsvergleich von Finance-Leasing und Operate-Leasing

Rainer Goldberg

1. Einleitung
2. Leasingverträge in den deutschen Leasingerlassen
    - 2.1 Vollamortisationsvertrag
    - 2.2 Teilamortisationsvertrag
    - 2.3 Kündbarer Leasingvertrag
3. Strukturierte Leasingverträge
4. Operate-Leasing-Verträge
5. Leasing und internationale Rechnungslegung
6. Mietkauf
7. Fazit

1. Einleitung

Leasing hat sich im Laufe der Jahre zu einem überaus wichtigen Finanzierungsinstrument entwickelt, dass sich aus unserem heutigen Wirtschaftsleben praktisch nicht mehr wegdenken lässt. Inzwischen werden fast 25 Prozent aller Ausrüstungsinvestitionen im Wege des Leasings finanziert, wobei Leasingnehmer Unternehmen aus praktisch allen Größenordnungen sind. Ob Handwerksbetrieb oder international agierender Industriekonzern, die Leasingbranche bietet ihren Kunden mit immer ausgefeilter32 Leasingangeboten die gewünschten Lösungen. Dabei wächst auch die Bandbreite der verleasten Objekte immer weiter. Geleast werden Großraumflugzeuge und Schiffe ebenso wie Mobiltelefone und Fotokopierer. Der größte Leasingteilmarkt ist das Autoleasing; aber auch das Maschinenleasing nimmt eine immer wichtigere Bedeutung an. Und fast täglich erweitern neue Objekte das Angebot.

Angesichts der Dynamik des Leasingmarkts, der Verschiedenartigkeit der Leasingobjekte sowie der sehr heterogenen Leasingnehmerschaft ist das Angebot der am Markt anzutreffenden Leasingmodelle rasant gewachsen. Dies war in der Vergangenheit eine unabdingbare Voraussetzung, um die Bedürfnisse aller Akteure umfassend befriedigen zu können und wird sicher auch zukünftig von großer Bedeutung für die Wettbewerbsfähigkeit der Branche sein. Wichtig ist, aus den vielen möglichen Varianten immer das Modell auszuwählen, das den individuellen Gegebenheiten einer Investition gerecht wird.

In Deutschland werden mehrheitlich immer noch die so genannten Finanzierungsleasingverträge abgeschlossen, weil sie für die meisten Unternehmen die Möglichkeit bieten, die Vorteile einer Off-Balance-Finanzierung verbunden mit den steuerlichen Vorteilen des Leasings zu generieren. Wichtig ist in diesem Zusammenhang, darauf hinzuweisen, dass der deutsche Begriff Finanzierungsleasing – auch wenn die Wortnähe es plausibel erscheinen lässt – inhaltlich nicht mit dem international gebräuchlichen Terminus Finance-Leasing gleichzusetzen ist. Im Gegenteil, beide Begriffe beschreiben exakt gegenteilige Sachverhalte – doch dazu später.

Gemeinsam ist fast allen deutschen Finanzierungsleasingmodellen, dass sie eine unkündbare Grundmietzeit haben, die sich in einer Frist zwischen 40–90 Prozent der betriebsgewöhnlichen Nutzungsdauer (in der Regel die amtliche Abschreibungszeit) bewegt. In dieser Zeit sind alle mit der Investition verbundenen Kosten vom Leasingnehmer zu amortisieren (bzw. ist deren Amortisation zu garantieren). Lediglich bei den kündbaren Verträgen gibt es modifizierte Regeln. Am Vertragsende gibt es allerdings gravierende Unterschiede, die zu den unterschiedlichen Einsatzfällen der einzelnen Modelle führen.

2. Leasingverträge in den deutschen Leasingerlassen

2.1 Vollamortisationsvertrag

Leasingverträge sind vielseitig zu gestalten und können individuell für den Leasingnehmer konzeptioniert werden. Vollamortisationsverträge bieten sich immer dann besonders an, wenn der Leasingnehmer von vornherein an einer Übernahme oder Weiternutzung des Leasingobjekts interessiert ist. Nicht selten ist dies der Fall, wenn das Leasingobjekt eine wirtschaftliche Lebensdauer hat, die weit über die amtliche Abschreibungszeit hinausgeht. Ein solcher Fall tritt in der Praxis unter anderem bei hochwertigen und werthaltigen Maschinen auf, wenn eine sorgfältige und fachgerechte Wartung und Pflege während der Nutzungszeit erfolgt.

Die Vereinbarung von entsprechenden Optionen schafft für den Leasingnehmer von Beginn an die absolute Sicherheit, dass das Schicksal des Objekts – auch nach Vertragsende – ausschließlich in seiner Hand liegt. Darüber hinaus bieten sie dem Leasingnehmer eine völlig transparente Kalkulationsbasis.

Beim Abschluss von Vollamortisationsverträgen sind grundsätzlich drei Varianten zulässig:

- **Kaufoption:** Der Leasingnehmer hat das Recht, das Objekt am Vertragsende zum Restbuchwert, bzw. niedrigeren Marktwert zu erwerben.
- **Mietverlängerungsoption:** Der Leasingnehmer kann das Objekt nach Ablauf der Grundmietzeit weiterleasen. Bemessungsgrundlage für die neuen Leasingraten ist ebenfalls der Restbuchwert bzw. niedrigere Marktwert.
- **Keine spezifische Vereinbarung:** Der Leasingnehmer gibt das Objekt nach der Vertragslaufzeit an den Leasinggeber zurück. Es bestehen keine weiteren gegenseitigen Ansprüche.

Es ist auch möglich, eine Kombination aus Kauf- und Mietverlängerungsoption zu vereinbaren, sodass der Leasingnehmer am Vertragsende ein Wahlrecht hat. Wenn der Leasingnehmer das Objekt am Ende der Vertragslaufzeit – anders als erwartet – doch nicht mehr benötigt, steht es ihm natürlich dennoch offen, den Leasinggegenstand zurückzugeben. Dem entgegen stehende Rechte des Leasinggebers gibt es nicht.

2.2 Teilamortisationsvertrag

Dieses Vertragsmodell bietet sich an, wenn der Leasingnehmer ein hochwertiges und vor allem auch werthaltiges Leasingobjekt nutzen möchte, jedoch nicht unbedingt an einer Nutzung über den Vertragszeitraum hinaus interessiert ist. Andererseits möchte er seine Liquiditätsbelastung möglichst gering halten und während der Vertragszeit nur den tatsächlichen Werteverzehr des Leasingobjekts amortisieren. So kommt es zum Beispiel, dass fast alle Autoleasingverträge Teilamortisationsverträge sind. Betrachten wir das Leasingvertragsende eines Teilamortisationsvertrages:

- **Keine spezifische Vereinbarung:** Der Leasingnehmer gibt das Objekt am Vertragsende zurück und es bestehen keine weiteren gegenseitigen Ansprüche.
- **Andienungsrecht:** Der Leasinggeber hat das Recht, das Objekt zum vorher vereinbarten Restwert an den Leasingnehmer zu verkaufen.
- **Mindererlöserstattung:** Wenn beim Verkauf des Objekts am Vertragsende nicht der vereinbarte Restwert erzielt werden kann, muss der Leasingnehmer den Differenzbetrag an den Leasinggeber zahlen.
- **Mehrerlösbeteiligung:** Übersteigt der Verkaufspreis des Objekts den vereinbarten Restwert, so wird der realisierte Mehrerlös im Verhältnis 75 Prozent zu 25 Prozent zwischen Leasingnehmer und Leasinggeber aufgeteilt.

In aller Regel wird im Falle der Vereinbarung eines Andienungsrechts oder einer Mindererlöserstattung parallel dazu auch eine Mehrerlösbeteiligung verabredet. Auf diesem Wege werden Chancen und Risiken aus dem Objektverkauf gleichwertig auf die Vertragsparteien verteilt.

- **Kilometervereinbarung:** Bei Autoleasingverträgen ersetzt häufig eine Kilometervereinbarung das Andienungsrecht bzw. die Mindererlöserstattung. Wird eine vereinbarte Kilometerleistung überschritten, zahlt der Leasingnehmer für die gefahrenen Strecken einen vorher vereinbarten Kilometerpreis; unterschreitet er die Kilometervereinbarung erhält er eine Rückerstattung.

Darüber hinaus haben sich in der Praxis Usancen herausgebildet, die die oben skizzierten Abläufe ergänzen. So ist es durchaus üblich, dass die Leasinggesellschaften die Leasingnehmer rechtzeitig vor Ablauf der Verträge ansprechen und auf das nahende Vertragsende hinweisen. Bei dieser Gelegenheit wird der Leasingnehmer dann gefragt, ob er am Kauf des Objekts interessiert sei, und er wird auch auf die Möglichkeit einer Vertragsverlängerung hingewiesen.

2.3 Kündbarer Leasingvertrag

Kündbare Leasingverträge gibt es inzwischen bereits seit mehr als 30 Jahren. Regelungen hierzu befinden sich schon im Teilamortisationserlass vom 22.12.1975. Dennoch spielen sie in der öffentlichen Berichterstattung zum Thema Leasing eine untergeordnete Rolle. Und das, obwohl sie für den Leasingnehmer erhebliche Vorteile bieten können.

Die Laufzeit von kündbaren Leasingverträgen ist grundsätzlich unbegrenzt. Ein kündbarer Leasingvertrag endet immer mit der Kündigung des Leasingnehmers. Der Leasinggeber hat kein ordentliches Kündigungsrecht. Hinsichtlich der Kalkulation gibt es – anders als bei Vollamortisations- und Teilamortisationsverträgen – keine steuerlich vorgeschriebenen Laufzeitgrenzen. Die so genannte 40–90-Prozent-Regel gilt diesbezüglich nicht.

Der Leasingvertrag kann also über die gesamte AfA-Dauer eines Objekts und sogar darüber hinaus kalkuliert werden. Das führt zu einer geringeren monatlichen Belastung des Leasingnehmers. Es ist lediglich vorgeschrieben, dass der Leasingnehmer in einem Zeitraum, der mindestens 40 Prozent und höchstens 90 Prozent der Abschreibungszeit des Leasingobjekts entspricht, eine Kündigungsmöglichkeit des Leasingvertrags haben muss. In der Regel werden zwischen dem Leasingnehmer und dem Leasinggeber mehrere Kündigungstermine vereinbart, sodass der Leasingnehmer flexibel entscheiden und ein Leasingobjekt zu dem von ihm gewünschten Termin austauschen oder einfach auch nur abstoßen kann.

Kündigt der Leasingnehmer vor Ablauf der kalkulatorischen Laufzeit, die im Leasingvertrag explizit ausgewiesen ist, hat er die zur Vollamortisation des Leasingvertrages noch fälligen Leasingraten – abgezinst auf den Kündigungstermin – an den Leasinggeber zu zahlen (Abschlusszahlung). Der Leasinggeber wiederum veräußert das Leasingobjekt und verrechnet gegenüber dem Leasingnehmer 90 Prozent des Verkaufspreises auf die Abschlusszahlung. Handelt es sich um ein gut gepflegtes und werthaltiges Leasingobjekt, entfällt damit im günstigsten Fall praktisch die Abschlusszahlung.

Erfolgt die Kündigung zum Abschluss der kalkulatorischen Laufzeit, ist der Leasingvertrag ganz einfach beendet. Der Leasingnehmer kann das Leasingobjekt an den Leasinggeber zurückgeben oder auch käuflich erwerben.

Tabelle 1: Leasingverträge im Überblick

Vertragsart	geregelt im	Laufzeit	Kalkulation	Vertragsende	Typische Objekte
Vollamortisationsvertrag	Mobilien-Leasing-erlass vom 19.04.1971	40–90 Prozent der AfA-Dauer	Volle Amortisation des Anschaffungswertes zuzüglich Zinsen, Kosten, Gewinn	• Ohne Option • Mit Kaufoption • Mit Mietverlängerungsoption	Langlebige Maschinen
Teilamortisationsvertrag	Teilamortisationserlass vom 22.12.1975	40–90 Prozent der AfA-Dauer	Teilweise Amortisation des Anschaffungswertes zuzüglich Zinsen, Kosten, Gewinn	• Restwert wird zum Vertragsende erwirtschaftet • Andienungsrecht • Mindererlöserstattung • Mehrerlösbeteiligung bis 75 Prozent	• Autos • Gabelstapler • Produktionsmaschinen
Kündbarer Vertrag	Teilamortisationserlass vom 22.12.1975	• Unbegrenzt • Erste Kündigungsmöglichkeit zwischen 40–90 Prozent der AfA-Dauer • Laufzeiten über die AfA-Dauer hinaus möglich	• Volle Amortisation des Anschaffungswertes zuzüglich Zinsen, Kosten, Gewinn • Abschlusszahlungen zu einzelnen Kündigungsterminen	Anrechnung des Verwertungserlöses bis maximal 90 Prozent auf die Abschlusszahlung	• EDV-Anlagen • Produktionsmaschinen

3. Strukturierte Leasingverträge

Bei diesen Vertragskonzeptionen handelt es sich um neuartige, intelligente und innovative Modelle, die insbesondere auf langjährigen Erfahrungen im Maschinenleasing basieren. Der damit verbundene Beratungsaufwand und deren Komplexität lassen erwarten, dass ein Überschwappen dieser Konzepte in die Volumenmärkte des Autoleasings und der IT-Produkte kurzfristig nicht erfolgen wird. Letztlich ist mit dieser neuen Entwicklung die Antwort auf viele Fragen gelungen, die insbesondere auch mittelständische Unternehmen immer wieder an die Leasingunternehmen gerichtet haben:

- Wie hoch sind die monatlichen Leasingraten?
- Welcher Restwert ist in dem Leasingmodell kalkuliert?
- Habe ich die Möglichkeit, das Leasingobjekt nach Ablauf des Leasingvertrags zurückzugeben?
- Zu welchen Bedingungen kann ich das Leasingobjekt weiterleasen?
- Kann ich das Leasingobjekt zu einem vorher festgelegten Termin erwerben?
- Gibt es einen verbindlichen Konditionsrahmen für das gesamte Paket?

Nach dem jetzigen Stand der Vertragsentwicklung müsste ein Maschinenleasingunternehmen hierzu verbindlich Stellung nehmen können. Ansonsten sollte ein Leasingnehmer nach Alternativen suchen.

Natürlich sind derartige Modelle erklärungsbedürftig und verlangen dem Anbieter entsprechende Erfahrung und Beratungskompetenz ab. Aufgabe einer Leasinggesellschaft ist es, ihrem Leasingnehmer die richtigen Vorschläge und Konzeptionen vorzulegen, die natürlich steuerlich und rechtlich vollständig abgesichert sind. Im partnerschaftlichen Dialog mit dem Leasingnehmer ist dann eine individuelle und exakt auf die Bedürfnisse des Unternehmens strukturierte Lösung zu erarbeiten. Die Vorteilhaftigkeit dieser Angebote liegt in der idealen Kombination von vertraglicher Sicherheit in Verbindung mit einer maximalen Flexibilität hinsichtlich der wirtschaftlichen Nutzung des Leasingobjekts – und das bei vollständiger und sofortiger Preistransparenz für alle Seiten.

4. Operate-Leasing-Verträge

Operate-Leasing-Verträge sind nicht explizit in den Leasingerlassen beschrieben. Sie sind den Teilamortisationsverträgen aber sehr ähnlich. Der gravierende Unterschied liegt am Vertragsende. Beim Operate-Leasing übernimmt der Leasinggeber neben dem Finanzierungsrisiko, das auf die Zahlungsfähigkeit des Leasingnehmers reflektiert, auch das Investitionsrisiko. Anders als beim Teilamortisationsvertrag wird beim Operate-Leasing nämlich das Restwertrisiko nicht vom Leasingnehmer (Andienungsrecht, Mindererlöserstattung) getragen, sondern vom Leasinggeber. Er trägt also das Risiko, den kalkulierten Restwert bei einer freien Vermarktung des Leasingobjekts nicht realisieren zu können, was dann zu einem tatsächlichen betriebswirtschaftlichen Verlust führen kann.

Die Erfahrung hat gezeigt, dass derartige Verluste gelegentlich auch eintreten, sodass sie eine entsprechende Berücksichtigung bei der Kostenkalkulation der Operate-Leasing-Verträge notwendig machen. Die Leasingraten von Operate-Leasing-Verträgen müssen daher also immer einen kleinen Aufschlag gegenüber den reinen Finanzierungsleasingverträgen tragen. Aus diesem Grunde werden die klassischen Finanzierungsleasingverträge von vielen Leasingnehmern präferiert und Operate-Leasing-Verträge werden dann gewählt, wenn weitere Gründe existieren, die deren Einsatz erfordern.

5. Leasing und internationale Rechnungslegung

Immer häufiger werden Leasinggesellschaften in Deutschland mit der Frage konfrontiert, ob es möglich sei, Leasingverträge so zu gestalten, dass sie nach deutschem Steuerrecht als solche anerkannt werden und gleichzeitig auch internationalen Bilanzierungsregeln genügen. Unter internationalen Bilanzierungsregeln werden bei dieser Frage das europäische IFRS („international financial reporting standards") und das amerikanische US-GAAP/FAS 13 („united states generally accepted accounting principles/federal accounting standard") subsumiert.

Der Hintergrund für dieses immer größer werdende Interesse ist ganz einfach zu erklären. Ab dem Jahr 2005 müssen kapitalmarktorientierte Gesellschaften in der EU erstmals gemäß Verordnung (EG) Nr. 1606/2002 des Europäischen Parlaments und des Rates vom 19.07.2002 einen konsolidierten Abschluss nach IFRS vorlegen. US-amerikanische Unternehmen und deren Tochtergesellschaften, die in deren Konzernabschluss einbezogen werden, müssen ohnehin nach US-GAAP bilanzieren. Beiden Gruppen gemein ist, dass ein großes Interesse daran besteht, die Vorteile einer nutzenorientierten Off-Balance-Finanzierung über einen Leasingvertrag zu generieren, der gleichzeitig auf dem deutschen Leasingerlass basiert und die leasingtypischen Steuerwirkungen generiert.

Vor dem Hintergrund dieser Fragestellung unterscheiden sich die beiden internationalen Rechnungslegungsvorschriften im Grundsatz nicht gravierend. Für beide gilt:

> Zwischen dem Operate-Leasing (Bilanzierung beim Leasinggeber) und Finance-Leasing (Bilanzierung beim Leasingnehmer) wird die Frage der Zurechnung des Leasingobjekts zum Vermietvermögen des Leasinggebers entscheidend davon abhängig gemacht, in welchem Maße der Leasinggeber neben dem Finanzierungsrisiko auch das Investitionsrisiko (gemeint ist das Restwertrisiko) trägt.

Während die Anforderungen an die Ausgestaltung der Verträge in IFRS an mehreren Stellen verbal formuliert sind, werden in US-GAAP – ähnlich wie in den deutschen Leasingerlassen – relevante Eckdaten quantifiziert. Von außen betrachtet wirkt US-GAAP daher in der Handhabung etwas griffiger; in der Praxis erweist sich IFRS jedoch durchaus als flexibler Ansatz.

Vereinfacht dargestellt, muss ein Leasingvertrag nach US-GAAP folgende Regeln erfüllen, wenn die Zuordnung des Wirtschaftsgutes beim Leasinggeber erfolgen soll (es sich somit um einen Operate-Leasing-Vertrag handelt):

1. Die Vertragslaufzeit muss kleiner als 75 Prozent der wirtschaftlichen Nutzungsdauer des Objekts sein.
2. Hinweis: Unter wirtschaftlicher Nutzungsdauer ist der Zeitraum zu verstehen, in dem das Leasingobjekt wirtschaftlich genutzt werden kann (betriebsindividuell), hingegen nicht der Zeitraum, in dem das Unternehmen vergleichbare Vermögenswerte für gewöhnlich abschreibt. Amtliche AfA-Tabellen wie in Deutschland sind international nicht unbedingt üblich und vorhanden, sodass eine Anlehnung an dieses Instrumentarium dort auch gar nicht möglich ist.
3. Der Barwert der gesamten Leasingzahlungen über die vereinbarte Laufzeit muss kleiner als 90 Prozent des Anschaffungswertes des Leasingobjekts sein.
4. Es darf kein Andienungsrecht für die Leasinggesellschaft vertraglich vereinbart sein.
5. Dem Leasingnehmer dürfen keine Optionen eingeräumt sein, deren Wertansätze unter den Marktwerten des Leasingobjekts liegen.

Sofern eines dieser Kriterien nicht beachtet wird, liegt nach den Richtlinien Finance-Leasing vor – somit erfolgt die Bilanzierung beim Leasingnehmer.

Bei IFRS wird auf die unter 1. genannte Quantifizierung der Laufzeitgrenze ebenso verzichtet wie auf den unter 3. quantifizierten Barwert der Leasingzahlungen. An deren Stelle gibt es verbale Formulierungen, die unter Umständen eine flexiblere Ausgestaltung erlauben.

Diese Anforderungen stehen nicht im Gegensatz zum deutschen Leasingrecht. Im Teilamortisationserlass vom 22.12.1975 ist genau geregelt, welche Bedingungen ein Teilamortisationsvertrag erfüllen muss, damit er als solcher anerkannt wird. Darin werden ausdrücklich Leasingverträge akzeptiert, bei denen der Restwert durch den Leasingnehmer abgesichert wird. Aus der Steuersystematik ergibt sich, dass dies erst recht für Operate-Leasing-Verträge gilt, bei denen der Leasinggeber das volle Restwertrisiko trägt.

Wichtig ist es jedoch, eine Vertragslaufzeit zu vereinbaren, die sowohl dem Teilamortisationserlass (40–90-Prozent-Regel) als auch US-GAAP (Laufzeit < 75 Prozent der wirtschaftlichen Nutzungsdauer) entspricht. Außerdem ist ein so genannter Barwerttest durchzuführen, der sicherstellt, dass der Barwert aller Leasingzahlungen unter 90 Prozent der Anschaffungskosten des Leasingobjekts liegt. Werden alle diese Bedingungen sorgfältig geprüft und eingehalten, so kann ein Leasingvertrag sowohl nach deutschem Steuerrecht als auch nach US-GAAP abgeschlossen werden. IFRS hat den Vorzug, dass für beide Bedingungen (Laufzeit und Barwert) geschmeidigere Grenzlinien gelten.

Ein Leasingnehmer möchte eine Maschine im Anschaffungswert von 250.000 EUR leasen. Er will einen Operate-Leasing-Vertrag abschließen, der US-GAAP-konform ist und gleichzeitig die Bedingungen der deutschen Leasingerlasse erfüllt. Die amtliche Abschreibungszeit für die Maschine beträgt fünf Jahre (= 60 Monate). Die betriebsindividuelle Nutzungszeit der Maschine beträgt sieben Jahre (= 84 Monate).

Grundmietzeit

Die Grundmietzeit nach US-GAAP muss kleiner sein als 75 Prozent der betriebsindividuellen Nutzungszeit der Maschine beim Leasingnehmer, das heißt, in unserem Beispiel muss sie kleiner sein als 63 Monate (75 Prozent von 84 Monaten).

Die Grundmietzeit nach deutschem Steuerrecht darf nicht länger als 90 Prozent der amtlichen Abschreibungszeit sein, in unserem Fall darf sie also maximal 54 Monate betragen.

54 Monate sind weniger als 63 Monate, also erfüllt diese Laufzeit sowohl die Bedingungen des deutschen Leasingerlasses als auch die Bedingungen von US-GAAP.

Vertragsart

Es wird ein Teilamortisationsvertrag mit offenem Restwert abgeschlossen. Keine der Vertragsparteien erhält hinsichtlich des Vertragsendes besondere Rechte eingeräumt. Der vereinbarte Restwert muss vom Leasinggeber am Vertragsende durch eine freie Vermarktung des Leasingobjekts realisiert werden.

Kalkulation

Es wird eine monatliche Leasingrate für die Maschine von 4.725 EUR verabredet. Ermittelt man den Barwert der Leasingraten mit dem effektiven Zinsfuß der Investition, so beträgt dieser exakt 89,9 Prozent des Anschaffungswertes der Maschine und liegt damit unter der von US-GAAP geforderten Grenze von 90 Prozent. Der dafür notwendige kalkulierte Restwert beträgt mindestens 32.900 EUR.

Erhöht man den kalkulatorischen Restwert, dann sinken die Leasingraten und damit auch deren Barwert, sodass den Bedingungen von US-GAAP noch mehr Rechnung getragen wird. Da der Leasinggeber das Restwertrisiko trägt, gibt es jedoch eine natürliche Grenze bei der Festsetzung des Restwertes. Diese liegt in diesem Beispiel in der Erwartung des Marktwertes einer Maschine, die 54 Monate in der Produktion zum Einsatz gekommen ist. Die hier mögliche Bandbreite hängt sehr vom Leasingnehmer, der Maschine und der Branche ab, in der sie eingesetzt wird. Und natürlich auch von der Erfahrung und den Absatzkanälen der Leasinggesellschaft. Je professioneller der Leasinggeber diesbezüglich aufgestellt ist, desto besser sind die Angebote, die er seinen Kunden unterbreiten kann.

Bei anderen Leasingobjekten mit einem Preis von 250.000 EUR (möglicherweise IT-Produkten), die sehr viel schneller an Wert verlieren, ist es sogar denkbar, dass sie keinen erwarteten Marktwert in der oben beschriebenen Größenordnung haben. In einem solchen Fall wird dieses Vertragsmodell im Zweifel nicht realisiert werden können.

Kalkuliert man mit einem niedrigeren Restwert, steigen die Leasingraten und deren Barwert überschreitet die Grenze von 90 Prozent. Der Leasingvertrag würde als Finance-Leasing eingestuft. Die Folge wäre eine Bilanzierung der Maschine beim Leasingnehmer, der dann auch die Abschreibungen zu tätigen hätte.

Tabelle 2: Prüfkriterien für Leasingverträge

Prüfkriterien	US-GAAP/FAS 13[1]	IFRS 17[2]	Deutscher Teil-amortisationserlass
1. Vertragsgemäßer Eigentumsübergang	Am Ende der Vertragslaufzeit darf das rechtliche Eigentum nicht automatisch auf den Leasingnehmer übergehen.	wie bei FAS 13	wie bei FAS 13
2. Kaufoption	Der Leasingnehmer darf am Ende der Grundmietzeit keine günstige Kaufoption haben.	wie bei FAS 13	keine Kaufoption vorgesehen
3. Mietbeginn im letzten Viertel der wirtschaftlichen Gesamtnutzungsdauer	Sofern der Beginn des Leasingvertrags in das letzte Viertel der wirtschaftlichen Gesamtnutzungsdauer des Leasingobjektes fällt, erfolgt eine Zurechnung beim Leasinggeber.	keine ähnliche Regelung wie bei FAS 13 vorhanden	keine ähnliche Regelung wie bei FAS 13 vorhanden
4. Grundmietzeit	Die Grundmietzeit muss kleiner sein als 75 Prozent der wirtschaftlichen Nutzungsdauer, damit es zu einer Zurechnung beim Leasinggeber kommt.	Die Grundmietzeit muss im wesentlichen kleiner sein als die wirtschaftliche Nutzungsdauer, damit es zu einer Zurechnung beim Leasinggeber kommt.	Die Grundmietzeit muss kleiner/gleich 90 Prozent der betriebsgewöhnlichen Nutzungsdauer sein.
5. Barwert der Mindestleasingzahlung	Der Barwert der Mindestleasingzahlungen muss unter 90 Prozent des zum Mietbeginn existierenden Verkehrswertes (in der Regel Anschaffungskosten) liegen.	Der Barwert der Mindestleasingzahlungen muss im Wesentlichen kleiner als der Verkehrswert (in der Regel Anschaffungskosten) sein.	nicht existent

[1] FAS 13: Financial Accounting Standard
[2] IFRS 17: International Financial Reporting Standards

An dieser Stelle wird auch deutlich, warum das deutsche Finanzierungsleasing nicht mit dem internationalen Finance-Leasing gleichzusetzen ist. Befolgen Leasinggeber und Leasingnehmer die Richtlinien der deutschen Leasingerlasse, so bilanziert der Leasinggeber das Leasingobjekt und für den Leasingnehmer ergibt sich eine Off-Balance-Finanzierung mit den entsprechenden Steuerwirkungen. Darüber hinaus verbessern sich wichtige betriebswirtschaftliche Kennzahlen, die auch im Rahmen von Ratings eine bedeutende Rolle spielen.

Beim Finance-Leasing tritt der umgekehrte Effekt ein. Es werden eben nicht die Bedingungen von US-GAAP oder IFRS erfüllt und somit erfolgt die Bilanzierung des Leasingobjekts beim Leasingnehmer. Unter bestimmten Voraussetzungen kann dies sogar gewollt sein, wenn z. B. die Vergabe staatlicher Fördermittel daran geknüpft ist, dass der Leasingnehmer rechtlicher und wirtschaftlicher Eigentümer des Leasingobjekts ist, es mithin bilanziert.

6. Mietkauf

Im deutschen Steuerrecht kommt der Begriff Finance-Leasing in dieser Form nicht vor. Hier würde man von Mietkauf sprechen, der beinhaltet, dass der Mietkäufer von Beginn der Vertragslaufzeit an wirtschaftlicher Eigentümer des Mietobjekts ist. Das ist er, wenn folgende Bedingung erfüllt ist:

> Übt ein anderer (z. B. der Mieter) als der Eigentümer die tatsächliche Herrschaft über ein Wirtschaftsgut in der Weise aus, dass er den Eigentümer im Regelfall für die gewöhnliche Nutzungsdauer von der Einwirkung auf das Wirtschaftsgut wirtschaftlich ausschließen kann, so ist ihm das Wirtschaftsgut zuzurechnen.

Insbesondere in den neuen Bundesländern hat sich der zumeist von den Leasinggesellschaften angebotene Mietkauf als eine feste Stütze der Investitionsfinanzierung etabliert. Dies liegt sicher nicht zuletzt an den immer noch zahlreichen Investitionsfördermaßnahmen im Osten, deren Gewährung durch die Landesförderinstitute bzw. Förderbanken sehr häufig daran gebunden ist, dass der Investor wirtschaftlicher Eigentümer des Investitionsgutes ist.

Genau dies ist beim Mietkauf der Fall. Das Investitionsobjekt wird in der Bilanz des Mietkäufers aktiviert. Neben den Abschreibungsbeträgen geht der in den Mieten enthaltene Zinsanteil in die Erfolgsrechnung des Unternehmens ein. Die Tilgungsbeiträge sind erfolgsneutral. Über einen Tilgungsplan erfährt der Mietkäufer von der Leasinggesellschaft, welche Beträge im jeweiligen Wirtschaftsjahr als erfolgsneutral und welche als Betriebsausgaben abzusetzen sind. Die Umsatzsteuer auf die gesamte Mietforderung wird bei Vertragsbeginn in einer Summe fällig und kann vom Mietkäufer in voller Höhe als Vorsteuer geltend gemacht werden.

Damit bleibt der Vorteil der hundertprozentigen Investitionsfinanzierung erhalten und die Auszahlung aller gewährten Fördermittel erfolgt in voller Höhe unmittelbar an den Mietkäufer. Die Liquidität sowie die Sicherheiten des Mietkäufers werden geschont. Die Kreditlinien bei der Bank stehen für andere Zwecke zur Verfügung. Mit Zahlung der letzten Mietkaufrate wird der Mietkäufer automatisch auch juristischer Eigentümer des Investitionsobjekts.

7. Fazit

Mit dem Einsatz von deutschem Finanzierungsleasing, internationalem Finance-Leasing, Operate-Leasing und Mietkauf erzeugt man für ein Unternehmen jeweils spezifische betriebswirtschaftliche, rechtliche, bilanzielle und steuerliche Wirkungen, die man genau kennen sollte. Nur dann ist es möglich, ein Leasingmodell auszuwählen, dass exakt die Bedürfnisse des Unternehmens befriedigt und sich den spezifischen Gegebenheiten einer Investition anpasst. Ein so genanntes „bestes" Leasingkonzept (im Sinne eines Rankings) gibt es nicht – wohl aber eines, dass optimal zur Investition eines Unternehmens passt.

Verfügungsgewalt über Nutzungsgegenstände bei Kauf oder Leasing

Hanns-Peter Siebert

1. Einführung
2. Kauf
    2.1 Eigentümerstellung
    2.2 Eigentumsvorbehalt
    2.3 Sicherungsübereignung
3. Leasing
4. Zwangsvollstreckung und Insolvenz
    4.1 Eigentumsvorbehalt
    4.2 Rechte bei der Sicherungsübereignung
    4.3 Maßnahmen gegen den Leasingnehmer
5. Fazit

1. Einführung

Sowohl der Käufer als auch der Leasingnehmer können die durch Kauf oder Leasing erworbenen Objekte benutzen, jedoch unterscheiden sich die rechtlichen Grundlagen, auf die sich diese Nutzung beziehen.

Grundsätzlich ist nach erfolgreich abgeschlossenem Kaufvertrag der Käufer Eigentümer der gekauften Sache. Beim Abschluss eines Leasingvertrags bleibt jedoch der Leasinggeber zivilrechtlicher Eigentümer des Leasingobjekts.

Wir können bei der Nutzung der Objekte (Kaufgegenstand oder Leasingobjekt) folgende Nutzungsrechte bzw. Verfügungsrechte unterscheiden:

1. das Recht, eine Sache zu **benutzen,**
2. das Recht, die **Erträge,** die mit der Benutzung der Sache einhergehen, **zu behalten,**
3. das Recht, die Sache in Form und Aussehen **zu verändern,**
4. das Recht, die Sache gesamt oder teilweise **zu veräußern** und den Veräußerungsgewinn einzubehalten.

> Am Beispiel einer Druckmaschine werden diese abstrakten Verfügungsrechte deutlich: Das Recht, die Sache zu benutzen, also mit der Druckmaschine Druckerzeugnisse herzustellen (1.), ist von dem Recht, beispielsweise die Mieteinnahmen aus der Vermietung der Druckmaschine behalten zu dürfen (2.), zu unterscheiden. Das Recht, die Sache in Form und Aussehen zu verändern, gibt dem Nutzer das Recht, die Druckmaschine neu zu lackieren oder aber auch umzubauen (3.). Schließlich kann das Recht vorliegen, die Druckmaschine zu verkaufen (4.)

Somit ist erkennbar, dass der Wert eines Gutes sich aus ökonomischer Sicht nämlich nicht nur aus dessen Substanz (was ist es?), sondern vor allem daraus, was man mit dem Gut anfangen kann (was darf der Nutzer damit machen?), bestimmt. So ist ein Grundstück in bester Lage sehr im Wert eingeschränkt, wenn man dieses nur als Schrebergarten verwenden darf.

Die rechtlichen Bedingungen und die sich daraus ergebenen Einschränkungen der Verfügungsgewalt über die Nutzungsgegenstände sollen im Folgenden dargestellt werden.

2. Kauf

2.1 Eigentümerstellung

Durch den Kaufvertrag ist der Verkäufer verpflichtet, dem Käufer das Eigentum an der Kaufsache zu verschaffen. Dass das Eigentum an der Kaufsache nicht bereits durch den Kaufvertrag (Verpflichtungsgeschäft) übergeht, sondern erst durch einen gesonderten Vertrag, dem dinglichen Verfügungsgeschäft, übertragen werden muss, ist eine Besonderheit des deutschen Rechtssystems und den meisten Vertragsparteien nicht bekannt. Dies führt aber auch nur in den seltensten Fällen zu Problemen bei der zivilrechtlichen Abwicklung von Kaufverträgen.

Eigentum im Sinne des deutschen Zivilrechts bedeutet grundsätzlich das unbeschränkte absolute Recht an einer Sache. So darf der Eigentümer nach Belieben mit seinem Eigentum verfahren und andere von jeder Einwirkung ausschließen, soweit nicht Rechte Dritter oder Gesetze dagegen stehen. Die gesetzliche Regelung findet sich in § 903 BGB.

Auch besitzt der Eigentümer verschiedene Rechte, die das Eigentum schützen, beispielsweise den Beseitigungs- und Unterlassungsanspruch, wenn sein Eigentum in anderer Weise als durch Entziehung oder Vorenthaltung des Besitzes beeinträchtigt wird (§ 1004 BGB). Er kann daher auch auf Unterlassung der Beeinträchtigung klagen.

Besitzt ein anderer die Sache und ist dieser zu diesem Besitz nicht berechtigt, so hat der Eigentümer ein Herausgabeanspruch nach § 985 BGB. Wird das Eigentumsrecht verletzt, kann der Eigentümer einen Schadenersatzanspruch nach § 823 BGB geltend machen.

2.2 Eigentumsvorbehalt

Bei der Abwicklung eines Kaufvertrags ist der Verkäufer also verpflichtet, dem Käufer das Eigentum zu verschaffen. Häufig wird jedoch zwischen dem Verkäufer und dem Käufer ein Eigentumsvorbehalt vereinbart.

Für den Verkäufer ist der Eigentumsvorbehalt eines der in der Bundesrepublik Deutschland gebräuchlichsten Sicherungsmittel. Er wird nicht nur im Verhältnis zwischen Kaufleuten auf der einen und Konsumenten auf der anderen Seite verwendet, sondern regelmäßig auch zwischen zwei Kaufleuten bei Warenlieferungen vereinbart.

Die gesetzlichen Regelungen sehen bei einem Kaufvertrag eine Erfüllung „Zug um Zug" vor. Aufgrund des hohen Wettbewerbes ist die Verkaufsseite jedoch häufig gezwungen, Vorleistungen an den Käufer zu erbringen. Wenn der Verkäufer dem Käufer die gekaufte Ware übereignet, bevor der Käufer den vollständigen Kaufpreis gezahlt hat, hat er in der Regel die wichtigste Sicherheit bezüglich der Zahlung des Kaufpreises verloren.

Die Vereinbarung des Eigentumsvorbehalts belässt das Eigentum an der verkauften Sache bis zur Zahlung des (Rest-)Kaufpreises beim Verkäufer, während der Käufer bereits in den Besitz gelangt und die gekaufte Sache nutzen kann.

Hierbei sind verschiedene Arten des Eigentumsvorbehalts zu unterscheiden:

Einfacher Eigentumsvorbehalt

Bei der Vereinbarung des einfachen Eigentumsvorbehalts behält sich der Verkäufer das Eigentum an der verkauften Sache zur Sicherung der vollständigen Kaufpreiszahlung vor. Eigentum und unmittelbarer Besitz fallen somit auseinander. Der Käufer erwirbt den unmittelbaren Besitz an der Sache und erhält damit die Möglichkeit, die Sache zu nutzen. Der Verkäufer bleibt Eigentümer.

Der Eigentumsvorbehalt ist in § 455 BGB gesetzlich geregelt. Aufgrund des Abstraktionsprinzips ist zu unterscheiden zwischen

- dem **Kaufvertrag** einerseits und
- der **Übereignung** der gekauften Sache andererseits.

Zivilrechtlich wird also im Kaufvertrag vereinbart, dass die Eigentumsübertragung nur unter der Bedingung der vollständigen Kaufpreiszahlung erfolgt. Der Kaufvertrag für sich ist nicht von einer Bedingung abhängig. Diese Vereinbarung kann durch eine ausdrückliche, schriftliche oder mündliche Abrede bzw. durch Bezug auf Allgemeine Geschäftsbedingungen, die eine entsprechende Klausel enthalten, getroffen werden.

Die Übertragung des Eigentums an der gekauften Sache erfolgt nach § 929 BGB. Die Einigung zwischen Verkäufer und Käufer darüber, dass das Eigentum auf den Käufer übergehen soll, steht unter der aufschiebenden Bedingung der vollständigen Kaufpreiszahlung. Erst mit dem Eintritt der Bedingung, also mit der vollständigen Zahlung des Kaufpreises, wird der Käufer Eigentümer der Sache. Das Rechtsgeschäft wird also erst mit Eintritt der Bedingung wirksam.

> Händler V verkauft dem Käufer K einen Pkw unter Eigentumsvorbehalt zu einem Kaufpreis von 20.000 EUR. K zahlt bei Abschluss des Kaufvertrages 5.000 EUR an. Der Restkaufpreis soll in zehn gleichen Raten zu je 1.500 EUR gezahlt werden. V übergibt dem K den PKW mit der Vereinbarung, dass das Eigentum an dem Wagen erst an K übergehen soll, wenn der Kaufpreis vollständig gezahlt worden ist.

Hier sind also zwei Rechtsgeschäfte zwischen V und K abgeschlossen worden: Zunächst gilt ein Kaufvertrag als Verpflichtungsgeschäft gemäß § 433 BGB ohne Bedingung. Daraus folgt, dass der Kaufvertrag sofort wirksam ist. Aus diesem Kaufvertrag ist K verpflichtet, den Kaufpreis nach einer Anzahlung in monatlichen Raten zu zahlen. V hat sich verpflichtet, K den Pkw zu übergeben und ferner unter der aufschiebenden Bedingung der vollständigen Zahlung des Kaufpreises das Eigentum am Pkw zu übereignen.

Als zweites Rechtsgeschäft wurde als so genanntes Verfügungsgeschäft die Übereignung nach § 929 in Verbindung mit § 158 BGB abgeschlossen. Durch die Übergabe hat der unmittelbare Besitzer des PKW gewechselt. Durch die Bedingung wird jedoch das Eigentum am Pkw noch nicht auf K übertragen. Die Bedingung ist ein in der Zukunft liegendes, ungewisses Ereignis. Mit Eintritt der Bedingung, also mit der Zahlung des Restkaufpreises, geht das Eigentum automatisch von V auf K über, ohne dass es noch weiterer faktischer oder rechtsgeschäftlicher Handlungen bedarf.

Grundsätzlich kann der Eigentümer gemäß § 985 BGB von dem Besitzer die Herausgabe der Sache verlangen. Allerdings kann der Besitzer die Herausgabe der Sache verweigern, wenn ihm ein Recht zum Besitz im Sinne des § 986 BGB zusteht. Solange also der Kaufvertrag Bestand hat, kann der Verkäufer (Eigentümer) von dem Käufer nicht die Herausgabe der Kaufsache gemäß § 985 BGB verlangen, weil diesem aus dem Kaufvertrag ein Recht zum Besitz im Sinne des § 986 Abs. 1 BGB zusteht.

Verlängerter Eigentumsvorbehalt

Der normale Eigentumsvorbehalt verbietet dem Käufer (Vorbehaltskäufer), über die ihm noch nicht gehörende Sache zu verfügen. Somit darf dieser das Objekt weder verarbeiten noch weiterverkaufen. Es ist jedoch häufig wirtschaftlich sinnvoll, dass ein Händler, der vom Hersteller Waren unter Eigentumsvorbehalt erworben hat, in die Lage versetzt wird, über die erworbenen Waren verfügen zu können. Oft wird der Händler (Käufer) überhaupt nur dadurch in der Lage sein, den Kaufpreis an den Hersteller zu zahlen, wenn er die unter Eigentumsvorbehalt gekauften Waren an seine Kunden veräußern darf.

Daher kann der Verkäufer (Vorbehaltsverkäufer) ihm das Recht einräumen, über sein Eigentum im eigenen Namen zu verfügen (§ 185 BGB).

Mit dem Geld, das der Vorbehaltskäufer von seinen Kunden aufgrund der Kaufverträge als Kaufpreis erhält, kann er dann seine Kaufpreisschuld an den Vorbehaltsverkäufer bezahlen.

> Autohändler K kauft bei der Auto-AG, die unter anderem Pkws produziert, zehn neue Mittelklasse-Kraftfahrzeuge zum Preis von 20.000 EUR pro Stück unter Eigentumsvorbehalt. Es wird vereinbart, dass K 30 Prozent des Kaufpreises von insgesamt 200.000 EUR sofort, 40 Prozent in drei Monaten und 30 Prozent in fünf Monaten zahlen soll. K kann seinen Verpflichtungen der Auto-AG gegenüber nur nachkommen, wenn ihm die Verfügung über das Eigentum der Auto-AG gestattet wird und er hierdurch in die Lage versetzt wird, die Autos an Autokäufer weiterzugeben und diesen das Eigentum daran zu verschaffen. Mit dem von den Autokäufern als Kaufpreis erhaltenen Geld kann K dann seine eigene Kaufpreisschuld gegenüber der Auto-AG erfüllen.

Es besteht hier also eine wirtschaftliche Notwendigkeit, dem Autohändler K die Möglichkeit zu geben, über die gekauften Sachen verfügen zu können. Um nämlich dem Autokäufer das Eigentum an dem Pkw verschaffen zu können, muss der Autohändler von der Auto-AG ermächtigt werden, dieses Eigentum auf den Autokäufer zu übertragen. Folglich verliert die Auto-AG ihr Eigentum und somit ihr Sicherungsmittel.

An diesem Beispiel ist erkennbar, dass der einfache Eigentumsvorbehalt den Bedürfnissen des Geschäftsverkehrs in diesen Fällen nicht gerecht werden kann.

Wenn es notwendig ist, dem Vorbehaltskäufer die Verfügung über das Sicherungsgut zu ermöglichen, so muss zugleich doch gewährleistet sein, dass der Vorbehaltsverkäufer eine Sicherheit für die noch nicht beglichene Kaufpreisschuld bzw. seine Kaufpreisforderung behält. Hier ist die Vereinbarung eines verlängerten Eigentumsvorbehalts sinnvoll und in der Praxis auch regelmäßig üblich. Sie trägt sowohl den wirtschaftlichen Interessen des Vorbehaltskäufers als auch dem Sicherungsbedürfnis des Vorbehaltsverkäufers Rechnung. Daher ermächtigt der Vorbehaltsverkäufer den Vorbehaltskäufer, gemäß § 185 BGB über sein Eigentum an der gekauften Sache zu verfügen. Somit ist dieser berechtigt, das Eigentum an der Sache auf einen Dritten zu übertragen. Dieser Dritte erwirbt gemäß §§ 929, 185 BGB das Eigentum an der Vorbehaltssache. Um dennoch dem Vorbehaltsverkäufer ein Sicherungsinstrument an die Hand zu geben, bietet sich die Forderung an, die der Vorbehaltskäufer aus dem Kaufvertrag mit dem Dritten erhält. Diese Forderung tritt er beim verlängerten Eigentumsvorbehalt gemäß § 398 BGB an den Vorbehaltsverkäufer ab.

Auch zukünftige Forderungen können abgetreten werden, wenn sie so genau gekennzeichnet werden können, dass sie spätestens im Zeitpunkt ihrer Entstehung zweifelsfrei bestimmbar sind. Wenn also der Vorbehaltskäufer die Vorbehaltssache an einen Dritten weiter veräußert, lassen sich – jedenfalls aus der Rechnung oder dem Lieferschein – die Person des Schuldners und die Höhe der Forderung genau bestimmen. Damit ist eine solche Vorausabtretung gemäß § 398 BGB möglich.

Der verlängerte Eigentumsvorbehalt mit der Ermächtigung zur Verfügung über das Eigentum an der Vorbehaltssache und der Vorausabtretung der Kaufpreisforderung, die der Vorbehaltskäufer gegen einen Dritten durch die Weiterveräußerung erhalten wird, ist für die Gestaltung der Rechtsbeziehungen zwischen Herstellern und Händlern und deren Kunden typisch. Regelmäßig werden entsprechende Vereinbarungen durch die Allgemeine Geschäftsbedingungen, die entsprechende Klauseln enthalten, Vertragsbestandteil.

Eigentumsvorbehalt und Verarbeitungsklausel

Die Vereinbarung eines einfachen Eigentumsvorbehalts entspricht auch dann nicht den wirtschaftlichen Bedürfnissen der Beteiligten, wenn der Vorbehaltskäufer aus den von dem Vorbehaltsverkäufer erworbenen Waren neue Sachen produziert und diese weiterveräußert.

> Ein Autohersteller verarbeitet Stahl, das er von einem Walzwerk unter Eigentumsvorbehalt bezieht, zu Autos.

Hier geht der Eigentumsvorbehalt ins Leere, weil derjenige, der durch Verarbeitung von Stoffen neue Sachen herstellt, unter den in § 950 BGB genannten Voraussetzungen Eigentümer der neuen Sachen wird, und zwar auch dann, wenn er nicht der Eigentümer der Stoffe ist.

Im vorhergehenden Beispiel wird der Autohersteller gemäß § 950 BGB Eigentümer der hergestellten Autos. Das Walzwerk verliert das Eigentum an dem zu Autos verarbeiteten Stahl.

Der Grundgedanke des § 950 BGB ist, dass der Wert, der in der Verarbeitung oder Umbildung von Sachen besteht, höher ist als der Wert der verarbeiteten Stoffe. Deshalb wird der Hersteller der neuen Sache auch Eigentümer an dieser Sache. Derjenige, der Eigentümer der ursprünglichen Sache war, verliert das Eigentum.

Verarbeitungsklausel

Mit einer Verarbeitungsklausel wird abweichend von der gesetzlichen Regelung vereinbart, dass sich der Eigentumsvorbehalt an der gelieferten Ware nach der Verarbeitung oder Umbildung an dem daraus hergestellten Erzeugnis fortsetzen soll. Werden zur Herstellung des neuen Produkts Waren verschiedener Lieferanten verwendet, können sich Probleme ergeben, wenn alle diese unter Eigentumsvorbehalt geliefert wurden. Für den Fall einer solchen „Sicherungskollision" wird regelmäßig bestimmt, dass der Verkäufer das Miteigentum an der neuen Sache im Verhältnis des Wertes der von ihm gelieferten Vorbehaltsware zum Anschaffungspreis der anderen verarbeiteten Waren (zur Zeit der Verarbeitung) erwirbt.

2.3 Sicherungsübereignung

Eine weitere häufig anzutreffende Einschränkung der Nutzungsmöglichkeiten über die durch Kaufvertrag erworbenen Produkte ist die Verwendung dieser Objekte als Kreditsicherheit. Nicht nur bei der Kaufpreisfinanzierung für diese Objekte, sondern auch zur Absicherung von anderem Finanzierungsbedarf kann das Eigentum an der gekauften Sache im Rahmen einer Sicherungsübereignung übertragen werden.

Bei der Sicherungsübereignung überträgt der Kreditschuldner als Sicherungsgeber dem Kreditgläubiger (Sicherungsnehmer) das Eigentum am Objekt gemäß §§ 929, 930 BGB durch Einigung und Vereinbarung eines so genannten Besitzmittlungsverhältnisses. Der unmittelbare Besitz an der Sache verbleibt beim Schuldner, der das Objekt auch benutzen darf. Erst wenn der Schuldner seinen vereinbarten Verpflichtungen nicht nachkommt, die gesicherte Forderung also fällig wird, hat der Kreditgeber das Recht, die Sache vom Kreditnehmer und Besitzer herauszuverlangen und sie gemäß der zwischen ihnen getroffenen Vereinbarungen zu verwerten.

Bei der Entstehung des Sicherungseigentums sind drei Rechtsverhältnisse zu unterscheiden:

1. der Kreditvertrag als schuldrechtlicher Vertrag, aus dem die Forderung stammt, die durch das Sicherungseigentum gesichert werden soll,
2. die Sicherungsabrede bzw. der Sicherungsvertrag,
3. die Übereignung gemäß §§ 929, 930 BGB durch Einigung und statt der Übergabe des Objekts die Vereinbarung eines Besitzmittlungsverhältnisses.

Bei der zu sichernden Forderung handelt es sich meist um eine Darlehensrückforderung aus einem Darlehen, welches ein Kreditinstitut dem Kreditnehmer gewährt hat.

> Die ABC-Bank gewährt dem Autohändler M ein Darlehen in Höhe von 200.000 EUR. Zur Sicherung der Darlehensrückzahlungsforderung, die die ABC-Bank als Gläubigerin gegenüber M als Schuldner hat, übereignet M der ABC-Bank zehn fabrikneue Pkws durch Einigung über den Eigentumsübergang und Vereinbarung eines Besitzmittlungsverhältnisses.

Der Sicherungsvertrag ist ein schuldrechtlicher Vertrag eigener Art. Durch ihn verpflichtet sich der Schuldner (Sicherungsgeber) zum einen, dem Gläubiger (Sicherungsnehmer) das Eigentum an dem Sicherungsgut gemäß §§ 929, 930 BGB zu übertragen. Somit ist der Sicherungsvertrag der rechtliche Grund für die Eigentumsübertragung selbst. Ferner begründet er für die Beteiligten eine Reihe weiterer Pflichten. Der Schuldner als Sicherungsgeber verpflichtet sich, die Sachen ordnungsgemäß und pfleglich zu behandeln. Sollten die Sachen beschädigt werden, verpflichtet er sich, diese auf seine Kosten reparieren zu lassen. Ferner müssen die Sachen von ihm versichert werden. Er muss dem Gläubiger anzeigen, wenn die zur Sicherung übereigneten Sachen, die er in Besitz hat, durch andere Gläubiger gepfändet werden, damit der Sicherungsnehmer die Gelegenheit hat, im Wege der Klage die Zwangsvollstreckung für unzulässig erklären zu lassen.

Aber auch der Sicherungsnehmer muss einige Pflichten beachten. Er muss dem Schuldner die zur Sicherung übereigneten Sachen in unmittelbarem Besitz belassen und ihm die

Benutzung gestatten. Ferner muss er dem Schuldner die Sachen zurückübereignen, sobald der Sicherungszweck erfüllt ist. Hierzu ist jedoch meist eine ausdrückliche Willenserklärung des Gläubigers notwendig, da nur selten ein automatischer Rückfall des Eigentums an den Schuldner für den Fall vereinbart worden ist, dass die zu sichernde Forderung erlischt.

Ferner hat sich der Sicherungsnehmer als Eigentümer jeder Verfügung über das Eigentum zu enthalten, die den Rückübereignungsanspruch des Schuldners vereiteln könnte.

Wie die Verwertung im Sicherungsfall zu erfolgen hat, richtet sich regelmäßig nach den Vereinbarungen, die Gläubiger und Schuldner in dem Sicherungsvertrag getroffen haben. Der Gläubiger kann in diesem Fall als Eigentümer gemäß § 985 BGB von dem Schuldner die Herausgabe der Sachen verlangen. Der Schuldner besitzt mit Eintritt des Sicherungsfalls kein Recht mehr am Objekt im Sinne des § 986 BGB.

Die Verwertung durch den Gläubiger erfolgt regelmäßig durch freihändigen Verkauf oder öffentliche Versteigerung.

Mit dem Erlös, der durch den Verkauf erzielt wird, wird die noch ausstehende Forderung getilgt.

Sofern nach Abzug der offenen Forderung und der Verwertungskosten ein Überschuss verbleibt, ist dieser an den Schuldner auszuzahlen. Ist jedoch der Erlös geringer als die gesicherte Forderung, so hat der Gläubiger einen Anspruch auf Zahlung des Rests gegen den Schuldner.

Die Sicherungsübereignung bringt für den Rechtsverkehr Gefahren mit sich, die häufig unterschätzt werden:

- Die Sicherungsübereignung ist für Außenstehende nicht erkennbar. Es ist somit ohne weiteres möglich, dass jemand durch den Besitz wertvoller Sachen den Eindruck erweckt, als sei er vermögend und deshalb kreditwürdig, obwohl die Sachen zur Sicherheit an einen Kreditgeber übereignet sind. Andere Kreditgeber könnten sich dadurch täuschen lassen. Auch im Jahresabschluss des Sicherungsgebers wird nicht angegeben, welche Vermögensgegenstände zur Sicherung übereignet wurden. Dieses Problem der mangelnden Offenkundigkeit der Eigentumsverhältnisse tritt auch bei unter Eigentumsvorbehalt gelieferten Sachen auf.
- Die Sicherungsübereignung birgt für den Sicherungsnehmer als Gläubiger ein Risiko des Verlustes der Kreditsicherheit, weil der Sicherungsgeber (= Schuldner) die Objekte im Besitz hat und der Gläubiger wegen der Möglichkeit des gutgläubigen Eigentumserwerbs durch Dritte Gefahr läuft, dass der Schuldner die zur Sicherung übereigneten Sachen unterschlägt und an gutgläubige Dritte wirksam übereignet (§§ 929, 932 BGB).

3. Leasing

Rechtlich gesehen ist Leasing eine Miete besonderer Art. Im Unterschied zum Mietvertrag nach BGB ist vor allem wichtig, dass der Leasingnehmer das Leasingobjekt wie ein Eigentümer auswählen und nutzen kann.

Es entspricht der herrschenden Meinung in der Literatur und der Rechtsprechung, dass die Hauptpflicht des Leasinggebers darin besteht, während des Leasingvertrags dem Leasingnehmer das Leasingobjekt zu überlassen.

Die Leasingverträge enthalten üblicherweise die Verpflichtung des Leasingnehmers, das Leasingobjekt auf seine Kosten in einem ordnungsgemäßen und funktionsfähigen Zustand zu erhalten. Er muss die entstandenen Schäden am Leasingobjekt auf eigene Kosten beseitigen. Dadurch ist der Leasingnehmer zum schonenden Umgang mit dem Leasingobjekt verpflichtet, häufig wird sogar vertraglich zwischen dem Leasinggeber und dem Leasingnehmer der Abschluss eines Wartungsvertrags vereinbart.

Nach Beendigung des Leasingvertrags ist der Leasingnehmer nach § 556 BGB verpflichtet, das Leasingobjekt an den Leasinggeber zurückzugeben. Bei dieser Rückgabeverpflichtung handelt es sich um eine so genannte Bringschuld. Grundsätzlich ist sie am Sitz des Leasinggebers zu erfüllen, das heißt, das Objekt muss auf Kosten und Gefahr des Leasingnehmers zum Leasinggeber verbracht werden. Häufig ist jedoch in den Leasingvertragsbestimmungen eine Klausel zu finden, dass der Leasingnehmer verpflichtet ist, das Leasingobjekt an einen vom Leasinggeber zu benennenden Ort zu verbringen. Daher steht bei Abschluss des Leasingvertrags nicht von vornherein fest, mit welchen Mehrkosten der Leasingnehmer zu rechnen hat, indem er das Leasingobjekt nicht an die Geschäftsadresse des Leasinggebers, sondern an einen Dritten zu versenden hat.

Zum Zeitpunkt der Rückgabe muss das Leasingobjekt sich in einem ordnungsgemäßen Zustand befinden. Der ordnungsgemäße Zustand wird nach den Regeln des § 548 BGB beurteilt. Danach hat der Leasingnehmer eine Verschlechterung des Leasingobjekts, die durch den vertragsgemäßen Gebrauch herbeigeführt worden ist, nicht zu vertreten.

Einbauten und Einrichtungen, mit denen der Leasingnehmer das Leasingobjekt versehen hat, sind auf seine Kosten zu entfernen.

Der Leasingnehmer ist zum vertragsgemäßen Gebrauch des Leasingobjekts berechtigt. Jedoch darf er das Leasingobjekt weder verkaufen noch verpfänden oder anderweitig als Sicherungsmittel verwenden.

Da auf Leasingverträge überwiegend die mietrechtlichen Bestimmungen des bürgerlichen Gesetzbuches anzuwenden sind, ist der Leasinggeber bei vertragswidrigem Gebrauch des Leasingobjekts unter bestimmten Voraussetzungen zur fristlosen Kündigung des Leasingvertrags berechtigt (§ 553 BGB). Wie auch der Vermieter hat der Leasinggeber als wirtschaftlicher und rechtlicher Eigentümer des Leasingobjekts ein berechtigtes Interesse, dass der Leasingnehmer das Leasingobjekt gemäß den vertraglichen Vereinbarungen, also ordnungsgemäß und damit nicht vertragswidrig, nutzt. Hierbei kommt es nur auf den tatsächlichen vertragswidrigen Gebrauch an (objektiver Tatbestand); ein Verschulden des Leasingnehmers ist nicht erforderlich.

Jede Nutzung des Leasingobjekts, die zu einem Schaden führt, der nicht zwangsläufig Folge der ordnungsgemäßen Nutzung ist, ist nach herrschender Rechtsmeinung als vertragswidrig einzuordnen. Für das Kündigungsrecht des Leasinggebers reicht es aus, das infolge der unsachgemäßen und vertragswidrigen Behandlung des Leasingobjekts die Gefahr eines Schadens droht, der Schaden muss also nicht schon entstanden sein.

Die Ausgestaltung des vertraglich vereinbarten Gebrauches wird regelmäßig im Leasingvertrag getroffen. Fehlen solche Vereinbarungen, ist auf die mietrechtlichen Vorschriften der §§ 550 ff. BGB zurückzugreifen. Jede Veränderung des Verwendungszwecks des Leasingobjekts ist eine vertragswidrige Nutzung und braucht vom Leasinggeber nicht hingenommen zu werden. Somit hat der Leasinggeber gegenüber dem Leasingnehmer in diesen Fällen einen Anspruch auf Unterlassung der vertragswidrigen Nutzung des Leasingobjekts.

Auch ist nach § 553 BGB der Leasinggeber zur fristlosen Kündigung des Leasingvertrags berechtigt, wenn der Leasingnehmer (im Sinne eines Mieters) die ihm obliegende Sorgfalt vernachlässigt und hierdurch die Rechte des Leasinggebers (als Vermieter) erheblich gefährdet werden. Als Beispiel ist hier die unerlaubte Überlassung des Leasingobjekts an einen Dritten im Rahmen einer nicht genehmigten Untervermietung zu nennen. Häufig kann auch der Nicht-Abschluss eines vertraglich vorgeschriebenen Wartungsvertrags die Interessen des Leasinggebers erheblich beeinträchtigen, sodass er in diesem Falle zur fristlosen Kündigung des Leasingvertrags berechtigt ist. Denn auch in diesem Fall hat der Leasinggeber als wirtschaftlicher und rechtlicher Eigentümer ein berechtigtes Interesse, dass das Leasingobjekt ordnungsgemäß gewartet wird.

Fraglich ist, inwieweit der Leasingnehmer bei vertragswidrigem Gebrauch für das Handeln bzw. das Unterlassen Dritter verantwortlich gemacht werden kann. Eindeutig zu bejahen ist seine Verantwortung, sofern Dritte als Erfüllungsgehilfen des Leasingnehmers handeln (bzw. im Falle des Unterlassens nicht handeln). Erfüllungsgehilfen sind beispielsweise Angestellte, Mitarbeiter und Arbeitnehmer des Leasingnehmers, aber auch alle Personen, die mit Wissen und Wollen des Leasingnehmers das Leasingobjekt mitbenutzen.

Regelmäßig findet sich in den Allgemeinen Vertragsbedingungen der Leasingverträge eine Regelung, dass der Leasinggeber zur fristlosen Kündigung des Leasingvertrags berechtigt ist, wenn der Leasingnehmer ohne seine Zustimmung das Leasingobjekt austauscht oder es an einen anderen Standort verbringt. Dieses Kündigungsrecht ist für die Fälle nicht zu beanstanden, in denen die Eigentumsrechte des Leasinggebers durch einen Austausch beeinträchtigt werden. Durch den Austausch des Leasingobjekts ohne Zustimmung des Leasinggebers wird dieser in seinem Eigentumsrecht verletzt und der Leasingnehmer macht sich nach § 823 BGB schadenersatzpflichtig. Ferner greift in diesem Fall ein Schadenersatzanspruch aus der so genannten positiven Vertragsverletzung. Voraussetzung für jeglichen Schadenersatzanspruch ist jedoch der Nachweis eines Schadens beim Leasinggeber.

Verbringt der Leasingnehmer das Leasingobjekt an einen anderen Ort und hat der Leasinggeber hierzu seine Zustimmung nicht erteilt, so ist damit nicht automatisch eine Beeinträchtigung der Interessen des Leasinggebers verbunden, solange der Leasingnehmer weiterhin das Leasingobjekt im Rahmen der vorgesehenen Nutzung einsetzt. Ein Schaden wird in diesen Fällen nicht nachweisbar sein.

Der Leasinggeber kann vom Leasingnehmer unter Umständen verlangen, dass dieser das Leasingobjekt wieder an seinen ursprünglichen Standort verbringt. Hierbei sind jedoch die Grenzen des § 242 BGB und somit die berechtigten Interessen auch des Leasingnehmers zu beachten.

Nach herrschender Rechtsprechung sind Regelungen in den Leasingverträgen zulässig, in den sich der Leasingnehmer verpflichtet, im Falle des Zahlungsverzugs das Leasingobjekt an den Leasinggeber herauszugeben, bis er seinen Zahlungsverpflichtungen nachgekommen ist. Aber auch bei Herausgabe des Leasingobjekts ist der Leasingnehmer verpflichtet, weiterhin die vereinbarten Leasingraten zu zahlen. Sobald der Zahlungsrückstand ausgeglichen ist, wird ihm das Leasingobjekt wieder zur Nutzung überlassen.

4. Zwangsvollstreckung und Insolvenz

4.1 Eigentumsvorbehalt

Der Eigentumsvorbehalt kann nur dann ein geeignetes Sicherungsmittel sein, wenn es dem Vorbehaltsverkäufer als Eigentümer der Sache die Sicherheit bietet, gegen andere Gläubiger des Käufers Einwendungen gelten zu machen, falls es zur Zwangsvollstreckung oder zur Insolvenz kommt.

Vollstreckt ein Gläubiger des Käufers die unter Eigentumsvorbehalt gekauften Sachen, die sich im Besitz des Käufers befinden, so kann der Verkäufer, da er noch Eigentümer der Sache ist, im Wege der Klage Widerspruch gegen die Zwangsvollstreckung geltend machen. Ziel dieses Widerspruchs ist die Aufhebung der Vollstreckungsmaßnahme (§ 771 ZPO).

Kommt es zur Insolvenz des Käufers, so kann der Insolvenzverwalter den mit dem Vorbehaltsverkäufer abgeschlossenen Kaufvertrag erfüllen und an ihn den Restkaufpreis bezahlen. Mit der vollständigen Zahlung des Restkaufpreises geht dann das Eigentum an der gekauften Sache automatisch auf den Käufer über. Die Sache gehört damit zur Insolvenzmasse und kann somit vom Insolvenzverwalter verwertet werden.

Lehnt der Insolvenzverwalter die Erfüllung des Vertrags ab, kann der Verkäufer gemäß § 455 vom Kaufvertrag zurücktreten. Damit entfällt jedoch auch das Recht des Käufers zum Besitz. Der Verkäufer kann nun die Sache aus der Insolvenzmasse aussondern, muss aber natürlich die bereits erhaltenen Kaufpreisraten an die Insolvenzmasse zurückerstatten.

4.2 Rechte bei der Sicherungsübereignung

Bei der Pfändung des Sicherungsgutes durch einen Gläubiger des Sicherungsgebers (Schuldner) steht dem Sicherungsnehmer das Recht der Drittwiderspruchsklage zu.

Das Sicherungseigentum gibt dem Sicherungsgeber bei Insolvenz des Sicherungsnehmers das Recht auf eine abgesonderte Befriedigung.

4.3 Maßnahmen gegen den Leasingnehmer

Der unmittelbare Besitz am Leasingobjekt verbleibt während der Dauer des Leasingvertrags beim Leasingnehmer. Er hat somit auch Gewahrsam an der körperlichen Sache.

Pfändet ein Gerichtsvollzieher im Auftrage eines Gläubigers des Leasingnehmers das Leasingobjekt, so hat der Leasinggeber das Recht, Drittwiderspruchsklage gemäß § 771 ZPO zu erheben, da er rechtlicher Eigentümer des Leasingobjekts ist. Die hier angesprochene Drittwiderspruchsklage nach § 771 ZPO dient dem Zweck, die vorgenommene Zwangsvollstreckung für unzulässig zu erklären, da das Leasingobjekt nicht in das Vermögen gehört, welches für die sonstigen Schulden des Leasingnehmers haftet.

5. Fazit

Nach vereinbarungsgemäßer Begleichung des Kaufpreises besitzt der Käufer das uneingeschränkte Nutzungsrecht an der Kaufsache; er kann die Sache benutzen, die Erträge daraus ziehen, verändern und veräußern.

Wird dagegen der Kaufpreis finanziert und dient die Kaufsache als Kreditsicherheit (durch Eigentumsvorbehalt oder Sicherungsübereignung), so führt die Berücksichtigung der Interessen des Sicherungsnehmers regelmäßig zu einer Einschränkung der Verfügungsmacht über das Objekt. Ähnliches gilt bei einer Leasingfinanzierung. Auch hier muss der Leasingnehmer Einschränkungen der Nutzung in Kauf nehmen, um die Eigentumsrechte des Leasinggebers nicht zu beeinträchtigen. Meist sind diese Einschränkungen jedoch umfangreicher als bei einer Kreditfinanzierung, bei der das Objekt nur als Kreditsicherheit dient.

Ferner ist bei einer Kreditbesicherung zu berücksichtigen, dass diese Sicherheit nicht nur für die Kaufpreisfinanzierung, sondern auch für andere Finanzierungen des Schuldners als Sicherheit dienen kann; dagegen steht ein Leasingobjekt für keine weitere Finanzierung als Sicherheit zur Verfügung.

Zivilrechtliche Bedeutung von Dauernutzungsverhältnissen

Benno Kreuzmair

1. Einführender Gedanke zum Leasing
   1.1 Eigentum oder Nutzung
   1.2 Zuordnung und Zurechnung
2. Erscheinungsformen des Leasings
   2.1 Operate-Leasing
   2.2 Finanzierungsleasing
      2.2.1 Ordentlich unkündbare Grundmietzeit
      2.2.2 Vollamortisationsgarantie des Leasingnehmers
      2.2.3 „40–90-Prozent-Regel"
      2.2.4 Kein Spezialleasing
      2.2.5 Rechtsqualität der Erlasse
3. Definition des Leasings
   3.1 Tausch von Nutzbarkeit gegen Entgelt
   3.2 Zeitlichkeit
   3.3 Risiko-Verlagerung
4. Sprache des Leasings
5. Rechtsnatur des Leasings
   5.1 Mietrechtliche Elemente
   5.2 Kaufrechtliche Elemente
      5.2.1 Überwälzung der Mängelrechte auf den Leasingnehmer
      5.2.2 Überwälzung der Sach- und Preisgefahr auf den Leasingnehmer

6. Leasingbeteiligte

   6.1 „Leasingdreieck"

      6.1.1 Geometrischer Lapsus

      6.1.2 Drei-Personen-Verhältnis

   6.2 „Leasingkreuz"

7. Leasinggeschäfte

   7.1 Leasingkerngeschäft

      7.1.1 Leasingvertrag

      7.1.2 Kaufvertrag

   7.2 Leasingkonnexgeschäfte

      7.2.1 Sicherungsgeschäfte

      7.2.2 Refinanzierungsgeschäft

   7.3 Typische Leasingkonstellationen

      7.3.1 Vertragsanbahnung und -abschluss

      7.3.2 Lieferung

      7.3.3 Mängelhaftung

      7.3.4 Sach- und Preisgefahr

      7.3.5 Zahlungsverzug

      7.3.6 Vertragsbeendigung

8. Leasingrisiken

   8.1 Bonitätsrisiken

   8.2 Objektrisiken

   8.3 Vertragsrisiken

   8.4 Rechtsrisiken

1. Einführender Gedanke zum Leasing

„Reichtum ist eher, eine Sache nutzen zu können, als sie zu besitzen", sagte der griechische Philosoph Aristoteles vor gut 2000 Jahren. Dieser Gedanke liegt bis auf den heutigen Tag allem Leasing zugrunde.

1.1 Eigentum oder Nutzung

Der „Besitz" im Zitat ist dabei die gängige alltagssprachliche Formulierung für das – so der juristisch exakte Begriff – „Eigentum" am Objekt. Gemeint ist das „Haben" einer Sache, ihre Zugehörigkeit zum eigenen Vermögen. Diese allumfassende Verfügungsmacht über einen Gegenstand ist eine zum Kaufpreis erworbene Wunscherfüllung.

Zu teuer? Auf jeden Fall dann, wenn dem, der mit dem Objekt schalten und walten will, die tatsächliche Sachherrschaft, also der „Besitz" im rechtlichen Sinne, und die Nutzbarkeit der Sache im aristotelischen Sinne reichen würde. Die Wahrnehmung lediglich der Möglichkeit zur Ertrag bringenden Nutzung der Sache ist im Vergleich zum Vollerwerb des Eigentums preisgünstiger und erlaubt, im Rhythmus des Zuflusses, einen Teil der Erträge als Nutzungsentgelt abzuzweigen.

Im Kern muss sich also der potenzielle Leasingkunde zwischen eigentumsübertragendem Warenumsatz durch Kauf einerseits und Nutzungsüberlassung durch Leasing andererseits entscheiden.

1.2 Zuordnung und Zurechnung

Die Entscheidung für den bloßen Gebrauch setzt voraus, dass ein anderer bereit ist, das Objekt als Eigentum zu erwerben und dem nur an der Nutzung Interessierten zu überlassen, indem er das Nutzungsrecht aus dem Vollrecht des Eigentums sozusagen „abspaltet". Dieser Eigentümer, die Leasinggesellschaft, erwirbt und behält das zivilrechtliche „Eigentum" am Leasingobjekt, ihr ist das Leasingobjekt so lange sachenrechtlich „zugeordnet", bis sie den Gegenstand veräußert. Die Rechtsmacht, die diese Zuordnung dem Leasinggeber verleiht, bedeutet, das Leasingobjekt auch an einen anderen vermieten, es von dem Besitzer herausverlangen oder vernichten zu können.

Die steuerrechtliche Leasingschau misstraut dieser zivilrechtlichen Zuordnung der Objekte zu natürlichen oder juristischen Personen und hat dabei den Missbrauch zivilrechtlicher Gestaltungsmöglichkeiten, insbesondere die Aushöhlung von Rechtskonstrukten im Visier: In Extremfällen, deren Vorliegen einer wertenden Betrachtungsweise bedarf, nabelt sich das Steuerrecht vom Zivilrecht ab, riskiert den ansonsten verpönten Widerspruch innerhalb unserer Rechtsordnung und „rechnet" (nicht: „ordnet"!) das Leasingobjekt anderweitig „zu": So soll in diesen Ausnahme-Tatbeständen für die eigentumsorientierten steuerlichen Leasingfolgen wie die Absetzbarkeit für Abnutzung nicht die zivilrechtliche Eigentumslage Maß geben, die steuerliche Zurechnung nicht der zivilrechtlichen Zuordnung folgen. Relevant sollen vielmehr nach der Bestimmung des § 39 der Abgabenordnung, mit von der Finanzverwaltung gegriffenen Zahlen ergänzt durch die Leasingerlasse, die Nutzbarkeitsdauer, die Möglichkeit zur ordentlichen Kündigung, die Garantie der Vollamortisation durch den Leasingnehmer sein – alles Kriterien, die mit dem zivilrechtlichen Eigentum nichts zu tun haben oder es gar absichtlich konterkarieren. Der Gesetzgeber der Abgabenordnung und – ihm beispringend – der der Exekutive angehörende Erlassgeber der Leasingerlasse – haben also Ausnahmefälle statuiert, in denen das „wirtschaftliche" Eigentum atypischer Weise dem Leasingnehmer „zugerechnet" wird, auf ihn „kippt", wie man sagt: Dann gibt es – horribile dictu – „zwei" Eigentümer, einen juristischen und einen „wirtschaftlichen", um den zweifelhaften, aber eingeschliffenen Sprachgebrauch der Leasingpraxis wiederzugeben.

2. Erscheinungsformen des Leasings

Das Leasing hat trotz seiner kurzen, in Deutschland erst in den 1960er-Jahren beginnenden Geschichte eine erstaunliche Artenvielfalt entwickelt, die nach und nach von der Rechtsprechung der Instanzgerichte, insbesondere aber des Bundesgerichtshofs (BGH), kritisch geprüft und sanktioniert, auf jeden Fall in über 100 höchstrichterlichen Entscheidungen weitestgehend mitgestaltet worden ist. Die zivilrechtliche Gestalt des Leasings, das „Leitbild des Finanzierungsleasingvertrags", ist zweifellos vom BGH entscheidend mitgeformt worden. Dabei haben sich zwei große Rubriken als zivil- und steuerrechtlich relevante Einteilungen des Leasings durchgesetzt: das Operate-Leasing und das Finanzierungsleasing.

2.1 Operate-Leasing

Operate-Leasing (auch: „Operate-Lease") ist eher Miete: das Auto am Flughafen, der Bagger für die Baustelle. Der Vertrag ist kurz oder unbestimmt befristet, der Restwert bleibt offen, das Investitionsrisiko trägt allein der Leasinggeber. Die Chance der Wertsteigerung, das Risiko der Wertminderung des Leasingobjekts während der Vertragsdauer ist nicht auf zwei Schultern verteilt, sondern liegt lediglich beim Leasinggeber. Hoch aktuell wird diese Leasingspielart durch die sukzessive Einführung der IAS-/IFRS-Rechnungslegungsvorschriften: Nach diesem Regelwerk werden die meisten Finanzierungsleasingverträge steuerrechtlich als Operate-Leasingverträge zu qualifizieren sein.

2.2 Finanzierungsleasing

Finanzierungsleasing, das klassische Leasing, erfordert – so die Leasingerlasse der Finanzverwaltung – vier Tatbestandsmerkmale, die in den folgenden Abschnitten erläutert werden.

2.2.1 Ordentlich unkündbare Grundmietzeit

Der Vertrag muss während seiner „Grundmietzeit" unkündbar sein, darf nicht durch ordentliche Kündigung einer der beiden Vertragsparteien beendet werden können. Eine außerordentliche Kündigung, etwa wegen Zahlungsverzugs des Leasingnehmers bleibt selbstverständlich – leasingerlass-unschädlich – erlaubt. Grenzfälle sind etwa „Covenants", also Leasingklauseln, die die außerordentliche Kündigung an das Eintreten bestimmter Bilanzrelationen anknüpfen.

2.2.2 Vollamortisationsgarantie des Leasingnehmers

Der Leasingnehmer muss für die volle Amortisation der vom Leasinggeber eingesetzten Kosten geradestehen („Vollamortisationsgarantie" des Leasingnehmers). Zu diesen Kosten rechnet man die Anschaffungs- oder – in der Praxis äußerst selten anfallenden – Herstellungskosten des Leasingobjekts, die Finanzierungskosten, den Verwaltungsaufwand sowie den Gewinn des Leasinggebers. Diese Garantie des Leasingnehmers greift vor allem dann, wenn bei den so genannten „Teilamortisationsverträgen", bei denen während der Vertragsdauer lediglich ein Teil der Kosten des Leasinggebers amortisiert wird, die im Voraus kalkulierte Höhe des Restwerts vom Verwertungserlös nicht erreicht wird. Hier muss der Leasingnehmer den „Mindererlös" drauflegen.

2.2.3 „40–90-Prozent-Regel"

Die Laufzeit des Leasingvertrags muss mindestens 40 Prozent und darf höchstens 90 Prozent der „(betriebs-)gewöhnlichen" Nutzungsdauer betragen. Unterschreitet die leasingvertragliche Nutzungsdauer 40 Prozent der gewöhnlichen Nutzungsdauer, mutmaßt die Finanzverwaltung einen Pseudo-Leasingvertrag, der einen Ratenkauf kaschiert. Überschreitet die gewöhnliche Nutzungsdauer 90 Prozent, bekommt der Leasinggeber nur ein Schrottobjekt zurück, mit dem er nichts mehr anfangen und daher auch nicht den Anspruch erheben kann, noch ein ernst zu nehmender „wirtschaftlicher" Eigentümer zu sein.

Zeitliche Anhaltspunkte für die „gewöhnliche" Nutzungsdauer finden sich in den AfA-Tabellen. „AfA" ist im steuerrechtlichen Bereich die Abkürzung für „Absetzung für Abnutzung". In der Praxis wird oft die Vokabel „Abschreibung" gebraucht, die sich allerdings – betriebswirtschaftlich exakt formuliert – auf die „planmäßige" Nutzungsdauer bezieht.

2.2.4 Kein Spezialleasing

Als viertes und letztes Kriterium statuieren die Leasingerlasse, dass das Leasingobjekt marktgängig sein muss. Oft wird für den gleichen Sachverhalt „drittverwendungsfähig", „drittverwertungsfähig" oder „fungibel" formuliert. Das Leasingobjekt darf nicht so speziell auf den Leasingnehmer zugeschnitten sein, dass ein anderer damit nichts mehr anfangen kann.

2.2.5 Rechtsqualität der Erlasse

Stets ist freilich die mindere Rechtsqualität der Erlasse im Auge zu behalten: Sie sind bloße interne Dienstanweisungen der Finanzverwaltung an nachgeordnete Behörden, die durch den von der Branche gefürchteten „Federstrich" des Finanzministers jederzeit makulierbar sind.

3. Definition des Leasings

Eine verbindliche, allumfassende Definition des Leasings gibt es nicht. Die wichtigsten Vertragspunkte, über die sich die Leasingparteien einigen müssen, sind allerdings schnell aufgezählt.

3.1 Tausch von Nutzbarkeit gegen Entgelt

Der Leasinggeber bietet dem Leasingnehmer als seine Tauschleistung im Leistungsaustausch die Nutzbarkeit des Leasingobjekts an. Die Tausch(gegen)leistung des Leasingnehmers sind Valuta. Leistung und Gegenleistung stehen im gegenseitigen Abhängigkeitsverhältnis („Synallagma"). Insoweit ist Leasing in erster Linie der entgeltlich gebrauchsüberlassenden Miete ähnlich.

3.2 Zeitlichkeit

Ein wesentliches Leasingmoment ist die Zeitlichkeit, die zeitliche Beschränkung der Nutzungsüberlassung. Während nach Perfektionierung eines Warenumsatzgeschäfts (Kauf) das Objekt zeitlich unbegrenzt genutzt werden kann, hat Finanzierungsleasing, einmal abgesehen vom „kündbaren Vertrag", der auf unbestimmte Zeit läuft, grundsätzlich und wesensnotwendig eine zeitliche Schranke, ist deshalb auch „Zeit-Eigentum" genannt worden. Trotz aller Anschaulichkeit bewegt sich dieser Begriff freilich außerhalb unserer Rechtsordnung, ist nicht justiziabel.

3.3 Risiko-Verlagerung

Drittes, das Leasing typisierendes und gleichzeitig von der Miete abgrenzendes Definitionsmerkmal ist die Verteilung der Gewährleistungs- und Sachrisiken: Leasingüblich ist die Überwälzung der Geltendmachung von Mängelansprüchen auf den Leasingnehmer. Das Gleiche gilt für die Verlagerung der Sach- und Preisgefahr.

4. Sprache des Leasings

Die Leasingsprache bewegt sich innerhalb einer Matrix aus drei Landessprachen und drei Bereichsjargons. Höchste Vorsicht ist daher im Gespräch zwischen Leasinggeber und Leasingnehmer und deren jeweiligem Berater geboten. Nur allzu leicht kriegt ein Beteiligter ein Wort mit gravierenden Folgen „in den falschen Hals". Dem ist nur durch erhöhte Transparenz in der Ausdrucksweise zu begegnen.

Die am Leasinggeschäft beteiligten Sprachen sind aus drei Herkunftsländern zusammengeclustert: Das Englische dominiert, da das Leasing von der anderen Seite des großen Teichs in den 1960er-Jahren zu uns herübergeschwappt ist. Die englischen Formulierungen kommen dem aktuellen Sprachbedarf des stylischen „Denglisch" (Mischung aus Deutsch und Englisch) entgegen, etwa „pay as you earn", „sale and lease back", bis hin zu lächerlichen, aber leicht verständlichen, koffersprachlichen Bildungen wie „sale and Mietkauf back".

Das Italienische geht in langjähriger Tradition des Bank- und Buchführungsvokabulars auf die venezianischen Kaufleute des Mittelalters zurück: Konto, à conto, Saldo, Storno sind beredte Beispiele.

Am gefährlichsten ist das Deutsche, müssen wir hier doch zwischen der Alltagssprache („Besitz" bedeutet „Eigentum") und der juristischen Fachsprache („Besitz" bedeutet „tatsächliche Sachherrschaft") unterscheiden, und zwar gerade dann, wenn Wörter beiden Sprachebenen angehören und Sprecher und Hörer durch jeweils unterschiedliche Bedeutungen verunsichern.

Schichtet man das Leasingvokabular nach Bereichen ab, so konkurrieren die Jargons des Kaufmanns, des Steuerrechtlers und des Ziviljuristen.

Aus dem Bereich der Wirtschaftswissenschaften kommen Ausdrücke wie Amortisation, Barwertrechnung oder Vermögensgegenstand. Der Steuerrechtler steuert Begriffe wie Anschaffungs- und Herstellungskosten, Betriebsausgaben, betriebsgewöhnliche Nutzungsdauer oder Wirtschaftsgut bei. Das Zivilrecht spricht von Kaufpreis, Leasingraten, Andienung, Leasingobjekt, -sache oder -gegenstand.

5. Rechtsnatur des Leasings

Die Rechtsnatur des Leasingvertrags ist heute nicht mehr strittig. Negativ auszulesen sind die Leihe wegen deren zwingender Unentgeltlichkeit, das Sachdarlehen wegen der Rückgabepflicht nicht der identischen, sondern lediglich einer Sache gleicher Art und Güte, die Verwahrung wegen der fehlenden Nutzungsmöglichkeit, sodass nur noch die Miete übrig bleibt, freilich mit gewissen Modifikationen aus dem Kaufrecht.

5.1 Mietrechtliche Elemente

Die in erster Linie mietrechtlichen Elemente des Leasingvertrags sind zweifellos die Nutzungsüberlassung, der vom Leasinggeber ungestörte Gebrauch des Objekts durch den Leasingnehmer, die Instandhaltungspflicht und die Rückgabepflicht des Leasingnehmers bei Beendigung des Leasingvertrags sowie, versteht sich, die Zahlung eines Entgelts für die Nutzungsüberlassung.

5.2 Kaufrechtliche Elemente

Die Besonderheit des Leasingvertrags – und genau darin weicht das Leitbild des Finanzierungsleasingvertrags von dem des Mietvertrags ab – sind die kaufähnlich orientierten Überwälzungsregelungen von Mängelhaftung und Sach- und Preisgefahr.

5.2.1 Überwälzung der Mängelrechte auf den Leasingnehmer

Die Mängelrechte hat – so will es die leasingtypische Abtretung der kaufrechtlichen Mängelrechte vom Leasinggeber auf den Leasingnehmer – der Finanzierungsleasingnehmer geltend zu machen und im Härtefall auch gerichtlich durchzusetzen. Er muss – falls es soweit kommt – die Rückabwicklung von Kauf und Leasing mit fördern.

5.2.2 Überwälzung der Sach- und Preisgefahr auf den Leasingnehmer

In den Sachgefahr-Fällen wie höhere Gewalt oder Einwirkung eines nicht am Vertrag beteiligten Dritten, etwa des Diebs, auf das Leasingobjekt, steht das Verschulden einer der beiden Vertragspartner des Leasingvertrags als Zuweisungskriterium nicht zur Verfügung – das ist mit der „Zufälligkeit" des Ereigniseintritts gemeint.

Die Leasingpraxis weicht daher auf die Aufteilung der Risiken nach „Gefahrenkreisen" aus: Der zufällige, also von den Vertragsparteien unverschuldete Untergang oder die zufällige Verschlechterung des Leasingobjekts entlasten den Leasingnehmer nicht von seiner Vollamortisationsverpflichtung: Das Leasingobjekt bewegt sich in seiner Gefahrensphäre. Daher muss er die Leasingzahlungen auch dann weiter leisten, wenn das Leasingobjekt ganz oder teilweise nicht mehr vertragsgemäß nutzen kann. Dies bezeichnet man unglücklicher Weise mit dem – dem Laien nicht verständlichen – Ausdruck „Preisgefahr".

Zivilrechtliche Bedeutung von Dauernutzungsverhältnissen

6. Leasingbeteiligte

Die Leasingbeteiligten sind zahlreich und können zuweilen nur situativ bestimmt werden. Um einen engeren Kern, vom BGH volksgeometrisch als „Leasingdreieck" bezeichnet, scharen sich weitere wesentliche Beteiligte, je nach Vertragsmodell, in Form eines „Leasingkreuzes" um den Leasingvertrag.

6.1 „Leasingdreieck"

6.1.1 Geometrischer Lapsus

Das in der Branche und auch vom Bundesgerichtshof so genannte „Leasingdreieck" erweitert unzulässiger Weise die Euklidische Geometrie: Es hat lediglich zwei Seiten, die einen gemeinsamen Endpunkt haben, der dritte Schenkel fehlt. Von einem Dreieck im herkömmlichen Sinn kann daher nicht gesprochen werden: Der Leasingvertrag zwischen dem Leasingnehmer und dem Leasinggeber sowie der Kaufvertrag zwischen dem Leasinggeber als Käufer und dem Lieferanten berühren sich in der Person des Leasinggebers: Dieser ist in Personalunion gleichzeitig Käufer des Leasingobjekts. Nach Abschluss des Leasingvertrags fehlt allerdings eine unmittelbare Primärbeziehung zwischen Leasingnehmer und Lieferant: Dieser für ein Dreieck zwingend erforderliche dritte Schenkel fehlt.

Hatte der Leasingnehmer zunächst bestellt, so tritt der Leasinggeber in die Käuferposition dieser Bestellung bei gleichzeitiger Entlassung des Leasingnehmers aus diesem Vertragsverhältnis ein. Lediglich aus abgetretenem Recht verbleibt im Leasinggeschäft der Anspruch auf Gewährleistung beim Leasingnehmer. Dies ist aber eine latente und viel schwächere Beziehung als Leasingvertrag und Kaufvertrag.

Hatte der Leasingnehmer nicht bestellt, kommt der Kaufvertrag ohnehin originär zwischen dem Leasinggeber als Käufer und dem Verkäufer zustande. Ein vollvertragliches Verhältnis Leasingnehmer – Lieferant gibt es hier dann von vorneherein nicht.

6.1.2 Drei-Personen-Verhältnis

Das Leasinggeschäft ist in Wahrheit ein „Drei-Personen-Verhältnis". Drei Rechtssubjekte, die Leasinggesellschaft, der Leasingnehmer und der Lieferant, beteiligen sich an zwei Verträgen: Im Leasingvertrag kontrahieren die Leasinggesellschaft als Leasinggeber und der Leasingnehmer, im Kaufvertrag die Leasinggesellschaft als Käufer und der Lieferant als Verkäufer. Die Leasinggesellschaft spielt also in Personalunion eine an zwei Vertragsverhältnissen partizipierende Doppelrolle, nämlich gleichzeitig Käufer und Leasinggeber. Das Leasingkerngeschäft umfasst also drei Personen („Rechtspersönlichkeiten") und vier Vertragsparteien.

Ausnahmsweise, nämlich beim Sale-and-Lease-back-Vertrag degeneriert das Drei-Personen- zu einem Zwei-Personen-Verhältnis: Der nachmalige Leasingnehmer ist gleichzeitig „Lieferant" des Leasingobjekts. In den meisten Fällen hat er es sich selbst von einem „Vorlieferanten" beschafft.

6.2 „Leasingkreuz"

Den Leasingkern, das Drei-Personen-Verhältnis von Leasingnehmer, Leasinggeber und Lieferant, umgibt ein Hof weitschichtiger Leasingverwandter. Zur tieferen Anschauung seien sie auf einem „Leasingkreuz" aufgetragen.

Den „Objektflügel" des Leasingkreuzes bilden Leasinggeber und Lieferant, verbunden durch einen Kaufvertrag über eine Sache, das nachmalige Leasingobjekt. Die Leasinggesellschaft tritt in diesem Zusammenhang in ihrer Eigenschaft als Käuferin auf. Der – in der Leasingpraxis so bezeichnete – Lieferant kann der Händler oder der Hersteller sein. Rechtlich ist er der Verkäufer. Der Lieferant kann verschiedene Vor- oder Zulieferanten hinter sich haben.

Den „Forderungsflügel" des Leasingkreuzes bildet der Leasinggeber als Forderungsverkäufer und die Bank als Forderungskäuferin, verbunden durch einen Kaufvertrag über ein Recht, nämlich die auf die Zahlung der Leasingraten gerichtete Forderung, die der Leasinggeber gegen den Leasingnehmer hat. Das gilt für den modernen Standardfall der Forfaitierung (Forderungsverkauf) der Leasingraten, die die Leasinggesellschaft von ihrem Leasingnehmer erhält. Klassisch, durch Darlehen, finanziert die Leasingpraxis nur noch den kalkulatorischen Restwert. Insoweit ist dann die Leasinggesellschaft Darlehensnehmerin, die Bank Darlehensgeberin.

Im senkrechten Balken des Kreuzes steht zuoberst der Leasinggeber, unter ihm der Leasingnehmer. Die beiden verbindet der Leasingvertrag.

Eine Komplikation weist das Doppelstock-Modell auf: Hinter oder – um im Bild zu bleiben – „über" dem eigentlichen Leasinggeber, der am Markt tätigen (operativen) Leasinggesellschaft, steht, sozusagen in einer zweiten Etage eine Eigentums- und Verwaltungsgesellschaft, in der Praxis fälschlicher Weise „Besitzgesellschaft" genannt. Sie hat zwei Aufgaben, nämlich den Kauf des Leasingobjekts und die Vermietung des von ihr erworbenen Leasingobjekts an die Vermietgesellschaft in einem so genannten „Obermietvertrag".

7. Leasinggeschäfte

Nach der Strukturierung der Leasingszene nach beteiligten Personen gilt es nun die Rechtsgeschäfte zu betrachten, die das Leasing rechtlich dynamisieren: Auch hier lagert sich um einen engeren Bereich von Leasingkerngeschäften ein Konnexbereich mit rechtlichen Leasingzubringern.

7.1 Leasingkerngeschäft

Das Leasingkerngeschäft umfasst das Überlassungsgeschäft, den Leasingvertrag, und das – wegen der leasingvertraglichen Objekt-Verschaffungspflicht zwingend erforderliche – Beschaffungsgeschäft, den Kauf.

7.1.1 Leasingvertrag

Der Leasingvertrag ist das Grundgeschäft: Der Leasinggeber verpflichtet sich darin, dem Leasingnehmer das Leasingobjekt zu verschaffen. Selbst wird er das Leasingobjekt nur in den seltensten Fällen herstellen, er muss es sich also zunächst selbst beschaffen. Im Regelfall wird er es zu Eigentum erwerben. Denkbar ist auch ein Anmieten des Objekts von einer Eigentums- und Verwaltungsgesellschaft wie im Doppelstock-Modell. Freilich müssen in einem solchen Fall Obermietvertrag und eigentlicher Leasingvertrag zumindest zeitkongruent verlaufen.

In einem zweiten Takt muss der Leasinggeber dem Leasingnehmer das Leasingobjekt zur Nutzung überlassen. Dazu bedient er sich des Lieferanten als Erfüllungsgehilfen („Überlassungsgehilfe"). Während der Vertragsdauer darf er den Leasingnehmer nicht in der Nutzung stören.

Was bei Ablauf der Vertragsdauer passiert, orientiert sich am Leasingvertragsmodell: Die einfachste Abwicklung ist die Rückgabe des Leasingobjekts durch den Leasingnehmer. Die unterschiedlichen Leasingvertragsmodelle sehen aber auch ein Behalten-Dürfen oder -Müssen des Leasingobjekts vor. Bei den Teilamortisationsverträgen ist die Restamortisation vom Leasingnehmer modellgerecht auszugleichen.

7.1.2 Kaufvertrag

Mit „Kaufvertrag" meint man in der Praxis meist das Beschaffungsgeschäft, also den Kauf des Leasingobjekts durch die Leasinggesellschaft beim Lieferanten. Hat der Leasingnehmer das Leasingobjekt schon selbst gekauft, dann tritt die Leasinggesellschaft in die Käuferposition dieses Kaufvertrags ein; wenn nicht, bestellt der Leasinggeber das Wunsch-Leasingobjekt des Leasingnehmers bei dem vom Leasingnehmer ausgesuchten Lieferanten.

Freilich ist auch die Beschaffung des Geldes zur Bezahlung des Kauf- und nachmaligen Leasingobjekts (Forfaitierung) im Regelfall ein Kaufvertrag: Die Leasinggesellschaft verkauft die Leasingraten an die Bank zum Preis ihres Barwerts.

7.2 Leasingkonnexgeschäfte

Um diesen harten Kern des Leasinggeschäfts als Beschaffungs- und Überlassungsgeschäft lagern sich die Leasingkonnexgeschäfte: Sicherheiten sind je nach Bonitätsbeurteilung erforderlich. Die Leasinggesellschaft holt sich das Geld für die Bezahlung des Leasingobjekts durch „Refinanzierung" bei der Bank.

7.2.1 Sicherungsgeschäfte

Klassisch sichert sich der Mobilienleasinggeber als Sicherungsnehmer – wenn überhaupt – mit einer selbstschuldnerischen Bürgschaft. Gesamtschuldnerische Mitverpflichtungen sind schon seltener, ab und zu begnügt sich der Leasinggeber mit der Übertragung einer Festgeldforderung, die dann natürlich für den Sicherungsgeber während der Laufzeit unkündbar sein muss. Gerne werden von den Leasinggebern auch Kautionen (verzinst zurückzuzahlen) und Mietvorauszahlungen (zu verrechnen) hereingenommen. Ganz ungewöhnlich wäre hingegen eine Sachsicherheit. Das Leasingobjekt selbst ist – entgegen einer weit in der Praxis verbreiteten Diktion – keine „Sicherheit" des Leasinggebers, sondern sein Eigentum.

Die über die Laufzeit aufzulösende Sonderzahlung des Leasingnehmers zu Vertragsbeginn ist eher als kalkulatorische „Sicherheit" zu betrachten.

7.2.2 Refinanzierungsgeschäft

Der Leasinggeber hat den Kaufpreis für das Leasingobjekt nicht so ohne weiteres in der Tasche. Er verkauft daher die Leasingraten, auf die er gegenüber dem Leasingnehmer Anspruch hat, an die Bank und erhält dafür als Kaufpreis deren – nach der Rentenbarwertformel – ermittelten Barwert.

Meist schließen die Vertragspartner einen Forfaitierungsrahmenvertrag hinsichtlich der Konstanten der Geschäftsbeziehung ab: Die Ansiedlung der Veritätshaftung („Besteht die Forderung gegen den Leasingnehmer?") beim Leasinggeber und der Bonitätshaftung bei der Bank, die Sicherungsübereignung des Leasingobjekts an die Bank als Sicherungsnehmerin, freilich nur für den Fall der Veritätshaftung, und die vorzeitige Kündigungsmöglichkeit sind typische Regelungsgehalte der Rahmenvereinbarung.

Die Forderungseinzelkaufverträge enthalten die Variablen des Geschäfts und werden jeweils für die einzelnen Leasingverträge abgeschlossen.

7.3 Typische Leasingkonstellationen

Typisierte Leasingsachverhalte aus der Leasinggeber-Empirie stehen – wie im Mengengeschäft nicht anders zu erwarten – in Allgemeinen Leasingbedingungen, meist teilweise auf der Vorderseite des Leasingvertragsformulars, zum weitaus überwiegenden Teil aber auf dessen Rückseite, oft recht klein gedruckt.

7.3.1 Vertragsanbahnung und -abschluss

Leasingverträge werden oft über den Bankschalter (für bankennahe Leasinggesellschaften) oder über den Händler (für händlernahe Leasinggesellschaften) angebahnt. Der Ansprechpartner des Leasingkunden tritt regelmäßig als Erfüllungsgehilfe des Leasingnehmers auf. Oft sagt er dem Leasingnehmer auf dessen Wunsch zu, dass er bei Vertragsende das Leasingobjekt zum kalkulatorischen Restwert kaufen darf: Dadurch wird dem Leasinggeber die Chance der Wertsteigerung des Leasingobjekts genommen, was sein wirtschaftliches Eigentum (die steuerliche Zurechnung des Leasingobjekts bei ihm) zerstört. Die Leasinggesellschaften erfahren von diesen Zusagen oft erst, wenn es zu spät ist.

7.3.2 Lieferung

Die Lieferung des Leasingobjekts ist die delikateste Aktion des Leasingvertrags. Lieferprobleme (Verzug, Unmöglichkeit) sind im Normalfall Leasinggeberprobleme.

Kritisch ist vor allem die Übernahme des Leasingobjekts durch den Leasingnehmer: Weil der Leasinggeber bei diesem Realakt nicht dabei sein kann und will, vertritt ihn bei der Abnahme des Kaufobjekts, zu der die Leasinggesellschaft aus dem Kaufvertrag heraus verpflichtet ist, der Leasingnehmer („Abnahmegehilfe") und bei der Übergabe, zu der der Leasinggeber aus dem Leasingvertrag heraus verpflichtet ist, der Lieferant („Übergabegehilfe").

Der Leasinggeber verpflichtet den Leasingnehmer zur Abgabe einer Übernahmebestätigung, freilich nur für den Fall, dass das Leasingobjekt vollständig und mangelfrei übergeben worden ist. Gegen Vorlage dieses Dokuments erhält der Lieferant den Kaufpreis vom Leasinggeber. Der Leasinggeber refinanziert sich und setzt den Leasingvertrag in Miete.

7.3.3 Mängelhaftung

Die Geltendmachung der Mängelrechte überwälzt der Leasinggeber auf den Leasingnehmer mit der gleichen Begründung wie bei der Überwälzung der Sach- und Preisgefahr: Der Leasingnehmer hat die größere Orts- und Sachnähe. Hier weicht das Leitbild des Finanzierungsleasingvertrags von demjenigen des Mietvertrags ab.

Der Lieferant muss – so die Ergänzung der einschlägigen kaufrechtlichen Bestimmung im BGB durch die Schuldrechtsreform – das Leasingobjekt „frei von Mängeln" liefern. Mit einem mangelhaften Objekt vertut der Lieferant daher seine Ersterfüllungschance:

Er erhält aber eine zweite (allerdings letzte) Erfüllungschance: Der Leasingnehmer kann ihn entweder auf Nachbesserung (Reparatur) oder Nachlieferung (Umtausch) im Rahmen der Nacherfüllung in Anspruch nehmen. Zwischen beiden vorrangigen Mängelansprüchen hat der Leasingnehmer die freie – freilich durch Vernünftigkeitserwägungen beschränkte – Wahl.

Scheitert auch der zweite Erfüllungsversuch, stehen dem Leasingnehmer Rücktritt als wohl am häufigsten gewählte Alternative sowie Minderung und Schadensersatzansprüche zu Gebote.

7.3.4 Sach- und Preisgefahr

Hinter dem spröden, nicht der Alltagssprache angehörenden Begriff „Sachgefahr" verbirgt sich das Risiko, dass das Leasingobjekt „untergeht" – eine juristische Umschreibung des Totalschadens (auch Diebstahl) – oder sich übermäßig verschlechtert. Beide Tatbestände müssen sich „zufällig" verwirklichen, ohne dass eine der beiden Vertragsparteien etwas dafür kann. Steht das Verschulden eines Vertragspartners nun nicht mehr als Zuteilungs-Maßstab für die Haftung zur Verfügung, erfolgt eine Zuweisung nach Gefahrenkreisen: Der Leasingnehmer ist – um einen anschaulichen Begriff aus dem anglo-amerikanischen Rechtskreis zu bemühen – der „cheapest cost avoider", derjenige also, der wegen seiner größeren Objektnähe (Orts- und Sachnähe) am günstigsten die Kosten eines Schadens vermeiden kann.

Dem Leasingnehmer ist in allen AGB der Leasinggeber die Sach- und Preisgefahr überbürdet. Die Rechtsprechung des BGH hat dies mit Rücksicht auf die Versicherbarkeit dieses Risikos gebilligt. Der Leasingnehmer muss die Leasingraten, den „Preis" für die Überlassung des Leasingobjekts, weiter bezahlen, muss voll amortisieren, obwohl das Leasingobjekt nicht mehr oder nicht mehr vollständig gebrauchstauglich ist.

Erreicht die zeitwert- oder wiederbeschaffungswertorientierte Versicherungsleistung nicht die Höhe des Restobligos, muss der Leasingnehmer die Lücke aus eigener Tasche füllen, es sei denn, er hätte für diesen Fall eine „Gap-Versicherung" abgeschlossen, die das für ihn tut.

7.3.5   Zahlungsverzug

Zahlungsverzug, meist mit zwei Leasingraten, verschafft dem Leasinggeber eine außerordentliche Kündigungsmöglichkeit. Der Leasinggeber muss selbst entscheiden, ob er auch tatsächlich die Kündigung erklärt. Wenn er sich vom Leasingvertrag löst, darf er auf Vollamortisationsbasis abrechnen. Der Leasingnehmer muss dann die rückständigen Leasingraten voll, die zukünftigen Leasingraten bis zum ursprünglichen Ende der Vertragsdauer abgezinst und den kalkulatorischen Restwert, ebenfalls abgezinst zahlen. Herausgerechnet werden Gewinn und Verwaltungsaufwand. Das Leasingobjekt muss er zurückgeben.

7.3.6   Vertragsbeendigung

Abgesehen von dem Fall der außerordentlichen Beendigung ist die ordentliche Beendigung des Leasingvertrags nach dem Vertragsabschluss der zweitwichtigste Vertragsmoment beim Leasing. Oft versucht der Leasingnehmer noch so genannte „Nachmieterlöse" zu erzielen.

Die Beendigungsregelung unterscheidet die Vertragsmodelle. Während beim Vollamortisationsmodell der Leasinggeber das Leasingobjekt zurückbekommt oder bei entsprechender Option an den Leasingnehmer verkaufen oder neu vermieten muss, geht es bei den Teilamortisationsmodellen um das Handling des Restobligos: Der Leasinggeber hat entweder ein Andienungsrecht oder er beteiligt den Leasingnehmer am Mehrerlös, falls es denn einen gibt; für einen Mindererlös haftet der Leasingnehmer. Der kündbare Vertrag räumt dem Leasingnehmer eine gestaffelte Kündigungsmöglichkeit mit jeweiligen Abschlusszahlungen ein, geht aber grundsätzlich auf unbestimmte Zeit, wenngleich auch einmal ein Zeitpunkt erreicht ist, zu dem die volle Amortisation eingetreten ist, dann nämlich, wenn die Ausgleichszahlung „0 EUR" beträgt.

8. Leasingrisiken

8.1 Bonitätsrisiken

Nicht nur der Leasingnehmer ist auf Bonität zu prüfen, sondern auch der Lieferant und der Sicherheitsgeber. Das Bonitätsrisiko wird zwar durch die Forfaitierung auf die Bank verlagert, das entbindet aber den Leasinggeber nicht von einer risikobewussten Prüfung. Schlimmstenfalls kauft die Bank keine Forderungen mehr von ihm an.

Erstaunlich sind die oft widersprüchlichen Angaben über den Leasingkunden bei den Auskunfteien und die stark reduzierte Aussagekraft von Bankauskünften, allesamt „ohne unser Obligo".

8.2 Objektrisiken

Risikobehaftet sind zunächst die Einschätzung der Werthaltigkeit des Leasingobjekts bei Vertragsbeginn und der Wertverlust während der Nutzungsdauer. Dieses Risiko besteht vor allem beim Verleasen gebrauchter Leasingobjekte im Sale-and-Lease-back-Vertrag oder bei Objekten, die wegen galoppierender Innovation niedrigen Halbwertszeiten unterliegen, wie beispielsweise Objekte der Informationstechnologie.

Das Objektrisiko kann sich als Sachgefahr, also als Gefahr des zufälligen Untergangs (Totalschaden) oder der zufälligen Verschlechterung des Leasingobjekts verwirklichen. Diese Risiken sind auf den Leasingnehmer verlagert und versicherbar.

Mängel können den vertraglich vorausgesetzten Wert des Leasingobjekts ungeplant stark dezimieren. Ihre Tücken offenbaren Mängel insbesondere dann, wenn sie sich nicht schon bei der Übergabe des Leasingobjekts zeigen und die Nacherfüllung durch Verweigerung der Kaufpreiszahlung beschleunigt werden kann, sondern wenn sie erst innerhalb der zweijährigen Verjährungsfrist auftauchen.

Ein in der Praxis unterschätztes und oft unerkennbar im Vertragsbestand schlummerndes Objektrisiko für den Leasinggeber ist die Unterschlagung des Leasingobjekts durch den Leasingnehmer. Der Leasingnehmer veräußert das in seinem Besitz befindliche Leasingobjekt auf Nimmerwiedersehen an einen gutgläubig erwerbenden Dritten. Beim Kfz muss er sich hierzu ein Duplikat des Kfz-Briefs, in dem er ohnehin steht, beschaffen.

8.3 Vertragsrisiken

Gefährlich ist bereits die Wahl des richtigen Vertragsmodells, etwa die Vereinbarung eines Verbraucherleasingvertrags mit einem Unternehmer, oder, schlimmer noch, das Umgekehrte.

Risikorelevant sind auch allzu sehr den Leasinggeber begünstigende Klauseln wie die Überwälzung des Insolvenzrisikos des Lieferanten auf den Leasingnehmer. Die Rechtsprechung zum Recht der AGB hat leasinggeberlastige Regelungen stets gekippt, dabei aber nicht klar gesagt, was denn nun zulässig sei (keine geltungserhaltende Reduktion einer Klausel durch den Richter). Selbst das Layout des Vertragsformulars ist risikosensibel: So müssen wichtige und für die Erwartungshaltung des Leasingnehmers möglicherweise überraschende Vertragsbestimmungen (Widerrufsrecht, Restwertregelung bei der Teilamortisation) drucktechnisch deutlich hervorgehoben und auf die Vorderseite des Formulars gesetzt werden.

Verkannt wird oft die Vernetzung der aufeinander verweisenden Formulare untereinander. Das Ändern von Ziffern im Leasingvertrag hat fatale Auswirkungen, wenn es sich nicht auch auf den korrespondierenden Formblättern widerspiegelt.

8.4 Rechtsrisiken

Die Rechtsrisiken sind beim Leasing enorm und sollten nicht einfach der Rechtsabteilung oder der externen Rechtsberatungskanzlei zugeschoben werden.

Allen voran verunsichert der immer leicht leasinggeberunfreundliche Gesetzgeber die Gesellschaften. Die Schuldrechtsreform (in Kraft seit 01.01.2002) ist ja noch hinzunehmen, auch wenn die Handschrift der Europäischen Union, vor allem bei verbraucherrelevanten Vorschriften, deutlich erkennbar ist. Gefährlicher ist da schon die Unternehmenssteuerreform oder gar die Insolvenzrechtsnovelle, die Aussonderung und Absonderung gesetzwidrig gleichstellen will und damit den Leasinggeber nahezu entschädigungslos enteignet.

Vor allem strukturelle Risiken sind modern geworden:

Der Gesetzgeber verliert allmählich in Überdehnung der Verfassung die Scheu vor retroaktiven oder jedenfalls retrospektiven Rückwirkungen: Eine Rechtslage, auf die Leasinggeber und Leasingnehmer bei Abschluss des Leasingvertrags vertraut haben, wird einfach rückwirkend so geändert, dass sie sich auf den laufenden Leasingvertrag auswirkt. Damit ist der bisher geltende „Vertrauenstatbestand" endgültig abgeschafft.

Gesetze sind oft mit heißer Nadel gestrickt und müssen kurzfristig wegen fehlender Praxistauglichkeit geändert werden, wie beispielsweise das Verbraucherrecht und das Zahlungsverzugsrecht.

Die Rechtsprechung ist schwer vorhersagbar, da die Instanzgerichte untereinander und mit dem BGH oder gar die einzelnen Senate des BGH miteinander rivalisieren. Aus der Legion der Beispiele seien einige herausgegriffen: die Abrechnung des vorzeitig beendeten Kilometer-Leasingvertrags (Zeitwertvergleich oder Fahrleistungsvergleich), die Wirksamkeit von Angehörigenbürgschaften („pacta sunt servanda" oder Sittenwidrigkeit), das Lastschrift-Widerrufsrecht des Insolvenzverwalters (nur wie der Schuldner selbst oder unbegrenzt auch bei vertragsgemäßem Leasingobjekt).

Bonitätsprüfung und Vertragsentscheidung auf Seiten der Leasinggesellschaften

Marcus Albrecht / Thomas Hartmann-Wendels / Patrick Wohl

1. Einleitung
2. Besondere Risikostruktur bei Leasinggesellschaften
3. Entscheidungsprozesse und -kriterien im Rahmen der Investitionsentscheidung von Leasinggesellschaften
4. Bonitätsprüfungen bei Leasinggesellschaften
5. Einschätzung der Besicherung des Vertragsverhältnisses und die Vertragsentscheidung
6. Von der Vertragsentscheidung zur Bereitstellung des Objekts
7. Fazit

1. Einleitung

Ist eine Investitionsentscheidung für ein Objekt gefallen, stellen Finanzierungsleasingverträge eine Alternative gegenüber der Kreditaufnahme als Fremdfinanzierungsform dar. Sowohl Banken als auch Leasingunternehmen haben bei der Vertragsentscheidung das Ausfallrisiko zu berücksichtigen. Fällt der Kredit- bzw. Leasingnehmer aus, müssen Banken ihre Einlagegläubiger aus ihren Eigenmitteln befriedigen. Auch Leasinggesellschaften, die das Objekt vorfinanziert haben, müssen die entsprechende Restschuld zu Lasten ihres Gewinns tragen. Das Ausfallrisiko lässt sich reduzieren, indem die Vertragsentscheidung von einer vorgelagerten Bonitätsanalyse abhängig gemacht wird. Meist kommt dabei ein Ratingsystem zur Anwendung. Im Rahmen dessen werden die potenziellen Kredit- bzw. Leasingnehmer in Ratingklassen eingeteilt. Unter anderem von der Zuordnung zu den einzelnen Klassen kann dann die Konditionsgestaltung oder auch die Vertragsentscheidung selbst abhängig gemacht werden. Auf diese Weise können Leasinggesellschaften Risiken wie Ertragspotenziale steuern, wobei eine expansive Geschäftspolitik Volumen und Ertragspotenzial erhöht, gleichzeitig aber die Ausfallrisiken steigen. Risikominimierung und Ertragsmaximierung stehen also in einem Zielkonflikt.

Bei Leasinggesellschaften auf der einen und Banken auf der anderen Seite gibt es trotz der vergleichbaren Situation bezüglich des Ausfallrisikos Unterschiede bei der Herangehensweise und der Bedeutung der Bonitätsbewertung. Ursächlich hierfür ist die Objektorientierung der Leasingunternehmen. Zwar nutzen Banken das zu finanzierende Objekt als Sicherheit, jedoch sind sie nicht in dem Maße wie Leasinggesellschaften in der Lage, ihre Risikosituation durch dessen Verwertung zu verbessern. Hierdurch entsteht eine spezifische Risikostruktur für Leasinggesellschaften. In der Folge hat die Bonitätsbewertung im Bankensektor eine größere Bedeutung für die Vertragsentscheidung. Die Ursachen der Objektorientierung von Leasingunternehmen werden im Abschnitt 2 erläutert. In den darauf folgenden Abschnitten 3 und 4 wird die konkrete Herangehensweise der Leasinggesellschaften bei Investitionsentscheidungen und Bonitätsbewertungen dargestellt, auch im Vergleich zu der Herangehensweise bei Banken. Auf die Bedeutung der Besicherung für die Vertragsentscheidung wird in Abschnitt 5 eingegangen.

2. Besondere Risikostruktur bei Leasinggesellschaften

Um die spezifische Herangehensweise der Leasinggesellschaften bei der Bonitätsbewertung der Leasingnehmer zu verstehen, muss man sich mit einigen grundlegenden leasingspezifischen Besonderheiten auseinandersetzen. Dabei ist die besondere Risikostruktur der Vertragsparteien bei einem Leasinggeschäft zu beachten.

Betrachtet man die potenziellen Risikokosten eines Kredit- wie auch eines Leasinggeschäfts, also den so genannten „erwarteten Verlust" oder „Expected Loss", dann erkennt man, dass dieser von zwei Faktoren abhängt (vgl. Abbildung 1):

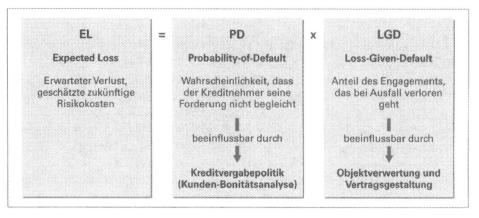

Abbildung 1: Expected Loss und seine Beeinflussbarkeit durch Leasing- bzw. Kreditgeber

Der Expected Loss wird zunächst determiniert durch die Wahrscheinlichkeit, dass es überhaupt zu einem Ausfall kommt. Diese Ausfallwahrscheinlichkeit nennt man Probability-of-Default. Sie lässt sich mit Hilfe von Analysen der Kundenbonität beurteilen. Je ausgereifter die Bonitätsanalyse und je strenger die Anforderungen an die Bonitätsstufen, desto geringer wird ceteris paribus die Ausfallwahrscheinlichkeit des eingegangenen Kredit- bzw. Leasingengagements.

Der zweite Faktor, der den erwarteten Verlust und damit die geschätzten zukünftigen Risikokosten beeinflusst, ist der Anteil des Verlusts des noch ausstehenden Engagements, der bei einem eingetretenen Ausfall nicht mehr einbringlich ist. Man bezeichnet ihn als Loss-Given-Default (LGD). Dieser hängt ab von den Rückflüssen, die nach dem Ausfallzeitpunkt noch zurück gewonnen werden können, also der Wiedergewinnungsrate oder Recovery-Rate. Je höher die Recovery-Rate, desto niedriger fällt der tatsächliche Verlust schließlich aus. In die Recovery-Rate fließen die Rückflüsse durch den Kredit- bzw. Leasingnehmer, die nach dem Ausfall noch eintreffen (z. B. Rückfluss aus der Insolvenzmasse, Wiederaufnahme der Raten- bzw. Leasingzahlungen). Zu den Rückflüssen, die den LGD mindern, zählen auch die Erträge aus der Objektverwertung. Je schneller eine Verwertung erfolgt und je höher der Verwertungserlös, desto höher wird in der Regel die Wiedergewinnungsrate und desto geringer damit der LGD.

Grundsätzlich haben Leasinggesellschaften wie Kreditinstitute auf der einen Seite die Möglichkeit, über die Bonitätsbeurteilungen der Kunden und entsprechender Kreditvergabepolitik Einfluss auf die Probability-of-Default zu nehmen und so die erwarteten Risikokosten zu begrenzen. Auf der anderen Seite besteht die Möglichkeit, über die Objektverwertungskompetenz die Recovery-Rate zu erhöhen und auf diesem Wege eine Reduzierung des Risikos zu erreichen. Während Leasinggesellschaften tendenziell eine erhöhte Kompetenz in der Objektverwertung und damit vergleichsweise niedrige Loss-Given-Defaults vorweisen, legen Kreditinstitute besonderes Augenmerk auf die Kreditvergabepolitik, womit die Analyse der Kundenbonität hier im Vordergrund steht.

Um die Ursachen dieser unterschiedlichen Fokussierung herausstellen zu können, ist es notwendig, die unterschiedlichen Risikostrukturen bei Leasinggesellschaften und Kreditinstituten zu beachten. Diese unterschiedlichen Risikostrukturen bestehen insbesondere aufgrund unterschiedlicher rechtlicher Rahmenbedingungen. Denn eine Leasinggesellschaft bleibt im Gegensatz zu Kreditgebern während der gesamten Vertragslaufzeit der rechtliche Eigentümer des Leasingobjekts. Im Rahmen einer Insolvenz des Leasingnehmers hat die Leasinggesellschaft ein Aussonderungsrecht, womit sie die Herausnahme des Objekts aus der Insolvenzmasse erwirken und das Objekt selbständig und zeitnah verwerten kann. Das Kreditinstitut dagegen hat lediglich ein Absonderungsrecht und kann damit zwar eine bevorzugte Befriedigung aus dem Gegenstand geltend machen. Das Objekt verbleibt aber in der Insolvenzmasse, die Verwertung erfolgt nicht durch das Kreditinstitut selbst. Somit hat die Leasinggesellschaft im Insolvenzfall die Verwertung in der eigenen Hand, während ein Kreditinstitut vom Ausgang der Zwangsversteigerungen (bei Immobilien) bzw. vom Verwertungsgeschick des Insolvenzverwalters (bei Mobilien) abhängig ist. Während ein Kreditinstitut maximal einen Rückfluss in Höhe des Exposure-at-Default erhält, gibt es keine Begrenzung des möglichen Verwertungserlöses bei Leasingunternehmen. Auch die Dauer bis zur Verwertung verlängert sich im Rahmen eines Insolvenzverfahrens, was den potenziellen Verwertungserlös für Banken zusätzlich schmälert. Kreditinstitute können damit im Vergleich zu Leasinggesellschaften schon aufgrund dieser rechtlichen Voraussetzungen weniger Einfluss auf die Recovery-Rate nehmen.

Auch unabhängig von einer Insolvenz hat die Leasinggesellschaft bei Fehlverhalten des Leasingnehmers während der Laufzeit als rechtlicher Eigentümer umgehend Zugriffsmöglichkeit. Entfällt zum Beispiel die Zahlung der Leasingraten zweimal hintereinander, hat der Leasinggeber im Allgemeinen ein außerordentliches Kündigungsrecht und nach der Kündigung als Eigentümer sofortiges Zugriffsrecht. Der Leasingnehmer muss damit die Leasingraten weiter zahlen, um nicht die tatsächliche Herrschaft über das Objekt zu verlieren. Auch diese rechtlichen Rahmenbedingungen verdeutlichen, dass die Risikosituation bei Leasinggesellschaften im Allgemeinen mehr auf das Objekt abstellt als bei Kreditinstituten, was eine stärkere Fokussierung der Leasinggesellschaften auf die Objektverwertungskompetenz bedingt.

Vollständig egalisieren lassen sich Bonitätsrisiken durch eine optimierte Objektverwertung freilich nicht. Die Höhe eines Ausfalls ergibt sich aus der Differenz zwischen dem Barwert der ausstehenden Leasingraten und dem offenen Restwert einerseits sowie dem Verkaufserlös (sowie sonstiger Rückflüsse) andererseits. Leasingunternehmen haben nun die Möglichkeit, über die Vertragsgestaltungsmöglichkeiten die Ausfallrisiken zu beeinflussen. In Abschnitt 5 wird detailliert auf diese Möglichkeiten eingegangen. Unabhängig davon gibt es die Möglichkeit, den Objektwert im Zeitverlauf abzusichern. Hierbei spielt ein weiterer Akteur bei Leasinggeschäften eine wichtige Rolle, der bei Kreditverhältnissen keinen Einfluss auf die Risikoverteilung hat, nämlich der Lieferant bzw. Hersteller des Leasingobjekts. Mit diesem können Leasinggesellschaften Rückkaufverpflichtungen vereinbaren. Diese räumen dem Leasinggeber ein Andienungsrecht des Leasingobjekts gegenüber dem Lieferanten zu einem im Vorhinein festgelegten Preis ein. Die Zahlung kann an ein bestimmtes Ereignis wie die Insolvenz des Leasingnehmers oder das Ende der

Vertragslaufzeit gebunden sein, es kann aber auch eine unbedingte Rückkaufvereinbarung abgeschlossen werden, durch die sich der Lieferant verpflichtet, das Objekt während der gesamten Laufzeit bei Bedarf zurück zu erwerben. Im Ergebnis sorgt auch die Möglichkeit der Rückkaufvereinbarungen mit Lieferanten für eine besondere Risikostruktur bei Leasinggeschäften im Vergleich zu Kreditfinanzierungen. Auch dies spricht für eine stärkere Bedeutung der Bonitätsbewertungen für Kreditgeber und eine stärkere Fokussierung von Leasinggesellschaften auf die Verwertung der Objekte.

Neben den unterschiedlichen Risikostrukturen bei Leasinggesellschaften und Kreditinstituten erhöhen regulatorische Bestimmungen Anreiz und Notwendigkeit für Kreditinstitute, ihre Bonitätsbewertungssysteme zu optimieren. Banken müssen ihre Forderungen mit Eigenkapital unterlegen, was dem Schutz ihrer Einlagegläubiger dient. Im Rahmen der Neuen Baseler Eigenkapitalvorschriften wird der Unterlegungssatz ab dem Jahr 2007 in Abhängigkeit von der Kundenbonität bestimmt. Damit steigen die Anforderungen an die Bonitätsbewertungssysteme der Banken, die Weiterentwicklung des Risikomanagements wird schon aus regulatorischem Zwang im Rahmen der Mindestanforderungen an das Risikomanagement (MaRisk) fortgetrieben. Diese Anforderungen bestehen für unabhängige Leasingunternehmen nicht, allerdings gibt es mittelbar Anforderungen durch die Refinanzierer. Tochtergesellschaften von Banken dagegen sind nach § 10 a KWG ohnehin in die Konsolidierung einzubeziehen.

3. Entscheidungsprozesse und -kriterien im Rahmen der Investitionsentscheidung von Leasinggesellschaften

Aus Sicht einer Leasinggesellschaft stellt die Entscheidung, mit einem Kunden eine Vertragsbeziehung einzugehen, eine Investitionsentscheidung dar und der Prozess, der zu dieser Entscheidung führt, lässt sich demgemäß als Investitionsprozess charakterisieren. Wie jeder Investor steht auch eine Leasinggesellschaft vor Durchführung einer (Leasing-) Investition vor der grundsätzlichen Frage, ob die eingesetzten Mittel innerhalb der veranschlagten Amortisationsdauer zurückfließen und welche Rendite sich hierbei ergibt. Die Grundelemente eines klassischen Investitionsentscheidungsprozesses, nämlich (a) Beschaffung und Verdichtung von Informationen über die Investition und das Investitionsumfeld, (b) Modellierung der Investition und Bewertung von Alternativen, (c) Auswahl und Durchführung einer Alternative und (d) Monitoring der Entwicklung des Investments spiegeln sich dementsprechend grundsätzlich auch im Rahmen der Prozesse wieder, die bei einer Leasinggesellschaft zu einer Vertragsentscheidung führen. Dabei vollzieht sich dieser Prozess in der Regel in arbeitsteiliger Form, das heißt, in Zusammenarbeit mehrerer spezialisierter Instanzen. Die folgende Grafik zeigt, wie der Prozess der Vertragsentscheidung bei Leasinggesellschaften typischerweise verläuft:

Bonitätsprüfung und Vertragsentscheidung auf Seiten der Leasinggesellschaften

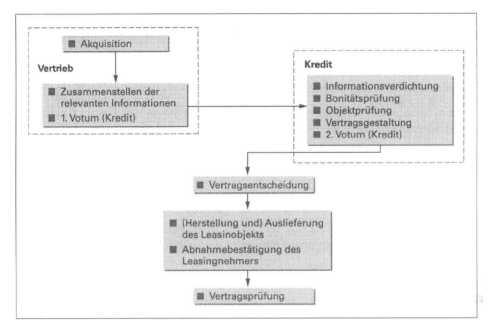

Abbildung 2: Prozess der Vertragsentscheidung bei Leasinggesellschaften

Im Mittelpunkt stehen dabei die „Meinungen" (Voten) zweier Spezialisten, die aus unterschiedlichen Blickwinkeln auf die Investition sehen und die unterschiedliche Aufgaben im Rahmen des Entscheidungsprozesses wahrnehmen, nämlich zum einen ein Vertriebsmitarbeiter und zum anderen ein Mitarbeiter aus dem Bereich „Kreditprüfung":

Vertrieb: Dem Vertriebsmitarbeiter fällt bei dieser Aufgabenteilung zunächst die Aufgabe zu, Kunden mit Investitions- bzw. Finanzierungsbedarf für das Angebot der Leasinggesellschaft zu interessieren. Im Rahmen der Gespräche mit dem Kunden gilt es, den Bedarf des Kunden zu erfassen und in Form eines konkreten Leasingantrags zu strukturieren. Der Leasingantrag umfasst alle wesentlichen Informationen über die gewünschten Vertragsparameter (unter anderem Vertragsart, Laufzeit, Restwert, Ratenhöhe, Ratenverlauf), die Einfluss auf die Vertragsentscheidung haben bzw. die im Rahmen der Vertragsentscheidung zu erörtern sind. Darüber hinaus besteht die Aufgabe des Vertriebsmitarbeiters darin, Informationen über den Kunden (z. B. Jahresabschlüsse und Wirtschaftsauskünfte) sowie das in Rede stehende Leasingobjekt einzuholen, die später die Grundlage der Vertragsentscheidung bilden. Vor dem Hintergrund dieser Informationen formuliert der Vertriebsmitarbeiter schließlich eine Einschätzung über die Rückführung der Investition (1. Votum) und reicht den Antrag zur weiteren Prüfung und Bearbeitung an den Kreditbereich weiter.

Kredit: Im Kreditbereich werden die vorhandenen Informationen über den Kunden weiter aufbereitet und zu standardisierten Kennziffern verdichtet, die eine Einschätzung der Rückzahlungswahrscheinlichkeit zulassen (Bonitätsrating). Außerdem erfolgt eine Einschätzung der Investitionsobjekte, die eine wesentliche Sicherheit der Leasinggesellschaft bilden und damit die Vertragsentscheidung wesentlich beeinflussen (Objektrating). Auf dieser Basis formuliert der Kreditsachbearbeiter, der mitunter auch als Risk-Manager bezeichnet wird, eine zweite Einschätzung über das Risiko und die Rückzahlungswahrscheinlichkeit der Investition (2. Votum) bzw. macht Vorschläge für alternative Vertragsgestaltungen, falls die Investition aus seiner Sicht in der angefragten Form nicht darstellbar sein sollte.

Die Vertragsentscheidung wird getroffen, wenn/sobald die Einschätzung des Vertriebs und die Einschätzung des Kreditbereichs übereinstimmen bzw. Übereinstimmung erzielt wurde. Ist der Antrag entschieden, wird dem Kunden ein Vertragsangebot vorgelegt, an das sich die Leasinggesellschaft für eine bestimmte Zeit gebunden hält. Nimmt der Kunde dieses Angebot an, ist der Leasingvertrag geschlossen. Falls der Kunde bereits einen Kaufvertrag mit dem Lieferanten unterzeichnet hat, tritt die Leasinggesellschaft in diesen Vertrag ein, andernfalls nimmt sie die Bestellung vor. Die Auslieferung des Objekts an den Leasingnehmer, die Abnahmeerklärung des Leasingnehmers gegenüber der Leasinggesellschaft sowie die abschließende Vertragsprüfung bilden den Abschluss dieses Prozesses.

Die Besonderheiten, die den Prozess der Bonitätsprüfung und Vertragsentscheidung bei Leasinggesellschaften kennzeichnen, ergeben sich unmittelbar aus den spezifischen Merkmalen der Finanzdienstleistung „Leasing" sowie den spezifischen Risiken, die Leasinggesellschaften mit ihrer Investitionsentscheidung eingehen.

In wirtschaftlicher Hinsicht kann Leasing als entgeltliche, zeitlich begrenzte Gebrauchsüberlassung mobiler oder standortgebundener Wirtschaftsgüter charakterisiert werden. Erfüllt die Dienstleistung „Leasing" neben einem breiten Spektrum von Servicefunktionen immer auch eine Finanzierungsfunktion, liegt ein wesentlicher Unterschied zu einer Kreditfinanzierung darin begründet, dass bei Leasingverhältnissen eine zeitweilige Aufteilung der mit dem Leasinggegenstand verbundenen Eigentumsrechte erfolgt: Das Recht zur formalen und materiellen Veränderung sowie zur Veräußerung des Objekts an Dritte bleibt dabei dem Leasinggeber vorbehalten, während die Rechte der Nutzung des Gutes sowie der Aneignung von Gewinnen und Verlusten (Gefahrtragung), die durch die Nutzung des Gutes entstehen, dem Leasingnehmer übertragen werden. Dieser für Leasingvertragsverhältnisse charakteristische Umstand, dass rechtliches Eigentum und Besitz des Wirtschaftsgutes auseinander fallen (Ersteres liegt auf Seiten der Leasinggesellschaft, Letzteres auf Seiten des Leasingnehmers), begründet das besondere Interesse einer Leasinggesellschaft an dem zu finanzierenden Objekt und erklärt, warum das Leasingobjekt eine so zentrale Stellung im Rahmen der Vertragsentscheidung einnimmt (vgl. hierzu im Einzelnen Abschnitt 5).

Verbunden mit dieser eigentümerähnlichen Stellung, die eine Leasinggesellschaft im Rahmen des Finanzierungsverhältnisses einnimmt, sowie den sich hieraus ergebenden Rechten und Pflichten sind spezifische Risiken, die unmittelbaren Einfluss auf den Entscheidungsprozess und die im Rahmen der Entscheidungsfindung herangezogenen Entscheidungskriterien haben. So müssen Leasinggesellschaften im Rahmen der Vertragsentscheidung neben Adressenrisiken auch Objektrisiken und Risiken, die in möglichen Verhaltensweisen des Leasingnehmers begründet liegen, berücksichtigen:

Adressenrisiken: Hier ist in erster Linie das **Leasingnehmer-Bonitätsrisiko** anzuführen, das darin besteht, dass ein Leasingnehmer seinen Zahlungsverpflichtungen nicht (oder nicht termingerecht) nachkommt, sodass das investierte Kapital nicht vollständig an die Leasinggesellschaft zurückfließt. Daneben ist das **Lieferanten-Bonitätsrisiko** von Bedeutung, denn das Risiko, dass der Hersteller bzw. der Lieferant des Leasingobjekts vor dessen Lieferung an den Leasingnehmer ausfällt, geht zu Lasten der Leasinggesellschaft. Auch wenn der Hersteller/Lieferant während der Vertragslaufzeit ausfällt und bestehende Gewährleistungsansprüche aus der Produkthaftung nicht mehr durchgesetzt werden können, ist die Leasinggesellschaft dem Leasingnehmer schadenersatzpflichtig. Hat eine Leasinggesellschaft aufgrund dieser Risiken also ein vitales Interesse an der „Beständigkeit" ihrer Vertragspartner, spielen dementsprechend insbesondere Indikatoren, anhand derer die wirtschaftliche Leistungsfähigkeit eines Unternehmens beurteilt werden kann, eine zentrale Rolle innerhalb des Entscheidungsprozesses.

Objektrisiko: Objektrisiken können zwar unabhängig von Adressenrisiken eintreten. Sie können aber nur in unmittelbarem Zusammenhang, das heißt, als direkte Folge des Leasingnehmer-Bonitätsrisikos zu – zusätzlichen – Verlusten führen. Das Objektrisiko ist im Grunde ein Preisrisiko und kommt in der Möglichkeit zum Ausdruck, dass der tatsächliche Marktwert eines Investitionsobjekts im Zeitverlauf unter dem erwarteten bzw. prognostizierten liegt. Solange der Leasingnehmer seinen Zahlungsverpflichtungen nachkommt, ist das Objektrisiko für die Leasinggesellschaft eher von nachgeordneter Bedeutung. Kann der Leasingnehmer seiner vertraglichen Verpflichtung zur Zahlung der Leasingraten allerdings nicht mehr nachkommen, so hängt das Ausmaß des entstehenden Verlusts wesentlich davon ab, ob und inwieweit zugleich Objektrisiken eingetreten sind und der Sicherungswert des Leasingobjekts erzielt werden kann. Denn der Verkauf des Objekts ist im Schadensfall die wichtigste, nicht selten sogar die einzige Möglichkeit für eine Leasinggesellschaft, Erlöse zur Verlustdeckung zu erzielen. Der erwartete Marktwertverlauf eines Objekts ist damit eines der wichtigsten Kriterien bei der Risikoeinschätzung eines Engagements und der darauf basierenden Vertragsentscheidung. Die Fähigkeit einer Leasinggesellschaft, den Marktwertverlauf eines Objekts möglichst zuverlässig prognostizieren zu können, kann als eine der wichtigsten, im Grunde wettbewerbsentscheidenden Kompetenzen einer Leasinggesellschaft eingestuft werden.

Verhaltensrisiken: Die Wertentwicklung eines Objekts, die wie gesagt eines der wichtigsten Entscheidungskriterien bei der Vertragsentscheidung ist, hängt nicht allein von Marktentwicklungen ab, also letztlich von Angebot und Nachfrage, sondern auch davon, wie der Leasingnehmer während der Vertragslaufzeit mit dem Objekt umgeht. Hierbei geht es beispielsweise um die Frage, ob erforderliche Wartungsintervalle eingehalten werden (die Verpflichtung zur Wartung ist bei Leasing vertraglich auf den Leasingnehmer übertragen) oder ob das Objekt mit der vereinbarten Intensität genutzt wird (z. B. Einschichtbetrieb, vereinbarte Kilometerleistung eines Fahrzeugs). Allgemeiner ausgedrückt gilt es für die Leasinggesellschaft, Situationen im Blick zu haben, in denen Anreize für den Leasingnehmer bestehen, seine (Vermögens-)Position zu Lasten der Leasinggesellschaft zu verbessern, indem er sich nicht vertragskonform verhält. Es liegt auf der Hand, dass solche Verhaltensanreize insbesondere in Situationen bestehen, in denen es nicht mehr auf Kriterien wie „Reputation" oder „Nachhaltigkeit" ankommt, also in Fällen einer akuten Gefährdung des Unternehmensbestands. Damit rücken wiederum Merkmale ins Blickfeld, die Aussagen über die wirtschaftliche Leistungsfähigkeit eines Unternehmens zulassen.

Vor dem Hintergrund der typischen Eigenschaften des Leasings sowie der skizzierten Risiken, denen eine Leasinggesellschaft aufgrund ihrer Investitionstätigkeit gegenübersteht, lässt sich der Entscheidungsprozess einer Leasinggesellschaft zusammenfassend auf die einfache Formel bringen:

Vertragsentscheidung = Bonität der Vertragspartner + Qualität der Besicherung

Welche Kriterien hierbei im Einzelnen in die Vertragsentscheidung einfließen und wie diese bewertet und zu einem Gesamturteil verdichtet werden, ist Gegenstand der beiden folgenden Abschnitte.

4. Bonitätsprüfungen bei Leasinggesellschaften

Das Ziel einer Bonitätsprüfung durch Banken oder Leasingunternehmen besteht darin, die zukünftige Kapitaldienstfähigkeit des Vertragspartners zu beurteilen und dieses Urteil zur Unterstützung über die Vertragsentscheidung heranzuziehen. Dazu können Ratingverfahren eingesetzt werden, in deren Rahmen die potenziellen Vertragspartner hinsichtlich ihrer Fähigkeit, finanzielle Verpflichtungen termingerecht zu erfüllen, klassifiziert werden. Um eine sinnvolle Klassifizierung vornehmen zu können, muss bei der Konzipierung des Ratingsystems festgelegt werden, anhand welcher Merkmale die Einordnung vorgenommen werden soll. Von dieser Einordnung zu einer bestimmten Ratingklasse können dann die Vertragskonditionen (Zinssatz, Höhe der Leasingrate, zu bestellende Sicherheiten) sowie auch der Vertragsabschluss abhängig gemacht werden.

Im Rahmen der Kreditwürdigkeitsanalyse ist zwischen der persönlichen und der materiellen Kreditwürdigkeit zu unterscheiden. Die Bedeutung und Verbreitung einer standardisierten Prüfung der persönlichen Kreditwürdigkeit ist bei Leasingunternehmen schwächer ausgeprägt als bei Kreditinstituten. Sie dient der Beurteilung der beruflichen und fachlichen Qualifikation des Leasing- bzw. Kreditnehmers. Es werden qualitative Gesichtspunkte wie die Managementfähigkeit und die Qualität der Unternehmensstrategie sowie die Marktstellung berücksichtigt, aber auch Branchenanalysen und Erfahrungen aus vorangegangenen Geschäftsbeziehungen. Diese qualitativen Kriterien können im Rahmen der Ratinganalyse ebenso berücksichtigt werden wie quantitative Aspekte.

Bei der Ausgestaltung der Kreditwürdigkeitsprüfungen gibt es in der Leasingbranche große Unterschiede zwischen dem standardisierten Mengengeschäft sowie dem Individualgeschäft. Im Standardgeschäft erfolgt die Bonitätsbewertung meist durch ein automatisiertes Scoringsystem, dass mit Hilfe mathematisch-statistischer Verfahren aufgrund von Erfahrungswerten eine Prognose bezüglich Leistungsverstößen oder Zahlungsausfällen leistet. Bei solchen Systemen besteht ein Automatismus zwischen der Datenauswertung und der Vertragsentscheidung. Teilweise wird auch eine stark vereinfachte manuelle Kreditwürdigkeitsprüfung angewendet, die sich auf wenige Standardmerkmale stützt.

Im Individualgeschäft mit Firmenkunden wenden Leasinggesellschaften in aller Regel Ratingsysteme an. Verlangt werden als Prüfungsunterlagen zunächst Büroauskünfte der großen Auskunfteien, die einen unabhängigen Hinweis auf die Bonität des Leasingnehmers geben. Bankauskünfte ermöglichen Einsichten in die Liquiditätssituation und eine eventuell bereits bestehende hohe Verschuldung.

Da der tatsächliche Wert, insbesondere die Aktualität dieser Auskünfte, nicht feststellbar ist und die Leasinggesellschaften im Regelfall ohnehin eine Offenlegung der wirtschaftlichen Verhältnisse verlangen müssen, dienen diese Auskünfte meist lediglich einer ersten Sondierung. Auf eine eigene, weitergehende Analyse können und wollen viele Gesellschaften daher nicht verzichten. An zusätzlich vom Leasingnehmer geforderten Unterlagen zu erwähnen sind dabei neben der obligatorischen Selbstauskunft die vom Steuerberater erstellte „betriebswirtschaftliche Auswertung", die einen ersten unterjährigen und damit aktuellen Einblick in die Finanz-, Vermögens-, und Ertragslage der Unternehmen ermöglicht.

Unabdingbare Prüfungsunterlagen sind die letztjährigen Jahresabschlüsse. Aus der Bilanzanalyse können Kennzahlen entnommen werden, die für die Leasinggesellschaften wesentliche Grundlage der Ratinganalyse darstellen. Dazu zählen vor allem der Jahresüberschuss, die Eigenkapitalausstattung, der Cashflow, die Rentabilität, die Höhe der Verbindlichkeiten, der Umsatz sowie das ordentliche Betriebsergebnis.

Wie bereits angedeutet, setzen nicht alle Leasinggesellschaften auf Ratingsysteme zur Ermittlung der Kundenbonität. Dies unterscheidet die Branche vom Kreditsektor, da alle Banken Ratingverfahren zur Bonitätsermittlung einsetzen, da sie ab dem Jahr 2007 infolge der Neuen Baseler Eigenkapitalrichtlinien verpflichtet sind, die Kreditausfallwahrscheinlichkeit ihrer Kreditnehmer anhand von Ratingsystemen zu ermitteln. Aus einer Umfrage bei Leasinggesellschaften aus dem Jahr 2003 geht allerdings hervor, dass die Mehrheit derzeit bereits ein eigenes Ratingsystem nutzte oder zumindest eine Implementierung plante. Wie auch bei Banken hat das Ergebnis der Ratinganalyse auch bei Leasinggesellschaften einen wichtigen Einfluss auf die Entscheidungsfindung bezüglich der Aufnahme bzw. Fortführung der Geschäftsbeziehung.

Wie bereits dargelegt, stehen die Intensität der Bonitätsbewertung und die Implementierung von Ratingsystemen in positivem Zusammenhang zur Unternehmensgröße der Leasingunternehmen. Dabei ist zu beachten, dass die Regulierung für Leasingunternehmen keine Mindesteinlagen vorschreibt, während Kreditinstitute, die ein Einlagen- und Kreditgeschäft betreiben, ein Anfangskapital von mindestens 5 Mio. EUR verfügen müssen. Tatsächlich verfügten im Jahr 2005 weniger als 25 Prozent der Leasinggesellschaften in Deutschland über ein Stamm- oder Grundkapital von mehr als 250.000 EUR und Umsätze über 50 Mio. EUR. Dagegen verfügten im selben Jahr etwa zwei Drittel aller inländischen Banken über ein Geschäftsvolumen von mehr als 250 Mio. Euro. Die Leasingbranche ist also wesentlich stärker von kleinen, mittelständischen Unternehmen geprägt als die Bankenlandschaft.

5. Einschätzung der Besicherung des Vertragsverhältnisses und die Vertragsentscheidung

Wie bereits oben angedeutet, kommt der Bewertung der Besicherung eines Leasingvertrags, insbesondere der Prognose des Marktwertverlaufs des Leasingobjekts aufgrund der Eigentümerposition der Leasinggesellschaft bzw. der damit verbundenen Risiken, ein hoher Stellenwert im Rahmen der Vertragsentscheidung zu. Das Leasingobjekt hat den Charakter einer Primärsicherheit, denn im Falle einer Insolvenz des Leasingnehmers wird die Leasinggesellschaft das Leasingobjekt verkaufen, um den noch nicht amortisierten Teil der Anschaffungs- und Herstellungskosten aus dem Verkaufserlös zu decken. Je weiter der erzielte Verkaufserlös unterhalb des noch nicht amortisierten Teils der Investition liegt, desto größer ist der Verlust, den die Leasinggesellschaft tragen muss. Dementsprechend besteht die wichtigste Aufgabe bei der Einschätzung der Besicherung des Vertragsverhältnisses darin, zu prüfen, ob bzw. inwieweit das zu finanzierende Wirtschaftsgut bestimmten Anforderungen hinsichtlich Gebräuchlichkeit und Beständigkeit entspricht. Zu diesen Anforderungen, die auch unter dem Begriff „Leasingfähigkeit eines Wirtschaftsgutes" zusammengefasst werden, zählen:

- **Drittverwendungsfähigkeit:** Hierbei geht es um die Frage, ob das Objekt lediglich von dem Leasingnehmer oder einigen wenigen Anwendern verwendet werden kann oder ob es eine Vielzahl potenzieller Nutzer gibt.
- **Langlebigkeit:** Leasingobjekte sollten sich durch die Eigenschaft einer möglichst langen Lebensdauer auszeichnen, eine Eigenschaft, die an Bedeutung gewinnt, je länger die beabsichtigte Vertragsdauer ist.
- **Wertkonstanz:** Die Wertkonstanz eines Objekts richtet sich nach seiner Preisentwicklung. Objekte mit volatiler Preisentwicklung oder möglicherweise unerwartet eintretenden Wertverlusten, Objekte also, deren Wertverlauf nur schwer eingeschätzt werden kann, bergen aus Sicht der investierenden Leasinggesellschaft naturgemäß höhere Risiken.
- **Marktgängigkeit:** Die Marktgängigkeit eines Objekts wird danach beurteilt, ob ein Markt für gebrauchte Güter der gleichen Art besteht, der sich zudem durch ein ausreichendes Handelsvolumen auszeichnet, sodass das Objekt möglichst kurzfristig verkauft werden kann, falls der Leasingnehmer seinen vertraglichen Verpflichtungen nicht mehr nachkommen sollte.

Hierbei ergeben sich nun unmittelbare Wechselwirkungen mit der Bonität des Leasingnehmers, die *das* charakteristische Merkmal der Vertragsentscheidung bei Leasinggesellschaften bilden und die unmittelbaren Einfluss auf die Vertragsgestaltung haben: Je geringer die Leasingfähigkeit eines Wirtschaftsgutes ist, desto höhere Anforderungen werden an die Bonität des Leasingnehmers gestellt. Umgekehrt gilt: Je besser die Bonität eines Leasingnehmers ist, desto geringere Anforderungen wird eine Leasinggesellschaft an die Leasingfähigkeit des zu finanzierenden Wirtschaftsgutes stellen. Grafisch lässt sich dieser Trade-off zwischen Bonität und Qualität des Leasingobjekts wie folgt darstellen:

Bonitätsprüfung und Vertragsentscheidung auf Seiten der Leasinggesellschaften 89

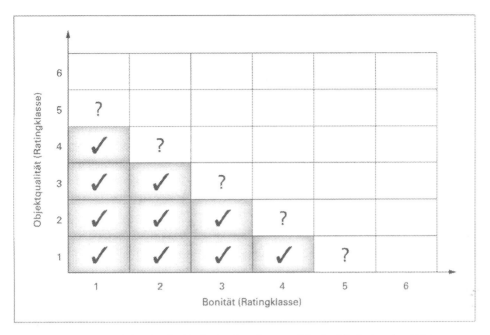

Abbildung 3: Trade-off zwischen der Bonität des Leasingnehmers und der Qualität des Leasingobjekts

In der Abbildung ist die Objektqualität auf der Ordinate in Form von Objektklassen dargestellt, wobei die beste Kategorie der Objektklasse eins entspricht, die schlechteste Kategorie der Klasse sechs. Die Bonität des Leasingnehmers ist auf der Abszisse in Form von Ratingklassen abgebildet; auch hier entsprechen die erste Klasse der besten und die sechste Klasse der geringsten Bonität. Die beiden Dimensionen der Vertragsentscheidung, die Objektqualität und die Bonität des Leasingnehmers spannen somit eine Fläche auf, die dem Alternativenraum der Entscheidungssituation entspricht. Wo die konkrete Grenze zwischen akzeptablen und nicht akzeptablen Kombinationen verläuft, hängt dabei von der individuellen Risikopolitik der Leasinggesellschaft ab und wird unter anderem in Abhängigkeit des konkreten Geschäftsmodells, der Risikoneigung des Managements, der Markt- und Wettbewerbssituation und der Risikotragfähigkeit der Gesellschaft festgelegt werden. In der Abbildung ist dieser Akzeptanzbereich beispielhaft durch den grauen Bereich links unten angedeutet. Natürlich wird nicht jede Leasinggesellschaft ihre Annahmepolitik explizit in Form einer solchen Kurve darstellen können; nicht selten erfolgt die Abwägung lediglich implizit und auf einer intrapersonellen Ebene. Grundsätzlich findet die skizzierte Entscheidungsregel aber bei allen Leasinggesellschaften Anwendung.

Wichtig in diesem Zusammenhang ist, dass die Vertragsentscheidung der Leasinggesellschaft, die sich prinzipiell entlang dieser Trade-off-Kurve bewegt, keine einfache Ja/Nein-Entscheidung ist, sondern eine differenzierte Entscheidung, die auch in Abhängigkeit der angefragten Vertragskonstellation getroffen wird. Die Vertragsentscheidung kann in diesem Sinne als eine Art „Financial Engineering" charakterisiert werden, als Gestaltungsprozess also, bei dem es darauf ankommt, Wege zu finden, um auch diejenigen Anfragen durch geschickte Gestaltung der Vertragsparameter (und damit des Risikos des Vertrags) finanzierbar zu machen, die sich auf den ersten Blick durch nicht mehr akzeptabel erscheinende Bonitäts/Objektkonstellationen auszeichnen.

Um ein einfaches Beispiel zu geben: Möchte ein Kunde mittlerer Bonität einen Vertrag über ein Objekt abschließen, dessen Qualität von der Leasinggesellschaft als „unzureichend" eingestuft wird, so wird die Gesellschaft den Vertrag allein vor dem Hintergrund ihrer Entscheidungsmatrix sicherlich ablehnen. Leistet der Kunde jedoch eine Mietsonderzahlung in Höhe von 25 Prozent der angefragten Finanzierungssumme, so wird die Gesellschaft den Vertrag möglicherweise annehmen, weil die Sonderzahlung ihre Risikoposition erheblich verbessert. Der Bereich solcher „Grenzkonstellationen" ist in der vorstehenden Abbildung durch den Bereich mit den Fragezeichen markiert und die Fähigkeit, auch solche Konstellationen durch entsprechende Vertragsgestaltung darstellen zu können, zählt zu den wichtigsten, wettbewerbsdifferenzierenden Kompetenzen von Leasinggesellschaften.

Im Mittelpunkt der Vertragsgestaltung steht dabei die so genannte „Loan-to-Value-Curve" (Abbildung 4). Hierbei handelt es sich um eine Gegenüberstellung zweier Kurven, nämlich einerseits der Amortisation der Investition aus Sicht der Leasinggesellschaft und andererseits dem erwarteten Wertverlauf des Leasingobjekts. Der Amortisationsverlauf ergibt sich, indem die Leasingraten finanzmathematisch in einen Zins- und einen Tilgungsanteil aufgespalten werden, wobei die Summe der Tilgungsanteile den Anschaffungs- bzw. Herstellungskosten des Leasingobjekts entspricht. Diese Betrachtung korrespondiert zwar nicht unmittelbar mit dem Mietcharakter des Leasings, ist aber sehr hilfreich, wenn es darum geht, das einem Leasingvertrag immanente Risiko zu modellieren.

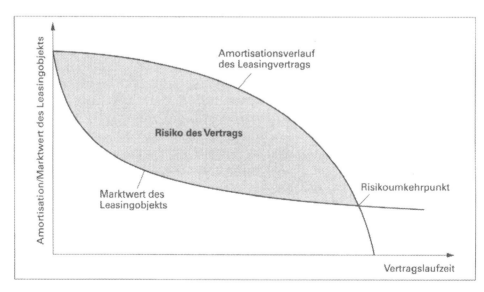

Abbildung 4: Loan-to-Value-Curve

Zur Prognose der Wertentwicklung des Leasingobjekts können unterschiedliche Techniken angewendet werden. Im Massengeschäft, das sich durch vergleichsweise geringe Investitionsvolumina auszeichnet, wird – aus Effizienzgründen – in der Regel auf Standard-Wertverlaufskurven zurückgegriffen, die mit statistischen Methoden aus der Verwertungshistorie der Leasinggesellschaft oder aus beobachteten Marktpreisen abgeleitet wurden. Stehen hingegen Objekte im Mittelpunkt der Betrachtung, die sich durch vergleichsweise große Investitionsvolumina und dementsprechend „engere" Sekundärmärkte auszeichnen (z. B. Druckmaschinen), wird verstärkt auf Expertenmeinungen (Hersteller, Gutachter) abgestellt. In beiden Fällen müssen marktübliche Rabatte bei der Erstellung der Wertverlaufskurven berücksichtigt werden, von Listenpreisen auszugehen wäre nicht sachgerecht und würde zu Wertannahmen führen, die am Markt nicht realisiert werden können.

Die Fläche zwischen den beiden Kurven gilt als Maß für das Risiko, das die Leasinggesellschaft mit dem Vertrag eingeht. Neben der Fläche zwischen den Kurven spielt der Zeitpunkt, von dem an der Marktwert des Objekts die noch verbleibende Amortisation der Investition übersteigt, eine wichtige Rolle bei der Vertragsentscheidung. Je früher dieser Zeitpunkt, der als „Risikoumkehrpunkt" bezeichnet wird, erreicht wird, desto eher wird sich eine Leasinggesellschaft ceteris paribus entscheiden, die Investition in das Leasingobjekt vorzunehmen.

Um die Fläche zwischen Amortisations- und Marktwertverlauf zu beeinflussen, stehen einer Leasinggesellschaft im Rahmen der Vertragspolitik zahlreiche Möglichkeiten zur Verfügung. Bereits erwähnt wurde die Mietsonderzahlung, deren Ziel darin besteht, das Investitionsvolumen unter den Vertragsparteien aufzuteilen. Dadurch, dass der Leasingnehmer einen Teil des Investitionsbetrags selbst aufbringt, reduziert sich das Investitionsvolumen der Leasinggesellschaft und damit das Risiko während der Vertragslaufzeit. In der grafischen Darstellung führt die Mietsonderzahlung zu einer Parallelverschiebung der Amortisationskurve nach unten, sodass sich die Ellipse zwischen den Kurven verkleinert. Freilich ist die Leasinggesellschaft hierbei einem Risiko betrügerischen Handelns ausgesetzt, denn bei überhöhter Rechnungsstellung bleibt eine Anzahlung faktisch ohne Wirkung auf das Risiko der Investition. Da es in einem solchen Fall stets der Zusammenarbeit zwischen Leasingnehmer und Lieferant bedarf, erlangen Kriterien wie die Dauer und der Umfang der Zusammenarbeit mit dem Lieferanten sowie die hierbei gesammelten Erfahrungen besondere Relevanz im Rahmen der Bonitätsprüfung des Lieferanten.

Kautionen und Bürgschaften entfalten eine ähnliche Wirkung wie Mietsonderzahlungen. Darüber hinaus ist die Restwertpolitik ein wichtiges Mittel der Vertragsgestaltung, denn je höher der Restwert angesetzt ist, desto niedriger sind die Leasingraten, desto langsamer vollzieht sich die Amortisation der Investition und desto größer ist das Risiko, das die Leasinggesellschaft mit der Investition eingeht. Auch der Ratenverlauf spielt eine wichtige Rolle bei der Vertragsgestaltung, führen progressive Leasingraten doch ebenfalls dazu, dass die Amortisation zeitlich gestreckt wird. Schließlich kann die Leasinggesellschaft auch den Hersteller bzw. den Lieferanten des Objekts bei der Gestaltung des Risikos eines Vertrags einbeziehen, indem sie eine Restwert- oder Rückkaufgarantie vereinbart. Hierbei sichert der Lieferant der Leasinggesellschaft zu, das Objekt zu festgelegten Bedingungen

(Zeitpunkten und Beträge) zurückzukaufen, falls der Leasingnehmer seinen vertraglichen Verpflichtungen nicht nachkommen sollte. Auf diese Weise ist die Leasinggesellschaft von bestehenden Marktpreisrisiken freigestellt.

Zeichnet sich die Bonitätsprüfung bei Leasinggesellschaften, wie im vorangegangenen Abschnitt erläutert wurde, zwar auch durch bestimmte Besonderheiten aus, zeigt sich im Großen und Ganzen jedoch eher Übereinstimmung mit den Entscheidungsprozessen konkurrierender Finanzdienstleister (z. B. Banken). So ist es insbesondere die Objektprüfung und die hieran anknüpfende Vertragsgestaltung, die den wesentlichen Unterschied und die Besonderheiten der Vertragsentscheidung bei Leasinggesellschaften ausmachen. Die Fähigkeit, den Marktwert eines Objekts zuverlässig abschätzen zu können und auf dieser Grundlage Verträge zu gestalten, die eine Balance zwischen der Bonität eines Leasingnehmers und der Qualität des zu finanzierenden Investitionsobjekt herzustellen, ist eine der wichtigsten Kernkompetenzen, über die Leasinggesellschaften verfügen. Diese Kernkompetenz findet ihren Ausdruck in den niedrigen Verlustquoten (Loss-Given-Default), die Leasinggesellschaften zu tragen haben, wenn ein Leasingnehmer seinen Verpflichtungen nicht mehr nachkommt: Im Durchschnitt liegen die Verlustquoten von Leasinggesellschaften lediglich zwischen 20 und 30 Prozent ihrer Forderung, ein Umstand, der im Wettbewerb unmittelbar in Form konkreter Kostenvorteile von Leasinggesellschaften und damit letztlich in Form von Preisvorteilen der Dienstleistung „Leasing" gegenüber anderen Finanzierungsformen durchschlägt.

6. Von der Vertragsentscheidung zur Bereitstellung des Objekts

Mit der Vertragsentscheidung der Leasinggesellschaft, dem Vertragsangebot und der Annahme dieses Angebots durch den Leasingnehmer ist der Prozess bis zum Beginn der Nutzungsphase allerdings noch nicht abgeschlossen. Aufgrund des Umstands, dass die Leasinggesellschaft Eigentümerin des Leasingobjekts ist und als solche auch bestimmte Eigentumsrechte wahrnimmt, das Objekt selbst allerdings nicht innerhalb ihres Produktionsprozesses einsetzt, sind noch weitere Schritte erforderlich, bis das Leasingobjekt von dem Leasingnehmer genutzt werden kann.

So ist es zunächst erforderlich, dass der Leasingnehmer nach Auslieferung des Objekts eine **Übernahme- bzw. Abnahmebestätigung** unterzeichnet. Mit dieser Abnahmeerklärung bestätigt er, dass er das Leasingobjekt in Besitz genommen hat, dass das gelieferte Objekt seiner Spezifikation und seinen Anforderungen entspricht und dass das Objekt in vollem Umfang funktionsfähig ist und keine Mängel aufweist. Vertragsrechtlich beginnt mit diesem Schritt die Laufzeit des Leasingvertrages. Dies hat zur Folge, dass die Leasinggesellschaft den Kaufpreis zum Fälligkeitstermin an den Lieferanten zahlen muss und der Leasingnehmer die Leasingraten zu den im Vertrag festgesetzten Terminen an die Leasinggesellschaft. Stellt sich heraus, dass die Abnahmebestätigung des Leasingnehmers fehlerhaft ist, er die Bestätigung also ohne Einwände hinsichtlich der Mangelhaftigkeit oder der Funktionsfähigkeit des Objekts abgegeben hat, obwohl das Objekt fehlerhaft war, stehen dem Leasinggeber Schadenersatzansprüche gegenüber dem Leasingnehmer zu.

Die **Vertragsprüfung** ist die letzte Phase innerhalb des Investitionsprozesses der Leasinggesellschaft. Sie dient dazu, sicherzustellen, dass alle Bedingungen des Vertrags (zwischenzeitlich) erfüllt sind und der Rechnungsbetrag an den Lieferanten ausgezahlt werden kann. Beispielsweise wird hierbei geprüft, ob alle erforderlichen Unterlagen, insbesondere die Abnahmebestätigung vorliegen, ob Auflagen, die an die Vertragsentscheidung geknüpft wurden, eingehalten worden sind, also Kautionen hinterlegt oder Bürgschaften gestellt worden sind, ob die Rechnung des Lieferanten ordnungsgemäß ist und der Rechnungsbetrag dem vereinbarten Betrag entspricht usw. Ergeben sich keine Auffälligkeiten, wird die Lieferantenrechnung bezahlt und die Amortisationsphase der Investition beginnt.

Insbesondere wenn Vertragsentscheidungen im Kooperationsvertrieb mit Herstellern oder Händlern via Internet automatisiert getroffen werden, ist die Vertragsprüfung nahezu die einzige Möglichkeit, die eine Leasinggesellschaft hat, sich vor Risiken betrügerischen Handelns zu schützen. Denn anders als im direkten Vertrieb tritt die Leasinggesellschaft bei dieser Vertriebsform nicht mehr persönlich mit dem Leasingnehmer in Kontakt. Viele Aktivitäten des Entscheidungsprozesses sind auf den Vertriebspartner (z. B. die Legitimationsprüfung) oder die verwendete Software (Bonitäts- und Objektrating, Vertragsentscheidung) verlagert oder entfallen auch ganz. Die Vertragsprüfung ist in diesem Fall die einzige Gelegenheit, sich ein Bild darüber zu machen, ob die „Aktenlage" mit der Realität übereinstimmt oder ob sich Anhaltspunkte für Manipulationen ergeben und die Auszahlung an den Vertriebspartner zurückgehalten wird, bis der Sachverhalt abschließend geklärt ist.

7. Fazit

Die Leasingbranche als Bereitsteller von Finanzierungslösungen nutzt wie auch die Bankenbranche Bonitätsprüfungen zur Unterstützung für ihre Vertragsentscheidungen. Dennoch zeigen sich Unterschiede, was Umfang und Bedeutung der Untersuchungen angeht. Zusammenfassend kann herausgestellt werden, dass Leasinggesellschaften als Objektfinanzierer die Vertragsentscheidungen nicht nur auf die Bonitätsanalyse, sondern auch auf das Objekt abstellen. Hier unterscheidet sich die Herangehensweise deutlich von der bei Kreditinstituten, bei denen die Bonitätsanalyse im Vordergrund steht. Durch die Objektfokussierung und der damit verbundenen spezifischen Risikostruktur der Leasingunternehmen können diese Investitionen ermöglichen, die von der Kreditwirtschaft nicht finanziert würden. Die Leasingbranche wird wegen ihrer investitionsfördernden Wirkung daher auch als Wachstumsmotor der Gesamtwirtschaft bezeichnet.

Für den Leasingnehmer bedeutet dies in der Konsequenz, dass ihm durch Leasing Finanzierungen ermöglicht werden, die durch die Kreditinstitute nicht bereitgestellt würden.

Darüber hinaus führt die Objektfokussierung und Spezialisierung der Leasingunternehmen zu Kostenvorteilen, die im Rahmen der Konditionsgestaltung an die Leasingnehmer weitergegeben werden können. Damit stellt die Leasingfinanzierung auch in Bezug auf die Kapitalkosten eine attraktive Alternative dar.

Teil II:

Kauf, Miete oder Leasing in der Rechnungslegung

Gestaltungsalternativen nach Handels- und Steuerrecht

Klaus Löffler/Simone Angloher

1. Kauf und Miete
    1.1 Kauf
    1.2 Mietkauf
        1.2.1 Echter Mietkauf
        1.2.2 Unechter Mietkauf
    1.3 Rentenkauf
    1.4 Miete
2. Leasing
    2.1 Allgemeines
    2.2 Leasingvertragstypen und die Erlasse der Finanzverwaltung
        2.2.1 Vollamortisationsverträge
        2.2.2 Teilamortisationsverträge
        2.2.3 Besonderheiten
    2.3 Bilanzierung bei Zurechnung des Leasinggegenstands beim Leasinggeber
    2.4 Bilanzierung bei Zurechnung des Leasinggegenstands beim Leasingnehmer
        2.4.1 Vollamortisation
        2.4.2 Teilamortisation

2.5 Abweichender Ratenverlauf (progressive und degressive Leasingraten)

2.6 Sale-and-Lease-back-Gestaltungen

2.7 Forfaitierung von Leasingforderungen

2.8 Konsolidierung

Literatur

1. Kauf und Miete

1.1 Kauf

Durch den Abschluss eines Kaufvertrags wird der Verkäufer verpflichtet, dem Käufer das Eigentum am Kaufgegenstand zu verschaffen (§ 433 Abs. 1 BGB). Der Käufer hat den erworbenen Gegenstand sowohl in der Handels- als auch in der Steuerbilanz mit der Anschaffung, das heißt zu dem Zeitpunkt, zu dem er die wirtschaftliche Verfügungsmacht über den Gegenstand erlangt, zu aktivieren. Dies ist in der Regel der Zeitpunkt des Übergangs von Besitz, Gefahr, Nutzungen und Lasten (§ 446 BGB). Wird der Kaufpreis aus Eigenmitteln erbracht (Bankkonto/Kasse) und gleichzeitig mit der Übergabe des erworbenen Gegenstands gezahlt, führt dies in der Bilanz zu einem erfolgsneutralen Aktivtausch. Die Aktivierung des erworbenen Gegenstands erfolgt handels- und steuerrechtlich gemäß § 253 Abs. 1 Satz 1, § 255 Abs. 1 HGB, § 6 Abs. 1 Nr. 1 Satz 1 EStG mit den Anschaffungskosten (zuzüglich der Anschaffungsnebenkosten).

Wurde zum Bilanzstichtag lediglich der Kaufvertrag geschlossen und die Leistungsverpflichtung noch von keiner der Kaufvertragsparteien erfüllt, dürfen aus diesem so genannten „schwebenden Geschäft" weder Forderungen noch Verbindlichkeiten in der Handels- oder Steuerbilanz ausgewiesen werden. Dies ergibt sich aus den allgemeinen Grundsätzen des Realisations- und des Vorsichtsprinzips. Etwas anderes gilt allerdings dann, wenn sich Leistung und Gegenleistung nicht mehr in gleicher Höhe gegenüberstehen. Handelsrechtlich ist in diesem Fall die Bildung einer Rückstellung für drohende Verluste aus schwebenden Geschäften gemäß § 249 Abs. 1 HGB geboten. Steuerlich sind so genannte Drohverlustrückstellungen nach § 5 Abs. 4 a EStG unzulässig.

Sofern der Erwerber den Kauf des Gegenstands durch die Aufnahme von Fremdkapital in Höhe des Kaufpreises finanziert, hat er den Gegenstand mit den Anschaffungskosten zu aktivieren und eine entsprechende Verbindlichkeit in Höhe des Rückzahlungsbetrags zu passivieren, § 253 Abs. 1 Satz 2 HGB. Dieser Vorgang ist grundsätzlich ebenfalls erfolgsneutral, führt aber zu einer Erhöhung der Bilanzsumme (Bilanzverlängerung). Die laufenden Finanzierungszinsen sind als Aufwand zu erfassen.

Bei einem so genannten Ratenkauf zahlt der Erwerber den Kaufpreis in Teilbeträgen, deren Summe den gesamten Kaufpreis ergibt. Sie haben den Zweck, dem Erwerber die Zahlung des Kaufpreises durch Stundung zu erleichtern. Haben die Parteien vereinbart, dass die Kaufpreisraten unverzinslich sein sollen, unterstellt die Rechtsprechung eine angemessene Verzinsung (BFH VIII R 190/78 vom 21.10.1980, BStBl II 1981, S. 160). Diese Fälle werden folglich genauso behandelt wie Kaufpreisraten, über deren Verzinsung nichts vereinbart ist (BFH IV R 141/67 vom 29.10.1970, BStBl II 1971, S. 92). Unterschreitet der bei sofortiger Barzahlung zu entrichtende Preis die Summe der Raten, so ist der erworbene Gegenstand mit diesem Barzahlungspreis (Barwert) zu aktivieren. Der

Erwerber hat die Summe der ausstehenden Raten als Verbindlichkeit zu passivieren. Der Unterschiedsbetrag in Höhe der Differenz zwischen dem Barwert und dem Nennwert der Verbindlichkeit kann handelsrechtlich als verdeckter Zinsanteil aktiviert werden, steuerlich besteht eine Aktivierungspflicht (BFH VIII R 19/70 vom 25.02.1975, BStBl II 1975, S. 647). Der Aktivposten ist über die Laufzeit der Verbindlichkeit gewinnmindernd aufzulösen. Eine Abzinsung der Rentenverbindlichkeit ist gemäß § 6 Abs. 1 Nr. 3 EStG nur bei einer Laufzeit von mehr als einem Jahr erforderlich. Die laufenden Ratenzahlungen sind in einen Zins- und einen Tilgungsanteil aufzuteilen.

1.2 Mietkauf

1.2.1 Echter Mietkauf

Von den reinen Kaufverträgen sind die so genannten Mietkaufverträge zu unterscheiden. Diese enthalten sowohl Elemente von Kaufverträgen (§§ 433 ff. BGB) als auch von Mietverträgen (§§ 535 ff. BGB). Mietkaufverträge sind sonstige Finanzierungshilfen gemäß § 499 Abs. 1 BGB, aber keine Finanzierungsleasingverträge nach § 499 Abs. 2 BGB. Dabei wird zunächst eine Miete vereinbart, dem Mieter des Mietobjekts aber die Option eingeräumt, den Mietgegenstand jederzeit, das heißt, nicht erst nach Ablauf einer bestimmten vertraglich fest vereinbarten Grundmietzeit erwerben zu können.

Eine vertragliche Gestaltungsmöglichkeit ist, dass der bisherige Mieter den Mietgegenstand bei Ausübung der Option zu dem dann gültigen Zeitwert erwirbt. Bilanziell unterscheidet sich dieser Fall nicht von der Miete, das heißt, die Mietzahlungen stellen bis zur Ausübung der Option beim Vermieter Einnahmen und beim Mieter Betriebsausgaben dar. Mit Ausübung der Kaufoption durch den Mieter ist der Gegenstand in der Bilanz des Mieters zum Zeitwert zu aktivieren.

Eine weitere Möglichkeit der Gestaltung eines Mietkaufvertrags besteht darin, dass der Kauf zum ursprünglichen, in der Regel fest vereinbarten Listenpreis erfolgen kann und die bisher gezahlten Mieten auf diesen Preis angerechnet werden. Bilanziell liegt in diesem Fall bis zur Ausübung der Ankaufsoption ebenfalls ein Mietvertrag vor. Die Besonderheit besteht bei dieser Gestaltung darin, dass bei Ausübung der Option so zu verfahren ist, als wäre von Anfang an ein Kauf vorgenommen worden. Da vorangegangene Wirtschaftsjahre nicht berichtigt werden, ist die bisher gezahlte und angerechnete Miete beim nunmehrigen Käufer als Ertrag zu erfassen. Gleichzeitig dürfen die Abschreibungen der Mietjahre im Jahr der Ausübung der Option vom Käufer nachgeholt werden. Der bisherige Mieter hat den Gegenstand in seiner Bilanz ab dem Zeitpunkt der Ausübung der Kaufoption zu aktivieren, wobei sich die Anschaffungskosten aus dem Restkaufpreis und der erstatteten Miete zusammensetzen (vgl. BFH III R 233/90 vom 12.09.1991, BStBl II 1992, S. 182).

> V vermietet ab 01.01.2000 für sieben Jahre ein Wirtschaftsgut (betriebsgewöhnliche Nutzungsdauer elf Jahre) für jährlich 20.000 EUR an K, der das Wirtschaftsgut jederzeit für 100.000 EUR (Listenpreis) unter Anrechnung der bisher gezahlten Miete erwerben kann. Am 01.01.2002 kauft K das Wirtschaftsgut und zahlt 60.000 EUR (100.000 EUR – 40.000 EUR).

Für K ergibt sich ein Mietaufwand in Höhe von 40.000 EUR. Die lineare AfA für zwei Jahre beträgt demgegenüber (bezogen auf 100.000 EUR) 18.182 EUR. Die Mietüberzahlung in Höhe von insgesamt 21.818 EUR ist bei K als Ertrag des Wirtschaftsjahrs 2002 zu erfassen. Die Anschaffungskosten des K setzen sich zusammen aus der Restzahlung in Höhe von 60.000 EUR und der Mietüberzahlung in Höhe von 21.818 EUR und betragen folglich 81.818 EUR.

1.2.2 Unechter Mietkauf

Bei besonders gelagerten Extremfällen hat die Rechtsprechung bisher einen so genannten unechten Mietkaufvertrag angenommen und den Mietgegenstand von Anfang an dem „Mieter" zugerechnet. Ein unechter Mietkaufvertrag kann dann vorliegen, wenn entweder in unverhältnismäßig kurzer Zeit (bezogen auf die betriebsgewöhnliche Nutzungsdauer) der gesamte Kaufpreis durch die Mietraten gezahlt wird oder wenn die Mietdauer so bestimmt wurde, dass der Gegenstand bei Beendigung des Mietvertrags wirtschaftlich verbraucht ist und deshalb eine Rückgabe an den Vermieter nicht mehr möglich war (so genanntes Gasflaschenurteil des BFH IV 429/62 U vom 25.10.1963, BStBl III 1964, S. 44). Die Rechtsprechung geht davon aus, dass mit solchen Vertragsgestaltungen eigentlich ein Ratenkauf gewollt ist, die Vertragsparteien aber einen Mietvertrag abschließen, um die „Mietzahlungen" als Aufwand ausweisen zu können. In diesem Fall muss der Käufer den Gegenstand von Anfang an aktivieren und abschreiben, die Kaufpreisschuld passivieren und die Mietzahlungen wie Kaufpreisraten behandeln (siehe Abschnitt 1.1).

1.3 Rentenkauf

Unter einem so genannten Rentenkauf versteht man den Kauf ganzer Betriebe oder einzelner Wirtschaftsgüter gegen Vereinbarung einer Rentenverpflichtung. In diesem Fall muss der Käufer die erworbenen Wirtschaftsgüter mit dem Rentenbarwert aktivieren, der grundsätzlich nach versicherungsmathematischen Grundsätzen zu berechnen ist. Steuerlich ist der Rentenbarwert entsprechend Anlage 9 i. V. m. § 14 BewG zu ermitteln (BFH IV R 126/76 vom 31.01.1980, BStBl II 1980, S. 491). Alternativ kann der Barwert gemäß R 6.2 EStR auch steuerlich nach versicherungsmathematischen Grundsätzen bestimmt werden. Werden mehrere Gegenstände erworben, ist der Rentenbarwert im Verhältnis der Verkehrswerte aufzuteilen. Gleichzeitig hat der Käufer eine entsprechend hohe Rentenverbindlichkeit zu passivieren. In der Folgezeit sind die aktivierten Wirtschaftsgüter und die passivierte Rentenverbindlichkeit unabhängig voneinander fortzuentwickeln.

Erhöht sich die Rentenverpflichtung nachträglich, z. B. aufgrund einer vereinbarten Wertsicherungsklausel, oder fällt sie z. B. aufgrund des Todes des Rentenberechtigten endgültig weg, führt dies grundsätzlich zu keiner Änderung bzw. nachträglichen Erhöhung der ursprünglich aktivierten Anschaffungskosten. Etwas anderes kann gelten, wenn die Rentenanhebung bereits bei Erwerb des Vermögensgegenstands unabhängig von zukünftigen Ereignissen festgelegt wurde. Veränderungen der Rentenverpflichtung sind als Aufwand bzw. Ertrag zu erfassen, wobei die Rentenzahlungen grundsätzlich in einen erfolgsneutralen Tilgungs- und einen erfolgswirksamen Zinsanteil aufzuteilen sind. Praktisch lässt sich dies am einfachsten durchführen, indem die gesamten Rentenzahlungen eines Wirtschaftsjahres als Aufwand erfasst werden. Sinkt der Barwert der Rentenverpflichtung im Laufe des Jahres, muss gleichzeitig in Höhe der Barwertdifferenz ein Ertrag ausgewiesen werden. Erhöht sich die Rentenverpflichtung aufgrund einer Wertsicherungsklausel, ist über die Rentenzahlungen hinaus ein zusätzlicher Aufwand auszuweisen. Fällt die Rentenverpflichtung endgültig weg, ist der weggefallene Barwert als Ertrag zu erfassen (BFH IX R 41/95 vom 26.06.1996, DStR 1996, S. 1802).

1.4 Miete

Durch den Abschluss eines Mietvertrags wird der Vermieter verpflichtet, dem Mieter den Gebrauch der Mietsache während der Mietzeit zu gewähren, der Mieter muss an den Vermieter die vereinbarte Miete entrichten (vgl. § 535 ff. BGB). An diese Struktur des Mietrechts ist auch das so genannte Operate-Leasing angelehnt, das auch als „Mietleasing" bezeichnet wird. Dem Leasingnehmer wird bei einem Operate-Leasing das Leasingobjekt kurz- bzw. mittelfristig zur Verfügung gestellt, wobei der Leasingvertrag unter Einhaltung der vertraglich vereinbarten Kündigungsfristen jederzeit kündbar bleibt. Demgegenüber wird im Rahmen des so genannten Finanzierungsleasings (Finance-Leasing) dem Leasingnehmer das Leasingobjekt während einer festen Grundmietzeit ohne Kündigungsmöglichkeit gegen Entrichtung der Leasingraten zur Verfügung gestellt. Der wirtschaftliche Zweck des Finance-Leasing ist in erster Linie eine Finanzierungsfunktion und weniger die Bereitstellung der Objektnutzung.

Bei der Miete eines Gegenstands oder der Vereinbarung eines Operate-Leasing bleibt der Vermieter rechtlicher und wirtschaftlicher Eigentümer des Mietgegenstands und hat diesen folglich in seiner Bilanz zu aktivieren und abzuschreiben. Der Mieter kann demgegenüber die laufenden Mietzahlungen sofort als Betriebsausgaben abziehen. Das „Mietrecht" ist ein nicht aktivierungsfähiges, immaterielles Wirtschaftsgut. Folglich erscheint der Mietvertrag nicht in der Bilanz des Mieters, weshalb die Nutzungspotenziale und Verbindlichkeiten nur bei Vorliegen der Voraussetzungen des § 285 Nr. 3 HGB aus dem Anhang ersichtlich sind.

2. Leasing

2.1 Allgemeines

Im deutschen Handelsrecht finden sich keine Vorschriften, die die Behandlung von Leasinggestaltungen und die bilanzielle Zurechnung der geleasten Vermögensgegenstände eindeutig und verbindlich regeln. Bilanziell stellt sich bei der Behandlung von Leasinggestaltungen in erster Linie die Frage, wer den Leasinggegenstand in der Bilanz zu aktivieren und abzuschreiben hat, wobei entweder eine Aktivierung des Leasingobjekts durch den Leasinggeber oder den Leasingnehmer in Betracht kommt. Aus dem in § 246 Abs. 1 Satz 1 HGB geregelten Vollständigkeitsgebot wird abgeleitet, dass für die Bilanzierung von Vermögen nicht auf das formale zivilrechtliche Eigentum, sondern auf das wirtschaftliche Eigentum abzustellen ist. In § 246 Abs. 1 Satz 2 HGB ist beispielhaft geregelt, dass Vermögensgegenstände, die unter Eigentumsvorbehalt stehen, beim Sicherungsgeber als dem wirtschaftlichen Eigentümer zu bilanzieren sind.

Sowohl handels- als auch steuerrechtlich gilt der Grundsatz, dass Wirtschaftsgüter in der Bilanz des wirtschaftlichen Eigentümers zu erfassen sind. Steuerlich bestimmt sich die Zurechnung des wirtschaftlichen Eigentums nach der Regelung des § 39 AO. Demzufolge sind Wirtschaftsgüter in der Regel dem rechtlichen Eigentümer zuzurechnen. Abweichend von der Grundregel des § 39 Abs. 1 AO ist in Abs. 2 der Vorschrift geregelt, dass dann, wenn ein anderer als der rechtliche Eigentümer die tatsächliche Herrschaft über ein Wirtschaftsgut in der Weise ausübt, dass er den Eigentümer im Regelfall für die gewöhnliche Nutzungsdauer von der Einwirkung auf das Wirtschaftsgut ausschließen kann, diesem das Wirtschaftsgut zuzurechnen ist (so genannter wirtschaftlicher Eigentümer). Im Einzelnen sind die Zurechnungskriterien in den so genannten Leasingerlassen der Finanzverwaltung festgelegt. Auf die in diesen Erlassen formulierten Grundsätze wird – in Ermangelung eigenständiger Vorschriften – auch für die handelsrechtliche Beurteilung und Klassifizierung eines Leasingverhältnisses zurückgegriffen.

Erfolgt die Gestaltung des Leasingvertrags entsprechend den Erlassen der Finanzverwaltung (so genanntes erlasskonformes Leasing), wird der Leasinggegenstand dem Leasinggeber zugerechnet. Neben der Zurechnung des wirtschaftlichen Eigentums ist im Bereich des Leasings vor allem die Behandlung der laufenden Leasingraten von Bedeutung. Sofern der Leasinggegenstand entsprechend den Erlassen der Finanzverwaltung dem Leasinggeber zuzurechnen ist, sind die Leasingraten grundsätzlich bei Fälligkeit in voller Höhe erfolgswirksam. Andernfalls ist es gegebenenfalls erforderlich, die Leasingraten in einen Tilgungsanteil und einen Zinsanteil aufzuteilen. Die entsprechenden Berechnungsgrundlagen sind ebenfalls in den Erlassen der Finanzverwaltung festgelegt. Die sofortige Steuerwirksamkeit und die Bilanzneutralität des Leasings beim Leasingnehmer sind nur dann gegeben, wenn der Leasinggeber wirtschaftlicher Eigentümer des Leasingobjekts ist. In bestimmten Fällen kann aber auch der Leasingnehmer ein Interesse daran haben, dass ihm der Leasinggegenstand zugerechnet wird. Dies ist z. B. dann zu überlegen, wenn der Leasingnehmer Sonderabschreibungen vornehmen oder Investitionszulagen beanspruchen könnte.

Wesentlich bei erlasskonformen Leasinggestaltungen sind die Ersparnis hoher Anfangsinvestitionskosten und die dennoch bestehende vollumfängliche Nutzungsmöglichkeit des Gegenstands. Der Leasingnehmer hat lediglich die laufenden Leasingraten zu entrichten, aber keine Vorausfinanzierung vornehmen oder Sicherheiten stellen.

Die Leasingerlasse gehen grundsätzlich von körperlichen Wirtschaftsgütern aus. In der Literatur wird allerdings angenommen, dass die Erlasse auch auf immaterielle Wirtschaftsgüter, wie z. B. Software, entsprechend anzuwenden seien (Engel, DStZ 1992, S. 721).

2.2 Leasingvertragstypen und die Erlasse der Finanzverwaltung

Die vier so genannten Leasingerlasse der Finanzverwaltung basieren auf einem Grundsatzurteil des BFH zum Mobilienleasing (BFH IV R 144/66 vom 26.01.1970, BStBl II 1970, S. 264) und stellen Leitlinien bezüglich der Zurechnung des Leasinggegenstands dar. Maßgeblich bleibt dennoch eine Einzelfallbetrachtung unter Würdigung der gesamten Umstände. Die Leasingerlasse beziehen sich auf Finanzierungsleasingverträge (Finance-Leasing), deren typisches Merkmal die Vereinbarung einer festen, unkündbaren Grundmietzeit ist.

In den Erlassen der Finanzverwaltung wird zwischen so genannten Vollamortisations- und Teilamortisationsleasingverträgen differenziert. Vollamortisationsverträge, so genannte Full-Pay-out-Verträge, sind dadurch gekennzeichnet, dass die vom Leasingnehmer während der Grundmietzeit zu entrichtenden Raten mindestens die Anschaffungs- oder Herstellungskosten sowie alle Nebenkosten, einschließlich der Finanzierungskosten des Leasinggebers decken.

2.2.1 Vollamortisationsverträge

Maßgeblich für die steuerliche Beurteilung und Zurechnung des wirtschaftlichen Eigentums bei Vollamortisationsverträgen sind vor allem zwei Erlasse der Finanzverwaltung:

- „Schreiben betreffend ertragsteuerliche Behandlung von Leasingverträgen über bewegliche Wirtschaftsgüter" (Vollamortisation bei Mobilien vom 19.04.1971, BMF IV B/2 – S 2170 – 31/71, BStBl I, S. 264)
- „Schreiben betreffend ertragsteuerliche Behandlung von Finanzierungs-Leasing-Verträgen über unbewegliche Wirtschaftsgüter" (Vollamortisation bei Immobilien vom 21.03.1972, BMWF F/IV B 2 – S 2170 – 11/72)

Mobilien

Ein wesentlicher, in dem Leasingerlass vom 19.04.1971 (a.a.O.) genannter Vertragstyp ist das so genannte Spezialleasing. Sofern der Leasinggegenstand speziell auf die Verhältnisse des Leasingnehmers zugeschnitten ist und auch nach Ablauf der Grundmietzeit nur noch vom Leasingnehmer wirtschaftlich sinnvoll verwendet werden kann, wird das Wirtschaftsgut grundsätzlich dem Leasingnehmer zugerechnet. Es kommt in diesem Fall nicht auf das Verhältnis von Grundmietzeit und Gesamtnutzungsdauer oder die Vereinbarung von Optionsklauseln an (vgl. Leasingerlass vom 19.04.1971, BMF IV B/2 – S 2170 – 31/71, BStBl I, S. 264 und BFH Urteil vom 30.11.1989, BFH/NV 1991, S. 432). Der Leasingnehmer hat in diesem Fall das Leasinggut mit Beginn des Leasingvertrags zu aktivieren und abzuschreiben. Die Leasingraten sind unabhängig davon, ob ein Mobilien- oder ein Immobilienleasing vorliegt, in einen Zins- und einen Tilgungsanteil aufzuteilen.

Ausgangspunkt der Zurechnungsbestimmung ist die Feststellung der unkündbaren Grundmietzeit und der betriebsgewöhnlichen Nutzungsdauer des Leasinggegenstands. Sofern keine weiteren Optionen vereinbart wurden, ist das Leasingobjekt immer dann dem Leasingnehmer als wirtschaftlichem Eigentümer zuzurechnen, wenn die Grundmietzeit mehr als 90 Prozent oder weniger als 40 Prozent der betriebsgewöhnlichen Nutzungsdauer beträgt. Liegt die Grundmietzeit unter 40 Prozent der Nutzungsdauer, ist der Leasingnehmer bereit, während eines verhältnismäßig kurzen Zeitraums die gesamten Anschaffungs- oder Herstellungskosten des Leasinggebers und dessen Nebenkosten/Gewinnzuschläge zu zahlen. Wirtschaftlich liegt in diesem Fall nach Ansicht der Finanzverwaltung ein verdeckter Ratenkauf und kein Leasingvertrag vor. Beträgt die Grundmietzeit mehr als 90 Prozent der Nutzungsdauer, ist der Leasinggeber fast für die gesamte Nutzungsdauer von der Einwirkung auf das Wirtschaftsgut ausgeschlossen, sodass bereits entsprechend den Grundsätzen des § 39 AO der Leasingnehmer als wirtschaftlicher Eigentümer anzusehen ist.

Sehen Leasingverträge Kauf- oder Mietverlängerungsoptionen vor und beträgt die Grundmietzeit zwischen 40 Prozent und 90 Prozent der betriebsgewöhnlichen Nutzungsdauer, muss die Frage, ob der Leasinggeber auf Dauer von der Einwirkung auf das Wirtschaftsgut ausgeschlossen ist, nach dem Wahrscheinlichkeitsgrad der Optionsausübung beurteilt werden. Liegen der Kaufpreis oder die Anschlussmiete unter den tatsächlichen Wertverhältnissen und ist deshalb bereits bei Abschluss des Leasingvertrags davon auszugehen ist, dass der Leasingnehmer sein Optionsrecht sicher ausüben wird, ist das Leasingobjekt grundsätzlich dem Leasingnehmer zuzurechnen. Bei Verträgen mit Kaufoption geht die Finanzverwaltung davon aus, dass der Leasingnehmer seine Option ausüben wird, wenn der vereinbarte Kaufpreis niedriger ist als der unter Anwendung der linearen AfA nach der amtlichen AfA-Tabelle ermittelte Buchwert oder der niedrigere gemeine Wert im Zeitpunkt der Veräußerung. Wurde eine Mietverlängerungsoption vereinbart, ist das Leasingobjekt dem Leasingnehmer zuzurechnen, wenn die Anschlussmiete so bemessen ist, dass sie den Wertverzehr für den Leasinggegenstand nicht deckt, der sich auf der Basis des unter Berücksichtigung der linearen AfA nach der amtlichen AfA-Tabelle ermittelten Buchwerts oder des niedrigeren gemeinen Werts und der Restnutzungsdauer ergibt.

Gemäß einer Verfügung der OFD München und der OFD Nürnberg vom 12.10.2003 (S 2170 – 80/St 41/42, S 2170 – 170/St 31, DStR 2003, S. 2225) ist ein vom Leasinggeber vereinnahmter Investitionszuschuss – unabhängig von der bilanzsteuerrechtlichen Behandlung – bei der Ermittlung des Kaufoptionspreises nicht anschaffungs- oder herstellungskostenmindernd zu berücksichtigen. Entsprechendes soll gelten, wenn sich die Anschaffungs- oder Herstellungskosten der Leasingsache wegen einer Gewinnübertragung, z. B. nach § 6 b EStG gemindert haben.

Immobilien

Ausführungen zu Vollamortisationsleasingverträgen über unbewegliche Wirtschaftsgüter finden sich in dem Leasingerlass vom 21.03.1972 (a.a.O.). Unbewegliche Wirtschaftsgüter sind vor allem Immobilien, nicht aber Betriebsvorrichtungen (BFH I R 109/4 vom 14.03.2006, BFH/NV 2006, S. 1812). Zu beachten ist, dass Grund und Boden und Gebäude verschiedene Wirtschaftsgüter sind, für die die Zurechnungskriterien grundsätzlich getrennt zu prüfen sind. In dem Erlass vom 21.03.1972 (a.a.O.) wird ausdrücklich auf die für Mobilien geltenden Zurechnungskriterien, die im Erlass vom 19.04.1971 (a.a.O.) geregelt wurden, verwiesen, das heißt, die oben genannten Grundsätze gelten bis auf einige immobilienspezifische Besonderheiten auch für das Immobilienleasing. Dabei wird grundsätzlich danach differenziert, ob dem Leasingnehmer Kauf- oder Mietverlängerungsoptionen eingeräumt wurden oder nicht.

Wird Grund und Boden vermietet und dem Leasingnehmer keine Option eingeräumt, ist der Grund und Boden zwingend dem Leasinggeber zuzurechnen. Dies ergibt sich daraus, dass Grund und Boden nicht abnutzbar ist und daher auch keine betriebsgewöhnliche Nutzungsdauer hat. Wird dem Leasingnehmer eine Kaufoption eingeräumt und ist ihm aufgrund dessen das Gebäude zuzurechnen, so folgt der Grund und Boden dem Gebäude und ist ebenfalls beim Leasingnehmer zu erfassen.

Gebäude werden immer dann dem Leasinggeber zugerechnet, wenn die Grundmietzeit zwischen 40 Prozent und 90 Prozent der betriebsgewöhnlichen Nutzungsdauer liegt und keine weiteren Optionen vereinbart wurden. Dabei wird für Betriebsgebäude bei einer anfänglichen Abschreibung von vier Prozent/Jahr eine Nutzungsdauer von 25 Jahren unterstellt (BMF IV B 2 – S 2170 – 14/87 vom 09.06.1987, BStBl I 1987, S. 440). Aufgrund der Absenkung der Abschreibung von vier Prozent auf drei Prozent/Jahr ergibt sich derzeit ein Absetzungszeitraum von 33 Jahren und vier Monaten (BMF IV A 6 – S 2196 – 1/02 vom 10.09.2002, DB 2002, S. 2245). Bei Wohngebäuden geht man von einer Nutzungsdauer von 50 Jahren aus. Im Einzelfall kann eine kürzere tatsächliche Nutzungsdauer nachgewiesen werden.

Bei der Vereinbarung einer Mietverlängerungsoption ist der Leasinggegenstand dann dem Leasinggeber zuzurechnen, wenn die Anschlussmiete 75 Prozent der ortsüblichen Miete übersteigt. Auf die Restwert-AfA kommt es anders als bei Mobilien nicht an.

Wird eine Kaufoption vereinbart, hängt die Zurechnung neben der betriebsgewöhnlichen Nutzungsdauer auch von dem nach den Bestimmungen der linearen AfA ermittelten Buchwert des Gebäudes ab. Liegt der Kaufpreis unter dem Restbuchwert, ist grundsätzlich von einer Zurechnung beim Leasingnehmer auszugehen. Der BFH hat diesbezüglich (BFH I R 146/81 vom 30.05.1984, BStBl II 1984, S. 825) entschieden, dass bei einem Vollamortisationsleasingvertrag über Immobilien der Leasinggegenstand auch dann steuerlich dem Leasingnehmer zuzurechnen ist, wenn zu erwarten ist, dass nach Ablauf der Grundmietzeit das bürgerlich-rechtliche Eigentum an dem Leasinggegenstand ohne Zahlung eines zusätzlichen Entgelts oder gegen Zahlung eines nur geringfügigen Entgelts auf den Leasingnehmer übergeht.

2.2.2 Teilamortisationsverträge

Ein Teilamortisationsleasingvertrag liegt vor, wenn die während der Grundmietzeit zu zahlenden Leasingraten nicht mindestens die Anschaffungs- oder Herstellungskosten zuzüglich aller Nebenkosten (einschließlich Finanzierungskosten) des Leasinggebers decken. Maßgeblich für die steuerliche Beurteilung und Zurechnung des wirtschaftlichen Eigentums bei Teilamortisationsverträgen sind vor allem folgende Erlasse der Finanzverwaltung:

- „Schreiben betreffend steuerrechtliche Zurechnung des Leasinggegenstandes bei Teilamortisationsleasingverträgen über bewegliche Wirtschaftsgüter" (Teilamortisation bei Mobilien vom 22.12.1975, BMF IV B 2 – S 2170 – 161/75, DB 1976, S. 172)
- „Schreiben betreffend ertragsteuerliche Behandlung von Teilamortisationsleasingverträgen über unbewegliche Wirtschaftsgüter" (Teilamortisation bei Immobilien vom 23.12.1991, BMF IV B 2 – S 2170 – 115/91, BStBl I 1992, S. 13)

Mobilien

Das BMF unterscheidet in dem Erlass vom 22.12.1975 (a.a.O.) zwischen folgenden Vertragstypen, bei denen sichergestellt ist, dass entweder durch die Zahlungen des Leasingnehmers oder eines Dritten sämtliche Kosten des Leasinggebers gedeckt sind. Die Chance auf eine mögliche Wertsteigerung des Leasingobjekts verbleibt zumindest teilweise beim Leasinggeber, das Risiko einer Wertminderung trägt allerdings allein der Leasingnehmer:

- Vertrag mit Aufteilung des Mehrerlöses
- Kündbarer Mietvertrag mit Anrechnung des Veräußerungserlöses auf die vom Leasingnehmer zu entrichtende Schlusszahlung
- Vertrag mit Andienungsrecht des Leasinggebers am Ende der Grundmietzeit, aber ohne Optionsrecht des Leasingnehmers
- Feste Abschlusszahlung in Höhe der Restamortisation

Aufteilung des Mehrerlöses

Bei dieser Vertragsgestaltung gehen Leasinggeber und Leasingnehmer davon aus, dass das Leasingobjekt nach Ablauf der Grundmietzeit veräußert wird. Wem der Leasinggegenstand zuzurechnen ist, hängt in diesem Fall sowohl vom Veräußerungserlös als auch von der so genannten Restamortisation ab. Ist der Veräußerungserlös niedriger als die Differenz zwischen den Gesamtkosten des Leasinggebers und den während der Grundmietzeit entrichteten Leasingraten (= Restamortisation), muss der Leasingnehmer eine Abschlusszahlung in Höhe der Differenz zwischen Restamortisation und Veräußerungserlös zahlen. Ist der Veräußerungserlös höher als die Restamortisation, erhält der Leasinggeber wenigstens 25 Prozent und der Leasingnehmer höchstens 75 Prozent des die Restamortisation übersteigenden Teils des Veräußerungserlöses.

Dem Leasinggeber ist der Leasinggegenstand dann zuzurechnen, wenn er mindestens 25 Prozent des Mehrerlöses (also des die Restamortisation übersteigenden Teils des Veräußerungserlöses) erhält, da er in diesem Fall noch in einem nicht unerheblichen Umfang an der Wertsteigerung des Gegenstands partizipiert. Erhält er weniger als 25 Prozent des Mehrerlöses, ist der Leasinggegenstand dem Leasingnehmer zuzurechnen.

Anrechnung des Veräußerungserlöses auf die Schlusszahlung

Eine mögliche Vertragsgestaltung ist es, dem Leasingnehmer frühestens nach Ablauf einer Grundmietzeit von 40 Prozent der betriebsgewöhnlichen Nutzungsdauer ein Kündigungsrecht einzuräumen. Bei Kündigung hat er eine Abschlusszahlung zu erbringen, die den durch die Leasingraten nicht gedeckten Gesamtkosten des Leasinggebers entspricht. Auf die Abschlusszahlung werden 90 Prozent des vom Leasinggeber erzielten Veräußerungserlöses angerechnet. Ist der anzurechnende Teil des Veräußerungserlöses zuzüglich der vom Leasingnehmer bis zur Veräußerung entrichteten Leasingraten niedriger als die Gesamtkosten des Leasinggebers, muss der Leasingnehmer in Höhe der Differenz eine weitere Abschlusszahlung leisten. Ist jedoch der Veräußerungserlös höher als die Differenz zwischen Gesamtkosten des Leasinggebers und den bis zur Veräußerung entrichteten Leasingraten, behält der Leasinggeber diesen Differenzbetrag in vollem Umfang. Bei dieser Vertragsgestaltung kommt eine mögliche Wertsteigerung vollumfänglich dem Leasinggeber zugute. Demzufolge ist auch in diesem Fall der Leasinggeber wirtschaftlicher Eigentümer und das Leasingobjekt ist ihm zuzurechnen.

Andienungsrecht des Leasinggebers

Leasinggeber und Leasingnehmer können vereinbaren, dass der Leasingnehmer verpflichtet ist, das Leasingobjekt zu einem bereits bei Abschluss des Leasingvertrags festgelegten Kaufpreis zu erwerben. Der Leasingnehmer hat allerdings kein Recht, den Leasinggegenstand zu erwerben. Der Leasingnehmer trägt damit das Risiko einer Wertminderung, da er das Leasingobjekt auch dann zum vereinbarten Preis kaufen muss, wenn der tatsächliche Marktwert geringer ist. Demgegenüber hat der Leasinggeber die Chance auf eine Wertsteigerung, da er das Andienungsrecht nicht ausüben muss, sondern zu einem gegebenenfalls höheren Preis an einen Dritten verkaufen kann. Eine Zurechnung des wirtschaftlichen Eigentums an den Leasingnehmer ist bei dieser Vertragsgestaltung daher in der Regel ausgeschlossen.

Feste Abschlusszahlung in Höhe der Restamortisation

In einer Verfügung der OFD Frankfurt vom 20.06.2006 (S 2170 A – 28 – St 219) wird folgende Vertragsgestaltung dargestellt: Die laufenden Leasingraten decken die Anschaffungskosten des Leasinggebers (einschließlich Neben- und Finanzierungskosten) nicht vollständig, der Leasingnehmer hat bei Vertragsablauf eine Abschlusszahlung in Höhe der Restamortisation zu erbringen. Dem Leasingnehmer steht eine Ankaufsoption zu, bei deren Ausübung die Abschlusszahlung auf den Kaufpreis angerechnet wird. Übersteigt der Verkehrswert die Abschlusszahlung, muss der Leasingnehmer 25,1 Prozent des übersteigenden Betrags an den Leasinggeber entrichten. Bei Veräußerung des Leasinggegenstands an einen Dritten wird der Veräußerungserlös zwischen Leasinggeber (25,1 Prozent) und Leasingnehmer (74,9 Prozent) aufgeteilt. In diesem Fall wird das wirtschaftliche Eigentum dem Leasingnehmer zugerechnet, da dem Leasingnehmer ein Ankaufsrecht eingeräumt wurde. Die OFD Frankfurt weist in ihrer Verfügung ausdrücklich darauf hin, dass auf diese Fallgestaltung die Grundsätze des Leasingerlasses vom 22.12.1975 nicht anwendbar sind.

Ausgehend von der Wertung in dem Teilamortisationserlass vom 22.12.1975, wonach bei einer Erlösbeteiligung in Höhe von 25 Prozent eine ins Gewicht fallende Teilhabe an der Chance auf eine Wertsteigerung gegeben sei, ist unseres Erachtens der Auffassung der OFD Frankfurt nicht zu folgen, da der Leasinggeber in erheblichem Umfang an einer Wertsteigerung beteiligt ist und zwar unabhängig davon, ob dem Leasingnehmer ein Ankaufsrecht eingeräumt wurde.

Immobilien

Ausführungen zur Zurechnung der Leasingobjekte bei Teilamortisationsleasingverträgen über Immobilien finden sich in der Verwaltungsanweisung des BMF vom 23.12.1991. In diesem Erlass werden nicht, wie in dem Teilamortisationserlass über Mobilien vom 22.12.1975 lediglich einzelne Vertragstypen dargestellt, sondern es werden zusätzliche Zurechnungskriterien aufgeführt.

Auch bei einem Teilamortisationsleasingvertrag über unbewegliche Wirtschaftsgüter gelten die allgemeinen Zurechnungskriterien, wonach der Leasinggeber die Chance der Wertsteigerung als auch das Wertminderungsrisiko tragen muss, um als wirtschaftlicher Eigentümer angesehen zu werden. Der Leasinggeber trägt das Wertminderungsrisiko dann nicht, wenn der Leasingnehmer aufgrund wirtschaftlicher Zwänge faktisch eine Kaufoption ausüben muss. Dies kann z. B. dann der Fall sein, wenn er bei Nichtausübung der Option öffentliche Zuschüsse zurückzahlen müsste.

Bei Verträgen mit Kaufoption ist der Leasinggegenstand dann dem Leasingnehmer zuzurechnen, wenn die Grundmietzeit mehr als 90 Prozent der betriebsgewöhnlichen Nutzungsdauer beträgt oder der vereinbarte Kaufpreis geringer ist als der Restbuchwert des Leasinggegenstands unter Berücksichtigung der AfA nach Ablauf der Grundmietzeit. Die betriebsgewöhnliche Nutzungsdauer ist entsprechend des Zeitraums, für den die lineare AfA nach § 7 Abs. 4 Satz 1 EStG vorzunehmen ist, zu ermitteln. Wird eine Mietverlängerungsoption vereinbart und beträgt die Grundmietzeit weniger als 90 Prozent der betriebsgewöhnlichen Nutzungsdauer, ist der Leasinggegenstand dann dem Leasingnehmer zuzurechnen, wenn die Anschlussmiete unter 75 Prozent der Marktmiete liegt.

Neben den allgemeinen Grundsätzen werden in dem Leasingerlass vom 23.12.1991 für Verträge mit Kauf- oder Mietverlängerungsoptionen sechs weitere Zurechnungskriterien festgelegt. Dabei ist zu beachten, dass die Kriterien teilweise nicht eindeutig formuliert und daher auslegungsbedürftig sind. Bereits dann, wenn dem Leasingnehmer eine der genannten Verpflichtungen auferlegt wird, ist ihm das Leasingobjekt zwingend zuzurechnen:

- Der Leasingnehmer trägt die Gefahr des zufälligen ganzen oder teilweisen Untergangs des Leasinggegenstands, ohne dass sich seine Leistungspflicht aus dem Leasingvertrag mindert.
- Der Leasingnehmer ist bei ganzer oder teilweiser Zerstörung des Leasinggegenstands, die nicht von ihm zu vertreten ist, auf Verlangen des Leasinggebers zur Wiederherstellung bzw. zum Wiederaufbau auf seine Kosten verpflichtet oder die Leistungspflicht aus dem Mietvertrag mindert sich trotz der Zerstörung nicht.

- Für den Leasingnehmer mindert sich die Leistungspflicht aus dem Mietvertrag nicht, auch wenn die Nutzung des Leasinggegenstandes aufgrund eines Umstandes langfristig ausgeschlossen ist, den der Leasingnehmer nicht zu vertreten hat.
- Der Leasingnehmer hat dem Leasinggeber die bisher nicht gedeckten Kosten, gegebenenfalls einschließlich einer Pauschalgebühr zur Abgeltung von Verwaltungskosten zu erstatten, wenn es zu einer vorzeitigen Vertragsbeendigung kommt, die der Leasingnehmer nicht zu vertreten hat.
- Der Leasingnehmer stellt den Leasinggeber von sämtlichen Ansprüchen Dritter frei, die diese hinsichtlich des Leasinggegenstandes gegenüber dem Leasinggeber geltend machen, es sei denn, dass der Anspruch des Dritten vom Leasingnehmer verursacht worden ist.
- Der Leasingnehmer ist Eigentümer des Grund und Bodens, auf dem der Leasinggeber als Erbbauberechtigter den Leasinggegenstand errichtet hat, und aufgrund des Erbbaurechtsvertrags unter wirtschaftlichen Gesichtspunkten dazu gezwungen, den Leasinggegenstand nach Ablauf der Grundmietzeit zu erwerben.

Auch aufgrund des Teilamortisationserlasses ist es unschädlich, wenn der Leasingnehmer verpflichtet ist, den Leasinggegenstand in einem guten, funktionsfähigen und zum vertragsgemäßen Gebrauch geeigneten Zustand zu erhalten. Das heißt, dass Betriebs-, Unterhaltungs- und Erhaltungskosten, einschließlich aller Reparaturkosten vom Leasingnehmer getragen werden dürfen, ohne dass es zu einem Übergang des wirtschaftlichen Eigentums kommt. Solange kein langfristiger, vom Leasingnehmer nicht zu vertretender Ausschluss der Nutzung vorliegt, muss dem Leasingnehmer kein Recht auf Minderung der Leasingraten eingeräumt werden.

2.2.3 Besonderheiten

Versicherung des Leasinggegenstands

Das Finanzministerium Bayern hat mit Schreiben vom 23.06.2004 (FM Bayern 31 – S 2170 – 090 – 26 667/04, DStR 2004, S. 1835) zur steuerlichen Zurechnung im Zusammenhang mit dem Versicherungsstatus des Leasinggebers Stellung genommen. Zu klären war die Frage, ob es für die Zurechnung des wirtschaftlichen Eigentums beim Leasinggeber schädlich ist, wenn dieser, statt einen eigenen Versicherungsvertrag über den Leasinggegenstand abzuschließen, mit dem Leasingnehmer eine Vereinbarung trifft, wonach der Leasinggegenstand für Rechnung des Leasinggebers in einem bereits bestehenden Versicherungsvertrag des Leasingnehmers mitversichert wird und der Versicherer eine entsprechende Bestätigung nach einem Mustervordruck erteilt. Entscheidend ist in diesem Fall, ob der Leasinggeber eine wirtschaftlich vergleichbare Position wie bei einem selbst abgeschlossenen Versicherungsvertrag innehat. Ist dies der Fall, kann die Versicherungsbestätigung nicht dazu führen, dass der Leasinggegenstand dem Leasingnehmer zuzurechnen ist. In dem Schreiben vom 23.06.2004 werden weitere detaillierte Voraussetzungen genannt, wie z. B. Mitteilung von Änderungen des Versicherungsvertrags an den Leasinggeber, keine Kündigungs- oder Änderungsmöglichkeit des Versicherungsvertrags ohne Zustimmung des Leasinggebers usw., die vorliegen müssen, um eine Zurechnung des Leasinggegenstands an den Leasingnehmer zu vermeiden.

Freizeichnung des Leasinggebers

Üblich sind bei Leasingverträgen oftmals eine grundsätzliche Freizeichnung des Leasinggebers von seiner mietrechtlichen Sachmängelhaftung und die Abtretung der Ansprüche und Rechte aus dem Liefervertrag an den Leasingnehmer. Noch nicht abschließend geklärt sind die steuerrechtlichen Auswirkungen einer solchen Freizeichnungskonstruktion. Nach herrschender Meinung wird dadurch die Stellung des Leasinggebers als wirtschaftlicher Eigentümer nicht gefährdet, da dem Leasingnehmer nicht das alleinige Risiko der Funktionstüchtigkeit auferlegt werde. Der Leasinggeber trage unter anderem dadurch ein Risiko, dass er bei Unmöglichkeit oder Unzumutbarkeit des Vorgehens gegen den Lieferanten subsidiär hafte und Schäden des Leasingnehmers bei Zahlungsunfähigkeit ersetzen müsse (vgl. Beckmann, DStR 2006, S. 1329, Godefroid, BB-Beilage 5/2002 a.A.: Graf von Westphalen, DB 2001, S. 1292).

Tatsächliche Vertragsdurchführung

Das Niedersächsische FG (2 K 457/99, DStRE 2003, S. 458) hat mit rechtskräftigem Urteil vom 19.06.2002 entschieden, dass für die Zurechnung des wirtschaftlichen Eigentums maßgeblich auf die tatsächliche Vertragsdurchführung abzustellen ist. Entspricht der Leasingvertrag zwar formell den Anforderungen der Leasingerlasse, wird aber so durchgeführt, dass der Eindruck entsteht, dem Vertrag liege eine völlig andere Absprache zugrunde, wird der Leasingnehmer als wirtschaftlicher Eigentümer der Leasingsache behandelt.

2.3 Bilanzierung bei Zurechnung des Leasinggegenstands beim Leasinggeber

Bei Zurechnung des Leasinggutes zum Leasinggeber muss dieser den Gegenstand aktivieren und abschreiben. Die Leasingraten sind Betriebseinnahmen und müssen bei Fälligkeit vom Leasinggeber als Forderungen ausgewiesen werden. Korrespondierend hierzu hat der Leasingnehmer Betriebsausgaben in Höhe der Leasingraten und muss gegebenenfalls eine Verbindlichkeit ausweisen.

Wird das Leasingobjekt dem Leasinggeber als wirtschaftlichem Eigentümer zugerechnet, ist das Leasingverhältnis aus der Bilanz des Leasingnehmers nicht ersichtlich, wodurch die Beurteilung der Bonität des Leasingnehmers erschwert wird. Vor allem bei erheblichen Leasingverpflichtungen zeigt die Bilanz ein Bild, aus der weder der vom Leasingnehmer genutzte Vermögensgegenstand noch der Umfang der daraus resultierenden, oft langjährigen finanziellen Verpflichtungen ersichtlich sind. Daher regelt § 285 Abs. 3 HGB, dass mittelgroße und große Kapitalgesellschaften den nicht in der Bilanz erscheinenden Gesamtbetrag der Verpflichtungen aus mehrjährigen Miet- oder Leasingverträgen im Anhang als sonstige finanzielle Verpflichtungen angeben müssen, sofern diese Angaben für die Beurteilung der Finanzanlage von Bedeutung sind. Kleinere Gesellschaften sind gemäß § 288 Satz 1 HGB nicht von dieser Verpflichtung erfasst. Darüber hinaus besteht bezüglich der Frage, ob die finanzielle Verpflichtung entsprechend dem Grundsatz der Wesentlichkeit für die Beurteilung der Finanzanlage von Bedeutung ist, ein relativ großer Ermessensspielraum.

2.4 Bilanzierung bei Zurechnung des Leasinggegenstands beim Leasingnehmer

2.4.1 Vollamortisation

Der Leasingerlass vom 19.04.1971 regelt nicht nur die Zurechnungsvoraussetzungen, sondern auch die bilanziellen Folgen. Ergibt sich nach Anwendung der Leasingerlasse, dass der Leasingnehmer als wirtschaftlicher Eigentümer des Leasinggegenstandes anzusehen ist, so hat er diesen mit Beginn des Leasingvertrags in seiner Bilanz mit seinen Anschaffungs- bzw. Herstellungskosten zu aktivieren und abzuschreiben. Gleichzeitig ist ebenfalls in Höhe der Anschaffungs- oder Herstellungskosten eine Verbindlichkeit zu passivieren. Die laufenden Leasingraten sind in einen Zins- und einen Tilgungsanteil aufzuteilen. Der Zinsanteil ist eine sofort abzugsfähige Betriebsausgabe, während der Tilgungsanteil als Kaufpreisschuld erfolgsneutral zu behandeln ist. Der Leasinggeber muss spiegelbildlich zur Verbindlichkeit des Leasingnehmers eine Forderung aktivieren, die entsprechend abnimmt.

Die Aufteilung der Leasingraten in einen Zins- und einen Tilgungsanteil ist steuerlich entsprechend den Regelungen in dem BMF-Schreiben vom 13.12.1973 (IV B 2 – S 2170 – 94/73, DB 1973, S. 798) vorzunehmen. Demzufolge ist der Zinsanteil nach folgender Formel zu ermitteln:

$$Zinsanteil\ und\ Kosten = \frac{Summe\ der\ Zinsanteile\ aller\ Leasingraten \cdot (Anzahl\ der\ Restraten + 1)}{Summe\ der\ Zahlenreihen\ aller\ Raten}$$

> Rahmenbedingungen: Leasingvertrag über acht Jahre, jährlich vom Leasingnehmer (LN) zu zahlende Leasingrate 10.000 EUR, Listenpreis/Anschaffungskosten Leasinggeber (LG) 70.000 EUR. Der Leasingnehmer hat das Wirtschaftsgut mit den Anschaffungskosten in Höhe von 70.000 EUR zu aktivieren und eine Verbindlichkeit in Höhe von ebenfalls 70.000 EUR zu passivieren.

Die gesamten Zinsen und Kosten (= Summe der Zinsanteile aller Leasingraten) ermitteln sich durch die über die gesamte Laufzeit vom Leasingnehmer zu zahlende Raten abzüglich der Anschaffungskosten des Leasinggebers bzw. des Listenpreises.

> Im vorliegenden Beispiel beträgt die Summe der Zins- und Kostenanteile aller Leasingraten 10.000 EUR (80.000 EUR – 70.000 EUR).

Die Summe der Zahlenreihen aller Raten ist für n = Gesamtzahl der Raten gemäß folgender Formel zu ermitteln:

$$\text{Summe Zahlenreihe aller Raten} = \frac{N(n+1)}{2}$$

Im vorliegenden Beispiel beträgt die Summe der Zahlenreihen aller Raten (bei n = 8) 36 (entsprechend 1 + 2 + 3 + 4 + 5 + 6 + 7 + 8).
Die Anzahl der Restraten + 1 ergibt im vorliegenden Beispiel im ersten Jahr 8. In die oben genannte Formel zur Ermittlung des Zinsanteils eingesetzt bedeutet das:

$$\frac{10.000 \cdot 8}{36} = 2.222$$

In der ersten zu zahlenden Rate ist ein Zinsanteil in Höhe von 2.222 EUR enthalten, der sofort als Betriebsausgabe abgezogen werden kann. Der Tilgungsanteil beläuft sich auf 7.778 EUR (10.000 EUR – 2.222 EUR).

Leistet der Leasingnehmer zu Beginn der Grundmietzeit eine Einmalzahlung (Leasingsonderzahlung), hat er in Höhe der Einmalzahlung einen aktiven Rechnungsabgrenzungsposten zu bilden und diesen digital aufzulösen.

2.4.2 Teilamortisation

Bei Teilamortisationsleasingverträgen muss der Leasingnehmer das Wirtschaftgut mit den Anschaffungs- und Herstellungskosten aktivieren, die den in den Leasingraten enthaltenen Tilgungsanteilen und dem bei Ausübung einer möglichen Kaufoption zu zahlenden Betrag entsprechen. In gleicher Höhe ist eine Kaufpreisverbindlichkeit zu passivieren.

Ist eine Kaufoption vorgesehen, der Restkaufpreis aber niedriger als der Restbuchwert zum Zeitpunkt der Option, kommt grundsätzlich eine Zurechnung beim Leasingnehmer in Betracht. Fraglich ist, wie die bei tatsächlicher Ausübung der Option fällige Zahlung bilanzsteuerlich zu behandeln ist. Denkbar wäre es, von nachträglichen Anschaffungskosten des Leasingnehmers auszugehen, den entsprechenden Betrag von Anfang an in die Anschaffungs- bzw. Herstellungskosten einzubeziehen oder von Aufwand zum Zeitpunkt der Zahlung auszugehen. Das BMF hat sich zu dieser Problematik in einem Schreiben zum Teilamortisationserlass (BMF IV B 2 – S 2170 – 85/92 vom 19.01.1992, DStR 1993, S. 243) wie folgt geäußert:

„Der Leasingnehmer hat die Leasinggegenstände mit ihren Anschaffungs- oder Herstellungskosten zu aktivieren. Diese entsprechen den in den Leasingraten enthaltenen Tilgungsanteilen sowie dem bei Ausübung der Kaufoption zu zahlenden Restbetrag. In Höhe des aktivierten Betrags hat der Leasingnehmer eine (Kaufpreis-)Verbindlichkeit gegenüber dem Leasinggeber zu passivieren. Wegen der Bilanzierung des Leasinggegenstands beim Leasingnehmer muss unterstellt werden, dass die Kaufoption ausgeübt wird."

Eine Übertragung dieser Verwaltungsansicht auf Vollamortisationsleasingverträge erscheint bedenklich, da in diesem Fall die Anschaffung- oder Herstellungskosten des Leasinggebers bereits durch die laufenden Leasingraten während der Grundmietzeit gedeckt sind.

Erbringt der Leasingnehmer eine bei Vertragsabschluss fällige Sonderzahlung, die auf die späteren Leasingraten nicht angerechnet wird und die auch bei Vertragsbeendigung nicht zu erstatten ist, handelt es sich dabei um eine Mietvorauszahlung, die aktiv abzugrenzen ist.

2.5 Abweichender Ratenverlauf (progressive und degressive Leasingraten)

Die Vertragsparteien des Leasingvertrags können neben gleichbleibenden, während der gesamten Grundmietzeit unveränderlichen, Leasingraten auch einen progressiven oder degressiven Ratenverlauf vereinbaren.

Ein progressiver Ratenverlauf kann z. B. dann sinnvoll sein, wenn durch den Leasinggegenstand ein Markt neu erschlossen werden soll. Ein degressiver Ratenverlauf bietet sich bei hohen anfänglichen Wertverlusten an. Der BFH (IV R 184/79 vom 12.08.1982, BStBl II 1982, S. 696) hat für den Fall des Immobilienleasings entschieden, dass die Leistung des Leasinggebers in Gestalt der fortwährenden Nutzungsüberlassung in allen Jahren gleichwertig ist. Bei Vereinbarung degressiver Leasingraten ist daher der anfängliche überproportionale Aufwand eine Leistung des Leasingnehmers für eine erst später zu erbringende Leistung des Leasinggebers. Daher sind die insgesamt gezahlten Leasingraten linear auf die Grundmietzeit zu verteilen und die Unterschiedsbeträge vom Leasingnehmer aktiv abzugrenzen. Entsprechend muss der Leasinggeber in seine Bilanz einen passiven Rechnungsabgrenzungsposten einstellen. Der BFH erkennt daher im Ergebnis für Immobilien die Vereinbarung degressiver Leasingraten steuerlich nicht an.

Nach Ansicht des BMF (IV B 2 – S 2170 – 83/83 vom 10.10.1983, BStBl I 1983, S. 431) ist kein Rechnungsabgrenzungsposten zu bilden, wenn der Leasinggeber während der Grundmietzeit einseitig die Leasingraten an geänderte Marktverhältnisse, insbesondere andere Zinskonditionen anpassen kann. Die OFD Frankfurt (S 2170 A – 38 – St II 21 vom 19.07.2001, BB 2001, S. 2054) hat diesbezüglich zu der Frage Stellung genommen, ob eine gleichmäßig Verteilung degressiver Leasingraten auch dann in Betracht komme, wenn die degressiven Leasingraten einmalig wegen Zinskonversion angepasst werden können. Die OFD folgt in ihrer Verfügung im Wesentlichen der Rechtsprechung des BFH und vertritt die Ansicht, dass es allein darauf ankommt, ob die Zinsanpassung den Wert der Nutzungsüberlassung in den einzelnen Jahren so beeinflusst, dass er nicht mehr als gleichwertig angesehen werden kann. Im Grundsatz sei ein berechtigtes Interesse beider Vertragsparteien auf Anpassung der Leasingraten an das aktuelle Zinsniveau anzuerkennen. Da das Zinsniveau sowohl steigen als auch fallen könne, beeinflusse eine schuldrechtlich zulässige Zinsanpassung den Wert der Gegenleistung des Leasinggebers nicht, sodass weiterhin von einer gleichwertigen Leistung auszugehen sei.

Vereinbaren Leasinggeber und Leasingnehmer mietfreie Perioden, gelten die von der Rechtsprechung für degressive Leasingraten entwickelten Grundsätze entsprechend, da auch in diesem Fall ein nicht dem Aufwandsverlauf folgender Zahlungsverlauf vorliegt.

Anders als beim Immobilienleasing ist beim Mobilienleasing für degressive Ratenverläufe kein aktiver Rechnungsabgrenzungsposten zu bilden (BFH I R 51/00 vom 28.02.2001, DStR 2001, S. 1112). Der BFH begründet seine Entscheidung damit, dass beim Mobilienleasing nicht davon ausgegangen werden könne, dass der objektive Wert der Nutzungsüberlassung als Grundlage für die Investitionsentscheidung des Leasingnehmers gleichbleibend sei. Der objektive Wert der Nutzungsüberlassung richte sich nicht nach der rechtlichen Verwendungsmöglichkeit, sondern auch und vor allem nach dem Funktionswert, also der objektiven Verwendbarkeit des geleasten Wirtschaftsgutes. Der Funktionswert hänge wiederum von der Betriebszeit und dem Alter des Leasinggegenstands ab und bestimme sich nach den jeweiligen Wiederbeschaffungskosten.

2.6 Sale-and-Lease-back-Gestaltungen

Sale-and-Lease-back-Gestaltungen stellen eine Sonderform des Finance-Leasings dar. Der spätere Leasingnehmer veräußert den sich in seinem Vermögen befindlichen Gegenstand an den Leasinggeber. Anschließend werden die Nutzungsrechte an den Leasingnehmer übertragen. Durch die Veräußerung erhöht sich zunächst die Liquidität des Leasingnehmers. Kommt es zur Aufdeckung stiller Reserven und damit in der Regel zur Gewinnrealisation, verbessert sich dadurch die Bilanzstruktur und das Bild der Vermögens-, Finanz- und Ertragslage.

Die Bilanzierung bei Sale-and-Lease-back-Gestaltungen richtet sich nach den oben dargestellten Grundsätzen. Dies bedeutet, die Bilanzierung erfolgt in Abhängigkeit von der wirtschaftlichen Zurechnung des Leasinggegenstands. Dabei richtet sich das Augenmerk bei Sale-and-Lease-back-Gestaltungen insbesondere auf die Frage, inwiefern ein gegebenenfalls aus dem Veräußerungsgeschäft resultierender Gewinn als realisiert zu betrachten ist und damit erfolgswirksam behandelt werden darf. Geht das wirtschaftliche Eigentum auf den Leasinggeber über und wird der Leasinggegenstand dem Leasinggeber zugerechnet, spricht in der Regel nichts gegen die sofortige erfolgswirksame Vereinnahmung des Veräußerungserlöses beim Leasingnehmer: Führen die Vereinbarungen des Leasingvertrags dagegen zu einer Zurechnung zum Leasingnehmer, ist eine Realisierung des Veräußerungserlöses ausgeschlossen, da wirtschaftlich kein Umsatzakt vorliegt. Der Veräußerungsgewinn ist demnach zu passivieren und über die Laufzeit des Leasingvertrags zu tilgen.

Der BFH hat mit Urteil vom 09.02.2006 (V R 22/03, DStR 2006, S. 1325) zur umsatzsteuerlichen Behandlung von Sale-and-Lease-back-Geschäften Stellung genommen und dabei das Vorliegen umsatzsteuerbarer Lieferungen verneint und den Vorgang als dinglich besichertes Finanzierungsgeschäft behandelt. In der Praxis bestand zunächst eine erhebliche Verunsicherung hinsichtlich der Reichweite des Urteils. In der Literatur wird mittlerweile die Meinung vertreten, dass das Urteil nur auf Sale-and-Mietkauf-back-, nicht jedoch auf klassische Sale-and-Lease-back-Geschäfte anwendbar sei (Slapio/Bosche, BB 2006, S. 2165; Vosseler, DStR 2007, S. 188).

2.7 Forfaitierung von Leasingforderungen

Häufig finanzieren Leasinggeber ihre Leasinggüter durch Forfaitierung der zukünftigen Leasingraten, das heißt, der Leasinggeber verkauft seine künftigen Forderungen gegen den Leasingnehmer aus dem Leasingvertrag zum Barwert. In diesem Fall hat der Leasinggeber den aus dem Forderungsverkauf erhaltenen Geldzufluss wie eine Mietvorauszahlung zu behandeln, da er weiterhin zur Nutzungsüberlassung des Leasingobjekts an den Leasingnehmer verpflichtet bleibt (BFH vom 12.11.1979, IV C3 – S 3232). Demzufolge muss der Leasinggeber einen passiven Rechnungsabgrenzungsposten in Höhe des Barwerts der verkauften Forderung in die Bilanz einstellen. Der gebildete passive Rechnungsabgrenzungsposten ist grundsätzlich über den Zeitraum des Leasingvertrags ertragswirksam aufzulösen.

Fraglich ist die Auflösung des passiven Rechnungsabgrenzungspostens unter Beachtung der Erfordernisse einer periodengerechten Gewinnermittlung. Die Finanzverwaltung und die Rechtsprechung vertreten diesbezüglich die Meinung, dass nur eine lineare Auflösung zulässig ist (BFH I R 94/95 vom 24.07.1996, BB 1996, S. 2190; BMF IV B 2 – S 2170 – 17/92 vom 19.02.1992, DB 1992, S. 608; BMF IV B 2 – S 2170 – 135/95, BStBl I 1996, S. 9), da der Leasinggeber vor dem Bilanzstichtag Einnahmen erzielt, die einer bestimmten Zeit nach dem Bilanzstichtag (restliche Grundmietzeit) zuzurechnen sind. Da die Leistungsverpflichtung des Leasinggebers während der Grundmietzeit schuldrechtlich gesehen in den einzelnen Jahren grundsätzlich von gleicher Art und von gleichem Umfang ist, ist das vereinnahmte Entgelt für diesen Zeitraum linear auf die Grundmietzeit zu verteilen. In der Literatur werden diesbezüglich die Ansichten vertreten, dass auch eine degressive oder progressive Auflösung zulässig sein sollte (Blauberger, DStR 1994, S. 148 m.w.N.).

Gemäß einem Schreiben des BMF (IV B 2 – S 2170 – 135/95 vom 09.01.1996, BStBl I 1996, S. 9) beeinflusst die Forfaitierung der künftigen Forderungen auf die Leasingraten die Zurechnung des Leasinggegenstandes nicht. Dies gilt nach Ansicht des BMF auch dann, wenn der künftige Anspruch auf den Erlös aus der Verwertung des Leasinggegenstandes nach Ablauf der Grundmietzeit forfaitiert wird.

2.8 Konsolidierung

Für die Strukturierung von Leasingtransaktionen insbesondere im Immobilienleasing werden in die Realisierung regelmäßig so genannte Immobilien-Leasingobjektgesellschaften einbezogen. Die Leasingobjektgesellschaft führt dabei alle für das Leasingverhältnis erforderlichen Geschäfte aus, wie z. B. Beschaffung des Leasingobjekts, dessen Finanzierung sowie die Vermietung. Die Leasingobjektgesellschaft, die überwiegend als GmbH & Co. KG, teilweise auch als GmbH, ausgestaltet ist, wird regelmäßig durch Fremdkapital finanziert. Der Eigenkapitalanteil ist üblicherweise von untergeordneter Bedeutung. Teilweise erfolgt zur optimalen Strukturierung zusätzlich eine Finanzierung durch den Leasingnehmer mittels so genannter Mieterdarlehen. Immobilien-Leasingobjektgesellschaften sind regelmäßig schuld- und gesellschaftsrechtlich derart konzipiert, dass der Leasingnehmer über kein formales Kontrollverhältnis verfügt. Nach HGB muss ein Mutterunternehmen die Beteiligung an einem Tochterunternehmen konsolidieren, wenn das Tochterunternehmen unter der einheitlichen Leitung des Mutterunternehmens steht (§ 290 Abs. 1 HGB) oder von diesem beherrscht wird (§ 290 Abs. 2 HGB). Aufgrund der Strukturierung der Leasingobjektgesellschaften kann eine Pflicht zur Konsolidierung aus § 290 Abs. 1 und Abs. 2 damit überwiegend nicht abgeleitet werden.

Vor dem Hintergrund der geringen Eigenkapitalbeteiligung durch den Leasinggeber wird in der Literatur eine Konsolidierungspflicht nach § 290 Abs. 3 Satz 1 bzw. Satz 3 HGB diskutiert. Diesbezüglich wird argumentiert, dass die formal von der Leasinggesellschaft gehaltenen Rechte mangels deren eigenem wirtschaftlichen Gesellschaftsinteresses dem Leasingnehmer zuzurechnen sind (vgl. Gelhausen/Weiblen in HDJ, Abteilung I./V). Nach Gelhausen wird z. B. eine Beteiligungsquote der Leasinggesellschaft von fünf Prozent an der Objektgesellschaft für erforderlich gehalten, um ein hinreichendes wirtschaftliches Eigeninteresse anzunehmen. Insgesamt ist festzustellen, dass die Literatur bzw. die herrschende Bilanzierungspraxis hier uneinheitlich ist. So hat sich zwar die Berücksichtigung einer Mindestbeteiligungsquote als herrschende Meinung etabliert, allerdings ist die Abgrenzung des Eigeninteresses der Leasinggesellschaft in ihrer Funktion als Vollhafter nicht abschließend geklärt. In einem bisher nicht umgesetzten Entwurf zu einer Änderung des HGB wurde eine Lösung präferiert, mittels derer die handelsrechtlichen Vorschriften eine Betonung des Prinzips wirtschaftlicher Betrachtungsweise und der Risiko- und Chancenverteilung – entsprechend den Vorschriften der IFRS – ermöglichen. Der in 2002 vorgelegte Entwurf des Deutschen Standardisierungsrats (DSR) E-DRS 16 mit dem Ziel der Erweiterung der Definition von Beherrschung wurde nicht umgesetzt. Vor dem Hintergrund der bisher nicht erfolgten Anpassung der handelsrechtlichen Vorschriften ergeben sich in der Bilanzierungspraxis erhebliche Abweichungen beim Kreis der einzubeziehenden Unternehmen zwischen HGB und IFRS sowie US-GAAP.

Literatur

BECKMANN, H. (2006): Aktuelle Rechtsfragen bei Finanzierungsleasinggeschäften, in: DStR 2006, S. 1329–1335.

ENGEL, J. (1992): Zur steuerlichen Behandlung des Software-Leasing, in: DStZ 1992, S. 721–725.

GELHAUSEN, H.-F./WEIBLEN, S. (2003): Die Bilanzierung von Leasingverträgen, in: Handbuch des Jahresabschlusses in Einzeldarstellungen (HdJ) 2003, Abt. I/5, Rn. 185 ff.

GODEFROID, C. (2002): Finanzierungsleasingverträge und Schuldrechtsmodernisierungsgesetz, Beilage „Leasing-Berater" in: BB 5/2002, S. 2–10.

GRAF VON WESTPHALEN, F. (2001): Das Schuldrechtmodernisierungsgesetz und Leasing, in: DB 2001, S. 1291–1294.

SLAPIO, U./BOSCHE, K. (2006): Keine umsatzsteuerliche Lieferung bei sale-and-lease-back-Verträgen, in: BB 2006, S. 2165–2168.

VOSSELER, M. (2006): Umsatzsteuerliche Behandlung von Sale-and-Lease-back-Geschäften – Zur Reichweite eines BFH-Urteils vom 09.02.2006, in: DStR 2006, S. 188–190.

Periodika

BB = Betriebsberater

BStBl = Bundessteuerblatt

DB = Der Betrieb

DStR = Deutsches Steuerrecht

DStZ = Deutsche Steuer-Zeitung

Kauf, Miete und Leasing nach International Financial Reporting Standards (IFRS)

Konrad Fritz Göller

1. Abgrenzung: Kauf, Miete und Leasing
2. Klassifizierung von Leasingverhältnissen nach IAS 17
   - 2.1 Anwendungsbereich des IAS 17
   - 2.2 Grundregeln der Leasingklassifizierung nach IAS 17
     - 2.2.1 Beispielfälle, die im Regelfall zur Klassifizierung als Finance-Lease führen
     - 2.2.2 Indikatoren, die im Regelfall zur Klassifizierung als Finance-Lease führen
     - 2.2.3 Übernahme weiterer Risiken durch den Leasingnehmer
   - 2.3 Besonderheiten der Leasingklassifizierung bei Immobilien
   - 2.4 Besonderheiten bei Beteiligung des Leasingnehmers an der Herstellung des Leasingobjekts
   - 2.5 Leasing und Umsatzrealisierung
3. Abbildung von Kauf, Miete und Leasing nach IFRS
   - 3.1 Allgemeine Abbildungsregeln für Operating-Leases und Finance-Leases nach IFRS
   - 3.2 Beispielhafte Abbildung der Alternativen Kauf, Miete und Leasing nach IFRS
   - 3.3 Zusammenfassung und Schlussbemerkung

Literatur

1. Abgrenzung: Kauf, Miete und Leasing

Ein **Kauf** ist nach deutschem Zivilrecht (§ 433 BGB) vollzogen, wenn der bisherige Eigentümer und der neue Eigentümer sich über den Eigentumsübergang geeinigt haben (schuldrechtlicher Teil des Kaufvorgangs) und die Sachherrschaft über den zu übertragenden Vermögenswert übertragen wurde (Übergang von Besitz, Nutzen, Lasten; sachenrechtlicher Teil des Kaufvorgangs). Die Übertragung von Mobilien kann im Wege der Übergabe oder der Abtretung des Herausgabeanspruchs erfolgen, bei Immobilien sind eine notarielle Beurkundung des Kaufvertrags und die Eintragung im Grundbuch notwendig.

Eine präzise Definition des Begriffs „Leasing" und eine eindeutige Abgrenzung von der Miete sind aufgrund der uneinheitlichen Verwendung dieser Bezeichnungen in der Literatur und in der Praxis nicht zu leisten. **Miete und Leasing** ermöglichen den eigentumslosen Gebrauch von Vermögenswerten und dadurch einen Verzicht auf den Einsatz von Eigenkapital für den Besitz. Während die Miete in den §§ 535 ff. BGB zivilrechtlich klar geregelt ist, existiert für Leasing keine Legaldefinition. Es handelt sich dabei vielmehr um einen so genannten „Vertrag sui generis", der Elemente aus verschiedenen, im BGB kodifizierten besonderen Schuldverhältnissen in sich vereinigt.

Ein Leasingvertrag ist ein Gebrauchsüberlassungsvertrag, welcher die Vermietung von Vermögenswerten (bewegliche, unbewegliche, materielle und immaterielle) über einen festgelegten Zeitraum regelt. Für die Nutzung der überlassenen Vermögenswerte entrichtet der Mieter (Leasingnehmer) an den Vermieter (Leasinggeber) ein vereinbartes Nutzungsentgelt. Damit besteht eine Parallelität des Leasinggeschäfts zur Miete, jedoch aufgrund der unterschiedlichen Gestaltungen, z. B. bei den Rechten und Pflichten der einzelnen Vertragsparteien, keine rechtliche Identität. Die sachlichen Unterschiede von Miete und Leasing zu Lizenzverträgen (z. B. beim Softwareleasing) und sonstigen Nutzungsverträgen sind oft gering.

Die Objekte werden beim Leasing typischerweise vom Leasinggeber nach den Bedürfnissen und Wünschen des Leasingnehmers angeschafft oder hergestellt, wohingegen bei der Miete meist ein bereits vorhandener Vermögenswert Vertragsgegenstand ist. Die Dauer des Vertrags und die Höhe der Leasingraten werden beim Leasing oft so bemessen, dass der Leasinggeber während der Mietdauer seine Investitionskosten aus der Miete ganz oder doch weitgehend amortisieren kann. Der Leasinggeber übernimmt somit vorrangig die Funktion der Finanzierung einer Investition in neue Vermögenswerte, während bei der Miete die Überlassung bereits vom Vermieter angeschaffter oder hergestellter Vermögenswerte erfolgt. Leasingverträge sind nach ständiger Rechtsprechung des BGH in erster Linie nach den mietrechtlichen Bestimmungen der §§ 535 ff. BGB zu beurteilen.

Der **Vorteil des Leasings** gegenüber der reinen Fremdkapitalfinanzierung aus Sicht der Leasingkunden basiert situationsabhängig auf einer Vielzahl unterschiedlicher Faktoren wie beispielsweise steuerliche Effekte, die Verbesserung der Liquidität und der Finanzierungskosten, die Wahrung einer bestimmten Eigenkapital-Fremdkapital-Relation oder die Erhaltung von Kreditspielräumen und der unternehmerischen Flexibilität. Hinzu treten die oft einfache und schnelle Abwicklung, die teilweise geringeren Anforderungen an die Bonität bzw. deren Nachweis, gegebenenfalls die Abwälzung des Marktwertrisikos und des Instandhaltungsrisikos auf den Leasinggeber und die Möglichkeit, die Mietdauer individuell festlegen zu können. Kostenvorteile können sich zudem im Rahmen der gezielten absatzpolitischen Subventionierung einzelner Leasinggüter durch die Hersteller in Form von besonders niedrigen Zinssätzen ergeben.

Insbesondere die **Verbesserung der Eigenkapitalquote** wegen der Off-Balance-Wirkung, die Absenkung der Kapitalbindung und die Möglichkeit, über die Grenzen des klassischen Bankkredits hinaus Finanzierungsquellen zu erschließen, werden zunehmend als Gründe für die seit Jahren kontinuierlich steigenden Leasingquoten im gewerblichen Leasing genannt.

Man kann grundsätzlich zwischen Operating-Lease- und Finance-Lease-Vereinbarungen unterscheiden. Hier ist darauf hinzuweisen, dass die im deutschen Sprachgebrauch üblichen Definitionen von Operating-Leasing und Finanzierungsleasing sich nicht in allen Fällen mit den recht strikten Klassifizierungsregeln der IFRS (IAS 17) bzw. US-GAAP (FAS 13, 28 und 98) in Einklang bringen lassen.

Das **Operating-Leasing** hat den Charakter einer kurz- bis mittelfristigen Vermietung, wobei während der Vertragslaufzeit keine Vollamortisation der Investitionskosten des Leasinggebers erzielt wird. Bestehende Operating-Leasingverträge werden oft ein- oder mehrmalig verlängert, seltener dagegen an andere Leasingnehmer neu vermietet. In vielen Fällen wird bei Mietende direkt der Abverkauf angestrebt. Die objektbezogenen Risiken, z.B. die Wartungsaufwendungen oder die Gefahr des Diebstahls oder der Zerstörung des Leasingobjekts, liegen bei Operating-Leasing-Vereinbarungen häufig beim Leasinggeber. Diese Risiken werden bei der Kalkulation der Leasingraten berücksichtigt.

Beim **Finance-Leasing** werden diese Risiken teilweise oder vollständig vertraglich auf den Leasingnehmer übertragen. Die Vermögenswerte sind zum Ende des Leasingvertrags ökonomisch weitgehend verbraucht, die Investitionskosten des Leasinggebers sind zumindest nahezu vollumfänglich amortisiert bzw. es existieren vertragliche Beendigungsklauseln, die das Restwertrisiko weitgehend auf den Leasingnehmer abwälzen (Restwertgarantien, Andienungsrechte/Abkaufverpflichtungen). In den in Deutschland üblicherweise mit den steuerlichen Leasingerlassen der Finanzverwaltung konformen mittel- bis langfristigen Finanzierungsleasingverträgen ist regelmäßig eine unkündbare Grundmietzeit vereinbart, welche kürzer (bis zu 90 Prozent) als die betriebsgewöhnliche Nutzungsdauer des Leasinggegenstands ist, um eine handels- und steuerbilanzielle Zurechnung zum Leasinggeber zu ermöglichen.

2. Klassifizierung von Leasingverhältnissen nach IAS 17

2.1 Anwendungsbereich des IAS 17

Die Bilanzierung von Leasinggeschäften, insbesondere die Zurechnung des wirtschaftlichen Eigentums und die periodengerechte Abbildung der Leasingaufwendungen, gehört zu den komplexesten und in der Praxis umstrittensten Rechnungslegungsfragen der IFRS. IAS 17 („leases") regelt die Bilanzierung von Leasingverhältnissen in den Abschlüssen von **Leasingnehmern und Leasinggebern gleichermaßen** (hinzutreten die Interpretationen SIC-15 für die Behandlung so genannter „lease incentives" und der SIC-27 für die Abbildung so genannter Lease-in-lease-out-Gestaltungen jeweils beim Leasinggeber, auf die wegen des spezifischen Regelungsgehalts nicht weiter eingegangen wird).

Ein Leasingverhältnis ist in IAS 17.3 definiert als Vereinbarung, bei der der Leasinggeber dem Leasingnehmer gegen eine Zahlung oder eine Reihe von Zahlungen das **Recht auf Nutzung eines Vermögenswerts für einen vereinbarten Zeitraum** überträgt. Die Art der Gegenleistung kann grundsätzlich in jeglicher Form erfolgen (auch als Tauschgeschäft).

Vereinbarungen, die dem Leasingnehmer nach Erfüllung bestimmter Bedingungen eine Option zum Erwerb der Eigentumsrechte einräumen oder die am Ende der Laufzeit die Eigentumsrechte automatisch an den Leasingnehmer übertragen (Mietkaufverträge), fallen auch unter den Begriff des Leasingverhältnisses.

Da die Definition keine Einschränkungen hinsichtlich der Vermögenswerte enthält, die Gegenstand der Nutzungsüberlassung sein können, sind die Regelungen des IAS 17 grundsätzlich auf Vereinbarungen sowohl über **bewegliche und unbewegliche** als auch über **materielle und immaterielle** Vermögenswerte anzuwenden.

Gemäß IAS 17.2 sind folgende Arten von Vereinbarungen ausgenommen:

a) Leasingvereinbarungen bezüglich Entdeckung und Verarbeitung nicht regenerativer Ressourcen (Öl, Erdgas, Edelmetalle)
b) Lizenzvereinbarungen über Filme, Patente, Copyrights etc. (deren Bilanzierung ist in IAS 38 geregelt)

Leasingverhältnisse über andere immaterielle Vermögenswerte als die unter IAS 17.2 b benannten sind nach den Regelungen von IAS 17 zu bilanzieren. Maßgeblich für die Folgebewertung ist jedoch IAS 38. Im Bereich des Software-Leasing kommt die „scope exception" der IAS 17.2 b für Patente und Lizenzen nicht zur Anwendung, der IAS 17 gilt insoweit vollumfänglich (analog gelten unter US-GAAP die Leasingregelungen des FAS 13 für Software, vgl. Statement of Position 98-32, „accounting for costs of computer software for internal use"), obwohl es sich formalrechtlich um einen befristeten Lizenzvertrag handelt.

IAS 17 ist auch auf Leasingverhältnisse über **als Finanzinvestitionen gehaltene Immobilien** („investment property") anzuwenden, deren Bewertung aber nach IAS 40 erfolgen muss. Als „investment property" gelten Immobilien, die zur Erzielung von Mieteinnahmen und/oder zur Erzielung von Wertsteigerungen gehalten werden. Eigengenutzte Immobilien fallen damit nicht unter diese Regelung. Nach IAS 40 können Immobilien entweder zum Marktwert angesetzt werden (ergebniswirksame Erfassung der Wertänderungen) oder nach dem kostenbasierten Ansatz des IAS 16 (planmäßige Abschreibung des Buchwerts).

IAS 17 gilt schließlich in Bezug auf die Zurechnung auch für **Leasingverhältnisse über biologische Vermögenswerte**, die Bewertung erfolgt gemäß IAS 41.

Auf Dienstleistungsverträge, bei denen keine Nutzungsüberlassung stattfindet (schwebende Geschäfte), ist IAS 17 nicht anzuwenden. Für die **Abgrenzung** zwischen Nutzungsüberlassungsverträgen, und solchen, in denen allein die Lieferung von Waren oder die Erbringung von Dienstleistungen vereinbart wird, sowie die Aufspaltung von Vereinbarungen, die beide Komponenten enthalten, hat der IFRIC („international financial reporting interpretations committee") die Interpretation IFRIC 4 („determining whether an agreement contains a lease") herausgegeben. Danach enthält eine Vereinbarung nur dann ein **Leasingverhältnis**, wenn die Vereinbarung die folgenden **drei Merkmale** aufweist:[1]

- die Erfüllung der Vereinbarung hängt von der Nutzung eines bestimmten Vermögenswerts ab,
- die Vereinbarung überträgt ein Recht auf Nutzung des Vermögenswerts für einen bestimmten Zeitraum, das dem Erwerber (bzw. Leasingnehmer) erlaubt, andere von der Nutzung des Vermögenswerts auszuschließen, und
- der Erwerber (bzw. Leasingnehmer) ist verpflichtet, nicht für die tatsächliche Nutzung des Vermögenswerts, sondern für den Zeitraum der Nutzungsüberlassung Zahlungen an den Lieferer (bzw. Leasinggeber) zu leisten.

Maßgeblich für die Anwendbarkeit von IAS 17 ist also nicht die äußere Erscheinungsform einer Vereinbarung, sondern ihre wirtschaftliche Substanz. Beispiele für exotische Leasingverhältnisse sind **langfristige Liefer- oder Leistungsverträge** sowie **Projektfinanzierungen**, denen bestimmte Vermögenswerte zugrunde liegen (beispielsweise Liefervereinbarungen über Strom, Wärme, Gase oder andere Ressourcen, deren Entgelte wesentlich auf Basis der planmäßigen Amortisation einer Produktionsanlage vereinbart sind oder so genannte Pay-on-Production-Verträge, bei denen das Entgelt formal auf Basis der produzierten Stückzahl ermittelt wird, die aber wie Leasingverhältnisse kalkuliert sind). Nicht unter den Anwendungsbereich von IAS 17 fallen dagegen Vereinbarungen über die **Erbringung von Dienstleistungen**, die zu keiner Übertragung von Nutzungsrechten an Vermögenswerten von einer Vertragspartei zur anderen führen. Vereinbarungen, die sowohl eine Nutzungsüberlassung als auch die Erbringung von Dienstleistungen zum Gegenstand

---

[1] Vgl. unter anderem die ausführliche Darstellung zu diesem Thema von Götz/Spanheimer (2005) und Küting/Hellen/Koch (2006).

haben, sind für Bilanzierungszwecke aufzuspalten. IAS 17 ist in diesem Fall nur auf die Nutzungsüberlassungskomponente anzuwenden.

2.2 Grundregeln der Leasingklassifizierung nach IAS 17

Der Grundsatz der **wirtschaftlichen Betrachtungsweise** („substance over form") hat in IAS 17 insbesondere bei der Lease-Klassifizierung eine erhebliche Bedeutung. Der Verzicht des Standard-Setters auf quantitative Vorgaben im Rahmen der Klassifizierung erfolgte bewusst, um zu vermeiden, dass die Vertragsparteien versuchen, exakte Grenzlinien durch Vertragsgestaltungen knapp zu umgehen. Damit ist es notwendig, den jeweils zu beurteilenden Sachverhalt eingehend zu analysieren und die sich ergebenden Ermessensspielräume durch sachgerechte Entscheidungen nach dem Gesamtbild der Verhältnisse zu füllen. IAS 17 lässt eine Reihe von Detailfragen offen, die vom Bilanzierenden auf der Grundlage der allgemeinen Auslegungsregeln in IAS 1 zu klären sind. Die in der Literatur teilweise angeführten umfangreichen bilanzpolitischen Möglichkeiten[2] sind bei sachgerechter Anwendung der Regelungen deutlich beschränkt.

In der Praxis findet bei der Auslegung einzelner Zurechnungskriterien oft eine Orientierung an den formaleren US-GAAP-Kriterien statt (insbesondere beim 90-Prozent-Barwerttest). Auch wird aus den US-GAAP der Grundgedanke der so genannten „economic penalty" des FAS 98.22 b unter IFRS analog als Auslegungsindiz bei der Klassifizierung herangezogen (danach sind bei der Beurteilung des Leases gegebenenfalls Kündigungsoptionen zu negieren oder bestehende Kaufoptionen als günstig einzustufen, wenn der Leasingnehmer aufgrund eines drohenden wesentlichen Nachteils zur Fortführung des Leases oder zur Ausübung der Kaufoption gezwungen ist).

Gemäß IAS 17.7 richtet sich die Klassifizierung von Leasingverträgen danach, in welchem Maße Chancen und Risiken des Eigentums der Leasinggegenstände beim Leasingnehmer oder beim Leasinggeber liegen. IAS 17.10 und 17.11 geben Beispiele und Indikatoren vor, die typischerweise als Abgrenzungskriterien heranzuziehen sind, ohne dass diese (wie unter US-GAAP in FAS 13 der Fall) einen erschöpfenden Katalog darstellen. Es kommt also auf eine **Gesamtwürdigung** an und nicht auf die formale Gestaltung des Leasingvertrags.

Die Klassifizierung eines Leasingverhältnisses muss beim Leasingeber und Leasingnehmer nicht einheitlich erfolgen.[3] So können sich unterschiedliche Einschätzungen in Bezug auf die Ausübung von Kauf- oder Mietverlängerungsoptionen ergeben, die Bestimmung des internen Zinsfußes für den Barwerttest kann signifikant abweichen und es können unterschiedliche Beurteilungen hinsichtlich des Marktwerts und der wirtschaftlichen Nutzungsdauer des Leasinggutes vorliegen. Auch eine dem Leasinggeber gewährte substanzielle Restwertgarantie oder Restwertversicherung durch eine nicht mit dem Leasing-

---

[2] Vater (2002), S. 2094–2097.
[3] Findeisen (2002), S. 63.

nehmer verbundene Partei kann zu einer abweichenden Klassifizierung führen (vgl. nachfolgend im Abschnitt 2.2.2 b).

Die Lease-Klassifizierung hat immer zu **Beginn des Leasingverhältnisses** zu erfolgen (IAS 17.13), sobald alle wesentlichen Komponenten des Leases vertraglich vereinbart (Laufzeit, Umfang der Leasingraten) bzw. bestimmbar (Marktwert bzw. Anschaffungskosten des Leasinggegenstands) sind.

Änderungen (außer bloße Vertragsverlängerungen) eines Leasingvertrags führen immer dann zu einem neuen Leasingvertrag, wenn die vereinbarten Konditionen so wesentlich von den bisherigen abweichen, dass unter Berücksichtigung der Änderungen sich eine geänderte Klassifizierung ergeben hätte, wenn diese neuen Konditionen bereits zu Beginn zu berücksichtigen gewesen wären. Änderungen bei den der Klassifizierung zugrunde liegende Annahmen führen nicht zu einer neuen Klassifizierung. Eine nachträgliche einseitige Änderung der wirtschaftlichen Position des Leasinggebers bzw. Leasingnehmers (beispielsweise die nachträgliche Versicherung des Restwertrisikos des Leasinggebers) hat dagegen keine Neuklassifizierung zur Folge, da die Änderung nicht zwischen den unmittelbaren Leasingvertragsparteien erfolgt und nicht bereits zu Beginn des Leasingvertrags kontrahiert war.

Operating-Leases sind gemäß IAS 17.4 alle Vereinbarungen, die nicht als Finance-Leases einzustufen sind. Der Begriff des Finance-Lease entspricht grundsätzlich der Definition des Capital-Lease[4] nach US-GAAP.

2.2.1 Beispielfälle, die im Regelfall zur Klassifizierung als Finance-Lease führen

IAS 17.10 führt fünf Beispiele auf, die im Regelfall zur Klassifizierung als Finance-Lease führen.

a) Am Ende der Vertragslaufzeit wird das Eigentum am Leasingobjekt auf den Leasingnehmer übertragen:

Wenn eine Eigentumsübertragung auf den Leasingnehmer mit hoher Wahrscheinlichkeit eintritt, gehen auch die Chancen und Risiken über, sodass die Zurechnung zum Leasingnehmer analog eines Kaufs gegen Kaufpreisstundung erfolgt. Dieses Kriterium wird im deutschen Handels- und Steuerecht weitgehend analog angewendet. Im Einzelfall kann es dann zu Abgrenzungsproblemen kommen, wenn vor der Übertragung andere Optionen ausgeübt werden können oder aber die Erfüllung des Leases bis zum Eigentumsübergang aufgrund bestimmter Umstände zweifelhaft ist. Dieses Kriterium bereitet in der Praxis seltener Schwierigkeiten.

---

[4] Unter US-GAAP wird statt „finance lease" der Begriff „capital lease" verwendet. Nach FAS 13.6 b kann dieser als „sales type lease" (Leasingverhältnis, bei dem der Leasinggeber eine wesentliche Marge wie ein Hersteller oder Händler generiert) oder als „direct finance lease" (darunter versteht man eine reine Finanzierung ohne eine zu realisierende Einmalmarge zu Vertragsbeginn) ausgestaltet sein. Zudem kennt US-GAAP auch das Konzept des „leveraged lease", also eines Leases, bei dem eine dritte Partei dem Leasinggeber auf Non-Recourse-Basis Mittel für den Lease bereitstellt.

b) Der Leasingnehmer hat eine vorteilhafte Kaufoption:

Nach IAS 17.10 b liegt in der Regel dann ein „Finance-Lease" vor, wenn Kaufoptionspreise so vereinbart werden, dass es **„reasonably certain"**, also unter Abwägung aller Umstände bereits zu Vertragsbeginn als hinreichend sicher anzusehen ist, dass die Kaufoption durch den Leasingnehmer oder eine wirtschaftlich eng mit ihm verbundene Partei (z. B. der Pensionsfonds des Leasingnehmers) ausgeübt werden wird („**bargain puchase option**"). Es genügt mit anderen Worten, dass der typische Geschehensablauf auf einen Kauf hinausläuft.

Dies kann aus einem Optionspreis resultieren, der erwartungsgemäß wesentlich unter dem geschätzten Marktwert im Ausübungszeitpunkt liegt, aber auch aus wirtschaftlichen Zwängen heraus, wie z. B. wegen hoher Kosten bei Nichtausübung der Option (z. B., weil bedeutende Investitionen, die im Zusammenhang mit der Objektnutzung getätigt wurden, bei Nichtausübung als verloren anzusehen sind, oder weil mit der Rückgabe des Leasinggutes hohe Kosten verbunden sind). Ein weiterer Grund für die Günstigkeit kann das Bestehen unterschiedlicher Optionen (Verlängerung, Rückgabe, Kauf) zum gleichen Zeitpunkt darstellen, von denen sich für den Leasingnehmer eine (hier: der Kauf) als günstiger gegenüber der oder den anderen Optionen darstellt.

Bei Kaufoptionen mit einem **Festpreis** ist eine eingehende Prüfung der Günstigkeit notwendig. Es muss anhand nachvollziehbarer Marktwertprognosen und Szenarioanalysen belegbar sein, warum sich die Vertragsparteien auf den Optionspreis einigen, obwohl sie nicht mit höherer Wahrscheinlichkeit von einer Ausübung ausgehen. Unproblematisch sind dagegen Kaufoptionen zum Marktwert, wenn dieser gemäß den vertraglichen Abreden objektiv durch einen sachverständigen und unparteiischen Dritten festgestellt werden soll und auch aus den sonstigen Umständen nichts auf einen Kaufzwang hindeutet.[5]

c) Die (Mindest-)Vertragslaufzeit entspricht dem überwiegenden Teil der wirtschaftlichen Nutzungsdauer des Leasinggutes:

Für den so genannten „Laufzeittest" ist die geschätzte Laufzeit des Leases mit der wirtschaftlichen Nutzungsdauer des Vermögenswerts zu vergleichen. Umfasst die Laufzeit den überwiegenden Teil („major part") der wirtschaftlichen Nutzungsdauer, erfolgt die Zurechnung zum Leasingnehmer. Die Laufzeit des Leasingvertrags bemisst sich nach der unkündbaren Grundmietzeit zuzüglich der Zeiträume, für die eine günstige Verlängerungsoption besteht oder während derer ein wesentlicher Nachteil bei Kündigung droht.

IAS 17.4 führt beispielhaft an, dass ein Leasingverhältnis als unkündbar zu betrachten ist, wenn es nur bei Eintritt nachfolgender Umstände beendet werden kann:

- Eintritt eines unwahrscheinlichen Ereignisses
- Einwilligung des Leasinggebers

---

[5] Findeisen (2005), S. 29.

- Abschluss eines neuen Leasingverhältnisses
- Zu leistende wesentliche Vertragsstrafe

Die wirtschaftliche Nutzungsdauer bemisst sich nach dem Zeitraum, in dem der Vermögenswert durch einen oder mehrere Nutzer wirtschaftlich sinnvoll genutzt werden kann. In speziellen Fällen kann dieser Zeitraum durch die maximale Betriebsdauer oder Leistungseinheit des Vermögenswerts begrenzt sein. Die wirtschaftliche Nutzungsdauer kann dabei erheblich von der technischen Nutzungsdauer abweichen, da bei der Bestimmung von einer normalen Instandhaltung und üblichen Umfeldbedingungen (Klima, Art des Einsatzes) ausgegangen wird.

Nach US-GAAP (FAS 13.7 c) erfolgt ab einer anteiligen Laufzeit von über 75 Prozent der wirtschaftlichen Nutzungsdauer die Einstufung als Capital-Lease. In der IFRS-Literatur werden wesentlich davon abweichende Grenzwerte diskutiert, weil der Begriff „überwiegend" sehr weit auslegbar ist.[6] In der Praxis macht es keinen Sinn, Werte deutlich unter 75 Prozent als Grenzwert zu verwenden, da in diesen Fällen oft das Leasinggut noch einen sehr bedeutenden Wert aufweist und damit der Leasinggeber im Gegensatz zum Leasingnehmer sehr wesentlich mit den Chancen und Risiken des Leasinggutes verbunden ist. Die Bestimmung sowohl der Mindestvertragslaufzeit als auch der Nutzungsdauer ist sehr ermessensbehaftet, sodass in der Praxis der Laufzeittest selten allein für die Klassifizierung entscheidend ist.

d) Bei Vertragsabschluss entspricht der Barwert der Mindestleasingzahlungen im Wesentlichen dem „fair value" des Leasinggegenstandes:

Der Barwerttest stellt in vielen Fällen das eindeutigste Kriterium für die Zurechnungsentscheidung dar. Für die Durchführung sind vier Größen zu bestimmen, nämlich die Mindestleasingzahlungen, der Abzinsungssatz und der Marktwert des Leasinggegenstands sowie der relevante Schwellenwert. Bei der Bestimmung der Größen bestehen bei strenger Auslegung nur sehr eingeschränkte Ermessensspielräume.

Die **Mindestleasingzahlungen** umfassen alle Zahlungen (ohne durch den Leasingnehmer entgoltene Dienstleistungen, Abgaben und Steuern und ohne bedingte Mietzahlungen), die der Leasingnehmer während der Laufzeit des Leasingverhältnisses zu leisten hat oder zu denen er herangezogen werden kann (beispielsweise Mietschlusszahlungen und Restwertgarantien des Leasingnehmers sowie Andienungsrechte des Leasinggebers). Aus Sicht des Leasinggebers kommen auch durch Dritte garantierte Zahlungen hinzu (z. B. Restwert- und Rücknahmegarantien von Händler und Herstellern oder Restwertversicherungen).

Bedingte Mietzahlungen („contingent rentals") hängen von unsicheren Ereignissen ab, wie beispielsweise die Erreichung bestimmter Ziele oder Umweltzustände oder der Umfang der Nutzung (z. B. Mehrschichtnutzungs- oder Laufzeitzuschläge) und sind nicht Teil der Mindestleasingzahlungen. In Analogie zur entsprechenden US-GAAP-

---

[6] Vgl. unter anderem Alvarez/Wotschofsky/Miethig (2001), S. 937.

Regelung werden allerdings Zahlungen, die an eine solide abschätzbare Größe wie beispielsweise einen Index, Zinssatz oder Währungskurs geknüpft werden, mit ihrem wahrscheinlichen Wert zu Beginn des Leasingvertrags in den Barwerttest einbezogen, da sich sonst durch eine einfache Gestaltung in nicht sachgerechter Form ein Operating-Lease herbeiführen ließe.

Der **Abzinsungssatz** ist derjenige Zins, bei dem zu Beginn des Leasingverhältnisses die Summe der Barwerte der Mindestleasingzahlungen und des nicht garantierten Restwerts dem Marktwert des Leasinggegenstands zuzüglich eventueller anfänglicher direkter Kosten des Leasinggebers entspricht (so genannter interner Zinsfuß oder „implicit rate in the lease"). Da dem Leasingnehmer gegebenenfalls die Grunddaten zur Berechnung des Abzinsungssatzes nicht bekannt sind, darf er bei Nichtbestimmbarkeit alternativ den Zinssatz für ein vergleichbares Leasingverhältnis verwenden. Ist auch dieser Wert nicht feststellbar, wird auf den so genannten Grenzfremdkapitalkostensatz abgestellt, also den Darlehenszinssatz, zu dem der Leasingnehmer sich fiktiv zum Zwecke des Erwerbs des Leasinggegenstands bei gleicher Dauer, Amortisation und Besicherung Fremdkapital beschaffen könnte.

Insbesondere bei größeren Investitionen sowie bei homogenen Massengütern macht jedoch die Bestimmung des internen Zinsfusses auch beim Leasingnehmer keine wesentlichen Schwierigkeiten, da die Parameter entweder bereits vom Leasinggeber im Rahmen der Verhandlungen offen gelegt werden oder mit vertretbarem Aufwand bestimmt bzw. recht genau geschätzt werden können.

Der **Marktwert des Leasinggegenstands** bemisst sich nach dem Betrag, zu dem sachverständige und vertragswillige Dritte den Vermögenswert untereinander verkaufen würden. Dies ist bei neuwertigen Vermögenswerten der reguläre Kaufpreis nach Abzug üblicher Preisnachlässe. Bei gebrauchten Vermögenswerten sowie Leasinggegenständen, die nur in Verbindung mit weiteren Leistungen erworben bzw. gemietet werden können (beispielsweise inklusive Wartung, Verbrauchsmaterialien und bestimmten weiteren Services) ist der anteilige Marktwert durch sachgerechte Schätzung zu ermitteln.

Nach Bestimmung der drei Ausgangsgrößen ist der Barwert der Mindestleasingzahlungen mit dem Marktwert des Leasinggegenstands zu vergleichen. IAS 17.10 d enthält keine quantitative Grenze hinsichtlich des Verhältnisses zwischen dem Barwert der Mindestleasingzahlungen und dem Marktwert, die zur Klassifizierung eines Leasingverhältnisses als Finanzierungsleasingverhältnis führt. Es widerspricht der Intention des Standards, der Formulierung „entspricht mindestens annähernd" einen bestimmten Prozentsatz zuzuordnen.

Die wörtliche Auslegung führt aufgrund des Begriffs „substantially" zumindest zu dem Ergebnis, dass das erforderliche Ausmaß nicht 100 Prozent des beizulegenden Zeitwerts erreichen muss. In Analogie zur entsprechenden Schwelle unter US-GAAP wird spätestens **ab einem Wert von etwa 90 Prozent** ein Finanzierungsleasingverhältnis vorliegen.

e) Spezialleasing:

Wenn Leasinggegenstände eine so spezielle Beschaffenheit haben, dass diese ohne wesentliche Veränderung nur vom Leasingnehmer genutzt werden können, spricht man vom so genannten Spezialleasing. Der auch im deutschen Steuerrecht bekannte Begriff des Spezialleasings ist in der Praxis sehr umstritten. Hintergrund dieser Regelung ist die Überlegung, dass die Vertragsbedingungen bei einem Leasingobjekt, das ausschließlich vom Leasingnehmer wirtschaftlich sinnvoll genutzt werden kann, so ausgestaltet sein müssen, dass dem Leasinggeber direkt oder indirekt (z. B. über eine Vertragsverlängerung) die gesamten Investitionskosten (zuzüglich angemessener Verzinsung) erstattet werden. Gleichzeitig bedeutet dies aber, dass Spezialleasing ohne entsprechende vertragliche Regelungen zum Chancen- und Risikentransfer nicht möglich ist.

Die **Qualifizierung als Spezialleasing** ist somit **nicht ohne weiteres ausreichend**, um ein Leasingverhältnis als Finanzierungsleasingverhältnis zu klassifizieren (ähnlich auch die Argumentation in den US-Bestimmungen, wo konsequenterweise das Kriterium nicht zur Klassifizierung herangezogen wird, vgl. SFAS 13.74 („basis for conclusions"). Das Kriterium hat in der Praxis vorwiegend eine Indizwirkung im Zusammenhang mit der Wahrscheinlichkeit der Ausübung von Kauf- oder Vertragsverlängerungsoptionen.[7]

2.2.2 Indikatoren, die im Regelfall zur Klassifizierung als Finance-Lease führen

IAS 17.11 führt als zusätzliche Auslegungshilfe drei Indikatoren auf, die ebenfalls (allerdings widerlegbar) zur Klassifizierung als Finance-Lease führen können:

a) Durch Kündigung seitens des Leasingnehmers verursachte Verluste des Leasinggebers fallen dem Leasingnehmer zu:

Dieser Indikator hat vor allem Bedeutung im Zusammenspiel mit dem Barwerttest und dem Laufzeittest. Muss der Leasingnehmer bei Kündigung eine wesentliche Schlusszahlung leisten oder dem Leasingeber potenzielle Verluste aus dem Verkauf des Leasinggutes oder der vorzeitigen Beendigung seiner Refinanzierung ausgleichen, kann dies zum einen auf einen hohen Druck zur Fortführung des Leasingverhältnisses über die Grundmietzeit hinaus hindeuten. Zum anderen ist die Verlustübernahmeverpflichtung auch beim Barwerttest einzubeziehen, wenn diese hinreichend sicher erscheint. Eine wesentliche Verlustübernahmeverpflichtung deutet auf einen signifikanten Transfer von Chancen und Risiken auf den Leasingnehmer hin. Da es sich um eine ordentliche Kündigung des Leasingnehmers handeln muss, die während der Grundmietzeit eigentlich nicht möglich ist, kommt dieses Kriterium selten zur Anwendung. Außerordentliche Kündigungsfälle bleiben bei der Beurteilung außer Betracht, da bei der Klassifizierung vom normalen Geschehensablauf auszugehen ist.

---

[7] Kümpel/Becker (2006), S. 1476.

b) Gewinne oder Verluste aus Veränderungen des Restwertes fallen dem Leasingnehmer zu:

Dieses Kriterium deckt eine Vielzahl von Gestaltungen ab, die für sich genommen oder in Kombination mit anderen Abreden zu einer Finance-Lease-Klassifizierung führen, weil der Leasingnehmer ähnlich einem Eigentümer an den Marktwertschwankungen des Leasinggegenstands partizipiert. Entsprechende Abreden sind insbesondere Mehr- oder Mindererlösbeteiligungen und Mietschlusszahlungen, Restwertgarantien des Leasingnehmers sowie harte Remarketing- und Rücknahmeverpflichtungen. Beim Leasing über unterkapitalisierte Zweckgesellschaften entsprechen vom Leasingnehmer gewährte Mieterdarlehen und Mietvorauszahlungen wirtschaftlich einer Restwertgarantie.

Dieser Indikator stellt auf die **Chancen- und Risikoaufteilung nach Ablauf der Grundmietzeit** ab. Dabei kommt es nicht primär darauf an, dass entweder nahezu alle Chancen oder nahezu alle Risiken aus der Veränderung des Restwerts dem Leasingnehmer zufallen, sondern lediglich, dass in Verbindung mit dem während der Laufzeit ohnehin schon stattgefundenen Chancen- und Risiken-Transfer bei Gesamtbetrachtung der Leasingnehmer im Wesentlichen wie ein Eigentümer nahezu alle wesentlichen Chancen und Risiken innehat. Bei Leases mit einem kalkulierten Restwert, der mit sehr niedriger Wahrscheinlichkeit einen Vermarktungsgewinn erwarten lässt, wird eine Aufteilung des positiven Vermarktungsergebnisses zwischen Leasinggeber und Leasingnehmer weniger kritisch sein (soweit in der Gesamtbetrachtung aller anderer Kriterien eindeutig kein Finance-Lease erkennbar ist), als wenn wesentliche Restwertverluste zu erwarten sind und sich der Leasingnehmer daran in erheblichem Umfang beteiligt.

c) Der Leasingnehmer besitzt eine vorteilhafte Mietverlängerungsoption:

Die vorteilhafte Mietverlängerungsoption für sich allein stellt kein hinreichendes Kriterium für die Klassifizierung als Finance-Lease dar. Vielmehr sind alle Perioden, für die eine derartige Option besteht sowohl in den Laufzeittest als auch in den Barwerttest einzubeziehen. Eine sehr günstige Kondition für Leasingvertragsverlängerungen kann auch darauf hindeuten, dass aus Sicht des Leasinggebers bereits eine sehr wesentliche Amortisation des Leasinggegenstands erreicht ist, was gegebenenfalls auf die Notwendigkeit einer nochmaligen genaueren Prüfung des Bartwertetests hindeutet.

2.2.3 Übernahme weiterer Risiken durch den Leasingnehmer

Neben den vertraglichen Zahlungsverpflichtungen werden teilweise **weitere Risiken auf den Leasingnehmer übertragen**, wie beispielsweise das Risiko des zufälligen Untergangs einschließlich Diebstahl des Leasingobjekts oder die Haftung für Risiken aus dem Betrieb. Die Auswirkungen der Übernahme solcher Risiken durch den Leasingnehmer auf die Klassifizierung des Leasingverhältnisses sind in IAS 17 nicht geregelt. Im Rahmen einer Gesamtbetrachtung der Chancen- und Risikenverteilung sind auch solche zusätzlichen Risikoverteilungsabreden in die Beurteilung einzubeziehen.

In diesem Zusammenhang insbesondere von Bedeutung ist der Einsatz von **Zweckgesellschaften** beispielsweise für Projekt- und Objektfinanzierungen sowie Betreibermodelle[8], die von ihren Eigentümern in nur völlig untergeordnetem Umfang mit risikobehaftetem Eigenkapital ausgestattet werden. Hier kann es nach der Vorschrift SIC-12 in Verbindung mit IAS 27 zu einer Zurechnung des Objekts über die Konsolidierungspflicht beim Leasingnehmer kommen, wenn dieser die wesentlichen wirtschaftlichen Chancen und Risiken aus der Tätigkeit der Zweckgesellschaft innehat (insbesondere die Übernahme von Restwertrisiken) und eine Beherrschung (unter Annahme einer „Autopilot"-Gestaltung) anzunehmen ist.[9]

2.3 Besonderheiten der Leasingklassifizierung bei Immobilien

Leasingverträge über Immobilien (Grund und Boden sowie Gebäude bzw. Gebäudeteile) werden grundsätzlich nach denselben Grundprinzipien klassifiziert wie sonstige Vermögenswerte. Da sich jedoch **Grund und Boden** nicht abnutzt, kommt es besonders darauf an, wer das Eigentum dauerhaft innehat. Leasingverträge über unbebaute Grundstücke sind nach IAS 17.14 deshalb nur dann als Finanzierungsleasing zu klassifizieren, wenn am Ende der Grundmietzeit das Eigentum auf den Leasingnehmer übergeht. Damit sind nur der automatische Eigentumsübergang und die vorteilhafte Kaufoption zu prüfen.

Bei Leasingverhältnissen über bebaute Grundstücke hat zwingend eine getrennte Zurechnungsprüfung zu erfolgen. Für den Grund und Bodenanteil gilt dabei der vorgenannte Grundsatz analog, bei Gebäuden sind dagegen alle Kriterien durchzuprüfen.

Für die Klassifizierung und die Bilanzierung des Leasingverhältnisses ist eine **Aufteilung der Mindestleasingzahlungen** erforderlich. Diese Aufteilung erfolgt entsprechend dem Verhältnis der beizulegenden Zeitwerte der Leistungen für die Nutzung des Grund und Bodens und des Gebäudeanteils. Sollten die Leasingzahlungen nicht zuverlässig aufgeteilt werden können, wird das gesamte Leasingverhältnis als Finance-Lease klassifiziert, es sei denn, es ist nachweisbar, dass es sich für beide Komponenten um Operating-Leases handelt (vgl. IAS 17.16).

Gemäß der Literatur[10] soll es nicht beanstandet werden, wenn die Mindestleasingzahlungen in der Weise aufgeteilt werden, dass dem Grundstück ein Betrag in Höhe des angemessenen Erbbauzinses und dem Gebäude der verbleibende Betrag zugeordnet wird (ähnlich auch die US-Bestimmungen FAS 13.26 b (ii), die pragmatisch den Ratenanteil für den Grund und Boden aus der Multiplikation des Fremdkapitalkostensatzes des Leasingnehmers mit dem Marktwert des Bodenanteils herleiten). Der angemessene Erbbauzins dürfte allerdings erfahrungsgemäß eher niedriger sein als der Zins, der sich aus der Berechnung des Fremdkapitalkostensatzes auf den Marktwert des Bodenanteils ergibt (bei Berück-

---

[8] Vgl. unter anderem die Darstellungen von Reuter/Köhling (2004) und Schimmelschmidt/Happe (2004).
[9] Vgl. Beispiele in IDW RS HFA 2, S. 33 ff.
[10] Adler/Düring/Schmaltz (2006), Tz. 116.

sichtigung der Besicherung einer fiktiven Finanzierung durch das Grundstück). Letztere Vorgehensweise erscheint daher eher sachgerecht.[11]

Nach IAS 17.17 ist eine gesonderte Klassifizierung nicht notwendig, wenn der Wert des Grundstücksanteils unwesentlich ist. In diesem Fall wird das gesamte Leasingobjekt als Gebäude behandelt. Was als wesentlich anzusehen ist, hängt sowohl von der Bedeutung des Leases insgesamt für die Vertragsparteien als auch vom Wertverhältnis des Grundstücksanteils zum Gebäudeanteil ab. Eine analoge Anwendung des US-Regelung FAS 13.26 b (keine Aufteilung erforderlich, wenn der Grundstücksanteil unter 25 Prozent beträgt) ist entgegen mancher Literaturmeinungen nicht aus den Vorschriften herzuleiten.[12] Weiterhin ist eine getrennte Bewertung nicht erforderlich, wenn es sich bei dem Anteil des Leasingnehmers an den Grundstücken und Gebäuden um als Finanzinvestition gehaltene Immobilien gemäß IAS 40 handelt und das Modell des beizulegenden Zeitwerts angewendet wird (IAS 17.18).

2.4 Besonderheiten bei Beteiligung des Leasingnehmers an der Herstellung des Leasingobjekts

Beim Großanlagen- und Immobilienleasing beteiligt sich häufig der Leasingnehmer an der Herstellung des Leasingobjekts, weil er dadurch die Qualität, die Kosten und die Termintreue der Fertigstellung selbst beeinflussen kann oder aber, weil er über notwendiges besonderes Fertigungs-Know-how und entsprechende Ressourcen verfügt. IAS 17 enthält keine Regelungen für derartige Sachverhalte. In Analogie zur US-Bestimmung für Beteiligung des Leasingnehmers bei der Errichtung von Immobilien (EITF 97-10) wird man auch nach IFRS die Übernahme der wesentlichen Herstellungsrisiken als wichtiges Indiz im Rahmen gegebenenfalls zu beurteilender Kauf- und Mietverlängerungsoptionen heranziehen.

Wenn der Leasingnehmer die wesentlichen Risiken der Herstellung trägt (beispielsweise das Risiko der technischen Machbarkeit bei komplexen Anlagen oder die Verpflichtung zur direkten Übernahme von Baukostenüberschreitungen), ist das Leasingobjekt **während der Herstellungsphase** nach den Grundsätzen für langfristige Auftragsfertigung (IAS 11 Fertigungsaufträge) dem Leasingnehmer wirtschaftlich zuzurechnen und zu bilanzieren. Die Tätigkeit als **Generalübernehmer** oder **Bausteuerer** allein muss noch nicht zur Übertragung der wesentlichen Chancen und Risiken führen. Ein Leasingnehmer mit Generalunternehmerfunktion hat Gewährleistungsverpflichtungen zu übernehmen, die betraglich als auch zeitlich über den Erstellungszeitraum hinausgehen und auch noch während der Leasingdauer wirken. Dies ist bei der Gesamtwürdigung der Verteilung der Chancen und Risiken einzubeziehen. Wenn dem Leasingnehmer ein in der Herstellung befindliches Leasingobjekt wirtschaftlich zuzurechnen ist, hat er dieses mit den angefallenen Vollkosten zu aktivieren.

---

[11] Vgl. KPMG International Financial Reporting Group Ltd. (2006), S. 836, Tz 5.1.240.30.
[12] Kümpel/Becker (2006), S. 84.

Mit Fertigstellung bzw. im Zeitpunkt der Übertragung des Leasingobjekts erfolgt dann eine **Sale-and-Lease-back-Transaktion.**

2.5 Leasing und Umsatzrealisierung

Wenn ein Händler oder Hersteller Leasing als Absatzunterstützung für den Verkauf von Gütern einsetzt, entscheidet sich die Umsatzrealisierung gemäß IAS 18.14 im Zusammenspiel mit der Zurechnung des Leasinggegenstands gemäß IAS 17, das heißt, ein Bilanzabgang des Leasinggegenstands und damit eine Erlösrealisierung liegt nur vor, wenn die Chancen und Risiken endgültig auf den Erwerber und sonstige Dritte übergegangen sind und damit der Lease aus Sicht des Leasinggebers als Finance-Lease zu klassifizieren ist. In der Praxis sind Gestaltungen anzutreffen, in denen ein Händler oder Hersteller für die veräußerten Güter Rückkaufs- oder Restwertgarantien abgibt. Falls diese Übernahme von Marktwertrisiken bei wirtschaftlicher Betrachtung wesentlich ist, kann eine solche Gestaltung in der Gesamtschau als Lease einzustufen sein und ist dann auch als solcher abzubilden.[13]

Die Mindestleasingzahlungen berechnen sich dann als Saldo aus dem Verkaufspreis und der maximalen Risikoübernahme durch den Verkäufer. Zum Bilanzabgang beim Händler oder Hersteller kommt es dann erst bei Auslaufen bzw. Nichtinanspruchnahme der Garantie durch den Erwerber.

3. Abbildung von Kauf, Miete und Leasing nach IFRS

3.1 Allgemeine Abbildungsregeln für Operating-Leases und Finance-Leases nach IFRS

Leasingnehmer bilden Operating-Leases als schwebende Geschäfte nicht in der Bilanz ab, sondern es erfolgt lediglich eine Beschreibung (Volumen, Restlaufzeiten) der künftigen Mietverpflichtungen und der wesentlichen Charakteristika der Leasingverträge im Anhang (IAS 17.35).

Die Verteilung des Leasingaufwands hat bei **Operating-Leases** grundsätzlich linear zu erfolgen, soweit nicht eine andere Vorgehensweise den Nutzenverlauf besser abbildet. Aus der gebotenen Periodisierung der Leasingverpflichtungen können sich somit aktivische und passivische Abgrenzungsposten (z. B. für geleistete Leasingsonderzahlungen oder Mietschlusszahlungen) ergeben.

---

[13] Vgl. hierzu die analoge US-GAAP-Regelung EITF 95-1.

Finance-Leases sind dagegen ähnlich einem Miet- oder Ratenkauf nach deutschem Recht im Zugangszeitpunkt (also mit Verschaffung der Verfügungsmacht am Leasingobjekt) wertgleich als Vermögenswert und als Schuld anzusetzen. Beide Posten werden mit dem Marktwert oder, wenn dieser Wert niedriger ist, mit dem Barwert der Mindestleasingzahlungen angesetzt. Der Leasingnehmer hat beim Finance-Lease seine eigenen direkten und indirekten Vertragsabschlusskosten als Anschaffungsnebenkosten zu aktivieren und über die Laufzeit zu verteilen (vgl. IAS 17.20).

Die Abbildung der vermieteten Vermögenswerte beim **Leasinggeber** erfolgt im Falle des **Operating-Leases** nach ihren spezifischen Vorschriften (IAS 16 für Sachanlagen, IAS 38 für immaterielle Vermögenswerte, IAS 40 für als Finanzinvestition gehaltene Immobilien sowie IAS 41 für biologische Vermögenswerte). In der Praxis erfolgt fast immer eine lineare Abschreibung über die unkündbare Grundmietzeit unter Berücksichtigung eines etwaigen Restwerts bzw. Veräußerungswerts, es sei denn, eine davon abweichende Entwertung lässt sich eindeutig feststellen (beispielsweise proportional zur Leistungsabgabe oder nach Betriebsstunden).

Die **Erlöse** werden nach IAS 17.50 im Umfang der Leistungserbringung, also in der Regel ebenfalls linear vereinnahmt.

Beim **Finance-Lease** erfolgt die Darstellung beim **Leasingeber** ähnlich einem Tilgungsdarlehen als Forderung in Höhe des Nettoinvestitionswerts aus dem Leasingverhältnis. Der Nettoinvestitionswert entspricht der Bruttoinvestition in das Leasingverhältnis (Summe der Mindestleasingzahlungen zuzüglich eines etwaigen offenen Restwerts) abzüglich dem noch nicht verdienten Zinsertrag, der sich aus dem Unterschied zwischen dem Bruttowert und dem Barwert aller Zahlungsströme, ermittelt mit dem internen Zinsfuss des Leasingverhältnisses, ergibt.

Die Zinserträge sind gemäß der Effektivzinsmethode zu erfassen, indem jede Leasingrate so in Zins und Tilgung zerlegt wird, dass sich eine konstante periodische Verzinsung ergibt.

Direkt zuordenbare interne und externe **Vertragsabschlusskosten** („initial direct costs") müssen bei beiden Vertragstypen beim Leasinggeber als Anschaffungsnebenkosten des Leasinggegenstands bzw. der Finance-Lease-Forderung aktiviert und über die Laufzeit des Leasingvertrags (linear beim Operating-Lease bzw. nach der Effektivzinsmethode beim Finance-Lease) amortisiert werden. Nicht als Vertragsabschlusskosten anerkannt werden gemäß IAS 17.38 Kosten, die Herstellern oder Händlern beim Vertragsabschluss entstehen. Hintergrund dafür ist, dass diese Kosten dem Verkaufsvorgang zugeordnet werden, der direkt erfolgswirksam zu erfassen ist (analog dem deutschen Mietkauf).

Für **Sale-and-Lease-back-Geschäfte**, also dem zeitgleichen Verkauf eines Leasinggegenstands und der Abschluss eines Leasingvertrags mit dem Erwerber, gelten die bereits dargelegten Zurechnungsvorschriften analog. Ein Verkaufsgewinn kann allerdings nur dann vereinnahmt werden, wenn das Lease-back als Operating-Lease ausgestaltet ist, ansonsten ist es über die Laufzeit des Leasingvertrags erfolgswirksam zu verteilen (IAS 17.59).

Sowohl Forderungen aus Finance-Leases als auch in Operating-Leases eingebundene Vermögenswerte sind nach IAS 36 regelmäßig auf **Wertminderungsbedarf** zu testen und gegebenenfalls außerplanmäßig abzuwerten. Soweit sich Schätzungsänderungen in Bezug auf die Nutzungsdauern oder den Restwert des Leasinggegenstands ergeben, beim Leasinggeber (Operating-Lease) bzw. beim Leasingnehmer (Finance-Lease), sind nach IAS 16.51 in Verbindung mit IAS 8.36 ff. die Abschreibungspläne anzupassen.

3.2 Beispielhafte Abbildung der Alternativen Kauf, Miete und Leasing nach IFRS

In diesem Abschnitt wird dargestellt, wie Kauf, Miete und Leasing in der Bilanz und der Gewinn- und Verlustrechnung („GuV") des Käufers bzw. Leasingnehmers nach IFRS abzubilden sind und wie sich diese Varianten auf die Abschlusskennzahlen auswirken.

Ausgangspunkt bildet dabei die Bilanz und Gewinn- und Verlustrechnung nach IFRS (vor Berücksichtigung eines Kauf-, Miet- oder Leasingvertrags) einer fiktiven Unternehmung (vgl. Abbildung 1)

Ausgangsbilanz nach IFRS zum 31.12.2006 (ohne Abschluss eines Kauf-, Miet- oder Leasingvertrags)			
Aktiva			**Passiva**
Anlagevermögen	0,00	25.000,00	Gezeichnetes Kapital
		50.000,00	Jahresergebnis
		75.000,00	**Eigenkapital**
Zahlungsmittel (inkl. Zufluss aus Jahresergebnis 50.000)	300.000,00	225.000,00	**Schulden**
Bilanzsumme	300.000,00	300.000,00	Bilanzsumme
Eigenkapitalquote:	25,00 %		
GuV zum 31.12.2006 (ohne Abschluss eines Kauf- oder Leasingvertrags)			
Sonstiges GuV-Ergebnis		50.000,00	
planmäßige Abschreibungen	0,00		
Zinsaufwand aus Finance-Lease	0,00		
Aufwand für die Nutzung des Assets		0,00	
Jahresergebnis		50.000,00	

Abbildung 1: Ausgangsbilanz und Gewinn- und Verlustrechnung, in EUR

Folgende Szenarien werden entwickelt und dargestellt:
- Bilanz und GuV nach IFRS mit Abschluss eines darlehensfinanzierten Kaufvertrags, vgl. Abbildung 3
- Bilanz und GuV nach IFRS mit Abschluss eines Operating-Leases, vgl. Abbildung 4
- Bilanz und GuV nach IFRS mit Abschluss eines Finance-Leases, vgl. Abbildung 5

Alle Szenarien basieren auf der Annahme, dass zu **Beginn** des Geschäftsjahrs **eine der drei Alternativen** vollzogen wurde. In der Folge werden die durch den Anschaffungsvorgang bzw. die beiden Leases (Operating- und Finance-Lease) resultierenden Buchungen berechnet und zur modifizierten Bilanz und Gewinn- und Verlustrechnung zusammengeführt.

Für die Fallvarianten werden **folgende Grunddaten** (vgl. Abbildungen 2 a bis 2 d) unterstellt:

- Vermietet bzw. erworben werden soll eine universell einsetzbare Maschine, die Nutzungsdauer beträgt schätzungsweise ca. fünf bis sechs Jahre, nach vier Jahren wird für das gebrauchte Leasinggut ein Marktwert von 20.000 EUR angenommen (und dieser liegt als kalkulierter Restwert zugrunde).
- Anschaffungskosten inklusive Transport, Installation und sonstigen Anschaffungsnebenkosten (= Marktwert des Leasinggutes) betragen 100.000 EUR.
- Die beiden Leases bzw. der Erwerb wird am Jahresbeginn (01.01.) durchgeführt, die Bilanz wird nach genau einem Jahr zum 31.12. aufgestellt.
- In der Kaufvariante wird die Finanzierung über ein annuitätisches Tilgungsdarlehen von 100.000 EUR unterstellt (mit Tilgung über 48 Monate auf den Restdarlehenswert von 20.000 EUR), für das ein Zins von 6,4 Prozent p. a. vereinbart ist. Damit ist das Darlehen wirtschaftlich dem Lease hinsichtlich der Cashflows voll angeglichen und vergleichbar.
- Die Laufzeit der Leasingverträge beträgt in beiden Fällen 48 Monate; nach Ablauf ist
  - in der ersten Variante eine Rückgabe ohne weitere Belastungen für den Leasingnehmer vereinbart,
  - in der zweiten Variante eine Übernahme des Restwertrisikos des Leasinggutes ab der ersten Geldeinheit bis maximal 60 Prozent = 12.000 EUR (so genannte „first loss"-Regelung) vereinbart, das heißt, erst ab einem Vermarktungserlös unter 8.000 EUR muss der Leasinggeber Verluste tragen.
- Die Leasingraten sind gleich bleibend 2.000 EUR (Variante b)) bzw. 2.100 EUR (Variante a)) pro Monat, Sonderzahlungen oder sonstige zusätzliche Leistungen sind nicht vereinbart.
- Der interne Zinsfuss des Leasingvertrags in der Finance-Lease-Variante beträgt 6,4 Prozent.
- Der interne Zinsfuss des Leasingvertrags in der Operating-Lease-Variante beträgt 8,25 Prozent (die höhere Verzinsung resultiert aus der vom Leasinggeber geforderten Risikoprämie von 5 Prozent = 100 Geldeinheiten pro Monat für die Übernahme des Restwertrisikos).

Führt man nun die **Klassifizierung** nach IAS 17 durch, lässt sich die Grundidee und das Zusammenspiel der Zurechnungsprinzipien gut herauszuarbeiten:

- Ein automatischer Eigentumsübergang oder eine vorteilhafte Kaufoption sind nicht vereinbart.
- Die Mindestvertragslaufzeit entspricht mit vier Jahren ca. 66–80 Prozent der wirtschaftlichen Nutzungsdauer von ca. fünf bis sechs Jahren. Hier könnte man sich bei strenger Betrachtung auf das untere Ende der Nutzungsdauer beziehen und dann mit einem Laufzeitquotienten von 80 Prozent, der zumindest deutlich über dem in den US-GAAP vorgegeben Schwellenwert von 75 Prozent liegt, zu einer Finance-Lease-Klassifizierung kommen. Nachdem die IFRS aber auf eine Gesamtbetrachtung abstellen und die in IAS 17.10 und 17.11 genannten Beispiele und Indikatoren keine isoliert zu betrachtenden Kriterien darstellen, ist die Zurechnungsprüfung noch nicht beendet.
- Beim Barwerttest kommt man in der Variante ohne Restwertgarantie des Leasingnehmers (Variante a)) bei einem unterstellten Restwert von 20 Prozent zu einem internen

Zinsfuß von 8,25 Prozent und damit zu einem Barwert der Leasingraten von rund 85.606 EUR, also ca. 85 Prozent des Marktwerts des Leasinggutes.
- In der Variante b) (Leasingvertrag mit Restwertgarantie) ergibt sich ein interner Zinsfuss von 6,4 Prozent, der Barwert der Leasingraten einschließlich der Restwertgarantie beträgt rund 93.802 EUR, also ca. 94 Prozent des Marktwerts des Leasinggutes.
- Es liegen keine Hinweise auf Spezialleasing vor.
- Zu Verlusten bei Kündigung bestehen keine besonderen Abreden (unkündbarer Vertrag).
- Die Gewinne aus dem Restwert fallen in beiden Varianten dem Leasinggeber zu. Die Verluste fallen in der Variante a) ebenfalls dem Leasinggeber, in der Variante b) jedoch über die Restwertgarantie in bedeutendem Umfang dem Leasingnehmer zu.
- Mietverlängerungsoptionen bestehen nicht.
- Besondere weitere Risikoübernahmen durch den Leasingnehmer oder dessen Einbindung in die Herstellung des Leasinggutes liegen nicht vor.

Würdigung der Variante a):

Das Laufzeittest-Kriterium könnte auf einen Finance-Lease hindeuten, dies ist aufgrund der Schwierigkeit, die wirtschaftliche Nutzungsdauer exakt zu bestimmen, nicht allein hinreichend. Aufgrund eines Barwerts der Mindestleasingzahlungen, der mit rund 85 Prozent sehr deutlich nicht zu einer Vollamortisation führt und aufgrund der Tatsache, dass auch ansonsten keine Hinweise auf eine zusätzliche Chancen- oder Risikoabwälzung auf den Leasingnehmer erfolgt, ist der Lease **insgesamt als Operating-Lease** einzustufen.

Würdigung der Variante b):

Das Laufzeittest-Kriterium könnte wie bereits dargestellt auf einen Finance-Lease hindeuten. Da der Leasingnehmer eine sehr wesentliche Restwertgarantie abgibt (der unabgezinste „first loss" ist mit rund 12 Prozent des Marktwerts des Leasinggutes erheblich über einer gegebenenfalls noch tolerierbaren zusätzlichen Risikoübernahme, zumal die Verluste nicht geteilt werden), ist allein dies schon ausreichend für eine Finance-Lease-Klassifizierung nach dem Kriterium IAS 17.11 b.

Zudem ist nunmehr auch der Barwert der Mindestleasingzahlungen mit rund 94 Prozent nahe einer Vollamortisation, denn eine Restwertgarantie wird immer mit dem maximalen Betrag zu den Mindestleasingzahlungen einbezogen, auch wenn die Parteien nicht mit einer vollen Inanspruchnahme rechnen. Der Lease ist somit **insgesamt als Finance-Lease** einzustufen.

Kauf, Miete und Leasing nach International Financial Reporting Standards (IFRS)

Leasingvertrag: Operating-Lease		Erläuterungen:
Laufzeit	48	Eine Leasinggesellschaft ist in der Regel nicht bereit, einen Operating-Lease zu den gleichen Leasingraten wie beim Finance-Lease mit Restwertgarantie anzubieten. Die Leasingrate ist deswegen pauschal um 5 % erhöht.
Leasingrate	2.100,00	
Preis	100.000,00	
kalk. Restwert	20.000,00	
garantierter Restwert	0,00	kalk. Restwert = echter offener Restwert
Interner Zinssatz (Monat)	0,688 %	Aufgrund der in der Leasingrate enthaltenen Prämie für die Übernahme des Restwertrisikos steigt der interne Zinsfuß des Leasinggebers auf 8,25 %.
Interner Zinssatz (Jahr)	8,25 %	
Barwert MLP ohne Restwert	85.605,96	
Barwert garantierter Restwert	0,00	Somit Barwert des offenen Restwerts von 20.000: 100.000 − 85.605,96 = 14.394,04
Summe Barwert	85.605,96	
90 % Marktwert	90.000,00	
Ergebnis: OPERATING-LEASE		(Barwert kleiner 90 % des Marktwerts des Leasinggutes)

Abbildung 2 a: Übersicht der Vertragskonditionen und Barwerttest, in EUR
               Variante a): Operating-Lease (Miete)

Leasingvertrag: Finance-Lease		Erläuterungen:
Laufzeit	48	unkündbare Grundmietzeit des Leasingvertrags
Leasingrate	2.000,00	monatliche Leasingrate; monatlich nachschüssig fällig
Preis	100.000,00	Preis = Marktwert des Leasinggutes
kalk. Restwert	20.000,00	geschätzter Marktwert des Leasinggutes in 4 Jahren
garantierter Restwert	12.000,00	Leasingnehmer garantiert dem Leasinggeber einen Restwert von 12.000
Interner Zinssatz (Monat)	0,533 %	interner Zinsfuss des Finance-Leases („implicit rate in the lease")
Interner Zinssatz (Jahr)	6,40 %	
Barwert MLP ohne Restwert	84.504,60	
Barwert garantierter Restwert	9.297,24	
Summe Barwert	93.801,84	= Startwert der Verbindlichkeiten (MLP) aus dem Finance-Lease
90 % Marktwert	90.000,00	
Ergebnis: FINANCE-LEASE		(Barwert größer 90 % des Marktwerts des Leasinggutes)

Abbildung 2 b: Übersicht der Vertragskonditionen und Barwerttest, in EUR
               Variante b): Finance-Lease

Verbindlichkeiten aus Darlehensfinanzierung, Ermittlung Zinsaufwand										
Per	Dar-lehen	Zins-anteil	Tilgungs-anteil	Annuität	Rest-darlehen	Per	Dar-lehen	Zins-anteil	Tilgungs-anteil	Annuität	Rest-darlehen
1	100.000,00	533,06	1.466,94	2.000,00	98.533,06	25	62.548,44	333,42	1.666,58	2.000,00	60.881,86
2	98.533,06	525,24	1.474,76	2.000,00	97.058,30	26	60.881,86	324,54	1.675,46	2.000,00	59.206,40
3	97.058,30	517,38	1.482,62	2.000,00	95.575,68	27	59.206,40	315,61	1.684,39	2.000,00	57.522,00
4	95.575,68	509,48	1.490,52	2.000,00	94.085,16	28	57.522,00	306,63	1.693,37	2.000,00	55.828,63
5	94.085,16	501,53	1.498,47	2.000,00	92.586,69	29	55.828,63	297,60	1.702,40	2.000,00	54.126,23
6	92.586,69	493,54	1.506,46	2.000,00	91.080,23	30	54.126,23	288,53	1.711,47	2.000,00	52.414,75
7	91.080,23	485,51	1.514,49	2.000,00	89.565,74	31	52.414,75	279,40	1.720,60	2.000,00	50.694,16
8	89.565,74	477,44	1.522,56	2.000,00	88.043,18	32	50.694,16	270,23	1.729,77	2.000,00	48.964,39
9	88.043,18	469,32	1.530,68	2.000,00	86.512,50	33	48.964,39	261,00	1.738,99	2.000,00	47.225,40
10	86.512,50	461,16	1.538,84	2.000,00	84.973,67	34	47.225,40	251,74	1.748,26	2.000,00	45.477,14
11	84.973,67	452,96	1.547,04	2.000,00	83.426,63	35	45.477,14	242,42	1.757,58	2.000,00	43.719,56
12	83.426,63	444,71	1.555,29	2.000,00	81.871,34	36	43.719,56	233,05	1.766,95	2.000,00	41.952,61
∑ am Bilanz-stichtag =		5.871,34	18.128,66	24.000,00	81.871,34	37	41.952,61	223,63	1.776,37	2.000,00	40.176,24
13	81.871,34	436,42	1.563,58	2.000,00	80.307,77	38	40.176,24	214,16	1.785,84	2.000,00	38.390,40
14	80.307,77	428,09	1.571,91	2.000,00	78.735,86	39	38.390,40	204,64	1.795,36	2.000,00	36.595,05
15	78.735,86	419,71	1.580,29	2.000,00	77.155,57	40	36.595,05	195,07	1.804,93	2.000,00	34.790,12
16	77.155,57	411,29	1.588,71	2.000,00	75.566,85	41	34.790,12	185,45	1.814,55	2.000,00	32.975,57
17	75.566,85	402,82	1.597,18	2.000,00	73.969,67	42	32.975,57	175,78	1.824,22	2.000,00	31.151,35
18	73.969,67	394,30	1.605,70	2.000,00	72.363,97	43	31.151,35	166,06	1.833,94	2.000,00	29.317,41
19	72.363,97	385,74	1.614,26	2.000,00	70.749,71	44	29.317,41	156,28	1.843,72	2.000,00	27.473,69
20	70.749,71	377,14	1.622,86	2.000,00	69.126,85	45	27.473,69	146,45	1.853,55	2.000,00	25.620,14
21	69.126,85	368,49	1.631,51	2.000,00	67.495,34	46	25.620,14	136,57	1.863,43	2.000,00	23.756,71
22	67.495,34	359,79	1.640,21	2.000,00	65.855,13	47	23.756,71	126,64	1.873,36	2.000,00	21.883,35
23	65.855,13	351,05	1.648,95	2.000,00	64.206,18	48	21.883,35	116,65	1.883,35	2.000,00	20.000,00
24	64.206,18	342,26	1.657,74	2.000,00	62.548,44						

Darlehenszinsaufwand Jahr 4: 2.280,44
Darlehenszinsaufwand gesamt für 4 Jahre: 10.548,44

Abbildung 2 c: Ermittlung der Darlehensverbindlichkeit und des Zinsaufwands für den darlehensfinanzierten Kauf, in EUR

Kauf, Miete und Leasing nach International Financial Reporting Standards (IFRS) 141

Entwicklung der Verbindlichkeiten aus Mindestleasingzahlungen (Leasingraten und Aufzinsung Restwert), Ermittlung des Zinsaufwands

Per	Verbind- lichkeiten aus Lea- singraten (Barwert); Perioden- beginn ***)	Leasing- rate	Zins- anteil (Auf- wand in GuV)	Tilgungs- anteil	Finanzie- rungs- restwert (Perioden- ende)		Per	Verbind- lichkeit aus Restwert- garantie	Aufzinsung (Aufwand; erhöht den Zins- aufwand aus dem Lease)	Netto- zins- auf- wand insge- samt	MLP gesamt (inkl. RW- Garantie)
0	84.504,60	Anfangswert der Schulden ohne Restwertgarantie					0	9.297,24	Anfangswert = Barwert der Restwertgarantie		93.801,84
1	84.504,60	2.000,00	450,46	1.549,54	82.955,07		1	9.346,80	49,56	500,02	92.301,86
2	82.955,07	2.000,00	442,20	1.557,80	81.397,27		2	9.396,62	49,82	492,02	90.793,89
3	81.397,27	2.000,00	433,90	1.566,10	79.831,16		3	9.446,71	50,09	483,99	89.277,87
4	79.831,16	2.000,00	425,55	1.574,45	78.256,71		4	9.497,07	50,36	475,90	87.753,78
5	78.256,71	2.000,00	417,16	1.582,84	76.673,87		5	9.547,69	50,63	467,78	86.221,56
6	76.673,87	2.000,00	408,72	1.591,28	75.082,58		6	9.598,59	50,89	459,61	84.681,17
7	75.082,58	2.000,00	400,24	1.599,76	73.482,82		7	9.649,75	51,17	451,40	83.132,57
8	73.482,82	2.000,00	391,71	1.608,29	71.874,53		8	9.701,19	51,44	443,15	81.575,72
9	71.874,53	2.000,00	383,13	1.616,87	70.257,66		9	9.752,91	51,71	434,85	80.010,57
10	70.257,66	2.000,00	374,52	1.625,48	68.632,18		10	9.804,89	51,99	426,50	78.437,07
11	68.632,18	2.000,00	365,85	1.634,15	66.998,03		11	9.857,16	52,27	418,12	76.855,19
12	66.998,03	2.000,00	357,14	1.642,86	65.355,17		12	9.909,71	52,54	409,68	75.264,87
	65.355,17	24.000,00	4.850,56	19.149,44	65.355,17	Σ am Bilanz- stichtag =		9.909,71	612,47	5.463,03	75.264,87
13	65.355,17	2.000,00	348,38	1.651,62	63.703,55		13	9.962,53	52,82	401,21	73.666,08
14	63.703,55	2.000,00	339,58	1.660,42	62.043,13		14	10.015,64	53,11	392,68	72.058,77
15	62.043,13	2.000,00	330,73	1.669,27	60.373,86		15	10.069,03	53,39	384,12	70.442,88
16	60.373,86	2.000,00	321,83	1.678,17	58.695,69		16	10.122,70	53,67	375,50	68.818,38
17	58.695,69	2.000,00	312,88	1.687,12	57.008,57		17	10.176,66	53,96	366,84	67.185,23
18	57.008,57	2.000,00	303,89	1.696,11	55.312,46		18	10.230,91	54,25	358,14	65.543,37
19	55.312,46	2.000,00	294,85	1.705,15	53.607,31		19	10.285,44	54,54	349,39	63.892,75
20	53.607,31	2.000,00	285,76	1.714,24	51.893,07		20	10.340,27	54,83	340,59	62.233,34
21	51.893,07	2.000,00	276,62	1.723,38	50.169,69		21	10.395,39	55,12	331,74	60.565,08
22	50.169,69	2.000,00	267,43	1.732,57	48.437,12		22	10.450,81	55,41	322,85	58.887,93
23	48.437,12	2.000,00	258,20	1.741,80	46.695,32		23	10.506,51	55,71	313,91	57.201,84
24	46.695,32	2.000,00	248,91	1.751,09	44.944,24		24	10.562,52	56,01	304,92	55.506,76
25	44.944,24	2.000,00	239,58	1.760,42	43.183,82		25	10.618,83	56,30	295,88	53.802,64
26	43.183,82	2.000,00	230,20	1.769,80	41.414,01		26	10.675,43	56,60	286,80	52.089,44
27	41.414,01	2.000,00	220,76	1.779,24	39.634,77		27	10.732,34	56,91	277,67	50.367,11
28	39.634,77	2.000,00	211,28	1.788,72	37.846,05		28	10.789,55	57,21	268,49	48.635,60
29	37.846,05	2.000,00	201,74	1.798,26	36.047,79		29	10.847,06	57,51	259,26	46.894,85
30	36.047,79	2.000,00	192,16	1.807,84	34.239,95		30	10.904,88	57,82	249,98	45.144,83
31	34.239,95	2.000,00	182,52	1.817,48	32.422,47		31	10.963,01	58,13	240,65	43.385,48
32	32.422,47	2.000,00	172,83	1.827,17	30.595,30		32	11.021,45	58,44	231,27	41.616,75
33	30.595,30	2.000,00	163,09	1.836,91	28.758,39		33	11.080,20	58,75	221,84	39.838,59
34	28.758,39	2.000,00	153,30	1.846,70	26.911,69		34	11.139,27	59,06	212,36	38.050,96
35	26.911,69	2.000,00	143,46	1.856,54	25.055,15		35	11.198,65	59,38	202,83	36.253,79
36	25.055,15	2.000,00	133,56	1.866,44	23.188,71		36	11.258,34	59,70	193,25	34.447,05
37	23.188,71	2.000,00	123,61	1.876,39	21.312,32		37	11.318,36	60,01	183,62	32.630,67

38	21.312,32	2.000,00	113,61	1.886,39	19.425,92		38	11.378,69	60,33	173,94	30.804,61
39	19.425,92	2.000,00	103,55	1.896,45	17.529,47		39	11.439,34	60,66	164,21	28.968,82
40	17.529,47	2.000,00	93,44	1.906,56	15.622,92		40	11.500,32	60,98	154,42	27.123,24
41	15.622,92	2.000,00	83,28	1.916,72	13.706,20		41	11.561,63	61,30	144,58	25.267,82
42	13.706,20	2.000,00	73,06	1.926,94	11.779,26		42	11.623,26	61,63	134,69	23.402,52
43	11.779,26	2.000,00	62,79	1.937,21	9.842,05		43	11.685,22	61,96	124,75	21.527,27
44	9.842,05	2.000,00	52,46	1.947,54	7.894,51		44	11.747,50	62,29	114,75	19.642,02
45	7.894,51	2.000,00	42,08	1.957,92	5.936,60		45	11.810,13	62,62	104,70	17.746,72
46	5.936,60	2.000,00	31,65	1.968,35	3.968,24		46	11.873,08	62,96	94,60	15.841,32
47	3.968,24	2.000,00	21,15	1.978,85	1.989,40		47	11.936,37	63,29	84,44	13.925,77
48	1.989,40	2.000,00	10,60	1.989,40	0,00		48	12.000,00	63,63	74,23	12.000,00

***) nachschüssige Zahlung unterstellt!

Ausstehende Aufzinsung: 2.090,29
Zinsaufwand Finance-Lease Jahr 4: 1.746,21
FL-Zinsaufwand gesamt für 4 Jahre: 14.198,16

Abbildung 2 d: Ermittlung der Mindestleasingzahlungen und des Zinsaufwands für den Finance-Lease, in EUR

Auf der Basis der vorgenannten Berechnungen und Ergebnisse verändert sich die Ausgangsbilanz für die drei Szenarien wie folgt:

Bilanz unter Berücksichtigung einer Anschaffung mittels darlehensfinanziertem Kauf nach IFRS zum 31.12.2006

Aktiva		Passiva	
Anlagevermögen		25.000,00	Gezeichnetes Kapital
Anschaffungskosten = Kaufpreis	100.000,00	24.128,66	Jahresergebnis
planmäßige Abschreibungen	−20.000,00		
Restbuchwert	80.000,00	49.128,66	**Eigenkapital**
		225.000,00	bereits bestehende Schulden
		81.871,34*⁾	Verbindlichkeiten aus Bankdarlehen
Zahlungsmittel (300.000 − Zins + Tilgung Bankdarlehen 24.000)	276.000,00	306.871,34	**Schulden**
Bilanzsumme	356.000,00	356.000,00	**Bilanzsumme**
Eigenkapitalquote:	13,80 %		
GuV unter Berücksichtigung eines darlehensfinanziertem Kaufs nach IFRS zum 31.12.2006			
Sonstiges GuV-Ergebnis			50.000,00
planmäßige Abschreibungen (linear 5 Jahre auf Restwert = 0)		−20.000,00	
Zinsaufwand aus Bankdarlehen (Effektivzinsmethode) für 12 Monate		−5.871,34	
Gesamtaufwand für die Nutzung des Assets			−25.871,34
Jahresergebnis			24.128,66

*⁾ Es wird unterstellt, dass der Kauf vollständig durch ein Darlehen von 100.000 refinanziert wird, bei dem die Annuität von 2.000 genau der Leasingrate entspricht, und dass nach 4 Jahren genau auf den erwarteten Restwert/Marktwert von 20.000 getilgt wird.

Abbildung 3: Jahresabschluss bei Abbildung des darlehensfinanzierten Kaufs, in EUR

Kauf, Miete und Leasing nach International Financial Reporting Standards (IFRS)

Bilanz unter Berücksichtigung eines als Operating-Lease eingestuften Leases nach IFRS zum 31.12.2006				
Aktiva			**Passiva**	
Anlagevermögen		0,00	25.000,00	Gezeichnetes Kapital
			24.800,00	Jahresergebnis
			49.800,00	**Eigenkapital**
			225.000,00	bereits bestehende Schulden
Zahlungsmittel			0,00	Verbindlichkeiten Operating-Lease
(300.000 – Leasingraten 25.200)		274.800,00	225.000,00	**Schulden**
Bilanzsumme		274.800,00	274.800,00	**Bilanzsumme**
Eigenkapitalquote:	18,12 %			

Anhangangabe aus IAS 17.35 a:

Summe der noch zu leistenden Leasingzahlungen aus unkündbaren Operating-Leases:
 75.600,00 (bilanzunwirksame Verschuldung)

GuV unter Berücksichtigung eines als Operating-Lease eingestuften Leases nach IFRS zum 31.12.2006

Sonstiges GuV-Ergebnis	50.000,00
Mietaufwand aus Operating-Lease für 12 Monate	–25.200,00
Gesamtaufwand für die Nutzung des Assets	**–25.200,00**
Jahresergebnis	24.800,00

Abbildung 4: Jahresabschluss bei Abbildung eines Operating-Lease, in EUR

Bilanz unter Berücksichtigung eines als Finance-Lease eingestuften Leases nach IFRS zum 31.12.2006				
Aktiva			**Passiva**	
Anlagevermögen				
Anschaffungskosten = Barwert	93.801,84[*)]		25.000,00	Gezeichnetes Kapital
der Mindestleasingzahlungen				
planmäßige Abschreibungen	–20.450,46		24.086,51	Jahresergebnis
Restbuchwert		73.351,38	49.086,51	**Eigenkapital**
			225.000,00	bereits bestehende Schulden
			75.264,87	Verbindlichkeiten aus Finance-Lease (Barwert der Mindestleasingzahlungen zzgl. Barwert der Restwertgarantie)
Zahlungsmittel		276.000,00	300.264,87	**Schulden**
Bilanzsumme		349.351,38	349.351,38	**Bilanzsumme**

Eigenkapitalquote:	14,05 %	
	01.01.2006	31.12.2006
Bruttowert Leasingraten	96.000,00	72.000,00
Bruttowert garantierter Restwert	12.000,00	12.000,00
	108.000,00	84.000,00
Barwert Leasingraten	84.504,60	65.355,17
Barwert garantierter Restwert	9.297,24	9.909,71
Barwert Mindestleasingzahlungen	**93.801,84**	**75.264,87**

GuV unter Berücksichtigung eines als Finance-Lease eingestuften Leases nach IFRS zum 31.12.2006

Sonstiges GuV-Ergebnis	**50.000,00**
planmäßige Abschreibungen (linear 4 Jahre auf Restwert, da Rückgabe unterstellt)	−20.450,46
Zinsaufwand aus Finance-Lease (Effektivzinsmethode) für 12 Monate	−5.463,03
Gesamtaufwand für die Nutzung des Assets	**−25.913,49**
Jahresergebnis	**24.086,51**

Ermittlung der Zinsaufwands beim Leasingnehmer

Zinsanteile aus den Leasingraten:	−4.850,56
Aufzinsung der Restwertgarantieverbindlichkeit	−612,47
Zinsaufwand aus Finance-Lease (Effektivzinsmethode) für 12 Monate	**−5.463,03**

Ermittlung der planmäßigen Abschreibungen beim Leasingnehmer auf das Leasinggut:

Barwert des Restwerts:	9.297,24
Barwert der Mindestleasingzahlungen ohne Restwert:	84.504,60
Bilanzansatz des Leasingguts bei Leasebeginn:	**93.801,84**
– Restwert (Annahme, dass keine Garantiezahlung erforderlich wird):	12.000,00

In dieser Höhe steht am Ende des Jahres 4 die Garantieverbindlichkeit zu Buche. Falls die Garantiezahlung nicht eingefordert wird, kann der Restbuchwert und die Verbindlichkeit GuV-neutral ausgebucht werden).

= abzusetzender Wertverlust	**81.801,84**
lineare Abschreibung p. a. (81.801,84 : 4 =):	**20.450,46**

Nutzungsdauer ist 4 Jahre, da kein Kauf unterstellt (keine günstige Kaufoption).

[*] Der Leasingnehmer hat das Leasingobjekt in den Folgeperioden nach denselben Grundsätzen zu bewerten wie vergleichbare Vermögenswerte, die im Eigentum des Leasingnehmers stehen. Für die Berücksichtigung planmäßiger Abschreibungen gelten daher die Regelungen aus IAS 16 für Sachanlagen bzw. aus IAS 38 für immaterielle Vermögenswerte. Dies gilt grundsätzlich auch für die Festlegung der Nutzungsdauer. Wenn jedoch nicht hinreichend sicher ist, dass der Leasingnehmer am Ende der Laufzeit des Leasingverhältnisses Eigentümer des Leasingobjekts wird, darf der Abschreibungszeitraum die Laufzeit des Leasingverhältnisses nicht überschreiten. In diesem Fall ist gemäß IAS 17.28 das Leasingobjekt über die Nutzungsdauer oder über die kürzere Vertragslaufzeit voll abzuschreiben. Bei wörtlicher Auslegung ist es in dem genannten Fall somit unzulässig, im Rahmen der planmäßigen Abschreibung einen Restwert zu berücksichtigen. Da dies zu einer unzutreffenden Darstellung des Verbrauchs an wirtschaftlichem Nutzen des Vermögenswerts führen kann, ist es unabhängig davon, ob am Ende der Laufzeit des Leasingverhältnisses das Eigentum am Leasingobjekt übertragen wird, in Übereinstimmung mit SFAS 13.11 b sachgerecht, bei der Bemessung der Abschreibungen einen Restwert in der Höhe zu berücksichtigen, in der der Leasingnehmer am Ende der Laufzeit des Leasingverhältnisses voraussichtlich profitieren wird (beispielsweise in Höhe des Betrags, in der eine von ihm abgegebene Restwertgarantie voraussichtlich nicht in Anspruch genommen werden wird). Der Leasingnehmer unterstellt also im Beispiel, dass er aus der Restwertgarantie nicht in Anspruch genommen wird.

Abbildung 5: Jahresabschluss bei Abbildung eines Finance-Lease, in EUR

Kauf, Miete und Leasing nach International Financial Reporting Standards (IFRS) 145

Vergleicht man die Effekte aus den drei Varianten ergibt sich folgendes Bild:

Anschaf-fungs-variante:	Erhöhung der Ver-schuldung um:	GuV-Belastung Jahr 1:	GuV-Belastung Jahr 4:	kumulier-te GuV-Belastung (Jahre 1–4):	neue EK-Quote (ursprgl. 25 %):	Auswir-kung auf Eigenkapi-talquote	GuV-Auswirkung im Zeitablauf
Kauf	81.871,34	–25.871,34	22.280,44	96.000,00	13,80 %	hoch	abnehmender GuV-Aufwand
Finance-Lease	75.264,87	–25.913,49	22.196,67	96.000,00	14,05 %	hoch	abnehmender GuV-Aufwand
Operating-Lease	0,00	–25.200,00	–25.200,00	100.800,00	18,12 %	keine (aber: Eventua-schulden)	konstanter GuV-Aufwand

Abbildung 6: Auswirkungen der Beschaffungsalternativen auf die Jahresabschlüsse, in EUR

- Die Variante darlehensfinanzierter Kauf führt zur höchsten Verschuldung (81.871,34 EUR zum Jahresende).
- Die Finance-Lease-Variante ist hinsichtlich der Verschuldung etwas günstiger als der darlehensfinanzierte Kauf, da der Barwert der Mindestleasingzahlungen geringer als der Kaufpreis des Leasinggutes ist, weil der Leasingnehmer nur einen Teil (60 Prozent bzw. 12.000 EUR) des Restwerts garantiert und damit passivieren muss.
- Die Finance-Lease-Variante hat eine etwas höhere GuV-Belastung zur Folge als der darlehensfinanzierte Kauf, da der etwas höhere Abschreibungsaufwand nicht vollumfänglich durch den niedrigeren Zinsaufwand (aufgrund der geringeren Finanzierungssumme von 92.000 EUR versus 100.000 EUR beim Bankdarlehen) aufgewogen wird. Die EK-Quote ist aber dennoch leicht höher, weil die geringere Verschuldung (der offene Restwert von 20.000 EUR minus 12.000 EUR Restwertgarantie = 8.000 EUR muss nicht passiviert werden) das nur leicht niedrigere Eigenkapital überkompensiert.
- Die höhere Jahresbelastung des GuV-Ergebnisses im Jahr 1 bei Kauf bzw. Finance-Lease gegenüber dem Operating-Lease baut sich sukzessive ab, da mit Tilgung der Verbindlichkeiten der Zinsaufwand abnimmt. Ungefähr ab Mitte der Laufzeit ist der jährliche Aufwand geringer als beim Operating-Lease.
- Diese Verstetigung des jährlichen Aufwands und damit die bessere Planbarkeit ist ein Vorteil des Operating-Leases gegenüber dem Finance-Lease bzw. Kauf, die zu dem Vorteil aus dem konstant bleibenden Verschuldungsgrad und der Abwälzung des Restwertrisikos hinzutritt.
- Die als Operating-Lease zu klassifizierende Mietvariante führt wie erwartet aufgrund der Off-Balance-Wirkung zu keinerlei Anstieg der Verschuldung und damit zu einer deutlich besseren Eigenkapitalrelation. Zudem ist der Aufwand im ersten Jahr auch spürbar geringer, weil der jährliche Aufwand bei den anderen Varianten erst im Zeitablauf mit Tilgung der Verbindlichkeiten abnimmt.
- Die Gesamtkosten des Operating-Lease sind höher gegenüber beiden anderen Varianten, da der Leasinggeber für die Übernahme des Restwertrisikos eine Risikoprä-

mie verlangt. Die kalkulatorischen Zinskosten des Operating-Leases sind somit höher (8,25 Prozent versus 6,4 Prozent beim Finance-Lease sowie Kredit). Dieser Unterschied wird umso geringer, umso weiter der Marktwert bei Leaseende unterhalb des kalkulierten Restwerts von 20.000 EUR liegt, weil dieser Verlust entweder voll (beim Kauf) bzw. anteilig (beim Finance-Lease aufgrund der so genannten First-Loss-Vereinbarung von maximal 12.000 EUR) dann dem Eigentümer bzw. Leasingnehmer zufällt. Ab einem Restwert/künftigen Marktwert unterhalb von 15.200 EUR nach Ablauf der vier Jahre (dann sind die 48 · 100 Mehrzahlungen während der Laufzeit des Operating-Leases durch den Restwertverfall kompensiert) wird somit der Operating-Lease die günstigste Variante.

- Nachteil des Operating-Lease ist, dass der Leasingnehmer bei Leasingende nicht an den stillen Reserven des Leasinggutes partizipiert, falls sich ein Marktwert oberhalb des kalkulierten Restwerts von 20.000 EUR einstellen sollte. Dies ist allerdings auch beim Finance-Lease in der hier vorliegenden Variante der Fall, da keine Aufteilung der Restwertchancen vertraglich vereinbart ist.

Anschaffungsvariante	Potenzielle Belastung aus Restwertgarantie bzw. Eigentum	Stille Reserven, Eigentum
Kauf	0–20.000,00	▪ volle Teilhabe an stillen Reserven ▪ zivilrechtliches Eigentum
Finance-Lease	0–12.000,00	▪ je nach Variante Teilhabe an stillen Reserven (wenn Aufteilung Mehrerlöse oder günstige Kauf- bzw. Verlängerungsoption vereinbart) ▪ in der Regel kein zivilrechtliches Eigentum
Operating-Lease	keine	▪ keine Teilhabe an stillen Reserven ▪ Kosten für Abwälzung des Restwertrisikos ▪ kein zivilrechtliches Eigentum

Abbildung 7: Vergleich und Analyse der Beschaffungsalternativen in Bezug auf stille Reserven und Eigentumsrisiken, in EUR

Der **Operating-Lease** lohnt sich also insbesondere in den Fällen, in denen

- der Rating-Vorteil aus dem Off-Balance-Effekt die erhöhten Leasingkosten ausgleicht (z. B. Vermeidung der Verletzung eines Covenants),
- das Restwertrisiko als belastend eingeschätzt wird,
- die Verstetigung der GuV-Belastung vorteilhaft ist.

Der **Finance-Lease** gleicht im bilanziellen Ergebnis dem darlehensfinanzierten Kauf weitgehend; er hat Vorteile wegen

- der leicht geringeren Verschuldung,
- der leicht geringeren Zahlungsverpflichtungen,
- der Zinskonditionen gegenüber einem Bankdarlehen (da Leasinggeber wegen des zivilrechtlichen Eigentums am Leasinggut und einer oft guten Verwertungskompetenz mit geringeren Ausfallraten im Insolvenzfall kalkulieren können).

Besteht allerdings bei Leaseende nicht die Möglichkeit, das noch nicht vollständig verbrauchte Leasinggut zum kalkulierten Restwert zu erwerben, den Vertrag günstig zu verlängern oder an den Mehrerlösen teilzuhaben, partizipiert der Leasingnehmer auch beim Finance-Lease nicht an den stillen Reserven.

3.3 Zusammenfassung und Schlussbemerkung

Miete und Leasing unterscheiden sich oft nur in wenigen Details, sodass die IFRS mit IAS 17 konsequenterweise einheitliche Regelungen für die Bilanzierung aller auf Dauer gerichteter Nutzungsüberlassungsverträge vorgeben. Die Zurechnung des genutzten Vermögenswerts erfolgt auf der Grundlage einer Gesamtbetrachtung danach, ob die wesentlichen Chancen und Risiken insgesamt nahezu vollständig auf den Leasingnehmer übertragen wurden (Finance-Lease) oder nicht (Operating-Lease). Während ein als Operating-Lease zu klassifizierender Leasingvertrag ähnlich wie die Miete nach deutschem Handelsrecht abzubilden ist, gleicht die Finance-Lease-Bilanzierung weitgehend dem darlehensfinanzierten Kauf.

Zur Bilanzentlastung bzw. Erhöhung der Eigenkapitalquote ist der Operating-Lease geeignet, wohingegen der darlehensfinanzierte Kauf und der Finance-Lease zu einer entsprechenden Bilanzverlängerung führen. Als Vorteil des Leasings (in diesem Fall Operating- sowie auch Finance-Lease) gegenüber der Darlehensfinanzierung gilt bei Nutzung eines Sale-and-Lease-backs auf bereits angeschaffte Vermögenswerte die Mobilisierung zusätzlicher Liquidität, was über den klassischen Kredit kaum möglich sein wird. Ein weiterer möglicher Vorteil des Leasings kann sein, dass ein Leasingvertrag im Gegensatz zu vielen Kreditverträgen normalerweise keine Covenants enthält, die bei Nichteinhaltung zur vorzeitigen Kündigung berechtigen.

Ratingagenturen und Banken beziehen zudem die im Anhang zum Jahresabschluss anzugebenden künftigen Verpflichtungen aus Operating-Leases oft nicht, nur unvollständig bzw. lediglich auf pauschalierter Basis in die Ratinganalysen ein, wodurch sich ein besseres Bild der Vermögenslage ergeben kann. Damit hängt die Bilanzentlastung beim Leasingnehmer von der verwendeten Analysemethodik ab. Bei Einbeziehung dieser künftigen Zahlungsverpflichtungen ist somit auch beim Operating-Lease keine vollumfängliche Bilanzentlastung zu erreichen.[14]

Falls die seit Jahren diskutierte Aufgabe[15] des Konzepts der Unterscheidung von Operating-Lease und Finance-Lease tatsächlich umgesetzt werden sollte[16] (diskutiert wird die Abbildung aller Leases mit einer Laufzeit von mindestens einem Jahr ähnlich einem Nut-

---

[14] Vgl. die kritische Analyse von Leibfried/Rogowski (2005), S. 555, wonach der Off-Balance-Effekt trotz der verpflichtenden Angabe der Zahlungsverpflichtungen aus Leasinggeschäften im Anhang immer noch eine hohe Bedeutung hat.

[15] Erste Vorstellungen in diese Richtung werden bereits seit vielen Jahren von dem IASB-Mitglied Warren J. McGregor (Vertreter Australiens im IASB) vorgebracht.

[16] Vgl. Leibfried (2006), S. 882–885.

zungsrecht zum Barwert der Mindestleasingzahlungen in der Bilanz) und alle Leases in die Bilanz aufzunehmen sind, wird es zu einem massiven Anstieg der Verschuldungsgrade bei vielen Unternehmen kommen. Da erhebliche konzeptionelle Bedenken gegen die einseitige Vorschrift zur Aufnahme nur des Dauerschuldverhältnisses Leasing in die Bilanz bestehen und zudem wesentliche Neuregelungen der IFRS wegen der seit längerem betrieben Angleichung der IFRS an die US-GAAP (und vice versa) der internationalen Abstimmung bedürfen, würde eine baldige Einführung eines generellen „On-Balance-Konzepts" für Leasingverhältnisse überraschen.

Literatur

ADLER/DÜRING/SCHMALTZ (Stand TL Dezember 2006): Rechnungslegung nach Internationalen Standards/ Abschnitt 12: Leasingverhältnisse (IAS 17).

ALVAREZ, M./WOTSCHOFSKY, S./MIETHIG, M. (2001): Leasingverhältnisse nach IAS 17 – Zurechnung, Bilanzierung, Konsolidierung, in: Die Wirtschaftsprüfung (WPg) 18/2001, S. 933–947.

BORDEWIN, A./TONNER, N. (2003): Leasing im Steuerrecht, 4. Aufl., Heidelberg 2003.

FINDEISEN, K.-D. (2005): Die günstige Kaufoption nach HGB, US-GAAP und IFRS – Die Anwendung der „bargain purchase option" in der Praxis, in: FLF 01/2005, S. 28–32.

FINDEISEN, K.-D. (2002): Internationale Rechnungslegung im Leasing-Geschäft, in: FLF 02/2002, S. 62–67.

GÖTZ, J./ SPANHEIMER, J. (2005): Nutzungsrechte im Anwendungsbereich von IAS 17 – Inhalt und Auswirkungen zu IFRIC 4 zur Identifizierung von Leasingverhältnissen, in: BB 05/2005, S. 259–266.

IDW STELLUNGNAHME ZUR RECHNUNGSLEGUNG: Einzelfragen zur Anwendung von IAS (IDW RS HFA 2), S. 15–36.

KPMG INTERNATIONAL FINANCIAL REPORTING GROUP LTD. (2006): Insights into IFRS – KPMG's practical guide to International Financial Reporting Standards, 3rd Edition 2006/7.

KÜMPEL, T./ BECKER, M. (2006): Bilanzielle Zurechnung von Leasingobjekten nach IAS 17, in: DStR 33/2006, S. 1471–1477.

KÜTING, K./HELLEN, H.-H./KOCH, C. (2006): Das Leasingverhältnis: Begriffsabgrenzung nach IAS 17 und IFRIC 4 sowie kritische Würdigung, in: KoR 11/2006, S. 649–657.

LEIBFRIED, P. (2006): Anstehende Revision der Leasingregelungen nach IFRS – Aufgabe der bisherigen Trennung in Financial und Operating Lease zu erwarten, in: Der Schweizer Treuhänder 12/2006, S. 882–885.

LEIBFRIED, P./ROGOWSKI, C. (2005): Mögliche zukünftige Leasingbilanzierung nach IFRS – Empirische Untersuchungen der bilanziellen Auswirkungen auf DAX- und MDAX-Unternehmen, KoR 12/2005, S. 552–555.

LÖW, E. (Hrsg.) (2005): Rechungslegung für Banken nach IFRS – Praxisorientierte Einzeldarstellungen, 2. Aufl., Wiesbaden 2005.

LÜDENBACH, N./FREIBERG, J. (2006): Wirtschaftliches Eigentum nach IAS 17 – die unterschätzte Bedeutung des Spezialleasings, in: BB 05/2006, S. 259–264.

LÜDENBACH, N. (2006): Internationale Rechnungslegung im Brennpunkt – Liefer- und Dienstleistungsverträge als verdeckte Leasingverhältnisse nach IFRS, Bilanzbuchhalter und Controller, in: BB 09/2006, S. 216–218.

REUTER, A./KÖHLING L. (2004): Bilanzneutrale Alternativen zur klassischen Unternehmensfinanzierung – Neue Hürden, neue Chancen?, in: FLF 03/2004, S. 130–134.

ROSS, N./KUNZ, J./DRÖGEMÜLLER, S. (2003): Verdeckte Leasingverhältnisse bei Outsourcingmaßnahmen nach US-GAAP und IAS/IFRS, in: DB 38/2003, S. 2023–2027.

SCHIMMELSCHMIDT, U./HAPPE, P. (2004): Off-Balance-Sheet-Finanzierungen am Beispiel der Bilanzierung von Leasingverträgen im Einzelabschluss und im Konzernabschluss nach HGB, IFRS und US-GAAP, in: DB, Beilage 09/2004, S. 1–12.

VATER, H. (2002): Bilanzierung von Leasingverhältnissen nach IAS 17: Eldorado bilanzpolitischer Möglichkeiten?, in: DStR 48/2002, S. 2094–2100.

VOGEL, M. (2005): Immobilienleasingverhältnisse (IAS 17), in: Weber, E./Baumunk H.: IFRS Immobilien. Praxiskommentar der wesentlichen immobilienrelevanten International Financial Reporting Standards, Neuwied 2005.

Periodika

DStR = Deutsches Steuerrecht

DB = Der Betrieb

BB = Betriebsberater

FLF = Finanzierung Leasing Factoring

KoR = Internationale und kapitalmarktorientierte Rechnungslegung

Teil III:

Besonderheiten einzelner Assetklassen

Immobilien als Assetklasse

Robert Soethe / Elmar Pfeiffer

1. Einleitung
2. Begriffsbestimmungen
3. Immobilien: Grundlegende Charakteristika
4. Prinzipien der Raumorganisation
    - 4.1 Nutzungsdifferenzierung
        - 4.1.1 Erreichbarkeit
        - 4.1.2 Absatzreichweiten/Einzugsradien
        - 4.1.3 Kostenbelastbarkeit
        - 4.1.4 Verbundvorteile
        - 4.1.5 Sonstige Faktoren
        - 4.1.6 Planungseinflüsse
    - 4.2 Ergebnis: Zentrensysteme
5. Standortaspekte
    - 5.1 Potenzialraumtypen
        - 5.1.1 Räume aktiver Aufwertung
        - 5.1.2 Räume passiver Aufwertung
        - 5.1.3 Statische Räume
        - 5.1.4 Räume aktiver Abwertung
        - 5.1.5 Räume passiver Abwertung
    - 5.2 Bevölkerungsentwicklung
6. Objektspezifika
    - 6.1 Standortangemessenheit
    - 6.2 Nutzungsangemessenheit
    - 6.3 Mehrnutzerfähigkeit

- 6.4 Flächeneffizienz
- 6.5 Kostenaspekte
7. Immobilienrating
    - 7.1 Modellgrundlagen
    - 7.2 Nutzung, Konzept, Immobilie
    - 7.3 Zentrensystem als Basis
    - 7.4 Demografie
    - 7.5 Kontrollgröße Bodenpreis
    - 7.6 Andere Faktoren
8. Immobilien als Anlagemedium
9. Kauf, Miete oder Leasing
10. Fazit

1. Einleitung

Dieser Beitrag widmet sich Immobilien als Assetklasse. Schwerpunktmäßig beleuchtet er zunächst Immobilien an sich. In einem zweiten Abschnitt wird ein Immobilien-Ratingmodell skizziert. Dieser Ansatz ist logisch, insofern das Rating von Immobilien besitzenden bzw. reinen Immobilienunternehmen danach verlangt, deren Bestände marktgerecht einzuwerten. Dies impliziert auch projektive Momente, also die Frage, wie sich diese Bestände wertmäßig voraussichtlich entwickeln. Ein dritter Abschnitt beleuchtet die Perspektiven von Immobilienanlagen. Der Artikel mündet in ein Fazit, das die unterschiedlichen Investitionsformen „Kauf, Miete oder Leasing" abhängig von Raumtypen unter dem Blickwinkel der speziellen Assetklasse „Immobilie" bewertet.

2. Begriffsbestimmungen

Der englische Begriff „asset" bedeutet **Wirtschaftsgut, Vermögensgegenstand** und **Anlagemedium.** Assetklasse ist somit ein Vermögens- bzw. Anlagesegment. Oder, anders ausgedrückt: ein Vehikel, um Geld zu sichern und möglichst zu mehren, also Renditen zu erzielen.

Immobilien sind als unbewegliche Wirtschaftgüter definiert. Es handelt sich um bebaute oder unbebaute Grundstücke einschließlich verbindender Infrastrukturen wie Kanalisationen, Straßen, Brücken und dergleichen. Dass Immobilien dynamische Prozesse spiegeln, offenbart sich, werden sie als Schnittstellen menschlicher Bewegung bzw. Aktivität begriffen, als Ergebnis menschlicher Organisation im Raum und des Raumes. Immobilien sind Nutzungsplattformen bzw. -hüllen.[1] Ausgehend von dieser Begriffsbestimmung liegt es nahe, einigen Fragen besonderes Augenmerk zu schenken: Wie manifestieren sich Nutzungen im Raum? Wie entstehen Nutzungsmuster? Wie entwickeln sich Räume bzw. Nutzungsmuster fort?

3. Immobilien: Grundlegende Charakteristika

Immobilien sind auf lange Nutzungsdauern ausgelegte, vergleichsweise hochpreisige, standortgebundene Objekte. Sie dienen vielfältigen Zwecken. So gibt es Wohn-, Gewerbe- oder Infrastrukturimmobilien. Diese Obergruppen gliedern sich wiederum in zahlreiche Unterarten. Beispielsweise bestehen im Gewerbebereich unter anderem Produktions-, Büro-, Handels-, Hotel-, Mischnutzungs- und Logistikimmobilien. Die Formensprache und

---

[1] Besonders augenfällig wird dies bei Logistikimmobilien: Diese stellen Drehkreuze bzw. Schnittstellen teils sehr spezieller, sich oftmals rasch wandelnder Beziehungs- und Transportgeflechte dar – ein Grund für häufig angestrebte kurzläufige Mietverträge.

Typenvielfalt wächst weiterhin. Bedingt durch relativ lange Lebensdauern und spezielle Nutzeranforderungen kennzeichnen Objekte einer Unterkategorie häufig unterschiedliche technisch-technologische Merkmale.

Je stärker sich Immobilien ballen, desto mehr entwickeln sie sich von umfeldgeprägten Konglomeraten zu Umfeld prägenden multifunktionalen Einheiten, zu Zentren. In Immobilien manifestieren sich also auf verschiedenen räumlichen Ebenen verschiedenste Funktionen in unterschiedlichen Funktionszusammenhängen. Darüber hinaus spiegeln Immobilien Mentalitäten und gesellschaftliche Realitäten. Eine Ableitung liegt auf der Hand: **Der** Immobilienmarkt ist eine Fiktion, genauso **die** Assetklasse Immobilie.

Trotz regionaler bzw. internationaler Besonderheiten und vielfältiger Immobilienarten organisieren sich Nutzungen bzw. Menschen räumlich nach allgemein gültigen Prinzipien. Diese nachzuvollziehen ist wichtig, um die Ertragssicherheit und mögliche Wertentwicklung von Immobilien abschätzen zu können. Diese Faktoren wiederum entscheiden maßgeblich darüber, ob Kauf-, Leasing- oder Mietneigungen besonders ausgeprägt sind.

4. Prinzipien der Raumorganisation

4.1 Nutzungsdifferenzierung

In Städten wie auf dem Land bestehen spezialisierte Nutzungszonen bzw. funktionsräumliche Differenzierungen: Büronutzungen neigen dazu, sich zu clustern, Wohneinheiten, Gewerbebetriebe, Industrieanlagen, logistische Einrichtungen, der Handel. Nutzungen sortieren sich vertikal, horizontal oder diagonal (niveaubezogen). Ursächlich zeichnen vier maßgebliche Steuerungsgrößen:

- die Erreichbarkeit als Grundstückswerte bestimmende Schlüsselgröße; Bodenpreise selektieren Nutzungen
- die Mietkostenbelastbarkeit jeweiliger Nutzungen bzw. ihre Ertragskraft
- die Absatzreichweite von Produkten bzw. Leistungen
- das Ausmaß funktionaler Nähe bzw. ertragswirksamer Verflechtung von Nutzungen und Angeboten untereinander

4.1.1 Erreichbarkeit

Erreichbarkeit ist ein universell wertbestimmendes Moment. Unterschiedliche Grade alltagsbedeutsamer Erreichbarkeit übersetzen sich in räumlich abgestufte Nutzungsdichten. Sie bestimmen über die Bedeutung von Orten: Die Anzahl von Wechseln bzw. Wechselmöglichkeiten der Bewegungsart, Häufigkeit und Selbstverständlichkeit des Wechsels sind das Bedeutungsmaß schlechthin.

Bestens erreichbare Grundstücke zeichnen sich durch hohe Preise aus. Verkürzt ausgedrückt spiegelt der (marktgerechte) Preis den Nutzwert von Grund und Boden wider. Es gilt: Je höher der am Ort erzielbare Ertrag, desto intensiver und höherwertiger wird der Grund genutzt. Ausgehend von Hochnutzungsinseln (Stadtzentren usw.) sinken die Nutzungsintensitäten (zumeist) ab. Regelhaft stellt sich ein von innen nach außen gerichtetes Bodenpreisgefälle ein. Idealtypisch ringförmige Nutzungs- und Bodenpreismuster werden unter anderem bedingt durch radiale Verkehrsachsen meist sektoral überlagert. Quer zur Straßenrichtung stellen sich ähnliche Nutzungsabfolgen ein wie bei aufeinander folgenden Ringen. Das Artenspektrum ist tendenziell schmaler. Um Kreuzungen von Ringstraßen und Radialen bilden sich verbreitet Inseln kommerzieller Nutzungen aus: Zentren wechselnder Größe. Das Grundmuster der Makroebene spiegelt sich auf der Mikroebene.

Regelhafte Nutzungsabfolgen stellen sich auch vertikal, also von unten nach oben ein – weil Höhe Bewegungswiderstand bedeutet und dieser die Erreichbarkeit jeweiliger Gebäudeflächen oder Zielorte mindert. Mit wachsender Höhe nimmt die Anzahl zur Raumüberwindung williger Menschen ab. Das besagt zugleich, dass die Zahl hier existenzfähiger Nutzungen sinkt.

4.1.2 Absatzreichweiten/Einzugsradien

Von unterschiedlichen Nutzungen benötigte Erreichbarkeitsgrade variieren: Angebote, die sich in einem Einzugsgebiet weniger Minuten Fußweg tragen, bedürfen keiner U-Bahnanbindung, keines Fernbahn- oder Autobahnanschlusses. Auch die Verkehrslage des Makrostandortes (Stadt/Gemeinde) ist unerheblich. Backwarenverkaufsstellen kommen mit 3.000 Menschen im Einzugsgebiet blendend aus – Modefilialisten nicht. Reger Kundenverkehr kann sich auf unterschiedliche Weise einstellen:

- Viele Kunden aus einem kleinen Einzugsgebiet kommen sehr häufig; das ist für periodisch nachgefragte Produkte wie Nahrungsmittel typisch.
- Einzelne Kunden kommen seltener, doch aus einem größeren Einzugsgebiet; derartige Frequenzmuster weisen Standorte mit hohem Anteil von Waren und Dienstleistungen des mittelfristigen Bedarfs auf.
- Kunden beanspruchen jeweilige Nutzungen nur gelegentlich, das Einzugsgebiet greift jedoch so weit aus, dass es den Standort trägt; diese Art Kundenbeziehung kennzeichnet dem langfristigen Bedarf zuzählende Großflächen, die Hotellerie, Kliniken usw.

Grundsätzlich gilt: Je höherwertiger ein Gut oder eine Leistung, desto größer die Absatzreichweite. Umgekehrt benötigen Anbieter hochwertiger Waren bzw. Dienstleistungen diese größeren Einzugsgebiete. Damit entwickeln sie einen natürlichen Hang, Innenstadtlagen einzunehmen. Ausnahmen bilden Anbieter sperriger Produkte und hochgradige Spezialisten, die gezielt vor allem sehr selten aufgesucht werden.

4.1.3 Kostenbelastbarkeit

Die Bodenpreistheorie birgt eine Schlussfolgerung: Im Gerangel um diese oder jene begehrte Lage setzt sich die zahlungsfähigste Nutzung durch. Weniger ertragsstarke Wettbewerber werden verdrängt oder gelangen nicht an den Standort. Die namhafte Steuerkanzlei macht das Rennen gegen die Versicherungsagentur, der Handel schlägt das Handwerk, die Büronutzung das Wohnen. Auch innerhalb jeweiliger Wirtschaftszweige setzen sich Branchen und Funktionen höchster Zahlungsfähigkeit durch. Im Einzelhandel teilen Mode- und Schuhanbieter samt wenigen anderen Branchen beste Lagen unter sich auf. Größere Lebensmittler, Schreibwaren- oder Stoffhändler müssen sich mit zweit- oder drittrangigen Standorten begnügen. Im Bürobereich finden sich Repräsentanzen in Spitzenlagen großer Städte, nur ausnahmsweise einfache Verwaltungsfunktionen.

4.1.4 Verbundvorteile

Artgleiche und einander ergänzender Einrichtungen profitieren von einer räumlichen Vergesellschaftung. Besonders befruchten Nutzungen einander, deren Leistungen ähnlich häufig nachgefragt werden, funktional zusammenhängen und/oder in gewissem Maße gegeneinander austauschbar sind. Rücken sie räumlich zusammen, erzielen sie – jede für sich – höhere Umsätze als bei Alleinlage. Eine Folge dieses Prinzips liegt darin, dass Branchen bzw. Anbieter, die einander fördern, dazu neigen, standörtliche Gemeinschaften auszubilden. Weniger offensichtlich ist der latent wirkende Mechanismus, Nutzer mit suboptimalem Verbundbeitrag auszugrenzen. Bei stark synergetischem Effekt können Anbieter gemeinsam Standorte erschließen, die ohne Verbundwirkung unerschwinglich für jeden einzelnen wären: Sie schlagen Branchen bzw. Nutzungen aus dem Feld, die an sich höhere Mieten zahlen, jedoch weit weniger auf Verbundvorteile bauen können.

4.1.5 Sonstige Faktoren

Auf Nutzungsmuster nehmen einige bislang unberücksichtigte Faktoren Einfluss; auch diese können unter dem Begriff **Erreichbarkeit** geführt werden. Eine dieser Steuerungsgrößen ist beispielsweise der Wind. In Zonen vorherrschend westlicher Winde wurden lärmende oder geruchsbelästigende Einrichtungen regelhaft im Osten von Siedlungen angelegt. Deshalb gibt es viele noble Wohngegenden in städtischen **Westends**.

Der Erreichbarkeitsbegriff besitzt auch psychologische bzw. soziale Dimensionen. So flüchten sich (nicht nur) betuchtere Kreise in vielen Ländern zunehmend in geschlossene, von der Umgebung abgekapselte Wohnsiedlungen, die „gated communities". Hier wird Erreichbarkeit vorsätzlich eingeschränkt. Der Wert hiesiger Immobilien ist dennoch und trotz geringer Nutzungsintensität vergleichsweise hoch, weil viele Menschen vermeintliche Sicherheit oder Prestigeaspekte bezahlen. Andererseits beeinträchtigt die z. B. in den USA verbreitete Verelendung, die entlang scharfer räumlicher Trennlinien verlaufende ethnisch-soziale Segregation die Erreichbarkeit vieler Stadtquartiere: Unwohlsein, Kriminalität, sichtbare Not wirken zugangshemmend, erreichbarkeitsmindernd.

4.1.6 Planungseinflüsse

Planungsrechtliche Festsetzungen beeinflussen die Raumorganisation erheblich. Alleine über die Vorgabe von Grundstücksgrößen und Geschossflächenzahlen lässt sich steuern, wer wo bauen kann und wer nicht. Auch die Art baulicher Nutzung kann festgelegt werden: Geschosswohnen hier, Einzelhandel da, Büro dort, Gemeindebedarfseinrichtungen mittendrin, Wohnen am Fluss. Nur: Prinzipien wirtschaftlicher Raumorganisation zuwider laufende planerische Konstrukte überleben in marktwirtschaftlichen Systemen nicht.

4.2 Ergebnis: Zentrensysteme

Genannte Faktoren übersetzen sich in Zentrensysteme. Einerseits bilden Städte und Gemeinden untereinander funktionale Rangfolgen aus. Sie sind mehr oder minder bedeutend für größere oder kleinere Bevölkerungsausschnitte einer Region, eines Landes, fallweise eines Kontinents. Nutzungsvielfalt und -dichte und somit Marktbreite und -tiefe verringern sich von Metropolen über Groß-, Mittel- und Kleinstädte hin zu Landgemeinden. Zum anderen entwickelten sich innerörtlich Nutzungszonen unterschiedlicher Art und Bedeutung, also wiederum gestufte Zentrensysteme. Innerhalb von Siedlungskörpern fallen Nutzungsdichte und -vielfalt von den Hauptzentren bzw. Innenstädten über Stadtteil- und Nahbereichszentren hin zu nicht-zentralen Bereichen ab.

5. Standortaspekte

Das wesentliche Merkmal von Immobilien ist ihre dauerhafte Standortgebundenheit. Folglich bestimmen Lagekriterien mehr als alle anderen Momente über die Ertragskraft, Marktgängigkeit und Wertentwicklungsaussichten von Immobilien: Passt der Standort nicht, scheitern die besten Konzepte.

Zu unterscheiden sind drei räumliche Standortdimensionen: Makro-, Meso- und Mikrostandort. Unter Makroebene ist ein größerer Funktions- bzw. Verflechtungsraum zu verstehen, so ein Metropolraum oder eine Stadt samt Umland. Die Mesoebene steht z. B. für ein großstädtisches Viertel oder eine Gemeinde innerhalb eines Speckgürtels. Die Mikroebene schließlich bezeichnet den Standort einer Immobilie einschließlich dessen Nahbereich. Die drei Ebenen folgen häufig unterschiedlichen Entwicklungslinien. Zwar sind Stadtteile und Standorte aufstrebender Städte im Mittel chancenreicher als in absteigenden. Nur kann sich die Stadt gleichsam fort von einem Viertel und ein Viertel fort von einem eingebetteten Mikrostandort entwickeln.

5.1 Potenzialraumtypen

Wohin welche Ebene qualitativ tendiert, entscheidet maßgeblich darüber, ob Kauf-, Miet- oder Leasinglösungen präferiert werden. Zu unterscheiden sind fünf Potenzialraumtypen, die in den folgenden Abschnitten vorgestellt werden.

5.1.1 Räume aktiver Aufwertung

Diesem Typ gehören Räume an, die öffentliche Hand und/oder private Wirtschaftsträger strukturell bzw. charakterlich nennenswert überformen. Der Bogen spannt sich von Marketing- und Managementaktivitäten über verkehrliche Maßnahmen bis hin zu städtebaulichen Vorhaben wie Quartierssanierungen oder der Anlage neuer Stadtteile. Verbreitet nutzt die Planung aktive Aufwertungsmaßnahmen, um positive Entwicklungen im weiteren Umfeld auszulösen. So wird der Bau von Einkaufszentren als Mittel begriffen, niedergehende Räume zu revitalisieren. Oft missglücken derartige Versuche, viele indes wirken standortfördernd. Als Beispiel stark managementorientierter Ansätze können Business-Improvement-Districts (BID) herangezogen werden. In den USA gilt ihre Ausweisung als bewährtes Aufwertungsvehikel. Viele BID-Projekte können als Spielart einer „public private partnership" beschrieben werden: Die Stadt gewährt Steuernachlässe, die Privatseite investiert in baulich-gestalterische Maßnahmen, Marketing, Sicherheit usw.

Je großmaßstäbiger Aufwertungsvorhaben ausfallen, desto heikler gestalten sie sich. Vielfach wechselwirkende funktionale Bezüge, Nutzungs- und Nutzeransprüche, infrastrukturelle Erfordernisse und Marktströmungen sind zu berücksichtigen. **Markt** ist das Stichwort. Dauerhaft aufwertend wirken ausschließlich wirtschaftlich selbsttragende Projekte. Aufwertungen können im Bestand wie auf bislang ungenutztem Grund vollzogen werden. Kleinere, im Bestand umgesetzte Vorhaben sind berechenbarer als großflächige Reißbrettentwicklungen. Dies insbesondere aufgrund besser bestimmbarer Lagegängigkeit bzw. einer klarer fassbaren Akzeptanzwahrscheinlichkeit durch potenzielle Nutzer. Sie scheitern seltener als verbundlos bzw. eigenständig umgesetzte Planungen.

5.1.2 Räume passiver Aufwertung

Passive Aufwertungen vollziehen sich losgelöst von spektakulären Projekten oder gebietsweit abgestimmten Planungen. Auslösend kann beispielsweise die Einmietung oder der Bau eines namhaften Büronutzers sein, der erst Satellitenfirmen, bald Wettbewerber anzieht. Ergebnis: Eine wachsende Zahl gewerblicher Nutzungen findet gedeihliche Daseinsgrundlagen vor. Und, es tragen sich gehäuft höherwertige Angebote. Auch Niveau- und Luxuslagen des Einzelhandels kristallisierten mehrheitlich in Form passiver Aufwertung aus. Wiederum kann die Standortwahl eines Pionierbetriebs ausreichen, entsprechende Prozesse anzustoßen. Ein weiteres Beispiel passiver Aufwertung bietet die Entwicklung mancher Stadtquartiere zu Szene- bzw. In-Vierteln.

5.1.3 Statische Räume

In diese Kategorie fallen Räume, die sich qualitativ wie quantitativ wenig verändern. Diesem Raumtyp gehören viele metropolitane Kernlagen an, die Laufmeilen des Einzelhandels. Einmal in Fußgängerzonen umgewandelt, verharren sie weitgehend auf erreichtem Niveau. Hier und da kommt ein neues Kaufhaus oder eine weitere Passage hinzu, doch verändert dies strukturelle Grundzüge selten. Wenig dynamisch zeigen sich zahlreiche Wohnlagen, so die meisten Villenviertel und altersmäßig ausgewogen durchmischte Wohnviertel mit solidem Handels-, Gastronomie- und Dienstleistungsbesatz.

5.1.4 Räume aktiver Abwertung

Zu diesem Typus zählen Räume, deren Abstieg durch eigentümerseitig geförderten Substanzverfall ausgelöst bzw. beschleunigt wird. Vielfach signalisieren aktive Abwertungen spekulative Erwartungen. Diese können einem Wachstum von Geschäftskernen entspringen. In Richtung der City-Stoßfront entsteht ein Spekulationsvorfeld. Oftmals sind entsprechende Prozesse mehr oder minder planungsinduziert, also nicht faktisch begründet, sondern von planerischen Wunschvorstellungen getragen. Einen baldigen Einbezug in dicht bebaubare, von hohen Gewerbemieten geprägte Zonen erwartend, ergreifen zahlreiche Eigentümer citynaher Wohngebäude oder ertragsschwacher Gewerbeobjekte verfallsbeschleunigende Maßnahmen, um jeweilige Mieter zu vertreiben und ihre Gebäude durch rentablere, gewerbliche Bauten ersetzen zu können.

5.1.5 Räume passiver Abwertung

Zu diesem Typ gehören Räume schwindender Bevölkerung, ausdünnender Infrastrukturen, fallenden Sozialstatus', rückläufiger Immobilienpreise usw. Höherrangige Nutzungen weichen Not- und Ersatznutzungen, Leerstände tun sich auf und nehmen zu. Hier fährt ein wachsender Kreis von Hauseigentümern Erhaltungsaufwendungen zurück, unterlässt Folgeinvestitionen, wirtschaftet die Bausubstanz ab. Im Extrem verwahrlosen jeweilige Viertel. Derartige Entwicklungen griffen in nahezu jeder größeren, von Ein- und Zuwanderern gefluteten US-Stadt. Passive Abwertungen kennzeichnen auch infrastrukturell gut ausgestattete europäische Nachbarschaften. Paradebeispiele bieten gering verdichtete Eingenerationensiedlungen. Sie wurden vielfach aus einem Guss entwickelt, von Familien ähnlicher Alterszusammensetzung bevölkert. Sie reifen in sich, der Nachwuchs zieht weg, die Einwohnerzahl fällt drastisch. Folge: Handels-, Dienstleistungs- und Gastronomiebetriebe brechen weg, die Lebensqualität sinkt. Hierzulande besonders augenfällig sind passive Abwertungen in Handelslagen. Nahbereichs- und Stadtteilzentren verfallen angesichts schwindender Bevölkerungszahl im Einzugsgebiet. Sie siechen auch infolge zunehmender Verbreitung flächenmächtiger Verkaufseinrichtungen, die übermäßig Kaufkraft aus ihrem Einzugsbereich absaugen. Der Raumkategorie sind – mitbedingt durch hohen Flächendruck im Einzelhandelssektor – vermehrt Innenstadtrandlagen zuzuordnen. So mutieren 2a- zu 2b-Lagen, manche ehemals solide 1b-Lage gibt nach. Ursächlich zeichnet unter anderem, dass Filialisten Spitzenlagen enger fassen. Galten früher noch Lagen mit 60–70 Prozent des frequenzstärksten Punktes als erstklassig, so wanderte die Meßlatte zwischenzeitlich auf 75–85 Prozent.

Zwischenbilanz

Unscheinbare wie offensichtliche Zeichen verweisen auf die Entwicklungsrichtung von Räumen. Die wenig sinnfälligen Hinweise wahrzunehmen, ist entscheidend im Rahmen von Trendermittlungen. Die Statistik kommt diesbezüglich oft zu spät: Manches wandelt sich, bevor es zahlenmäßig erfasst bzw. fassbar wird. Offenkundig ist, dass Entwicklungen unterschiedlicher Räume eine Wechselwirkung haben können. Diesbezüglich gebührt einigen investitionsbezogenen Fragen entscheidendes Gewicht: Halten Entwicklungstrends an? Wirken ergriffene Maßnahmen dauerhaft in diese oder jene Richtung, äußern sie sich wunschgemäß? Besteht ein ausgeklügelter, auf klar formulierten Leitlinien beruhender Planungsrahmen? Pflegen zuständige Instanzen eine berechenbare bzw. verlässliche Planungs- und Genehmigungspolitik? Da räumliche Entwicklungen alten bewegungsökonomischen Mustern folgen und gewachsene Raumstrukturen vergleichsweise träge Gebilde darstellen, bietet eine sachgerechte Erfassung von Potenzialraumtypen einige Sicherheit, sinnvoll zu investieren bzw. Investitionen am falschen Ort zu vermeiden.

5.2 Bevölkerungsentwicklung

Einwohnerzahl und Bevölkerungsentwicklung bestimmen maßgeblich über die Marktchancen absatzorientierter Unternehmen, Marktbreite und -tiefe, Auslastung und Stabilität infrastruktureller Einrichtungen, den städtebaulichen Verdichtungsgrad, die Bodenpreisentwicklung, die Wertentwicklungsaussichten von Immobilien. Ein Musterbeispiel für ausnehmend fein auf Bevölkerungsentwicklungen reagierende Handelsnutzungen bieten Nahversorger bzw. grundversorgungsorientierte Betriebsformen (Supermärkte usw.).

Die Bevölkerungsentwicklung ist ein primärer Indikator der einem Raum zugebilligten Wirtschaftskraft und Entwicklungsfähigkeit: Menschen zieht es in Gebiete, in denen sie Chancen vermuten; sie verlassen Orte, an denen sie diese missen. Gefälle löst Bewegung aus. Die Wanderung zwischen Mexiko und den USA veranschaulicht das so deutlich wie die deutsche Binnenmigration. Zuvorderst siedeln Leistungswillige um, darunter viele junge Menschen. Sie gründen am Zielort Familien, zeugen im wahren Wortsinn Wirtschaftsleistung. Die Nachfrage nach Gütern, Dienstleistungen, Immobilien steigt.

Die Bevölkerungsentwicklung ist eine mächtige Größe. In weiten Teilen Europas erhält diese eine neue Qualität: Die Einwohnerzahlen fallen. Gehen Abwanderung und Geburtendefizit regional Hand in Hand, bahnt sich ein immobilienwirtschaftliches Desaster an. Ganze Landstriche entvölkern sich; Immobilien verlieren an Wert. Wie gewaltig die Konsequenzen sein können, lässt sich an vieler Orten ausufernden Leerständen von Handels-, Büro- und Wohnimmobilien ablesen.

6. Objektspezifika

Immobilien sind einmal standortangepasst zu entwickeln, zum anderen entsprechend nutzungsspezifischer Erfordernisse. Denn: Gleichsam in Stein gegossene Reibungspunkte ziehen sich vielfach über die gesamte Nutzungsdauer hin. Oder, anders betrachtet: Kostentreibende baulich-konzeptionelle Schwächen schmälern die Erträge und verkürzen die wirtschaftliche Nutzungsdauer.

6.1 Standortangemessenheit

Wird ein standortverfehltes Konzept realisiert, sind handfeste Probleme vorprogrammiert. Dies gilt insbesondere bezogen auf vergleichsweise unflexible Gebäudetypen wie Hotels. Häufig übersehen wird, dass Achsmaß, Geschosshöhe und die Dimensionierung von Funktionsflächen die Hotelkategorie weitgehend festschreiben. Zwar lassen sich auf gehobene Standards ausgelegte Häuser abwerten, doch fällt damit zumeist die Projektkalkulation in sich zusammen, wenn nicht gar die Wirtschaftlichkeit als solche. Umgekehrt lassen sich baulich als 1- und 2-Sterne-Hotels ausgelegte Immobilien schwerlich aufrüsten.

6.2 Nutzungsangemessenheit

Besonderes planerisches Know-how erfordern komplexe Handelsgebilde (Einkaufszentren, Galerien). In einem wettbewerbsintensiven Markt rächen sich bereits kleine Verstöße gegen zentrenplanerische Grundsätze.[2] Einzig richtig platzierte Magnetbetriebe, ein der Objektgröße angemessener Betriebsgrößen-, Betriebsformen- und Branchenmix, eine Bewegungsmuster aufgreifende innere Erschließung usw. lassen eine nachhaltige Behauptungsfähigkeit zu.

6.3 Mehrnutzerfähigkeit

Die Entwicklung von Bürokomplexen erfolgt vielfach – anders als bei Produktionsbetrieben, deren Hülle sich aus vorab bestimmten Nutzungserfordernissen ableitet – gleichsam von außen nach innen. Das Urprinzip Form folgt Funktion steht bisweilen kopf: Erst wird gebaut, anschließend nach passenden Nutzern gesucht. Nachfragegerechtes entsteht so schwerlich. Der Trend: Nutzerspezifisch geplante Objekte sind gefordert, aber mit Blick auf möglichst hohe Zweitverwendungs- bzw. Nachvermietungsfähigkeiten ist nutzerspezifisch vor allem dahingehend zu deuten, dass Immobilien dem Nachfrageprofil jeweiliger Lagen entsprechend gestaltet werden. Konkret: Ein bau- und ausstattungsbezogen extrem hochwertiges Bürohaus gehört nicht in eine „back office site". Und: Die Hülle muss derart flexibel auszugestalten sein, dass ein Objekt an möglichst viele Nutzerbedürfnisse heranzuführen ist.

6.4 Flächeneffizienz

Neue Organisationsformen senken den Büroflächenbedarf je Beschäftigtem. Auf 25–30 qm gründende Projektionen erbringen irreale Bedarfswerte. Auf solche Größen abhebende Bauten bergen – mangelt es an einfacher Umrüstbarkeit – unausweichlich Vermarktungs-

---

[2] Zum Thema vgl. Pfeiffer, E. (2000): ABC der Zentrenplanung; in: German Council Report 1/2000, S. 12–17.

schwierigkeiten. Problemkandidaten stellen zudem Gebäude mit ungünstigem Verhältnis von Haupt- zu Nebennutzflächen und niedrigem effektiven Ausnutzungsgrad dar.

6.5 Kostenaspekte

Der nicht nur in Deutschland eingeläutete Abbau steuerlicher Vergünstigungen birgt den Zwang, Immobilien zu einem aus sich selbst bzw. ihrer Nutzung heraus tragfähigen Gut zu entwickeln. Hierbei geht es nicht einzig um günstige Baupreise, sondern vor allem um nachhaltige Betriebskostenoptimierungen. So lässt sich bezogen auf Deutschlands Hotelsektor sagen, dass eine Investition um 400.000 EUR, die eine Vollzeitstelle erübrigt, wirtschaftlich sinnvoll ist. Internationale Ketten planen entsprechend. Das Hilton-Prinzip – die Multiplikation eines hochgradig standardisierten Produkts über alle Standorte hinweg – kommt nicht von ungefähr. Die Bauten internationaler Ketten sind nicht nur vergleichsweise kostengünstig zu errichten und auszustatten. Sie sind vor allem auf niedrige Betriebskosten getrimmt. Dieser Punkt entscheidet auch im Bürosektor vermehrt über die Marktgängigkeit von Produkten. Das verwundert kaum, wuchsen sich die Mietnebenkosten doch zur Zweitmiete aus. In vollklimatisierten Bürobauten erreichen sie verbreitet 5–6 EUR/qm. Der gegenwartsbezogene, praktisch erfahrbare Nutzwert rückt in den Vordergrund, Wertsteigerungsgedanken verlieren an Gewicht.

Zwischenbilanz

Zunehmender Wettbewerbsdruck verweist auf die Notwendigkeit, Planung, Bau und Bewertung von Immobilien konsequent an verschärften Nutzeransprüchen, Standortgegebenheiten und ökonomischen Erfordernissen auszurichten.

7. Immobilienrating

Immobilienbezogene Ratingmodelle zielen darauf ab, Immobilien verschiedenen Risikoklassen zuzuordnen, Ertragskategorien abzubilden, Objekte vergleichbar zu machen. Die Einordnung gründet auf vorab festgelegten Kriterien. Teils beinhalten Modelle hunderte Faktoren, die gewichtet und miteinander verrechnet werden. Vorliegender Beitrag skizziert ein Gegenmodell, das inzwischen von internationalen Wirtschaftsprüfungsgesellschaften unter anderem im Rahmen IFRS-konformer Gestaltungen anerkannt ist. Entwickelt wurde es von der LHI Leasing GmbH, einem Unternehmen, das über 1.800 Objektgesellschaften im In- und Ausland betreut.

7.1 Modellgrundlagen

Es liegt auf der Hand, dass Standortgüte, Nutzungsart, Konzept und Baukörper wichtige Bewertungselemente darstellen. Somit empfiehlt es sich, Schlaglichter auf diese Merkmale zu werfen.

Unscharfe Standortklassifikation

Angesichts der Bedeutung von Standorten wäre eine ausgefeilte Klassifikation zu erwarten. Diese gibt es nicht. Die Branche bedient sich weniger, zudem unscharf gefasster Lageklassen. Von 1a-, 1b-, 2a-, 2b-Lagen ist die Rede. Im Einzelhandelsbereich ist 1a hierbei als frequenzstärkste Lage definiert. Die Reihe wirkt wohlsortiert, sagt jedoch wenig aus. Warum sollten besucherstärkste Lagen die besten für Nobelboutiquen sein? Oder, um über den Handel hinauszublicken, für Büros? Und, weshalb verdienen Lauflagen von Kleinstädten das Prädikat 1a, während vierfach stärker besuchte City-Randlagen von Metropolen unter 2a rangieren? Die kurze Liste verdeutlicht dreierlei:

- Je nach Nutzungsart verdienen Lagen eine unterschiedliche Einordnung.
- Die gängige Standorteinteilung entbehrt einer betriebsformen- und zielgruppenspezifischen Ausrichtung.
- Es handelt sich um ein statisches, auf das Heute gerichtetes Schema.

Fazit: Als Grundlage einer Modellbildung taugt das Ordnungssystem nicht.

7.2 Nutzung, Konzept, Immobilie

Ob Nutzungen tragen, hängt vom Standort ab, vom Nutzungskonzept, von baulichen Merkmalen. Jede Immobilie muss gleichsam in die Landschaft passen. Ein diesbezüglich fehlkonzipiertes Objekt standortgerecht anzupassen, fällt zumeist schwer. Zu bedenken ist ein zweiter Gesichtspunkt: Ändern sich Lage- und Standortqualitäten, können sich Immobilien mittelbar in **fehlkonzipierte** Objekte verwandeln. Die verbreitete Misere einst florierender Warenhäuser zeigt dies.

Dürftige Objektklassifikation

In Deutschland verbreitete Objektklassifikationen überzeugen so wenig wie das Lage- bzw. Standortraster. Im Büro- und Wohnungsbereich werden Neu- und Altbauten gehobenen, mittleren und einfachen Standards unterschieden. In den USA bestehen die Kategorien A+, A-, B+, B- und C. Einkaufszentren sind durch Zusätze wie groß, mittel, klein, regional ausstrahlend, offen und geschlossen wenig präzise eingeordnet. Entwicklungsbezogene Gesichtspunkte bleiben außen vor.

Fazit: Solide Grundlagen für eine Modellbildung liefert die übliche Objektklassifikation nicht.

7.3 Zentrensystem als Basis

Nachfolgend vorgestelltes Modell basiert auf einem geografischen Blickwinkel. Das genügt, um ein tragendes Gerüst zu erkennen: das gewachsene Zentrensystem (vgl. Abschnitt 4.2).

Ein zentrenbasiertes Raster bildet, zunächst grob, Chancen-Risiko-Verhältnisse ab. Spürbar wird bereits, dass die zweifache Ausprägung von Zentrensystemen – zwischen und innerhalb von Städten bzw. Gemeinden – einen Aufhänger für eine absolute Risikozuordnung bietet. Der Clou: Lageklassen lassen sich über wenige Folgeschritte einwerten. Um auf ein Beispiel zurückzukommen: 1a-Lagen von Kleinstädten werden chancen- und risikotechnisch mit jenen von Metropolen in Beziehung gesetzt. Das gelingt, indem allen Lage- bzw. Zentrenklassen eine Risikostufe zugewiesen wird. Zur besseren Nachvollziehbarkeit sei die resultierende Tabelle weiteren Überlegungen vorangestellt.[3]

Tabelle 1: Zentrenbasiertes Raster

Zentrentyp	Einwohner	Z1	Z2	Z3	Z4	Z5	Z6	Z7	Z8	Z9	Z10
Metropole	> A										
Handelslagen			HZ	SZ/NC	STZ		NBZ	ÜST	P		
Bürolagen			HZ	SZ/NC/BZT	BZ1	BZ2	BZ3	ÜST	P		
Großstadt	B–C										
Handelslage				HZ		STZ	NBZ	ÜST		P	
Bürolagen				HZ		BZ1	BZ2	ÜST		P	
Mittelstadt	D–E										
Handelslagen					HZ		NBZ	ÜST		P	
Bürolagen					HZ		BS	ÜST		P	
Kleinstadt	F–G										
Handelslagen					HZ				ÜST		P
Bürolagen							HZ				ÜST/P
Sonstige	< H										
Handelslagen							HZ				ÜST/P
Bürolagen								HZ			ÜST/P
Sonderzentren	VZ/BF qm										
Einkaufszentrum	> I					EZ1					
Bürolagen	> J				BSt1						

---

[3] Die vorgestellte, von Zahlen entkleidete Matrix beinhaltet einen Imitationsschutz.

Einkaufs-zentrum	K–L			EZ2			
Bürolagen	M–N			BST2	EZ3		
Einkaufs-zentrum	O–P				BST3		
Bürolagen	Q–R						
Fachmarkt-zentrum	> S			FZ1			
	T–U				FZ2		
	V–W					FZ3	

HZ = Hauptzentrum; SZ/NC/BZ1 = Subzentrum/Nebencity; BZT = Bürolage „Top"; BZ1 = Bürozone 1. Ordnung; STZ = Stadtteilzentrum; BS = Büroschwerpunkt; NBZ = Nahbereichszentrum; ÜST = Übriges Stadtgebiet; P = Peripherie; BST = Bürostadt

Oben abgebildetes Raster verdeutlicht zwei wesentliche Zusammenhänge:

- Die mehrfach angesprochenen 1a-Lagen tauchen nicht auf. Der Grund: Sie verbergen sich gleichsam in der Zentrenkategorie **City/Innenstadt**. Deren räumlich-funktionale Abgrenzung erfolgt scharf, das heißt, Übergangszonen werden als nicht zugehörig definiert. Weiterhin wesentlich ist, dass Zentrentypen anhand festgelegter Ausstattungsmerkmale bestimmt sind. Wenn also die Innenstadt einer Kleinstadt nur mit Supermarkt, Lebensmitteldiscounter, Drogerie, Bäcker, Metzger, Blumenladen und Apotheke bestückt ist, fällt sie in die Kategorie **gehobenes Nahbereichszentrum**. Die Logik der Matrix wird schlagartig klar. Metropolitane und kleinstädtische Kernlagen trennen Welten: 1a hier ist Risikoklasse 1, dort 4 (Handelslage) bzw. 6 (Bürolage).
- Augenfällig wird, dass verschiedene Orte in mehr oder weniger Risikoklassen vertreten sind. Die Deutung liegt auf der Hand: Je mehr Klassen ein Ort abdeckt, desto mehr Nutzungen trägt er dauerhaft. Genau: Die besten Lagen tun es. Hierzu einige Erläuterungen: Viele in hochrangigen Zentrengliedern nicht (mehr) vertretene Nutzungen kehrten gerne zurück. Sie tun es, wenn die Preise erschwinglich werden. Geraten etwa Büromärkte in Phasen des Mietverfalls, leiden schwächere Standorte zuerst und am heftigsten: Nutzer zieht es in Qualitätslagen. So finden eintönige Bürostädte regelhaft zuletzt aus dem Tief und fallen zuerst hinein. Bei Bestlagen verhält es sich umgekehrt. Das Prinzip greift auch zwischen Regionen: Gerät ein Land in eine Wirtschaftsflaute, trifft es eine Gegend schwer, während andere das Tal leidlich überbrücken. Menschen und Unternehmen wandern von hier nach da. Kurz: In höherrangigen Zentren und/oder wirtschaftsmächtigen Regionen finden sich eher und mehr Nachnutzer als in anderen.

Der **Markt** begriff diese Zusammenhänge. Nicht umsonst sind Multiplikatoren in hochrangigen Zentren höher, die Nettoanfangsrenditen niedriger als in nachgeordneten. In letzteren fordern Investoren Risikoprämien. Dasselbe geschieht innerhalb von Orten bzw. Räumen: niedrige Anfangsrenditen im Kern, höhere in Richtung Rand.

7.4 Demografie

Als zweiter Hauptfaktor neben dem Zentrensystem kristallisieren sich Bevölkerungsentwicklungen bzw. -bewegungen heraus. Hierbei sind über Verwaltungsgrenzen hinausgehende Räume als Bezugsbasis heranzuziehen. Da höchstrangige Funktionen größte Einzugsgebiete erschließen, sind ihnen die größten Räume zuzuordnen. Hierzu wiederum ein Beispiel aus dem Handel: Supermärkte bedienen kleinere Absatzgebiete als SB-Warenhäuser, diese kleinere als Einkaufszentren. Sämtlichen Betriebsformen können Einzugsbereiche über Fahrzeitdistanzen zugewiesen werden. Der einen fünf Minuten, der nächsten zehn, anderen 15 oder 30. Nur der Bevölkerungsgang innerhalb dieser Zonen interessiert zunächst. Ein inmitten eines sterbenden Stadtteils gelegener Supermarkt profitiert nicht davon, wenn die Stadt insgesamt wächst, ein ansässiges Möbelhaus hingegen schon.

Doch kehren wir zurück zum Modell. Seine Logik besticht: Mit nur zwei Größen (Zentrentyp plus Bevölkerungsentwicklung) lassen sich Chancen und Risiken einzelner Standorte bzw. Objekte eingrenzen. Beide Faktoren beinhalten und spiegeln zahllose Einzelgrößen, die mithin keiner Erfassung und Aufbereitung bedürfen. Wird eine dritte Größe einbezogen, schärft sich das Bild.

7.5 Kontrollgröße Bodenpreis

Der **Bodenpreis** wird als Kontrollgröße bezeichnet, weil er Ergebnisse zur Bevölkerungsentwicklung plausibel macht. So kann es sich bei dem angeführten sterbenden Stadtviertel um ein Gebiet handeln, das ertragsstärkeren Nutzungen (als der Wohnfunktion) zugeführt wird. Wenn die Bevölkerungszahl sinkt, der Bodenpreis zugleich steigt, besagt das immer, dass solche Prozesse laufen bzw. zum Laufen gebracht werden sollen. Ein Versuch, der missglücken kann. Immerhin wirft das System umgehend einen Hinweis aus, dass eine Supermarktnutzung bei anziehenden Bodenpreisen suboptimal sein kann. Positiv formuliert: Hier schlummert womöglich ein Schatz, den es zu heben gilt.

Zwischenbilanz

Zwei Primärgrößen und ein ergänzender Faktor reichen aus, Chancen und Risiken von Standorten und Immobilien einzugrenzen. Die logische Leitlinie des Modells ist einfach: Je höher der Zentrentyp, desto mehr Nachnutzungsmöglichkeiten bestehen. Das ist ein genereller Ansatz. Das Modell lässt sich zugleich mühelos auf Objekte mit konkreter Nutzung, also den Ist-Zustand anwenden.

7.6 Andere Faktoren

Um das Modell abzurunden, bedarf es einer Handvoll zusätzlicher Indikatoren bzw. Kontrollfaktoren, darunter Kaufkraftniveau und -entwicklung sowie Zentralitätsindices. Bei Bürogebäuden gehen unter anderem nachgewiesene Vermietungsleistungen (Durchschnitt mehrerer Jahre), ansonsten Schätzwerte ein. Zudem werden Mieteranzahl und -gefüge erfasst. Wozu, das sei erläutert: Wird das Vermietungsvolumen durch die vermietbare Objektfläche geteilt, ergibt sich eine Risikoziffer. Zum Beispiel: Ein Objekt besitzt 50.000 qm Mietfläche und beherbergt einen Mieter. Am Ort werden jahresdurchschnittlich 25.000 qm vermietet. Im Falle einer anstehenden Nachnutzung wäre folglich der zweifache jährliche Mietflächenumsatz des Marktgebiets auf die Immobilie zu ziehen. Das Objekt ist aus marktbezogener Sicht – Bonitätsfragen usw. ausgeblendet – zwingend der höchsten Risikoklasse zuzuordnen. Nach diesem Muster lassen sich zahlreiche Kennziffern herleiten.

8. Immobilien als Anlagemedium

Anlagetätigkeit setzt Märkte voraus. Es bedarf einer kritischen Marktmasse in Form differenzierter, zahlungsfähiger Nachfrage, einer wachstumsorientierten, von mobilen Produktionsfaktoren bzw. Unternehmen gekennzeichneten Wirtschaft, ausgereifter Finanzierungsinstrumente, mobilen Kapitals, transparenter Märkte sowie versierter Immobilienentwickler bzw. anlagetauglicher Produkte. Die Aufzählung enthält wesentliche Schlag- und Schlüsselwörter, die aktuelle Trends bzw. Auslöser und Effekte der Globalisierung beschreiben. Demnach sind Immobilienanlagen grundsätzlich günstige Perspektiven zuzubilligen.

Immobilien sind ein Anlagesegment unter anderen. Ihre Bedeutung als Anlagemedium korreliert mit der Einträglichkeit, Sicherheit und Entwicklung anderer Assetklassen. Die Vergleichbarkeit von Assetklassen untereinander setzt eine vergleichbare Markttransparenz innerhalb jeweiliger Segmente voraus. Dieser Aspekt entscheidet maßgeblich über die (perspektivische) Rolle von Immobilien innerhalb des Anlagespektrums.

Die Markttransparenz schwankt je nach Land bzw. Großregion erheblich. Dies ist wesentlich durch ein teils sehr unterschiedliches Verständnis von Immobilien und unterschiedliche Entwicklungsstadien jeweiliger Märkte bedingt. In vielen Ländern verändern sich letztere tief greifend, in anderen bilden sie sich erst aus. Hierbei zeichnet sich ein Generaltrend ab: Angelsächsisches Marktdenken greift um sich. Immobilien werden vermehrt als gewöhnliches Handelsgut wahrgenommen, als eine Assetklasse unter vielen; in manchen Ländern bestehende ideelle bzw. übermaterielle Bindungen an die Immobilie als solche verlieren sich.

Die **Degradierung** der Immobilie zur bloßen Handelsware erhöht unter anderem die durchschnittliche Umschlagsgeschwindigkeit. Diese liegt in den USA weit höher als etwa in Deutschland: Beläuft sich die durchschnittliche Haltedauer einer Immobilie dort auf 4–5 Jahre, sind es hierzulande etwa 40. Schon deshalb ist die Datendichte in den USA weit höher. Sie ist es auch, weil Immobilienunternehmen erhebliche Beträge für den Zugang zu einschlägigen Quellen bezahlen. Diese Bereitschaft münzt sich in einen entwickelten Markt für Immobilieninformationen um, da sich Research für Informationssammler, -aufbereiter, -anbieter lohnt. Folglich werden die Immobilienmärkte ständig systematisch beobachtet, erfasst und bewertet. Verfügbare Daten sind hochgradig verlässlich. Sie bilden eine entscheidende Grundlage alltäglich angestrebter Ertragsoptimierung in einem schnell drehenden Markt.

Immobilienanlagen sind vorrangig ein städtisches Phänomen. Sind Städte zukunftstauglich, finden Immobilienanlagen gute Renditeaussichten vor. Diesbezüglich festzustellen ist zunächst, dass die Bedeutung der Stadt zunimmt; die weltumspannende Verstädterungswelle belegt es. Nun wachsen Städte verbreitet ungeordnet, wuchern, verelenden in weiten Teilen. Daraus ableiten zu wollen, sie seien eine untaugliche Form räumlicher Organisation, wäre verfehlt. Denn die Stadt an sich funktioniert ausgezeichnet. Selbst Megacities der Schwellen- und Entwicklungsländer tun es besser als der europäische Blickwinkel Glauben macht. Höhere Potenziale als Alternativen bieten sie ohnehin. Potenzial aber ist wesentlicher Auslöser von Immobilienanlagen. Vereinfachend ergibt sich folgende Formel: Steigender Verstädterungsgrad gleich steigendes Potenzial. Folge: Unter ansonsten gleich bleibenden Bedingungen expandiert der Anlagemarkt.

Das Schlagwort der Globalisierung sollte keinesfalls dazu verleiten, innerhalb der nächsten Dekaden auf die Entstehung eines die Masse der Länder einbindenden internationalen Immobiliengeschäftes zu schließen. Viele Staaten, ganze Großregionen werden keine nennenswerte Rolle im Anlagemarkt spielen. Dies betrifft insbesondere Länder mit ungezügeltem Bevölkerungswachstum und extremer Umweltdegradierung.[4] Darüber hinaus werden nicht ganze Länder in das internationale Geschäft eingebunden, sondern lediglich als Wirtschaftslokomotiven fungierende Regionen. Die Plausibilität dieser Einschätzung entspringt einem Blick auf die Verhältnisse in westlichen Industrieländern. So kaufen internationale Kreise in England oder Frankreich weit überwiegend in den Hauptstädten London und Paris, in den USA langfristig betrachtet vorwiegend den vierzehn 24-Stunden-Städten. Diese Zusammenhänge zeigen, dass der Globalisierungsbegriff bezogen auf Immobilienanlagen gegebene Chancen überzeichnet. Korrekterweise ist von Internationalisierung zu sprechen.

Die sich länderübergreifend enger verflechtende Wirtschaft, zunehmende Verstädterung und die Verbreitung angelsächsischen Immobilienverständnisses münzen sich in erhöhte Marktbreite und zunehmende Markttransparenz um. Somit tritt die Immobilie tendenziell verstärkt in Wettbewerb mit alternativen Anlagen.

---

[4] Umweltgesichtspunkte stellen einen extrem unterschätzten Faktor der Chancen-Risiko-Abwägung von Immobilienanlagen dar. Naturräumliche Gefahrenpotenziale werden maßgeblich über die Stellung von Regionen im Anlagemarkt entscheiden. Bei extrem hohen Erdbeben-, Überschwemmungs- oder Sturmrisiken sinkt das Anlegerinteresse. Auszugleichen sind derartige Nachteile einzig durch hohe Risikoprämien.

9. Kauf, Miete oder Leasing

Bisherige Ausführungen zeigten, dass die Qualität eines Objekts von verschiedenen Faktoren abhängt, die teils miteinander korrelieren, teils aber auch konkurrieren. Dies bedeutet, dass individuelle, aber auch subjektive Erwartungen eine wichtige Rolle spielen. Hinzu kommt, dass sich die Einschätzungen der beteiligten Parteien und des Markts im Zeitablauf ändern können.

Im Folgenden wird der Fokus des nutzenden Unternehmens eingenommen, da dort entschieden wird, ob eine Immobilie gekauft, geleast oder angemietet wird.

Hierbei können – unabhängig von sonstigen Einflussfaktoren – folgende Tendenzen festgestellt werden:

Nutzer werden Anmietungen gegenüber Käufen in Marktgebieten mit negativer oder deutlich unterdurchschnittlicher Entwicklungstendenz grundsätzlich präferieren.[5] Denn: Hier verlieren Immobilien tendenziell an Wert, insofern sich ihre Ertragskraft mit hoher Wahrscheinlichkeit unter Inflationsniveau entwickelt. Zu beachten ist, dass die Eigentümer solcher Immobilien auf die eingeschränkte Objektbonität mit risikoadäquat adjustierten Mieten reagieren werden. Entsprechendes wird auch für Leasinglösungen gelten, da der Wertverzehr von Immobilien durch eine entsprechend angepasste Amortisation auszugleichen ist. In Phasen einer Immobilien-Hausse könnte die Gelegenheit genutzt werden, um im Eigenbestand befindliche Immobilien aus diesen Marktgebieten abzustoßen.

Leasinglösungen sind besonders interessant in plusminus-statischen Räumen, um sich wirtschaftlich tragfähige Standorte langfristig zu sichern. Leasingkandidaten sind auch Objekte in Lagen, die sich im fortgeschrittenen Pionierstadium befinden, jedoch noch nicht als gefestigt zu erachten sind. Ein zentrales Element der Grundstückssicherung im Leasing ist das Recht des nutzenden Unternehmens nach Ablauf der grundsätzlich unkündbaren Grundmietzeit die jeweilige Immobilie zu erwerben.

Die Kaufneigung wird besonders hoch sein, befindet sich eine vom Nutzer dauerhaft ausnehmend gut nutzbare Immobilie in bester Mikrolage innerhalb eines strategisch erstrangigen Makrostandorts, dessen Wachstum dazu führt, dass eine entsprechende Lage quasi Alleinstellungsmerkmale aufweist bzw. schwerlich duplizierbar ist und das Objekt höchst wahrscheinlich deutliche Wertsteigerungen verbucht.[6] Eine Leasinglösung kommt für diese Fälle regelmäßig nur dann in Frage, wenn das nutzende Unternehmen am Ende der Mietzeit eine so genannte „Festpreisoption" erhält. Die Festpreisoption ist seit vielen Jahren besonderes Merkmal von Leasinglösungen über Immobilien. Als Preis für diese Option wurde regelmäßig der steuerliche Restbuchwert auf Basis linearer Abschreibung

---

[5] Marktgebiet ist hier objekt- bzw. nutzungsabhängig zu definieren.
[6] Demnach müsste z. B. Manhattan in weiten Teilen ein Eigennutzermarkt sein. Dass dies nicht so ist, liegt vor allem daran, dass hier wie in vielen Hauptzentren metropolitaner Räume viele Objekte derart großflächig und somit hochpreisig sind, dass sie ein einzelner Nutzer schwerlich erwerben kann. Oder, könnte er es, würde er notgedrungen zum Vermieter, sich also fernab seines eigentlichen Geschäftsfeldes bewegen.

nach § 7 EStG gewählt, da dieser Wert als Mindestoptionspreis im Sinne der steuerlichen Vorgaben gilt. Solange und soweit das nutzende Unternehmen nach HGB bilanziert, wird dieser Ankaufswert auch für handelsrechtliche Zwecke anerkannt.

Schwieriger ist die Frage der Festpreisoption in den Fällen zu lösen, in denen der Leasingnehmer nach IFRS („international financial reporting standards") bilanziert. Hier ist genauso wie nach US-GAAP („generally accepted accounting principles") zu beachten, dass der Leasingnehmer keine so genannte „bargain purchase option", also keine besonders günstige Kaufoption erhält. Die LHI-Leasing ist in der Lage, auf Basis des geschilderten Zentrenmodells einen Erwartungswert für den so genannten „future fair market value" zu stellen, der von führenden Wirtschaftsprüfungsgesellschaften für Zwecke der Festlegung des Optionspreises grundsätzlich akzeptiert wird.

In Ratingfragen spielen aber nicht nur die Nutzungs- und Vermögenspotenziale eine Rolle. Wichtig ist auch festzustellen, welche Verpflichtungen je nach Investitionsart mit der Immobilie verbunden sind. Der Unterschied kann aus dem nachfolgenden Diagramm abgelesen werden, das eine typische Situation darstellt:

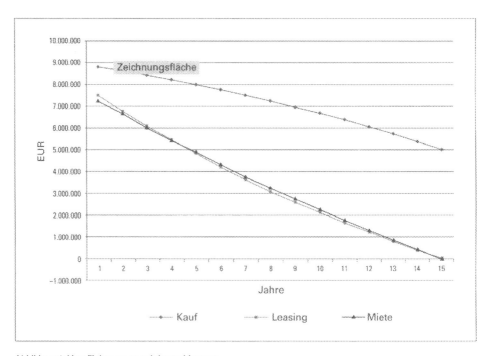

Abbildung 1: Verpflichtungen nach Investitionsart

Aus dem Verlauf wird deutlich, dass in der Anfangsphase einer Investition die drei Varianten Kauf – Leasing – Miete hinsichtlich der Verpflichtungen nahe beieinander liegen. Als Verpflichtung ist in der Kaufvariante der jeweilige Stand der aufgenommenen Fremdmittel definiert. Sowohl in der Leasing- als auch in der Mietvariante ist die jeweils noch zu leistende Leasingrate bzw. Miete zum Barwert ausgewiesen.

Aus der Übersicht wird auch der grundsätzliche und ratingbeeinflussende Umstand deutlich: Während der Kauf immer zu einer vollen Amortisation der Investition im jeweiligen Betrachtungszeitraum führt (das Fremdmittel aufnehmende Unternehmen ist verpflichtet, diese vollständig zurückzuführen, sodass am Ende des Betrachtungszeitraumes noch signifikante Verpflichtungen stehen bleiben), stellt sich die Situation in der Leasing- und Mietvariante völlig anders dar: In beiden Varianten der Nutzungsüberlassung enden die Verpflichtungen des Leasingnehmers/Mieters, ein Nutzungsüberlassungsentgelt zu bezahlen. Weder in der Leasing- noch in der Mietvariante gibt es eine Pflicht, für das Objekt selbst Zahlungen zu leisten. Nur dann, wenn im Leasing dem Leasingnehmer das Recht eingeräumt ist, das Objekt zu erwerben, kann ein liquiditätswirksamer Vorgang ausgelöst werden. Dies geschieht aber nur auf freiwilliger Basis („Ankaufsrecht" und nicht „Ankaufspflicht") und auch nur dann, wenn sich in dem jeweiligen Objekt stille Reserven angesammelt haben. Eine wie auch immer geartete Verlustausgleichsverpflichtung ist weder in Leasing- noch in Mietverhältnissen bekannt.

Man kann anhand des Diagramms erkennen, dass hinsichtlich der Verpflichtungen aus einer Investition die Nutzungsüberlassungsvarianten Leasing und Miete sehr nahe beieinander liegen, während sich die Kaufvariante signifikant anders darstellt.

Es fällt auf, dass die Nutzungsüberlassungsvarianten viel stärker dem Grundgedanken des Pay-as-you-earn-Effekts folgen, als die davon abgekoppelte Kaufvariante.

Hierin kann eine Rechtfertigung gesehen werden, die beiden Nutzungsüberlassungsvarianten auch bilanziell anders zu behandeln als die Kaufvariante. Leasing und Miete sind mit stark degressiv verlaufenden Verpflichtungen verbunden, die verursachungsgerecht dem Nutzen aus einer Investition sozusagen dynamisch gegenüberstehen. Daher ist es sachgerecht, die beiden Nutzungsüberlassungsvarianten nur in der Gewinn- und Verlustrechnung abzubilden. Die Kaufvariante vermittelt dagegen ein eher statisches und vermögensorientiertes Bild, sodass das Abbild in der Bilanz zutreffend erfolgt.

Noch eine weitere Erkenntnis lässt sich aus dem Diagramm ablesen: Ganz entscheidend bei der Beurteilung der Verpflichtungen ist die Zeitkomponente. Betrachtet man in der folgenden Tabelle (die Zahlen entsprechen den Verläufen in dem zuvor dargestellten Diagramm) die Entwicklung des prozentualen Verlaufes der Nutzungsüberlassungsvarianten gegenüber der Kaufvariante, erkennt man eine stark degressive Tendenz. Dies bedeutet, dass jedwede nur pauschale Herausrechnung von Verpflichtungen aus Nutzungsüberlassungsverhältnissen ohne Berücksichtigung der Zeitkomponente die Beurteilung von Verpflichtungen extrem verzerrt.

Tabelle 2: Verpflichtungen und Zeitkomponente

Stand Verpflichtungen	Kauf	Leasing	in % Kauf	Miete	in % Kauf
Aufnahme FK t_0 bzw. Barwerte Leasingraten/Mieten	−9.000.000	−8.245.690	91,62	−7.949.000	88,32
t_1	−8.818.091	−7.489.110	84,93	−7.282.333	82,58
t_2	−8.626.633	−6.768.558	78,46	−6.647.412	77,06
t_3	−8.425.122	−6.082.318	72,19	−6.042.726	71,72
t_4	−8.213.033	−5.428.756	66,10	−5.466.834	66,56
t_5	−7.989.808	−4.806.316	60,16	−4.909.096	61,44
t_6	−7.754.864	−4.213.516	54,33	−4.333.777	55,88
t_7	−7.507.586	−3.648.945	48,60	−3.785.853	50,43
t_8	−7.247.326	−3.111.258	42,93	−3.264.022	45,04
t_9	−6.973.402	−2.599.175	37,27	−2.767.039	39,68
t_{10}	−6.685.097	−2.111.477	31,58	−2.277.723	34,07
t_{11}	−6.381.656	−1.647.003	25,81	−1.781.235	27,91
t_{12}	−6.062.284	−1.204.646	19,87	−1.308.388	21,58
t_{13}	−5.726.146	−783.354	13,68	−858.058	14,98
t_{14}	−5.372.360	−382.124	7,11	429.173	7,99
t_{15}	−5.000.000	0	0,00	0	0,00

10. Fazit

Vorstehender Artikel zeigt auf, dass raumtypologische Muster, Standortgegebenheiten und räumliche Entwicklungspotenziale maßgeblich mitentscheiden (sollten), ob Kauf-, Leasing- oder Mietlösungen zu bevorzugen sind. Genannte Faktoren bilden die immobilien- bzw. marktbezogene Seite des Themas ab. Hinzu treten unternehmensbezogene Aspekte fiskalischer, bilanzieller, finanztechnischer und strategischer Art. In der alltäglichen Praxis rücken diese häufig in den Vordergrund, bestimmen letztlich die Entscheidung. Langfristig optimale wirtschaftliche Ergebnisse sind jedoch nur sicherzustellen, werden beide Faktorenkränze angemessen berücksichtigt. Das im Kern zentrenbasierte LHI-Ratingmodell bietet diesbezüglich eine nachvollziehbare und verlässliche Grundlage für ganzheitliche Ansätze.

Mobilien-Leasing und Rating

Martin Starck / Burkhard Scherer

1. Mobilien-Leasing in Deutschland
    1.1 Bedeutung und Entwicklung
    1.2 Herausforderung Rating
2. Mobilien-Leasing – Nur Miete oder mehr?
    2.1 Operate-Leasing
    2.2 Finanzierungsleasing
3. Handelsrechtliche Einordnung des Mobilien-Leasings
    3.1 Nationale Rechnungslegung
    3.2 Internationale Rechnungslegung
4. Ratingverfahren
    4.1 Internes Rating
    4.2 Externes Rating
5. Ratingverbesserung durch Leasing?
    5.1 Quantitatives Rating
    5.2 Qualitatives Rating
    5.3 Fazit

Literatur

1. Mobilien-Leasing in Deutschland

1.1 Bedeutung und Entwicklung

Das Leasinggeschäft in Deutschland ist eine Erfolgsgeschichte. Die volkswirtschaftliche Bedeutung nimmt – abgesehen von wenigen Konsolidierungsphasen – stetig zu. So liegen die Leasinginvestitionen in 2006 mit insgesamt 54,1 Mrd. EUR 14,4 Prozent über dem Wert des Jahres 2002. Demgegenüber erreichten die gesamtwirtschaftlichen Investitionen nur einen Zuwachs um 6,7 Prozent. Die Leasingquote – der Anteil leasingfinanzierter Investitionen an den gesamtwirtschaftlichen Investitionen – liegt mittlerweile bei 19 Prozent, in manchen Objektbereichen deutlich darüber. So liegt der Anteil der leasingfinanzierten Ausrüstungsinvestitionen (Mobilien-Leasing) an den gesamtwirtschaftlichen Ausrüstungsinvestitionen bei rund 24 Prozent (Mobilien-Leasingquote). Die Mobilien-Leasinginvestitionen erreichten im oben genannten Fünfjahresvergleich ein Wachstum von 20,1 Prozent. Mit einem Mobilien-Leasingvolumen von 46 Mrd. EUR wurde in 2006 knapp jeder vierte, in Ausrüstung investierte EUR über Leasing finanziert (vgl. Abbildung 1).

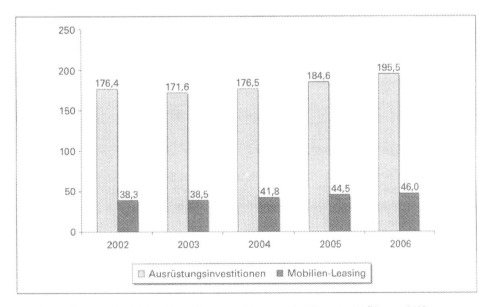

Abbildung 1: Gesamtwirtschaftliche Ausrüstungsinvestitionen und Mobilien-Leasing (Neugeschäft) in Deutschland in Mrd. EUR, Berechnungsstand August 2007
(Quelle: Bundesverband Deutscher Leasingunternehmen, ifo Investitionstest, Statistisches Bundesamt)

Ein Blick auf die Verteilung der Mobilien-Leasingobjekte nach Güterarten zeigt, dass sich eine starke Dominanz des Fahrzeugsektors mit einem Marktanteil von insgesamt 64,1 Prozent ergibt (vgl. Abbildung 2).

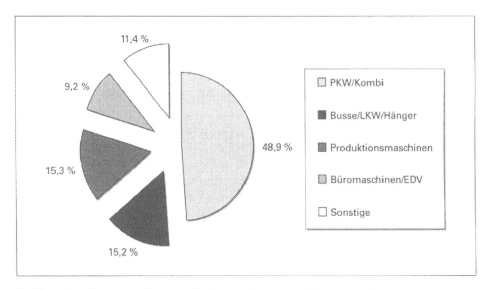

Abbildung 2: Mobilien-Leasing (Neugeschäft) in Deutschland 2006 nach Güterarten in Prozent
(Quelle: Bundesverband Deutscher Leasingunternehmen)

Gerade in diesem Bereich wird das Leasinggeschäft künftig von produktbegleitenden Dienstleistungen gekennzeichnet sein. Zu nennen ist hier insbesondere das Angebot eines Full-Service-Leasings für Pkw und Nutzfahrzeuge. Aber auch bei Produktionsmaschinen sowie Büromaschinen und EDV wird die Bedeutung finanzierungsbegleitender Dienstleistungen weiter zunehmen.

1.2 Herausforderung Rating

Die überdurchschnittliche Entwicklung des Leasingvolumens deutet auf eine Vorteilhaftigkeit der Leasingfinanzierung gegenüber anderen Formen der Fremdfinanzierung hin. Dennoch ist der klassische Firmenkredit – nach wie vor – eine wesentliche Finanzierungsquelle für die mittelständischen Unternehmen in Deutschland. Änderungen auf dem Kreditmarkt haben daher einen wesentlichen Einfluss auf die Vorteilhaftigkeit der Finanzierungsinstrumente. Diesbezüglich kann das zu Beginn des Jahres 2007 in Deutschland in Kraft getretene Regelwerk Basel II genannt werden. Kernstück von Basel II ist die ratingbasierte Risikoeinschätzung des Kreditnehmers durch das Kreditinstitut. Die auf Basis dieses **internen** Ratings ermittelte Ratingnote bestimmt die bankaufsichtlich erforderliche Eigenkapitalunterlegung des Kredites und ist damit Basis für die risikoorientierte Bepreisung. So führt das neue Regelwerk bei guten Bonitäten zu sinkenden Kreditkosten und bei weniger guten Bonitäten zu steigenden Kreditkosten.

Nicht zuletzt auch aufgrund dieser Auswirkungen von Basel II finanzieren sich die größeren Unternehmen in zunehmendem Maße direkt über den Kapitalmarkt. Dieser bietet den

Unternehmen die ganze Bandbreite an Finanzierungsmöglichkeiten – von der Fremdkapitalfinanzierung über Schuldscheindarlehen bis hin zu Eigenkapitalfinanzierungen über „private equity". Das Umfeld für Unternehmensfinanzierung ist somit in einem grundlegenden Wandel begriffen. In diesem Umfeld stellt das **externe** Rating einer Ratingagentur ein interessantes Instrument für mittelständische Unternehmen dar, denn es kann helfen, die Finanzierungskosten zu senken und neue Finanzierungsquellen am Kapitalmarkt zu erschließen.

Es stellt sich somit die Frage, ob vor dem Hintergrund der zunehmenden Bedeutung von internen und externen Ratings die Vorteilhaftigkeit des Leasings gegenüber anderen Finanzierungen, insbesondere gegenüber der Kreditfinanzierung, steigt. Oder anders formuliert: Führt die Leasingfinanzierung zu einer Verbesserung des internen/externen Ratings des Leasingnehmers? Um diese Frage zu beantworten, ist zunächst ein Blick auf die Gestaltungsmöglichkeiten des Leasings erforderlich.

2. Mobilien-Leasing – Nur Miete oder mehr?

Für den aus dem anglo-amerikanischen Sprachraum stammenden Begriff „Leasing" gibt es im Deutschen keine Legaldefinition. Im Allgemeinen versteht man unter Leasing die gegen Entgelt gewährte Nutzungsüberlassung beweglicher und unbeweglicher Investitions- und Gebrauchsgüter. Damit entspricht Leasing in wesentlichen Grundelementen der Vermietung. Von anderen Mietverträgen unterscheidet sich Leasing durch größere Gestaltungsfreiheit und die Möglichkeit zusätzlicher, produktbezogener Dienstleistungen, z. B. das oben genannte Kfz-Full-Service-Leasing. Im Bereich des Mobilien-Leasing sind zwei Vertragstypen zu unterscheiden: das Operate-Leasing und das Finanzierungsleasing.

2.1 Operate-Leasing

Operate-Leasing-Verträge zeichnen sich dadurch aus, dass der Leasinggeber durch den Leasingvertrag keine volle Amortisation für seine Investition erhält. Das heißt, die vom Leasingnehmer zu zahlenden Leasingraten reichen nicht aus, um die Anschaffungskosten des Leasingobjekts (z. B. den Kaufpreis der verleasten Maschine) auszugleichen. Typischerweise haben Operate-Leasing-Verträge eine kurze, fest vereinbarte Laufzeit oder sie sind kurzfristig kündbar. Durch den Abschluss mehrerer, nachfolgender Verträge und/oder den Verkauf des Leasingobjekts kann der Leasinggeber die Investition amortisieren und gegebenenfalls einen Gewinn realisieren.

2.2 Finanzierungsleasing

Im Gegensatz zum Operate-Leasing beinhalten **Finanzierungsleasingverträge** eine volle Amortisation der Anschaffungs- oder Herstellungskosten des Leasinggebers durch den

Leasingnehmer. Dabei sind in Deutschland vor allem die folgenden Gestaltungsformen verbreitet:

Bei **Vollamortisationsverträgen** deckt der Leasingnehmer mit den während der Grundmietzeit zu entrichtenden Leasingraten sämtliche, dem Leasinggeber entstehenden Anschaffungs- bzw. Herstellungskosten, Finanzierungskosten sowie etwaige Nebenkosten ab. Bei Beendigung des Vertragsverhältnisses am Ende der Grundmietzeit gibt der Leasingnehmer das Leasingobjekt an den Leasinggeber zurück, es sei denn, es kommt ein Anschlussgeschäft in Form eines Kaufs oder einer Mietverlängerung zustande. In den meisten Fällen räumt der Leasinggeber dem Leasingnehmer eine Kaufoption zum Restbuchwert bei linearer AfA oder zum niedrigeren Verkehrswert ein.

Bei **Teilamortisationsverträgen** werden die dem Leasinggeber entstehenden Gesamtinvestitionskosten mittels der in der Grundmietzeit zu entrichtenden Leasingraten lediglich teilweise amortisiert. Der am Ende der Grundmietzeit verbleibende kalkulierte Restwert, also der nicht amortisierte Teil der Investition, wird durch ein Andienungsrecht des Leasinggebers gedeckt. Diese Verkaufsoption gibt dem Leasinggeber das Recht, vom Leasingnehmer den Kauf des Leasingobjekts zum kalkulierten und vereinbarten Restwert zu verlangen. Der Leasinggeber hat am Ende der Laufzeit folgendes Wahlrecht:

- Rücknahme des Leasingobjekts und Verkauf zum aktuellen Verkehrswert am Markt
- Verkauf des Leasingobjekts zum aktuellen Verkehrswert an den Leasingnehmer oder Vereinbarung einer Mietverlängerung
- Ausübung des Andienungsrechts mit der Folge, dass ein Kaufvertrag zu dem vereinbarten kalkulierten Restwert zustande kommt

Bei einer Verwertung zu einem über dem vereinbarten Restwert liegenden Verkaufspreis wird in der Regel eine Mehrerlösbeteiligung des Leasingnehmers vereinbart. Im Ergebnis hat damit neben dem Leasinggeber auch der Leasingnehmer einen Anteil an der Wertsteigerungschance.

3. Handelsrechtliche Einordnung des Mobilien-Leasings

3.1 Nationale Rechnungslegung

Maßgeblichen Einfluss auf die Vorteilhaftigkeit von Leasingfinanzierungen unter Ratingaspekten hat die handelsrechtliche Einordnung des Leasings. Da es im deutschen Handelsrecht keine spezifischen Leasingnormen gibt, finden die steuerrechtlichen Vorschriften auch im Handelsrecht Anwendung. Das Leasing betreffend besteht also eine Identität zwischen Handels- und Steuerbilanz.

Da sich **Operate-Leasing-Verträge** nicht von normalen Mietverträgen des BGB unterscheiden, ergeben sich bei der handels- und steuerrechtlichen Einordnung keine besonderen Probleme. Sie werden wie übliche Mietverträge bilanziert, das heißt, die Leasingobjekte sind beim Leasinggeber zu aktivieren und von diesem über die betriebsgewöhnliche Nutzungsdauer abzuschreiben. Für den Leasingnehmer stellen die gezahlten Leasingraten Aufwand dar.

Beim **Finanzierungsleasing** stellt sich die Sachlage etwas komplexer dar. Das Steuerrecht entscheidet die Frage, wer – unabhängig vom zivilrechtlichen Eigentum – als steuerlicher, das heißt wirtschaftlicher Eigentümer das Leasingobjekt bilanzieren und abschreiben muss. Grundsätzlich ist der zivilrechtliche Eigentümer auch der steuerrechtliche Eigentümer, also die Leasinggesellschaft bzw. der Leasinggeber. Gibt es im Steuerrecht im Einzelfall jedoch Anhaltspunkte, dass aus der wirtschaftlichen Betrachtungsweise heraus das Objekt dem Leasingnehmer zuzurechnen ist, so wird das Leasingobjekt in dessen Bilanz abgebildet.

Zur wirtschaftlichen Zurechnung des Leasingobjekts gibt es zwei **Leasingerlasse** der Bundesfinanzverwaltung: einen Erlass für Vollamortisationsverträge sowie einen Erlass für Teilamortisationsverträge. Als erster Leasingerlass wurde 1971 der Erlass für Vollamortisationsverträge im Mobilienleasing herausgegeben. Entscheidende Bedeutung für die Zurechnung des Leasingobjekts erlangt danach das Verhältnis „betriebsgewöhnliche Nutzungsdauer zu Grundmietzeit" sowie die Höhe des Optionsentgelts. Während die Dauer der Grundmietzeit zwischen 40 und 90 Prozent der betriebsgewöhnlichen Nutzungsdauer liegen muss, gilt hinsichtlich des Kaufoptionspreises der steuerlich lineare Restbuchwert bzw. der niedrigere Verkehrswert als Kaufpreisuntergrenze, um die steuerliche Zurechnung des Leasingobjekts beim Leasinggeber nicht zu gefährden.

Auf den Mobilien-Leasingerlass für Vollamortisationsverträge folgte 1975 der Mobilien-Leasingerlass für Teilamortisationsverträge. Dieser Erlass bezieht sich auf die bereits oben genannten Vertragsausprägungen bei Teilamortisation. Entscheidend für die Zurechnung des Leasingobjekts beim Leasinggeber ist, dass der Leasinggeber als Investor die Chance der Wertsteigerung behält.

3.2 Internationale Rechnungslegung

Vor dem Hintergrund

- zunehmender Bedeutung der internationalen Kapitalmärkte für die heimischen Unternehmen,
- der Vereinheitlichung der Rechnungslegung innerhalb der EU sowie
- der Tendenz, bei den internen und externen Ratingverfahren zunehmend auf einheitliche Jahresabschlüsse abzustellen,

gewinnen die internationalen Rechnungslegungsvorschriften IFRS zunehmend an Bedeutung. Die Bilanzierung von Leasingverträgen ist im International Accounting Standard

(IAS) 17 geregelt. Danach ist das Leasingobjekt von demjenigen zu aktivieren, der die mit dem Eigentum an dem Vermögenswert verbundenen Chancen und Risiken trägt.

IAS 17 unterscheidet zwischen zwei Formen von Leasingverträgen: „operating leases" und „finance leases". In der Abgrenzung und in den Rechtsfolgen bestehen Unterschiede zum Operate-Leasing und Finanzierungsleasing nach deutschem Recht. Wird ein Leasingvertrag anhand der Kriterien in IAS 17 als „finance lease" klassifiziert, hat der Leasingnehmer das Leasingobjekt zu bilanzieren. Bei „operating leases" ist das Objekt hingegen in der Bilanz des Leasinggebers auszuweisen.

„Operating leases" werden durch eine Negativabgrenzung definiert; Leasingvereinbarungen, die nicht die Definitionsmerkmale eines „finance lease" erfüllen, sind „operating leases". „Finance lease" liegt immer dann vor, wenn eines der folgenden Kriterien erfüllt ist:

- Am Ende der Grundmietzeit geht das Eigentum am Leasingobjekt auf den Leasingnehmer über.
- Der Leasingvertrag sieht eine Kaufoption vor, wobei der Kaufpreis niedriger als der „fair value" des Objekts am Ende der Grundmietzeit ist, sodass mit der Ausübung der Option zu rechnen ist.
- Die Grundmietzeit umfasst einen wesentlichen Teil der Nutzungsdauer des Objekts.
- Der Barwert der Mindestleasingraten zu Beginn der Grundmietzeit ist größer oder annähernd gleich dem „fair value" des Leasingobjekts.
- Es liegt Spezialleasing vor, das heißt, nur der Leasingnehmer kann das Leasingobjekt sinnvoll nutzen.

Bei der Formulierung der Zurechnungsgrundsätze wurde auf eine Konkretisierung der Bestimmungen, z. B. durch die Angabe von Prozent- oder Wertgrenzen, bewusst verzichtet. Dies eröffnet in der Praxis auf der einen Seite Spielräume für individuelle Gestaltungen. Auf der anderen Seite führt dies aber auch zu Unsicherheiten bei Leasinggebern und Leasingnehmern, wenn es um die Zurechnung konkreter Einzelverträge geht. Daher sollten die Leasingnehmer auf entsprechende Expertise der Leasinggesellschaften im Hinblick auf die internationale Rechnungslegung achten, um die gewollte Zurechung des Leasinggegenstands zu erreichen.

4. Ratingverfahren

4.1 Internes Rating

Ein internes Rating ist die Einschätzung der Bonität eines Kreditkunden durch eine Bank. Das interne Rating wird anhand ratingrelevanter Kriterien, zu denen unternehmensindividuelle Charakteristika sowie makroökonomische Variablen zählen, gebildet. Inhaltlich drückt ein internes Rating die Wahrscheinlichkeit aus (in einer aggregierten Kennzahl), dass ein Kreditnehmer innerhalb einer bestimmten Zeitperiode ausfällt, das heißt, den

Kredit nicht zurückzahlt. Aufgrund der Bedeutung für die Eigenkapitalunterlegung, für das Kreditpricing und für das Risikomanagement kommt dem internen Rating eine große Bedeutung für das Kreditgeschäft von Banken zu. Die ratingrelevanten Kriterien bestehen einerseits aus kreditnehmerspezifischen und andererseits aus kreditnehmerunabhängigen Variablen. Eine andere, häufig zu findende Aufteilung der Ratingkomponenten ist die Unterteilung in quantitative und qualitative Faktoren.

Ein **quantitatives** Ratingkriterium ist ein Kriterium, das messbar und damit objektiv vergleichbar ist. Ein wichtiger harter Faktor ist die Eigenkapitalquote eines Unternehmens. Weitere wichtige quantitative Faktoren sind die Kapitalstruktur, der Cashflow, die Liquidität, die Eigenkapitalrendite, die Umsatzrendite und die Abschreibungsquote. Diese Liste ist als ein Ausschnitt aus der Masse der möglichen Ratingkriterien zu verstehen. Grundsätzlich kommen als harte Kriterien alle Kennzahlen eines Unternehmens sowie makroökonomische Variablen in Frage. Im Hinblick auf diese Kennzahlen wird das quantitative Rating auch als Finanzrating bezeichnet.

Ein **qualitatives** Ratingkriterium ist ein Kriterium, das von den am Prozess der Ratingerstellung beteiligten Personen subjektiv eingeschätzt wird. Eine objektive Vergleichbarkeit der Ausprägung qualitativer Ratingkriterien ist damit nicht möglich. Beispiele für qualitative Faktoren sind: Managementqualität, Qualität von Rechungswesen/Controlling, Produktpolitik, Flexibilität. Auch bezüglich der qualitativen Ratingfaktoren gibt es eine Vielzahl weiterer, möglicher Kriterien, die Aufschluss über die Bonität eines Unternehmens geben können.

4.2 Externes Rating

Externe Ratings stellen die zweite bedeutende Gruppe von Ratings im Finanzbereich dar. Sie sind vor allem in Kapitalmarkt orientierten Finanzmärkten wie den USA oder Großbritannien verbreitet, in denen sich die Unternehmen extern vornehmlich über den Kapitalmarkt finanzieren. Obwohl hierzulande Banken bei der externen Fremdkapitalfinanzierung dominieren und damit interne Ratings eine sehr hohe Bedeutung haben, nimmt der Gebrauch externer Ratings auch in Deutschland zu.

Externe Ratings stellen Einschätzungen von speziellen Ratingagenturen über die zukünftige Fähigkeit eines Emittenten dar, Zahlungen von Zins und Tilgung einer von ihm begebenen Anleihe termingerecht und vollständig zu erfüllen. Externe Ratings messen also ebenso wie interne Ratings vor allem das Ausfallrisiko des Emittenten.

So zielt auch ein externes Ratingverfahren darauf ab, die wirtschaftliche Lage, das Management, die Produkte und Dienstleistungen sowie weitere bonitätsrelevante Parameter eines Unternehmens einzuschätzen. Ratingkriterien sind zum einen die **allgemeinen Geschäftsrisiken** wie Branchenrisiko, Management, Wettbewerbsposition und zum anderen die **finanziellen Risiken** wie Kapitalstruktur, Profitabilität, Cashflow-Sicherheit und finanzielle Flexibilität.

5. Ratingverbesserung durch Leasing?

5.1 Quantitatives Rating

Basis des quantitativen Ratings, das in der Regel mit einem Gewicht von 60 Prozent in das Gesamtrating einfließt, ist der Jahresabschluss des Unternehmens. Die Kennzahlen lassen sich entsprechend des jeweiligen Informationsgehalts in drei Gruppen (Vermögens-, Ertrags-, Finanzlage) einteilen. Aus diesen Gruppen ist im Folgenden jeweils nur diejenige Kennziffer genannt, die für den Vorteilhaftigkeitsvergleich zwischen Leasing- und Kreditfinanzierung eine maßgebliche Rolle spielt. Man unterscheidet:

Kennziffern zur Vermögenslage: Eigenkapitalquote

Nach der in Abschnitt 3 dargestellten handelsrechtlichen Zuordnung ist Leasing für den Leasingnehmer grundsätzlich bilanzneutral. Da es – im Gegensatz zu einer Kreditfinanzierung – bei einer Leasingfinanzierung nicht zu einer Bilanzverlängerung kommt, ergeben sich bei Leasingfinanzierungen positivere Bilanz- bzw. Verschuldungskennzahlen, insbesondere eine höhere Eigenkapitalquote. In einigen Ratingverfahren wird die daraus resultierende Verbesserung des Ratings infrage gestellt. Einige Banken und Ratingagenturen nehmen für sich in Anspruch, alle Verbindlichkeiten zu erfassen, das heißt auch Leasingverbindlichkeiten durch eine gedachte Bilanzverlängerung. Dagegen spricht jedoch, dass die Bilanzneutralität des Leasings betriebwirtschaftlich gerechtfertigt ist. Leasingverträge, die den Leasingerlassen bzw. IAS 17 entsprechen, belassen die Investitionsrisiken und Wertsteigerungschancen beim Leasinggeber. Der Leasingnehmer beschränkt sich wie ein Mieter auf die Nutzung. Daher besteht kein sachlicher Grund, Miete und erlass- bzw. IFRS-konforme Leasingverträge unterschiedlich zu behandeln.

Kennziffern zur Ertragslage: Return-on-Investment (ROI)

Der ROI (= Gesamtkapitalrentabilität) gibt an, welche Rendite das investierte Kapital erwirtschaftet hat. Als Quotient aus Betriebsergebnis und Gesamtkapital steigt der ROI mit abnehmendem Kapitaleinsatz. Daher führt eine Leasingfinanzierung im Gegensatz zu einer Kreditfinanzierung unter sonst gleichen Bedingungen zu einer Erhöhung der Gesamtkapitalrentabilität.

Das erlasskonforme Leasing wirkt sich aber nicht nur über die Bilanzneutralität auf den Nenner des Return-on-Investment aus. Mit Leasing lassen sich im Vergleich zur Kreditfinanzierung auch Kosten einsparen – mit positiver Auswirkung auf das Betriebsergebnis. Denn Leasing ist mehr als eine Finanzierungsalternative. Ein wesentlicher Punkt hierbei ist die mögliche Absenkung der Anschaffungs- und Herstellungskosten im Leasing. Leasinggesellschaften nutzen ihre Marktstärke als Großabnehmer mit guter Bonität und können im Markt signifikante Preisnachlässe erzielen – und an die Leasingnehmer weitergeben.

Durch die Übernahme zusätzlicher Dienstleistungen im Sinne eines Full-Service-Leasing durch den Leasinggeber, z. B. beim Kfz-Flottenleasing oder im Bereich IT/EDV, lassen sich beim Leasingnehmer Folgekosten reduzieren. Eine Fuhrparkverwaltung ist bei der Flottengröße einer Kfz-Leasing-Gesellschaft von 50.000 bis 100.000 Fahrzeugen effizienter als in einem Unternehmensfuhrpark mit 50 Fahrzeugen. Das Outsourcing dieser leasingnahen Aktivitäten ist also schon wegen der Degressionseffekte wirtschaftlicher als die Eigenerstellung.

Auch beim Nutzungsende des Objekts erreicht eine Leasinggesellschaft regelmäßig höhere Verwertungserlöse durch den bundesweiten Marktüberblick, durch den Aufbau eigener, spezialisierter Verwertungsabteilungen oder durch Rücknahmeabkommen mit Herstellern. Durch die Beteiligung am möglichen Mehrerlös ergibt sich auch dadurch ein zusätzlicher Ertrag für den Leasingnehmer (siehe Abschnitt 2.2).

Kennziffern zur Finanzlage: Dynamischer Verschuldungsgrad

Der dynamische Verschuldungsgrad ist eine wichtige Kennziffer zur Beurteilung der Unternehmensfinanzierung. Als Quotient aus Fremdkapital und Cashflow misst sie die Verschuldung als x-faches des Cashflow und macht damit eine Aussage über die Selbstfinanzierungskraft des Unternehmens: Wie viele Cashflows sind erforderlich, das heißt, wie viele Jahre dauert es, bis das Fremdkapital vollständig zurückgeführt ist? Je geringer der dynamische Verschuldungsgrad ist, umso schneller kann das Unternehmen seine Schulden tilgen.

Wie beim ROI wirken auch beim dynamischen Verschuldungsgrad sowohl die Bilanzneutralität des Leasings (kleinerer Zähler) wie auch die Verbesserung der Kostenposition (größerer Nenner) zu einer gegenüber der Kreditfinanzierung verbesserten, weil hier kleineren Kennziffer.

Zur Veranschaulichung der Auswirkungen der Finanzierungsalternativen Leasing und Kredit auf die dargestellten Finanzkennziffern wird von folgendem Beispiel aus der Druckindustrie ausgegangen.

Eine Muster GmbH verfügt über folgende Bilanz zum 31.12.2006 (zugleich Eröffnungsbilanz zum 01.01.2007):

Aktiva			Passiva		
Anlagevermögen			**Eigenkapital**		
Grundstücke und Gebäude	4.000		gez. Kapital	1.500	
Anlagen und Maschinen	3.000		Jahresüberschuss	1.000	
		7.000			2.500
Umlaufvermögen			**Fremdkapital**		
Vorräte	1.000		Verbindlichkeiten ggü. Kreditinstitut	6.000	
Forderungen	1.500		Verbindlichkeiten a. L. L.	1.000	
Liquide Mittel	500		Sonstige Verbindlichkeiten	500	
		3.000			7.500
Summe Aktiva		10.000	Summe Passiva		10.000

Abbildung 3: Ausgangsbilanz, in TEUR

Des Weiteren wird von folgenden Annahmen ausgegangen: Das Betriebsergebnis in 2006 beträgt 1.500 TEUR und der Cashflow erreicht 2.000 TEUR.

Damit ergeben sich folgende Kennziffern für 2006:

$$\text{Eigenkapitalquote} = \frac{\text{Eigenkapital}}{\text{Bilanzsumme}} = 25 \text{ Prozent}$$

$$\text{Return-on-Investment} = \frac{\text{Betriebsergebnis}}{\text{Gesamtkapital}} = 15 \text{ Prozent}$$

$$\text{Dynam. Verschuld.-grad} = \frac{\text{Fremdkapital}}{\text{Cashflow}} = 3{,}75 \text{ Jahre}$$

In 2007 plant die Muster GmbH die Anschaffung einer weiteren Druckmaschine. Die Anschaffungskosten betragen 1.000 TEUR. Sofern die Druckmaschine geleast wird, ergeben sich keine Auswirkungen der Investition auf die Bilanz. Damit bleibt die Eigenkapitalquote konstant bei 25 Prozent. Wegen des Pay-as-you-earn-Effekts des Leasings belastet die geleaste Druckmaschine im Beispiel weder das Betriebsergebnis noch den Cashflow. Die Leasingrate wird so kalkuliert, dass sie aus dem Umsatz bezahlt werden kann, den die geleaste Maschine erwirtschaftet. Daher bleiben auch der ROI und der dynamische Verschuldungsgrad unverändert.

Sofern die Druckmaschine gekauft und über einen Kredit finanziert wird (Hundertprozent-Finanzierung), wirkt sich dies auf die Bilanz aus wie folgt:

Aktiva		Passiva	
Anlagevermögen		**Eigenkapital**	
Grundstücke und Gebäude	4.000	gez. Kapital	1.500
Anlagen und Maschinen	4.000	Jahresüberschuss	1.000
	8.000		2.500
Umlaufvermögen		**Fremdkapital**	
Vorräte	1.000	Verbindlichkeiten ggü. Kreditinstitut	7.000
Forderungen	1.500	Verbindlichkeiten a. L. L.	1.000
Liquide Mittel	500	Sonstige Verbindlichkeiten	500
	3.000		8.500
Summe Aktiva	11.000	**Summe Passiva**	11.000

Abbildung 4: Bilanz nach Hunderprozent-Finanzierung, in TEUR

Der Wert für Anlagen und Maschinen steigt um die Höhe der Anschaffungskosten (1.000 TEUR) auf 4.000 TEUR. Damit erhöhen sich auch das Anlagevermögen und die Summe der Aktiva um 1.000 TEUR. Auf der Passivseite der Bilanz steigen die Verbindlichkeiten gegenüber Kreditinstituten um den Finanzierungsbetrag (1.000 TEUR) auf 7.000 TEUR. Damit erhöhen sich das Fremdkapital und die Summe der Passiva ebenfalls um 1.000 TEUR. Insgesamt führt die Alternative Kauf der Druckmaschine mittels Hundertprozent-Kreditfinanzierung zu einer Bilanzverlängerung in Höhe der Anschaffungskosten bzw. des Finanzierungsbetrags.

Bei unverändertem Betriebsergebnis bzw. Cashflow ergeben sich folgende Kennziffern für 2007:

Eigenkapitalquote: 22,7 Prozent

Return-on-Investment: 13,6 Prozent

Dynamischer Verschuldungsgrad: 4,25 Jahre

Damit zeigt sich, dass sich sämtliche Kennziffern bei der Kreditfinanzierung verschlechtert haben. Dagegen bleiben die Kennziffern bei der Leasingfinanzierung unverändert (bei gleichbleibendem Betriebsergebnis und gleichbleibendem Cashflow).

In der Gewinn- und Verlustrechnung erfolgt aufgrund der unterschiedlichen Finanzierungsweise eine Verschiebung zwischen den betroffenen Aufwandspositionen. Die Kreditfinanzierung führt zu einer Erhöhung der Positionen „Zinsaufwand" und „Abschreibungen auf Sachanlagen". Leasing führt zu einer Erhöhung der Position „Sonstiger betrieblicher Aufwand", die im Beispiel durch den mit der Maschine erwirtschafteten Umsatz kompensiert wird (Pay-as-you-earn-Effekt). Geht man von den oben dargestellten Kostenvorteilen des Leasings aus, so ergeben sich ceteris paribus sogar positive Auswirkungen des Leasings auf das Betriebsergebnis und den Cashflow. Damit verbessern sich ROI und dynamischer Verschuldungsgrad bei Leasinginvestitionen nicht nur aufgrund der Bilanzneutralität von Leasing.

5.2 Qualitatives Rating

Das qualitative Rating umfasst in der Regel die Faktoren

- Unternehmensführung: Führungsstruktur, Management, Nachfolgeregelung
- Planung und Steuerung: Ergebnisplanungsprozess, Finanz- und Liquiditätsplanung, Controlling und Revision
- Produkt und Markt: Marktstellung, allgemeine Branchenentwicklung, Abhängigkeiten
- Allgemeines: Kontoführung (z. B. Überziehungen, Scheck- oder Lastschriftrückgaben)

Das qualitative Rating bewertet also aktuelle Faktoren wie auch die zukünftige Entwicklung. Ein wesentlicher qualitativer Faktor, der für das Leasing spricht, ist der **Liquiditätseffekt**. Auf die Liquidität wirkt sich Leasing positiv aus, weder Eigenkapital noch Kreditlinien werden belastet. Der unternehmerische Handlungsspielraum steigt.

Der bereits genannte **Pay-as-you-earn-Effekt** drückt aus, dass der Investor beim Leasing seine Zahlungsverpflichtungen (die Leasingraten) aus den Umsatzeinnahmen heraus leisten kann. Der Finanzierungsaufwand aus der Investition verteilt sich auf die wirtschaftliche Nutzungsdauer und somit auf den Zeitraum, in dem Erträge daraus erwirtschaftet werden. Der vorhandene Gestaltungsspielraum des Leasings kann für die individuellen Bedürfnisse des Leasingnehmers optimal genutzt werden. So kann die Höhe der laufenden Leasingzahlungen durch eine erlasskonforme Streckung der Vertragslaufzeit, eine angemessene Sonderzahlung, sowie eine verkehrswertorientierte Erhöhung des Restwertes den Liquiditätserfordernissen des Leasingnehmers angepasst werden. Die daraus resultierende Kongruenz von Ein- und Auszahlungen reduziert das unternehmerische Risiko und wirkt sich damit positiv auf das Rating aus.

Dasselbe gilt für die **klare Kalkulationsgrundlage** beim Leasing. Aufgrund der klar fixierten Leasingleistungen ist es dem Leasingnehmer jederzeit möglich, seine unternehmerischen Planungen auf der Basis bekannter und konstanter Verpflichtungen vorzunehmen. Die Leasingrate ist eine fest kalkulierte Größe, die auch langfristig nicht durch Rating- oder Zinsänderungen beeinflusst werden kann.

Beim Full-Service-Leasing hat das Argument der verbesserten Kalkulationsgrundlage eine besondere Bedeutung. Hier zahlt der Leasingnehmer nur eine Rate für Nutzung und Service und muss Kosten für zusätzliche Dienstleistungen (z. B. für Wartung) nicht mehr einzeln kontrollieren, verbuchen und zur Zahlung anweisen. Das **Outsourcing** dieser Geschäftsprozesse wirkt nicht nur Kosten senkend, sondern führt über schlankere Prozesse zu einer verbesserten Unternehmenssteuerung.

Leasing erhöht auch die unternehmerische **Flexibilität** des Leasingnehmers. Er hat die Möglichkeit, tendenziell modernere Objekte zu nutzen, da die Laufzeit von Leasingverträgen deutlich unter der tatsächlichen Nutzungsdauer beim Kauf liegt. Durch die besseren

Verwertungsmöglichkeiten eines Leasinganbieters wird der Umstieg des Leasingnehmers auf eine neue Technologie erleichtert.

Flexibler ist der Leasingnehmer auch hinsichtlich des Gesamtfinanzierungsvolumens. Mit Leasing als zusätzlicher Finanzierungsform und mit einer Leasinggesellschaft als weiterem Finanzierungspartner kann das Unternehmen den Gesamtfinanzierungsrahmen tendenziell weiter stecken.

5.3 Fazit

Es gibt zahlreiche Aspekte, die vor dem Hintergrund der zunehmenden Bedeutung des Ratings für Leasing sprechen.

Das Leasing hat eine positive Auswirkung auf das Rating im Wesentlichen aus folgenden Gründen:

- Bilanzneutralität: Verbesserung sämtlicher Kennziffern mit Bezug auf Fremd- und Gesamtkapital wie z. B. Eigenkapitalquote, Return-on-Investment, dynamischer Verschuldungsgrad
- Kostensenkung: Verbesserung des Cashflows und daraus abgeleiteter Kennziffern
- Erhöhung der Liquidität und Flexibilität.

Diese Faktoren können zu einer günstigeren Bonitätsklassifizierung beitragen als im Falle einer reinen Kreditfinanzierung.

Literatur

BEHR, P./GÜTTLER, A. (2004): Interne und externe Ratings, Frankfurt/Main 2004.
BÜSCHGEN, H. E. (Hrsg.) (1998): Praxishandbuch Leasing, München 1998.
KRATZER, J./KREUZMAIR, B. (2002): Leasing in Theorie und Praxis. Leitfaden für Anbieter und Anwender, 2. Aufl., Wiesbaden 2002.
KROLL, M. (2004): Finanzierungsalternative Leasing, 3. Aufl., Stuttgart 2004.
MOLDENHAUER, T. (2006): Leasing mobiler Anlagegüter, Münster 2006.
MUDERSBACH, M. (2000): Kauf oder Leasing. Ein Wirtschaftlichkeitsvergleich am Beispiel des Mobilien-Leasing, in: Eckstein, W./Feinen, K.: Leasing-Handbuch für die betriebliche Praxis, 7. Aufl., Frankfurt/Main 2000.
SABEL, E. (2006): Leasingverträge in der kapitalmarktorientierten Rechnungslegung, Wiesbaden 2006.
SPITTLER, H.-J. (2002): Leasing für die Praxis, 6. Aufl., Köln 2002.

Immaterielle Wirtschaftsgüter

Robert Soethe / Franz Unterbichler

1. Einleitung
2. Immaterielle Wirtschaftsgüter: eine Begriffsbestimmung
3. Arten immaterieller Wirtschaftsgüter

   3.1 Konzessionen, gewerbliche Schutzrechte und ähnliche Rechte und Werte sowie Lizenzen an solchen Rechten und Werten

       3.1.1 Konzessionen

       3.1.2 Gewerbliche Schutzrechte

       3.1.3 Ähnliche Rechte

       3.1.4 Ähnliche Werte

       3.1.5 Lizenzen an solchen Rechten und Werten

   3.2 Geschäfts- oder Firmenwerte

   3.3 Geleistete Anzahlungen
4. Bewertung immaterieller Wirtschaftsgüter
5. Bedeutung der immateriellen Wirtschaftsgüter für Unternehmen
6. Beispiel Markenrecht
7. Fazit

Literatur

Gesetze

1. Einleitung

Immaterielle Wirtschaftsgüter werden als Assetklasse[1] bislang vergleichsweise wenig genutzt.

Und dies, obwohl sich nach unterschiedlichsten Studien ihr Anteil am Marktwert eines Unternehmens vom Anfang der 1980er-Jahre von durchschnittlich ca. 40 Prozent bis zum Ende der 1990er-Jahre ungefähr verdoppelt hat. Investition in Innovation dominiert die Wirtschaftstätigkeit in den entwickelten Ländern.

Dieser Beitrag erläutert zunächst den Begriff „Immaterielles Wirtschaftsgut", gibt dann einen Überblick über die Wirtschaftsgüter, die als immateriell bezeichnet werden und geht dann auf die besonderen Aspekte der einzelnen Güter ein. Im Anschluss daran werden die Bewertung immaterieller Wirtschaftsgüter und deren Bedeutung für die Unternehmen aufgezeigt.

2. Immaterielle Wirtschaftsgüter: eine Begriffsbestimmung

Immaterielle Wirtschaftsgüter sind in der Definition des HGB in der Regel all diejenigen Vermögensgegenstände, die nicht körperlich fassbar sind (im Gegensatz zu den materiellen Wirtschaftsgütern). Diese Differenzierung ähnelt der im BGB vorgenommen Unterscheidung in Sachen und Rechte.

Trotzdem ergeben sich Unterschiede:

Zum einen werden bestimmte rein wirtschaftliche Werte (z. B. ungeschützte Erfindungen) vom juristischen Begriff „Rechte" nicht erfasst, gleichwohl gehören sie zu den immateriellen Wirtschaftsgütern. Zum anderen zählen bestimmte juristische Rechte (z. B. Erbbaurecht als grundstücksgleiches Recht) nach der Gliederungssystematik des HGB nicht zu den immateriellen Wirtschaftsgütern, sondern zum Bereich der Sachanlagen. Auch andere nicht fassbare Vermögensgegenstände wie Forderungen oder Beteiligungen gehören nicht zu den immateriellen Wirtschaftsgütern, sondern zu den Finanzanlagen.[2]

---

[1] Investitionsziele, mit denen der Unternehmenswert gewahrt bzw. gemehrt oder, generell, mit denen eine gewisse Rentabilität erzielt werden soll.
[2] Vgl. Baetge/Kirsch/Thiele (2005), S. 295.

3. Arten immaterieller Wirtschaftsgüter

Das HGB unterscheidet in seiner Gliederungssystematik im § 266 Abs. 2 A. I. im Wesentlichen drei Arten von immateriellen Wirtschaftsgütern im Anlagevermögen:

- Konzessionen, gewerbliche Schutzrechte und ähnliche Rechte und Werte sowie Lizenzen an solchen Rechten und Werten
- Geschäfts- oder Firmenwerte
- Geleistete Anzahlungen

3.1 Konzessionen, gewerbliche Schutzrechte und ähnliche Rechte und Werte sowie Lizenzen an solchen Rechten und Werten

3.1.1 Konzessionen

Eine Konzession ist eine befristete Genehmigung der öffentlichen Hand zur Ausübung einer bestimmten wirtschaftlichen Tätigkeit. Diese Genehmigung ist Voraussetzung für die Ausübung der wirtschaftlichen Tätigkeit. Beispiele sind die Taxikonzession, Wege- und Wassernutzungsrechte oder die Schankkonzession.

Unterschieden werden müssen Real- und Personalkonzessionen: Realkonzessionen stehen in unmittelbarem Zusammenhang mit dem Unternehmen, Personalkonzessionen dagegen mit der Person und daher sind diese in der Regel auch nicht übertragbar.

Anschaffungskosten für Konzessionen sind prinzipiell zu aktivieren, aber nur dann, wenn sie für den Erwerber auch ein Wirtschaftsgut darstellen. Gleichwohl kann sich beim Erwerb einer Konzession, wie bei anderen Nutzungsrechten auch, die Frage stellen, ob es sich bei dem bezahlten Entgelt nicht um Nutzungsvergütungen handelt, also Vergütungen, die für eine fortgesetzte Nutzung periodengemäß zu bezahlen und nach den Bestimmungen schwebender Geschäfte zu behandeln sind. Nach den Grundsätzen ordnungsgemäßer Buchführung sind schwebende Geschäfte dann nicht zu bilanzieren, solange sich in einem gegenseitigen Vertrag Verpflichtungen und Ansprüche gegenüberstehen.[3]

3.1.2 Gewerbliche Schutzrechte

Die gewerblichen Schutzrechte schützen die technisch verwertbare geistige Leistung, hierunter fallen Patente, Gebrauchsmuster, Geschmacksmuster, Verlagsrechte und Warenzeichen.

Ein Patent ist die einem Erfinder zeitlich begrenzte, aber ausschließliche Erlaubnis zur Nutzung seiner Erfindung. Die Schutzdauer beträgt 20 Jahre.[4] Die wirtschaftliche Nut-

---

[3] Vgl. Niemann (2006), S. 6.
[4] Vgl. § 1 Patentgesetz (PatG).

zungsdauer kann sich aber aufgrund anderer, konkurrierender Erfindungen erheblich verkürzen. Patentfähig sind nur technische Erfindungen, die neu sind, auf einer erfinderischen Tätigkeit beruhen und gewerblich anwendbar sind.

Angelehnt an das Patentgesetz wird ein ähnlicher Rechtsschutz auch Gebrauchsmustern gewährt. Als Gebrauchsmuster können Arbeitsgerätschaften oder Gebrauchsgegenstände geschützt werden, die eine neue Anordnung, Gestaltung, Vorrichtung oder Schaltung aufweisen. Voraussetzung ist, dass die zu schützenden Gebrauchsmustern neu sind, auf einer erfinderischen Tätigkeit beruhen und gewerblich anwendbar sind.[5]

Nach § 1 Abs. 2 des Geschmacksmustergesetzes (GeschmMG) sind Geschmacksmuster Modelle oder Muster, die als Vorbilder für die geschmacklich-ästhetische Gestaltung von gewerblichen Erzeugnissen schutzwürdig sind. Dies können sowohl flächige Muster als auch dreidimensionale Formen sein. Das Recht, ein gewerbliches Muster oder Modell nachzubilden, steht allein dem Urheber zu. Der Urheber, dies kann nach § 2 GeschmMG auch der Firmeninhaber sein, dessen Mitarbeiter das Muster oder Modell entworfen hat, erlangt den Schutz des Gesetzes nur, wenn er diese zur Eintragung ins Musterregister beim Patentamt anmeldet. Die Schutzdauer beträgt 25 Jahre.

§ 1 des Markengesetzes (MarkenG) nennt Marken, geschäftliche Bezeichnungen und geografische Herkunftsangaben als geschützte Marken und sonstige Kennzeichen. Grundsätzlich sind alle Zeichen, einschließlich Wörter und Personennamen, Abbildungen, Zahlen, dreidimensionale Gestaltungen einschließlich der Form des Produkts, seiner Verpackung und deren farblicher Zusammenstellung schutzfähig, wenn sie geeignet sind, die Unverwechselbarkeit von Waren oder Dienstleistungen eines Unternehmens von denen der anderen zu befördern.

In § 5 MarkenG werden Unternehmenskennzeichen und Werktitel als geschäftliche Bezeichnungen geschützt, wobei Unternehmenskennzeichen all diejenigen Zeichen sind, die einen Geschäftsbetrieb in seiner Außendarstellung und seiner Kommunikation eindeutig und anerkannt kennzeichnen. Werktitel sind besondere Bezeichnungen von Druckerzeugnissen, Film-, Ton- oder Bühnenwerken.

3.1.3 Ähnliche Rechte

Ähnliche Rechte sind Rechte, die den gewerblichen Schutzrechten in wesentlichen Punkten vergleichbar sein müssen. Es müssen also Rechte sein, die gegenüber Dritten gelten und sie müssen dem Schutz des geistigen Eigentums dienen. Zu den ähnlichen Rechten gehören Rechte wie Nutzungsrechte, Wettbewerbsabreden oder Lieferrechte. Vor allem aber gehören zu den ähnlichen Rechten und Werten diejenigen, die sich aus dem Urheberrechtsgesetz (UrhG) ergeben, indem das gesamte Recht des geistigen Eigentums zusammengefasst ist.[6]

---

[5] § 1 Gebrauchsmustergesetz.
[6] Vgl. Niemann (2006), S. 10.

Das Urhebergesetz schützt Urheber auch nicht gewerblicher Rechte und gilt für Werke der Literatur, Wissenschaft und Kunst. Dazu gehören nach § 2 Abs. 1 UrhG insbesondere:

- Sprachwerke wie Schriftwerke, Reden und Computerprogramme
- Werke der Musik
- Pantomimische Werke einschließlich Werke der Tanzkunst
- Werke der bildenden Künste einschließlich der Werke der Baukunst und der angewandten Kunst und Entwürfe solcher Werke
- Lichtbildwerke einschließlich der Werke, die ähnlich wie Lichtbildwerke geschaffen werden
- Filmwerke einschließlich der Werke, die ähnlich wie Filmwerke geschaffen werden
- Darstellungen wissenschaftlicher oder technischer Art, wie Zeichnungen, Pläne, Karten, Skizzen, Tabellen und plastische Darstellungen

Das Urheberrecht schützt den Schöpfer des Werks. Er allein kann bestimmen, ob und wie sein Werk zu veröffentlichen ist, er hat das ausschließliche Recht der Verwertung, also der Vervielfältigung, Verbreitung oder Ausstellung. Der Urheber kann allerdings einem anderen das Recht einräumen, sein Werk zu nutzen. Dies kann als einfaches oder ausschließliches Recht eingeräumt werden. Das einfache Recht erlaubt dem Inhaber, das Werk neben dem Urheber und eventuellen anderen Rechteinhabern zu nutzen, das ausschließliche Recht berechtigt den Inhaber, das Recht alleine, unter Ausschluss anderer Personen einschließlich des Urhebers zu nutzen.

3.1.4 Ähnliche Werte

Mit ähnlichen Werten sind die wirtschaftlichen Werte gemeint, die nicht durch eine entsprechende Rechtsposition geschützt sind. Hierunter fallen beispielsweise ungeschützte Erfindungen, Rezepte, Verfahren und Know-how. Diese können einem Dritten in einer Art und Weise mitgeteilt werden, sodass dieser sie wirtschaftlich nutzen kann. Für denjenigen, der das Entgelt aufgewendet hat, werden sie dadurch zu einem Wirtschaftsgut des Anlagevermögens, wenn dies geeignet ist, dauerhaft dem Geschäftsbetrieb zu dienen.[7]

3.1.5 Lizenzen an solchen Rechten und Werten

Unter Lizenz versteht man die Berechtigung, das Recht eines anderen auf vertraglicher Basis gegen Entgelt zu nutzen. Lizenzverträge werden in der Regel über Patente und gewerbliche Schutzrechte abgeschlossen. Gegenstand eines Lizenzvertrags können aber auch ähnliche Rechte oder Werte sein. Wird eine Lizenz gegen Einmalzahlung erworben, ist diese zu aktivieren. Lizenzverträge mit laufendem Entgelt sind direkt erfolgswirksam zu verrechnen.[8]

---

[7] Vgl. Niemann (2006), S. 12
[8] Vgl. Baetge/Kirsch/Thiele (2005), S. 296.

3.2 Geschäfts- oder Firmenwerte

Der Geschäfts- oder Firmenwert setzt sich aus einer Vielzahl unterschiedlicher Komponenten zusammen und ist – solange er nicht durch eine Markttransaktion objektiviert wurde – nur sehr schwer zu quantifizieren. Er setzt sich beispielsweise zusammen aus der Qualität des Managements, des Know-hows der Mitarbeiter, der Kundenbindung, aus Alleinstellungsmerkmalen, Wettbewerbsvorteilen.

Den Geschäfts- bzw. Firmenwert als Vermögensgegenstand oder Wirtschaftsgut anzusehen, ist nicht selbstverständlich. Er ist nach § 255 Abs. 4 HGB eine Differenz- bzw. ein Restbetrag: „Als Geschäfts- oder Firmenwert darf der Unterschiedsbetrag angesetzt werden, um den die für die Übernahme eines Unternehmens bewirkte Gegenleistung den Wert der einzelnen Vermögensgegenstände des Unternehmens abzüglich der Schulden im Zeitpunkt der Übernahme übersteigt." Er ist also weder einzeln greifbar, noch selbständig übertragbar, wie es grundsätzlich für die Annahme eines Vermögensgegenstands Voraussetzung ist.[9]

Für den Mehrwert, den ein Erwerber zu zahlen bereit ist für ein Zusammenspiel unterschiedlichster Faktoren wie Marktstellung, ausgebildete Mitarbeiter, Lage im Raum, Vertriebsstruktur, Produktpalette oder Produktionsverfahren erwartet dieser Vorteile, die ihm anders nicht zugänglich wären. Die genannten Vorteile sind weder einzeln greifbar noch einzeln bewertbar, in ihrem Zusammenspiel haben sie jedoch vermögensgegenstandswerten Charakter.[10]

3.3 Geleistete Anzahlungen

Bei geleisteten Anzahlungen auf immaterielle Vermögensgegenstände handelt es sich eigentlich um Forderungen gegenüber den Lieferanten der Wirtschaftsgüter. Aus Gründen der Bilanzklarheit und -übersichtlichkeit werden sie allerdings den immateriellen Wirtschaftsgütern zugewiesen, auf die sie sich beziehen.

4. Bewertung immaterieller Wirtschaftsgüter

Entgegen den materiellen Wirtschaftsgütern sind immaterielle Wirtschaftsgüter nicht fassbar, gleichwohl stellen sie einen eigenen wirtschaftlichen Wert dar. Dieser lässt sich in der Regel dadurch quantifizieren, in welchem Maße sie auch ein potenzieller Unternehmenserwerber im Zusammenhang mit einer Kaufpreisbemessung berücksichtigen würde.

---

[9] Vgl. Niemann (2006), S. 14.
[10] Vgl. Niemann (2006), S. 16.

Nach dem Aktivierungsgrundsatz des HGB und dem Grundsatz der Vollständigkeit müssen sämtliche immateriellen Vermögensgegenstände aktiviert werden. § 248 Abs. 2 enthält allerdings für diejenigen immateriellen Vermögensgegenstände des Anlagevermögens, die nicht entgeltlich erworben wurden, ein Aktivierungsverbot. Diese selbst geschaffenen Wirtschaftsgüter sind unter Umständen abstrakt aktivierungsfähig und sie erfüllen unter Umständen das Kriterium der selbständigen Verwertbarkeit, dürfen aber im Anlagevermögen nicht angesetzt werden. Hintergrund des Aktivierungsverbots ist, dass selbst erstellte immaterielle Wirtschaftsgüter aufgrund ihrer speziellen Eigenschaften, häufig nur sehr schwer objektiv zu bewerten sind. Der Wert kann weder zweifelsfrei durch eindeutig und klar zuordenbare Herstellungskosten noch durch einen in einer Markttransaktion ermittelten Kaufpreis dargestellt werden.[11]

Das Aktivierungsverbot durchbricht das Vollständigkeitsgebot. Häufig wird dies mit dem Vorsichtsprinzip begründet. Gerade aber durch die steigende wirtschaftliche Bedeutung der unternehmerischen Aufwendungen für Mitarbeiterentwicklung oder Forschung gegenüber den Aufwendungen für materielle Anlagegüter ist diese Regelung auch kritisch zu sehen, da sie die Darstellung der Vermögens- und Finanzlage eines Unternehmens deutlich beeinflussen kann.[12]

Im Umkehrschluss zum Aktivierungsverbot für selbst erstellte immaterielle Wirtschaftsgüter müssen alle entgeltlich erworbenen immateriellen Wirtschaftsgüter nach dem Aktivierungsgrundsatz und dem Vollständigkeitsprinzip aktiviert werden. Der Gesetzgeber geht davon aus, dass die bei immateriellen Vermögensgegenständen schwierige Wertfindung durch einen entgeltlichen Erwerb ausreichend objektiviert ist.

Die Voraussetzung für eine Aktivierung ist also der Erwerb und dieser Erwerb muss entgeltlich erfolgen.

Bei der Bewertung immaterieller Wirtschaftsgüter ist zwischen der Bewertung beim Zugang und der Bewertung in den Folgejahren zu unterscheiden.

Beim Zugang sind die Anschaffungskosten zentraler Wertmaßstab, in der Folgebewertung ist zu unterscheiden zwischen einer planmäßigen und einer außerplanmäßigen Wertminderung.

Eine planmäßige Wertminderung als planmäßige Abschreibung ist bei einer zeitlich begrenzten Nutzung des Wirtschaftsgutes geboten. Der überwiegende Teil der immateriellen Wirtschaftsgüter des Anlagevermögens ist zeitlich begrenzt nutzbar, ihr Wert verringert sich also planmäßig im Zeitablauf. Ist allerdings damit zu rechnen, dass formal zeitlich begrenzte Rechte bei Zeitablauf immer wieder verlängert werden (Verkehrs- oder Transportkonzessionen) oder sind Rechte aus anderen Gründen in ihrer Nutzungsdauer nicht begrenzt, gelten sie als zeitlich unbegrenzt nutzbar und dürfen nicht planmäßig abgeschrieben werden.[13]

---

[11] Vgl. Baetge/Kirsch/Thiele (2005), S. 298 f.
[12] Vgl. Baetge/Kirsch/Thiele (2005), S. 299.
[13] Vgl. Baetge/Kirsch/Thiele (2005), S. 302.

Neben der planmäßigen Wertminderung können im Zeitablauf sowohl bei den zeitlich abnutzbaren als auch bei den zeitlich nicht abnutzbaren immateriellen Vermögensgegenständen auch außerplanmäßige Wertminderungen eintreten. Gründe für eine außerplanmäßige Abschreibung können beispielsweise bei aktivierten Lizenzen die Einführung eines Konkurrenzproduktes oder bei erworbenen Bohrkonzessionen eine fehlgeschlagene Probebohrung sein.[14]

In der Praxis haben sich für die Bewertung von immateriellen Vermögenswerten drei Methoden bewährt:[15]

Der **Market-Approach** als das marktpreisorientierte Verfahren hat in der Praxis in vielen Fällen nur eine untergeordnete Bedeutung. Dieser Ansatz untersucht, ob für die betreffenden Güter aktive Märkte bestehen oder ob beobachtbare Märkte für vergleichbare Güter als Maßstab herangezogen werden können. Jedoch sind die immateriellen Werte meistens so spezifisch, dass weder ein Markt besteht noch dass Transaktionen mit vergleichbaren Gütern vorhanden wären.

Der **Income-Approach** ist der am meisten verbreitete Ansatz zur Bewertung immaterieller Vermögensgegenstände. Im Rahmen einer Wertermittlung werden folgende Fragen beantwortet:

- Welcher wirtschaftliche Nutzen kann aus dem Wirtschaftsgut gezogen werden?
- Welche Nutzungsdauer ist zu erwarten?
- Welches Risiko besteht im Zusammenhang mit der erwarteten Nutzung?

Vereinfacht dargestellt, wird in dieser Wertermittlung durch unterschiedliche methodische Ansätze festgestellt, welche finanziellen Überschüsse über welchen Zeitraum entstehen und welchen Diskontierungssatz bzw. Risikowert diesen Überschüssen entgegen zu stellen ist.

Der **Cost-Approach** als das kostenorientierte Verfahren unterscheidet grundsätzlich zwei Bewertungsansätze:

- Bewertung auf Basis der Reproduktionskosten
- Bewertung auf Basis der Wiederbeschaffungskosten

Die Bewertung der Reproduktionskosten zielt darauf ab, alle Kosten zu ermitteln, die anfallen würden, um ein Duplikat des immateriellen Wirtschaftsgutes herzustellen.

Eine Bewertung auf Basis der Wiederbeschaffungskosten hingegen zielt darauf ab, die Kosten zu ermitteln, die aufgewendet werden müssten, um einen immateriellen Vermögenswert zu erwerben, der einen vergleichbare Funktionalität aufweist.

---

[14] Vgl. Baetge/Kirsch/Thiele (2005).
[15] Vgl. Creutzmann (2006), S. 17.

5. Bedeutung der immateriellen Wirtschaftsgüter für Unternehmen

Seit Ende der 1990er-Jahre wird vor allem im angelsächsischen Raum das Thema der wissensbasierten Ökonomie verstärkt diskutiert.[16] Alle Autoren sind sich einig, dass sich die Quelle der wirtschaftlichen Wertschöpfung weg von der Investition in Sachanlagen hin zur Investition in so genannte „intangible assets" verlagert hat. Nicht mehr nur Finanzkapital, sondern Güter wie Humankapital, Wissen, Geschäftsbeziehungen oder Innovationsfähigkeit von Unternehmen hatten sich in den zurückliegenden Jahren zu den neuen Werttreibern entwickelt. Dies wird vor allem deutlich bei der Betrachtung von wissensbasierten Unternehmen.[17]

Ein Ausdruck für die gestiegene Bedeutung dieser Wirtschaftsgüter ist, dass sich seit Anfang der 1980er-Jahre der Unterschied zwischen Buch- und Marktwert von Unternehmen kontinuierlich vergrößert hat. Das bedeutet auch, dass zwischen den in den Bilanzen erfassten Vermögenswerten und den Bewertungen durch den Kapitalmarkt eine wachsende Diskrepanz besteht.

Problematisch in der Entwicklung immaterieller Wirtschaftsgüter ist die nicht immer leichte Kontrolle über den Nutzen dieser Güter. Der Nutzen wissensbasierter Assets wird oftmals durch Nachahmung des Wettbewerbers reduziert. Diese Effekte werden beispielsweise durch das Abwandern von Mitarbeitern verstärkt. Dies lässt sich nur teilweise durch Patent- oder Markenschutz verhindern. Das Fehlen einer vollständigen Schutzmöglichkeit führt zu einem Spannungsverhältnis zwischen dem Wertschöpfungspotenzial einer Investition und der Schwierigkeit, die eigenen Renditeerwartungen durch die volle Nutzung der geschaffenen Güter zu realisieren. So bleibt als Möglichkeit vor allem, mit dem eigenen Produkt schneller als der Wettbewerb zu sein und sich so die Marktführerschaft zu sichern. Hinzu kommt, dass die Investition in Innovation an sich risikoreich ist, da nur ein sehr kleiner Anteil der Innovation für den Unternehmensumsatz sorgt und der Rest sich als wertlos gewordene Investition darstellt.[18]

Das Fehlen organisierter Märkte bzw. offenen Wettbewerbs nimmt Unternehmen die Möglichkeit, selbst geschaffenen immaterielle Werte anders als selbst zu nutzen. So fehlt auch die Möglichkeit einer Risikominimierung durch Verkauf eines Gutes im Entwicklungsprozess.[19]

---

[16] Vgl. beispielsweise Stewart (1997), Edvinsson/Malone (1997) und Sveiby (1997).
[17] Vgl. Daum (2001), S. 1 ff.
[18] Vgl. Daum (2001), S. 18.
[19] Vgl. Daum (2001), S. 19.

6. Beispiel Markenrecht

Wie die bisherigen Ausführungen gezeigt haben, „schlummern" in immateriellen Wirtschaftsgütern mögliche Wert- und Nutzungspotenziale, die durch Kauf, Leasing oder Miete sichtbar gemacht werden können. Wichtige Grundvoraussetzung hierfür ist die selbstständige Bewertbarkeit und Drittverwendungsfähigkeit. Am Beispiel des immateriellen Wirtschaftsgutes „Markenrecht" werden die Möglichkeiten dargestellt.

Grundsätzlich sind zwei verschiedene Ausgangssituationen denkbar:

- Der Inhaber des Rechts hat eine Marke bilanziert, der innere Wert der Marke ist höher als der Bilanzansatz.
- Der Inhaber des Rechts hat eine Marke, die aber nicht bilanziert ist, weil sie in seinem Vermögen entstanden ist.

Sofern der Inhaber des Markenrechts die Liquiditäts- und Ergebnispotenziale, die in der Marke stecken, heben möchte, sind verschiedene Vorgehensweisen denkbar:

Zum einen kann er das Markenrecht bewerten und anschließend beleihen, indem er entsprechende Fremdmittel aufnimmt, die mit dem Markenrecht besichert werden. Diese Vorgehensweise führt zu einer Liquiditätsschöpfung, nicht aber zu einer Ergebniswirkung bzw. Eigenkapitalstärkung, im Gegenteil: die Eigenkapitalquote des Unternehmens sinkt, der Verschuldungsgrad steigt. Die erhaltene Liquidität stellt eine Verbindlichkeit dar, die in der Folgezeit in voller Höhe zu amortisieren ist.

Zum anderen kann er das Markenrecht an einen Dritten zum Marktwert veräußern und anschließend gegen ein vereinbartes laufendes Entgelt nach wie vor nutzen. Die zweite Variante kann in Form einer Miet- oder Leasingvereinbarung gestaltet werden. Im Leasing kann eine Rückkaufoption zum linearen Restbuchwert bzw. zum Verkehrswert des Markenrechts am Ende der Leasinglaufzeit eingeräumt werden. Diese Vorgehensweise führt im Veräußerungszeitpunkt zu einem Mittelzufluss und zu einer Ergebnisauswirkung in der Handelsbilanz des Inhabers des Rechts. Ja nach Ausgangssituation sind die steuerlichen Wirkungen unterschiedlich bzw. können gestaltungstechnisch berücksichtigt werden. Auf Details soll an dieser Stelle nicht näher eingegangen werden.

Die bilanziellen Wirkungen, insbesondere die Entwicklung der Eigenkapitalquote und des Verschuldungsgrades, sind in der nachfolgenden Übersicht dargestellt.

Wert Markenrecht:	**100,0**	**Investitionsrendite**	**20,0 %**
Abschreibung:	**6,667 %**		

FK-Kosten	**5,0 %**	**FK-Jahre**	**12,0**
FK-Cashflow p.a.	**11,3**	(Volltilgung)	

Bilanzwirkung:

Aktiva	vorher	Quote	Änderung	nachher	Quote
Anlagevermögen	1.000,0	20,0 %		1.000,0	19,6 %
Umlaufvermögen	4.000,0			4.000,0	
Bank	0,0		100,0	100,0	
	5.000,0		100,0	5.100,0	

Passiva	vorher	Quote	Änderung	nachher	Quote
EK	800,0	16,0 %		800,0	15,7 %
FK	4.200,0		100,0	4.300,0	
	5.000,0		100,0	5.100,0	

EK-Quote sinkt von	16,0 %	auf	15,7 %	
Cashflow:	Cash-in-flow	20,0		
	FK-Cashflow	–11,3		
	Überschuss	**8,7**		
Verschuldung:		**100,0**	zusätzlich	

G+V-Änderung:	Erlöse	20,0
	Zinsen	–5,0
	Abschreibung	–6,7
		8,3

Auswirkung einer Off-Balance-Operate-Leasing-Finanzierung für Markenrechte auf Bilanzbild und Rating, vor Steuern

Wert Markenrecht:	**100,0**	**Investitionsrendite**	**20,0 %**
Abschreibung:	**0,000 %**		

Leasing-Kosten	**11,3**	**Laufzeit**	**10,0**
Leasing-Cashflow p. a.	**11,3**	**Restwert:**	**22,0 %**

Bilanzwirkung:

Aktiva	vorher	Quote	Änderung	nachher	Quote
Anlagevermögen	1.000,0	20,0 %	0,0	1.000,0	19,6 %
Umlaufvermögen	4.000,0			4.000,0	
Bank	0,0		100,0	100,0	
	5.000,0		100,0	5.100,0	

Passiva	vorher	Quote	Änderung	nachher	Quote
EK	800,0	16,0 %	100,0	900,0	17,6 %
FK	4.200,0			4.200,0	
	5.000,0		100,0	5.100,0	

EK-Quote steigt von	16,0 %	auf	17,6 %	
Cashflow	Cash-in-flow	20,0		
	Leasing-Cashflow	–11,3		
	Überschuss	**8,7**	**Vorteil:**	**0,0**
„bilanzielle" Verschuldung: nachrichtlich		**0,0**	zusätzlich	
Leasingverpflichtung, Barwert:		**78,3**		
Änderung EK-Quote:	16,0 %	auf	17,4 %	

G+V-Wirkung:	Erlöse	20,0		
	Leasingrate	–11,3		
	Abschreibung	0,0		
		8,7	**Vorteil:**	**0,4**

Abbildung 1: Bilanz und Rating, in Mio. EUR (Auswirkung einer On-Balance-Fremdfinanzierung für Markenrechte auf Bilanzbild und Rating, vor Steuern)

Hieraus lassen sich folgende Schlüsse ziehen:

Die außerbilanzielle Refinanzierung des Werts des Markenrechts führt zu einer signifikanten Verbesserung der Eigenkapitalquote, wenn der realisierte Wert des Markenrechts dem Eigenkapital des Unternehmens zugeführt wird. Das Beispiel zeigt eine Zuführung ohne die Bildung einer Steuerrückstellung. Es sind nämlich Transaktionen denkbar und in der Praxis bereits erfolgreich umgesetzt worden, die eine steuerneutrale Realisierung stiller Reserven zulassen, sodass weder eine Steuerrückstellung zu bilden noch eine latente Steuerrückstellung nach § 274 HGB zwingend ist.

Selbst für den Fall, dass der Barwert der künftigen Leasingverpflichtungen gegen die Eigenkapitalquote gerechnet wird, reduziert sich die Erhöhung und Verbesserung dieser nur in geringem Umfang. Dies liegt vor allem daran, dass

1. der Wert des Markenrechts Eigenkapitalerhöhend wirkt und
2. der Barwert der ausstehenden Leasingverpflichtungen regelmäßig kleiner ist als der Wert der noch zu tilgenden Verbindlichkeiten aus einer unmittelbaren Kreditfinanzierung.

7. Fazit

Vor dem Hintergrund der beschriebenen Bedeutung und der skizzierten Risiken einer Investition in immaterielle Unternehmenswerte wird deutlich, dass einer optimalen Steuerung und Kontrolle des eigenen Portfolios immaterieller Güter eine besondere Bedeutung zukommt.

Diese Steuerung bedeutet, basierend auf einer Bestandsaufnahme und Bewertung des eigenen Portfolios eine Strategie zu entwickeln, die das Potenzial des Portfolios organisiert und optimiert. Hierzu gibt es unterschiedlichste Ansätze: Durch gezielte Veräußerung oder Lizenzierung von Rechten, Patenten oder Technologien, die für das eigene Unternehmen keine bedeutende Ressource mehr darstellen, für andere Unternehmen aber unter Umständen bedeutsam sind, lassen sich zusätzliche Einnahmeströme erschließen.[20]

Ein weiterer bedeutender Ansatzpunkt einer solchen Steuerung ist die Verwendung des eigenen Portfolios für Finanzierungszwecke des Unternehmens:

Beispielsweise wird die Besicherung von Krediten durch Patente oder auch Filmrechte auf Basis etablierter Bewertungsmethoden bewertet. Dies gilt, obwohl die immateriellen Güter durch ihre hohe Spezifität eine problematische Sicherheit haben und in der zweitbesten Verwertung einen deutlichen Wertverlust erleiden. Hier sind die objektiven Bewertungsverfahren von besonderer Bedeutung. In der Regel ist allerdings bei einer Finanzierung mit hohen Risikoaufschlägen zu rechnen.

---

[20] Vgl. Castedello/Klingbeil/Schröder (2005), S. 10 f.

Auch mit Sale-and-Lease-back-Lösungen können die immateriellen Vermögenswerte wertsteigernd genutzt werden. Auch hier gelten die Aussagen zu den zu erwarteten Finanzierungskosten.

Die Klärung, inwieweit sich Wirtschaftsgüter für eine langfristige Nutzungsüberlassung eignen, ist Voraussetzung für die Nutzung der oftmals sehr hohen stillen Reserven, die durch die selbst geschaffenen immateriellen Wirtschaftsgüter entstanden sind, für Finanzierungszwecke bzw. für die Eigenkapitalbeschaffung. Im Fokus der Entscheidung steht daher im Vorfeld:

- Welchen objektiven Nutzen hat das Wirtschaftsgut für einen fremden Dritten?
- Wie wertbeständig ist das Wirtschaftsgut (Dauer der Nutzungsmöglichkeit)?
- Wie hoch ist der finanzielle Nutzen des Wirtschaftsgutes?

Darauf aufbauend lässt sich dann die Entscheidung treffen, ob ein Unternehmen selbst geschaffene immaterielle Wirtschaftsgüter veräußert, lizenziert, als Besicherung für Fremdfinanzierung nutzt, eine Sale-and-Lease-back-Gestaltung wählt oder einen anderen Weg geht.

Literatur

BAETGE, J./KIRSCH, H.-J./THIELE, S. (2005): Bilanzen, 8. Aufl., Düsseldorf 2005.
CASTEDELLO M./KLINGBEIL C./SCHRÖDER, J. (2005): Verborgene Schätze: Immaterielle Vermögenswerte steuern, in: KPMG Wirtschaftsprüfungsgesellschaft Edit Value/Sommer 2005.
CREUTZMANN, A. (2006): Bewertung von Intangible Assets, in: BewertungsPraktiker 02/2006, S. 17.
DAUM, J. (2001): Werttreiber Intangible Assets: Brauchen wir ein neues Rechnungswesen und Controlling?, online im Internet: www.juergendaum.de.
EDVINSSON, L./MALONE M. S. (1997): Intellectual Capital, New York 1997.
NIEMANN, U. (2006): Immaterielle Wirtschaftsgüter im Handels und Steuerrecht, 2. Aufl., Berlin 2006.
STEWART, T. A. (1997): Intellectual Capital, New York 1997.
SVEIBY, K. E. (1997): The New Organizational Wealth, Managing and Measuring Intangible Assets, San Francisco 1997.

Gesetze

GEBRAUCHSMUSTERGESETZ (GebrMG) in der Fassung der Bekanntmachung vom 28.08.1986 (BGBl I 1986, S. 1455), zuletzt geändert durch Art. 4 des Gesetzes vom 21.06.2006 (BGBl I 2006, S. 1318 ff.).
GESCHMACKSMUSTERGESETZ (GeschmG) in der Fassung der Bekanntmachung vom 12.03.2004 (BGBl I 2004, S. 390 ff.), zuletzt geändert durch Art. 7 des Gesetzes vom 21.06.2006 (BGBl I 2006, S. 1318 ff.).
MARKENGESETZ (MarkenG) in der Fassung des Markenrechtsänderungsgesetzes vom 19.07.1996 (BGBl I 1996, S. 1014), zuletzt geändert durch Art. 4, Absatz 19 des Gesetzes vom 17.12.2006 (BGBl I 2006, S. 3171 (3174)).
PATENTGESETZ (PatG) in der Fassung der Bekanntmachung vom 16.12.1980 (BGBl I 1981, S. 1), zuletzt geändert durch Art. 1 des Gesetzes vom 21.06.2006 (BGBl I 2006, S. 1318 ff., berichtigt BGBl I 2006, S. 2737).

Teil IV:

Gestaltungsmöglichkeiten im Ratingurteil

Auskunftsratings für Risikoprüfungen im Leasingprozess

Helmut Rödl

1. Einleitender Überblick
2. Traditionelles Kreditsystem im Umbruch
    2.1 Steigende Kreditrisiken
    2.2 Kreditmanagement als Chance
3. Auskunftsratings: Effiziente und effektive Instrumente zur Beurteilung von Ausfallwahrscheinlichkeiten
    3.1 Anforderungen an Ratingsysteme gemäß Basel II
    3.2 Das Auskunftsrating von Creditreform
    3.3 Beurteilung der Güte von Ratingsystemen
    3.4 Das Auskunftsrating im Entscheidungsprozess der Leasinggesellschaft
4. Schlussbemerkungen

Literatur

1. Einleitender Überblick

Die Wirtschaftsgeschichte verweist in der Regel auf zwei technologische Innovationen, die die Entwicklung moderner Volkswirtschaften zur hoch technologisierten Wissensgesellschaft, in der wir heute leben, entscheidend geprägt haben. Zum einen begünstigte die Revolutionierung des Transportwesens in der zweiten Hälfte des 19. Jahrhunderts die Transformation zur Industriegesellschaft. Andererseits sorgte die Entwicklung und Verbreitung der Informations- und Kommunikationstechnologien, die seit Ende des 20. Jahrhunderts mit unverminderter Geschwindigkeit stattfindet, für den Übergang in die moderne Hochtechnologie- und Wissensgesellschaft. Der entscheidende Impuls, der in beiden Fällen positive Auswirkungen auf die wirtschaftliche Entwicklung hatte, war der Abbau von Transaktionskosten, die Geschäftsbeziehungen behinderten. Während durch die Ausbreitung der Eisenbahn und die Erfindung des Automobils die Transportkosten erheblich gesenkt wurden, sind durch das Aufkommen der elektronischen Datenverarbeitung und Massenkommunikationsmedien Transaktionskosten im Informations- und Kommunikationsbereich gefallen.

Häufig unbemerkt bleibt der Beitrag, den Wirtschaftsauskünfte in diesem Zusammenhang geleistet haben. Informationsasymmetrien können dazu führen, dass Geschäfte oder gar ganze Märkte nicht zustande kommen. Durch Wirtschaftsauskünfte können diese Informationsprobleme überwunden werden. Historisch gesehen wurden durch die Etablierung von Auskünften in der Mitte des 19. Jahrhunderts Lieferanten in die Lage versetzt, auch aus weiter Entfernung auf lokale Informationen hinsichtlich der Kreditwürdigkeit ihrer Kunden zurückzugreifen. Diese Revolutionierung der Informationsbeschaffung ermöglichte Geschäftsbeziehungen auch über große Distanzen, wohlgemerkt, noch bevor es ein flächendeckendes Eisenbahnnetz gab. Der Zugang zu Informationen hat seither stetig an Bedeutung gewonnen. Es lässt sich sogar sagen, dass die genannten Veränderungen der letzten 20 Jahre das Zeitalter der Information eingeläutet haben. Für die führenden Unternehmen des Informationsdienstleistungssektors sind ganz neue Perspektiven entstanden, in einer komplexer gewordenen Welt zum effizienten Funktionieren des Wirtschaftslebens beizutragen.

Im Laufe der Zeit sind Einschätzungen zur Kreditwürdigkeit zum integralen Bestandteil von Kreditprüfungsprozessen geworden. Dass Bonitätsinformationen und Ratings einmal den Stellenwert besitzen würden, den sie heute im Zeitalter von Basel II genießen, war jedoch nicht abzusehen. Ein standardisiertes und objektivierendes Urteil über die Fähigkeit des analysierten Unternehmens, finanzielle Verpflichtungen vollständig und fristgerecht zu erfüllen, macht Ausfallrisiken vergleichbar und ermöglicht dadurch eine gezielte Steuerung des Risikos im Kreditportfolio.

Spätestens seit der Umsetzung von Basel II zum 01.01.2007 ist ein effektives Risikomanagement nicht mehr nur für Banken unverzichtbar. Basel II hat den Zugang zu Krediten für Unternehmen mit schlechten Bonitätsurteilen erheblich erschwert. Diese werden deshalb verstärkt auf andere Instrumente der Unternehmensfinanzierung zurückgreifen.

Dadurch wächst auch die ohnehin schon große Bedeutung des Leasings noch weiter. Für kleine und mittlere Unternehmen auf der Suche nach neuen Finanzierungsmöglichkeiten stellt Leasing eine interessante Alternative zum Bankkredit dar.

Leasing ist die Nutzungsüberlassung eines Investitionsgutes auf Zeit und gegen Entgelt und steht heute praktisch für jedes Investitionsgut zur Verfügung. Es besteht die Möglichkeit, diese Investitionsgüter nach einer festgelegten Zeit zu einem Restkaufpreis zu übernehmen oder an die Leasinggesellschaft zurückzugeben. Geleast werden vor allem Fahrzeuge, Maschinen und Computer. Nach einer Umfrage der KfW-Bankengruppe ist Leasing neben den traditionellen Krediten und der Innenfinanzierung die einzige Finanzierungsquelle, der eine große Bedeutung zugemessen wird. Charakteristisch für das Leasing ist, dass der Nutzer des Objekts (Leasingnehmer) quasi „Mieter" des Leasingobjekts ist. Die Leasinggesellschaft (Leasinggeber) bleibt in der Regel während der Dauer des Leasingvertrags rechtlicher und wirtschaftlicher Eigentümer und bilanziert den Gegenstand, während die Nutzungsmöglichkeiten und auch die typischen Eigentümerrisiken auf den Leasingnehmer übertragen werden.[1] Die Vorteile des Leasings im Vergleich zur Kreditfinanzierung liegen dabei auf der Hand. So ist es möglich, dass die Leasinggesellschaft bereit ist, das Leasingobjekt zu 100 Prozent zu finanzieren, während ein Kreditinstitut nur einen geringen Kredit gewähren würde. In diesem Fall müsste das Unternehmen zum Kauf eines bestimmten Objekts den Fehlbetrag entweder aus frei verfügbaren Mitteln oder ungenutzten Kreditlinien aufbringen, oder dem Kreditinstitut zusätzliche Sicherheiten anbieten. In jedem Fall wird der verbleibende Finanzierungsspielraum beim Leasing also weniger stark belastet als im Falle eines Kaufs. Zudem kann das Leasing je nach Ausgestaltung des Leasingvertrags einen positiven Einfluss auf die Bilanz des Leasingnehmers haben: Leasinggegenstände werden in der Regel ebenso wenig vom Leasingnehmer bilanziert wie die aus dem Leasingvertrag resultierenden Verbindlichkeiten. Im Vergleich zum Kreditkauf werden so das Anlagevermögen, die Verbindlichkeiten und damit auch die Bilanzsumme niedriger ausgewiesen, womit sich zumindest in Bezug auf die Relation von Anlagevermögen zu Eigenkapital oder den Quotienten aus Fremd- und Eigenkapital günstigere bilanzielle Werte ergeben.[2]

In den vergangenen Jahren hat sich auch das Umfeld im Leasinggeschäft nachhaltig verändert. In einer Zeit, in der die Ertragslage problematisch und der Zugang zu Bankkrediten erschwert ist, sind immer mehr Unternehmen auf der Suche nach alternativen Finanzierungsmöglichkeiten. Aus Sicht der Leasinggeber ist zu erwarten, dass vor allem eigenkapitalschwache Unternehmen, denen aufgrund eines schlechten Ratings kein Kredit gewährt wird, zunehmend das Finanzierungsinstrument Leasing nutzen möchten. Leasinggeber werden also verstärkt auch mit Kunden schlechterer Bonität zu tun haben. Die Wahrscheinlichkeit, Unternehmen mit schlechten Risiken im Kundenportfolio zu haben, steigt. Es gilt daher, Möglichkeiten zu finden, die Bonität potenzieller Leasingnehmer auf effiziente Art und Weise zu prüfen und vergleichbar zu machen.

---

[1] Vgl. Bitz/Niehoff (2002), S. 344.
[2] Vgl. ebd., S. 370.

Zwar haben die Leasingunternehmen von Anfang an auf Wirtschaftsinformationen zurückgegriffen, um das spezifische Leasingrisiko abschätzen zu können, doch sind diese in Bezug auf eine schnelle, prägnante und vergleichbare Bewertung der potenziellen Leasingnehmer im Vergleich zum Rating nur bedingt leistungsfähig. Ratingmodelle, wie sie auch von Banken bei der Kreditprüfung eingesetzt werden, sind für die Leasingbranche aber nur schwer handhabbar, da sie zu viel Zeit in Anspruch nehmen und ihre Kosten zu hoch sind. Alternativ bietet sich deshalb vor allem das Auskunftsrating an, welches die spezifischen Anforderungen einer schnellen Bonitätsprüfung im Leasingprozess in besonderem Maße erfüllt. Um die Bedeutung von Auskunftsratings für die Leasingbranche adäquat beleuchten zu können, sollen zunächst die Rahmenbedingungen genauer aufgezeigt werden, die zu dieser Entwicklung geführt haben.

2. Traditionelles Kreditsystem im Umbruch

2.1 Steigende Kreditrisiken

Das gesamtwirtschaftliche Umfeld des Kreditrisikomanagement-Prozesses hat sich in den vergangenen Jahren fundamental gewandelt. Lag die durchschnittliche Insolvenzquote bezogen auf die wirtschaftsaktiven Unternehmen in den 1980er-Jahren noch bei etwa einem Prozent/Jahr, ist die Quote der von Insolvenz betroffenen Betriebe vor allem in der jüngeren Vergangenheit deutlich angestiegen. Manche Branchen erreichen Insolvenzanfälligkeiten von über vier Prozent/Jahr. Im Jahr 2006 wurden insgesamt 31.300 Unternehmen insolvent. Auch wenn sich die konjunkturelle Stimmung in den letzten Monaten aufgehellt hat und die Insolvenzquoten wieder leicht rückläufig sind, bleibt festzustellen, dass sich die „Bonitätswelt" in den letzten Jahren grundlegend verändert hat – übrigens bereits lange vor Basel II. Die Anforderungen an die Kreditrisikovorsorge, die nicht nur für Banken lebensnotwendig ist, sind deutlich gestiegen.

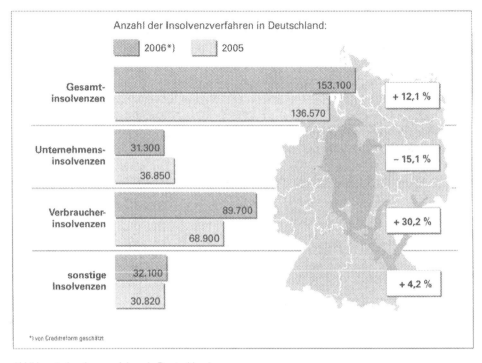

Abbildung 1: Insolvenzverfahren in Deutschland
(Quelle: Creditreform)

Die Summe der Insolvenzschäden beläuft sich für das Gesamtjahr 2006 auf 31,1 Mrd. EUR. Die nach wie vor hohe Zahl von Insolvenzen in Deutschland ist mitverantwortlich für schärfere Bedingungen bei der Kreditprüfung. Es ist verständlich, dass die Kreditvergabe diesen Risiken Rechnung tragen muss, z. B. durch eine intensivere Prüfung des Ausfallrisikos und eine Zurückhaltung bei der Vergabe von Kreditlinien. Eine Anpassung erfolgte bereits im Vorfeld. In den Jahren 2002 bis 2004, also etwa drei Jahre vor Inkrafttreten der neuen Basel-II-Regelungen, kam es zu einem Rückgang der Neukreditvergabe an Unternehmen. In einer Studie der KfW-Bankengruppe zur Unternehmensfinanzierung aus dem Jahr 2006 wurde ermittelt, dass von 6.000 befragten Unternehmen 33 Prozent mit schwierigeren Anforderungen der Banken bei der Kreditvergabe zu kämpfen hatten.[3] Zu vergleichbaren Ergebnissen kommt der DIHK-Mittelstandsreport vom Juli 2006. Auf dem Höhepunkt der „Kreditklemme" wurden bestimmte Branchen nicht mehr extern finanziert.[4]

Zwar gilt die akute Kreditklemme mittlerweile als überwunden, die Anforderungen vor allem an kleine und mittlere Unternehmen im externen Finanzierungsprozess bleiben jedoch hoch. Im Zusammenhang mit Kreditprüfungen gilt es, Transparenz zu zeigen und ei-

---

[3] Vgl. Plattner/Plankensteiner (2006).
[4] Vgl. Hille/Evers (2006).

ne solide Eigenkapitalausstattung vorweisen zu können, um ein positives Rating zu erreichen. Die von den Banken eingesetzten (internen oder externen) Ratingverfahren dienen dazu, die zukünftige Bonität des Kunden so gut wie möglich einzuschätzen. Ausgehend von durchschnittlichen laufzeitbezogenen Marktausfallraten einer Branchengruppe wird mit Hilfe des individuellen Unternehmensratings und unter Einbeziehung von Sicherheiten eine individuelle Risikoprämie für den mittelständischen Firmenkunden ermittelt. Nicht nur die Kreditvergabe an sich, sondern auch die Konditionierung des Kredits ist bonitätsabhängig. Unabhängig von der Ausgestaltung des Ratingverfahrens bedeutet ein niedriges Unternehmensrating ein geringeres Kreditvolumen, höhere zu zahlende Zinsen und damit insgesamt mehr Zurückhaltung der Banken bei der Kreditvergabe.

Das Inkrafttreten der Regelungen von Basel II zu Beginn des Jahres 2007 hat diesen Wandel in der Kreditvergabepraxis manifestiert. Angesichts der chronisch geringen Eigenkapitalausstattung[5] insbesondere kleiner und mittlerer Unternehmen in Deutschland gibt es zahlreiche Betriebe, deren Rating für einen Bankkredit nicht ausreicht.[6] Nach der jüngsten Untersuchung der KfW-Bankengruppe zur Unternehmensfinanzierung haben 42 Prozent der Unternehmen in Deutschland mit Schwierigkeiten in Finanzierungsfragen zu kämpfen. Entsprechend groß ist die Bedeutung des Themas für den deutschen Mittelstand. Die Deutsche Gesellschaft für Familienunternehmen bemängelt, die meisten KMU seien auf schnelle und unbürokratische finanzielle Hilfe angewiesen. Zwischen Unternehmern und Banken habe sich jedoch vielerorts eine große Kluft aufgetan. In vielen Fällen gehe es schlicht um die Existenz. Auch der Sachverständigenrat weist auf die enorme Relevanz der Problematik hin und widmet dem Thema „Unternehmensfinanzierung im Wandel" in seinem 2005 veröffentlichten Jahresgutachten mehr als 40 Seiten. Zur Mittelstandsfinanzierung heißt es dort:

> „Die veränderten Rahmenbedingungen stellen insbesondere die mittelständischen Unternehmen vor neue Herausforderungen. Aufgrund ihrer traditionell starken Abhängigkeit von Bankkrediten waren sie von Veränderungen der Kreditkonditionen besonders stark betroffen. Zwar müssen eine risikogerechte Konditionengestaltung und eine zunehmende Konzentration im Bankensektor nicht zwangsläufig zu schlechteren Kreditkonditionen führen. Jedoch zeigen die Ergebnisse von Unternehmensbefragungen, dass vor allem Mittelständler tatsächlich von einem deutlichen Anstieg der Kreditkosten – in Form höherer Zinskosten und/oder gestiegener Anforderungen bei der Besicherung – betroffen sind oder gar überhaupt keinen Zugang zu Krediten mehr haben."[7]

---

[5] Bei den kleinen und mittleren Unternehmen liegt die durchschnittliche Eigenkapitalquote nur noch bei 7,5 Prozent. Gemessen an der Bilanzsumme erreicht sie nicht einmal ein Drittel des Vergleichswertes der großen Unternehmen.

[6] Welche Bedeutung die Eigenkapitalquote im Zusammenhang mit der Stabilität eines Unternehmens hat, unterstreichen die Bestimmungsfaktoren quantitativer Ratingsysteme. So geht in das von der Ratingagentur Moody's für nicht börsennotierte Unternehmen entwickelte System, das ausschließlich auf Jahresabschlussdaten basiert, der Verschuldungsgrad mit dem größten Gewicht ein (38 Prozent). Dahinter folgen Rentabilität mit 25 Prozent und Produktivität mit elf Prozent.

[7] Sachverständigenrat (2005/2006), S. 473.

Unternehmen ohne Zugang zu Bankkrediten sehen sich nach anderen Finanzierungsquellen um. Leasing gilt dabei als bevorzugte Alternative. In der KfW-Studie zur Unternehmensfinanzierung wurde das Leasing nach der Innenfinanzierung und den Bankkrediten als drittwichtigste Finanzierungsform eingestuft, weit vor Alternativen wie Factoring oder mezzaninen Instrumenten. Wenn nun der Trend zum Leasing durch den Prozess der veränderten Kreditvergabepraxis verstärkt wird, bedeutet dies für die Leasingunternehmen, dass sie sich auf eine tendenzielle Verschlechterung ihrer Kreditportfolios einstellen müssen. Während die guten Risiken bei der Bank bleiben, suchen die schlechteren vermehrt den Leasinggeber.

Diese Veränderungen im Finanzierungsumfeld haben darüber hinaus auch deutliche Auswirkungen auf die Finanzierung der Leasingunternehmen selbst, denn auch sie müssen auf ihr eigenes Rating achten, welches nicht zuletzt durch die Risikostruktur ihres Kundenportfolios bestimmt wird. Die Bonität der Kunden wirkt sich auf die Bonität des Leasinggebers aus. Dies gilt insbesondere auch für Risiken, die sich aus der Granularität des Kreditportfolios ergeben. So erhöht der Ausfall eines Kunden das Risiko eines Lieferantenausfalls. Dadurch erhöht sich das Risiko für den Gläubiger insgesamt. Für das finanzierende Leasingunternehmen ist ein effizientes Kredit- und Forderungsmanagement deshalb von zentraler Bedeutung. Im Folgenden soll daher auf die Vorteile eines adäquaten Kreditmanagementprozesses für die Leasingbranche eingegangen werden.

2.2 Kreditmanagement als Chance

Ein umfassendes Kreditmanagement ist vor dem soeben dargelegten Hintergrund für die Leasingbranche von zentraler Bedeutung. Es reduziert Wertberichtigungen und führt mittelfristig zu einer Verbesserung der Eigenkapitalsituation beim Leasingunternehmen. Durch ein gut dokumentiertes Risikomanagementsystem erreicht das Unternehmen selbst eine positive Wahrnehmung für seine eigene Refinanzierung. Wesentliche Bestandteile des Kreditmanagementprozesses sind neben Bonitätsprüfungen und Auskunftsratings das Erlassen von Organisationsrichtlinien.

Voraussetzung für ein proaktives Kreditrisikomanagement sind in erster Linie aktuelle und umfassende Informationen sowohl über Bestands- als auch über Neukunden. Diese sollten die Grundlage für standardisierte Bewertungsmodelle und Entscheidungsregeln liefern. Von besonderem Vorteil ist hierbei ein DV-System zur automatischen Informationsbeschaffung und Umsetzung der Bewertungsmodelle. Der Kreditmanagementprozess im Leasinggeschäft stellt sich somit in erster Linie als Informationsmanagementprozess dar. Das Leasingunternehmen muss daher Möglichkeiten finden, die Risiken einer Kreditvergabe möglichst schnell, zuverlässig und EDV-gestützt einschätzen zu können.

Für die Entscheidung über Annahme oder Ablehnung eines Leasingvertrags werden heute vielfach Scoringsysteme eingesetzt. Scoring bedeutet dabei, eine optimale Bewertungstabelle für Kunden zu ermitteln und die Kreditentscheidungen auf Basis der ermittelten Scores zu treffen. Als Scoringsystem bezeichnet man entsprechend ein mathematischstatistisches Verfahren, das zur Antragsprüfung und -entscheidung im Standardgeschäft eingesetzt wird und der Vorhersage von künftigem Kundenverhalten dient.[8] Ziel ist die Optimierung und Rationalisierung der Kreditbeurteilung durch die individuelle Zusammenführung interner Antrags- und Auskunftsdaten von Wirtschaftsauskunfteien sowie eine Effizienzsteigerung im Tagesgeschäft durch Vermeidung von Forderungsausfällen und die Erhöhung der Annahmequote. Auch zur Ermittlung individueller, einheitlicher und objektiver Regeln für die Bonitätsprüfung können Scoringsysteme eingesetzt werden.

Der Aufbau eines Firmenscoringsystems setzt allerdings einige Aspekte voraus, die unbedingt berücksichtigt werden müssen. So muss zur Ermittlung der relevanten Merkmale eine repräsentative Stichprobe mit ausreichend Datenumfang und -tiefe ausgewertet werden. Dabei müssen trennscharfe Merkmale ermittelt werden, die direkt und indirekt Aussagen über die zukünftige Zahlungsmoral des Kunden vermuten lassen. Diese werden anschließend in Ausprägungen eingeteilt und mit Punkten versehen. Je höher die Punktebewertung einer Ausprägung ist, umso besser ist die zu erwartende zukünftige Zahlungsmoral. Ein einziges Merkmal reicht allerdings in der Regel nicht aus, um eine genügend genaue Prognose zu erstellen. Im Allgemeinen werden etwa zehn bis 14 Merkmale zu einem so genannten Punktebewertungssystem zusammengefasst. Die Punkte der enthaltenen Merkmale werden addiert und ergeben den Scorewert des jeweiligen Kunden. Die maximal erreichbaren Punkte werden normiert (beispielsweise auf ein Intervall zwischen 0 und 1.000 Punkten). Alle zukünftig vermutlich problematischen Verträge erreichen niedrige Punktsummen, die problemlosen Zahler werden dagegen möglichst hoch bewertet.

Bei der Festlegung der relevanten Merkmale sollten einige Punkte beachtet werden:

- Die Merkmale sollten möglichst nicht manipulierbar sein.
- Sie sollten eindeutig und einfach zu erfassen sein.
- Die einfließenden Informationen, insbesondere von Wirtschaftsauskunfteien, sollten aktuell sein.
- Entscheidend für das Scoringsystem ist zudem, dass die Merkmale in ihren Ausprägungen gute und schlechte Risiken eindeutig voneinander trennen können.

Empfehlenswert ist grundsätzlich die Festlegung der Punktbewertung auf Basis der im Unternehmen gemachten Erfahrungen. So kann beispielsweise eine möglichst große Stichprobe abgelaufener Verträge (gute, schlechte sowie frühzeitig abgelehnte Verträge) zusammengestellt werden, aus denen dann mittels geeigneter mathematisch-statistischer Verfahren die relevanten Merkmale zur Prognose der Zahlungsfähigkeit ermittelt werden. Abbildung 2 zeigt ein Beispiel der Datenbasis einer Score-Entwicklung:

---

[8] Vgl. Rödl (2003).

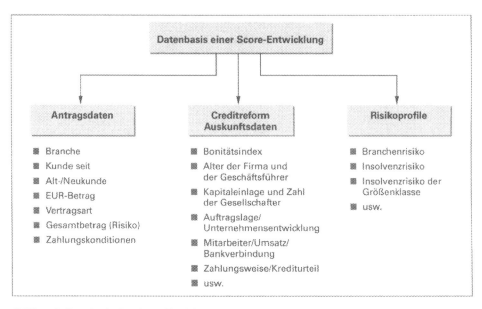

Abbildung 2: Datenbasis einer Score-Entwicklung

Nach Auswertung der Stichprobe, Festlegung der Merkmale und der Funktionsbewertung kann die gegebene Situation grafisch oder tabellarisch dargestellt werden. Auf Grundlage dessen kann eine „theoretische" Fehlerrate festgestellt werden, die den Anteil der falsch eingeordneten Verträge wiedergibt. Für den Praxiseinsatz müssen anschließend mittels einer Verteilungstabelle so genannte Entscheidungsintervalle festgelegt werden. Hierfür wird die Kundenstruktur des Unternehmens berücksichtigt, also der prognostizierte Anteil der möglichen Vertragsabläufe.[9] Alle Verträge im „roten Bereich" werden dann automatisch abgelehnt, alle im „grünen Bereich" automatisch angenommen und die Verträge aus dem „gelben Bereich" werden individuell weiter geprüft. Der Grenzscore für das Rot-Intervall wird dabei so festgelegt, dass die bisherige Ablehnungsrate auch in Zukunft (unter Berücksichtigung der vermutlich zukünftigen Ablehnungen im Gelb- und Grün-Bereich) in etwa erhalten bleibt. Tabelle 1 verdeutlicht beispielhaft diese Punktwertverteilung und das daraus resultierende Entscheidungsverhalten:

Tabelle 1: Punkteverteilung und Entscheidungsverhalten des Scoringsystems (Beispiel)

Punktewert	Entscheidung	Anteil
0–370	Sofort ablehnen	Ca. 13 Prozent
371–550	Manuell weiterprüfen	Ca. 34 Prozent
551–1000	Sofort annehmen	Ca. 53 Prozent

Ca. 66 Prozent aller Leasing-Anträge können automatisch vom Scoringsystem entschieden werden.

---

[9] Beispielsweise: acht Prozent abgelehnte Verträge, zwei Prozent „schlechte" Verträge und 90 Prozent „gute" Verträge.

3. Auskunftsratings: Effiziente und effektive Instrumente zur Beurteilung von Ausfallwahrscheinlichkeiten

Mit dem Begriff *Rating* werden in der Regel zunächst die von AAA bis C bzw. D reichenden Buchstabenkombinationen in Verbindung gebracht, welche die durch Ratingagenturen vergebenen Bonitätseinstufungen von Schuldnern bezeichnen. Ziel des Ratingverfahrens ist eine detaillierte Bestandsaufnahme risikorelevanter Faktoren zur Prognose des Ausfallrisikos. Wie bei der bisherigen, „klassischen" Bonitätsprüfung stützt sich das Rating nicht nur auf quantitative Faktoren wie bilanzielle Informationen (z. B. Rentabilität, Liquidität oder Verschuldung) oder Zahlungsverhalten (z. B. Kontodaten), sondern auch auf qualitative Faktoren des Kreditnehmers. Die „harten Fakten" bilden auch weiterhin die Basis der Risikoeinschätzung. Sie werden aber durch zukunftsorientierte, „weiche" Faktoren wie Managementqualität, Wettbewerbsposition, Branchenentwicklung, Innovationsfähigkeit, Nachfolgeregelung etc. ergänzt. Eine ungeregelte Nachfolge beispielsweise erhöht bei Familienbetrieben das Geschäftsrisiko erheblich. Die Unternehmensperspektiven und die strategische Geschäfts- und Finanzplanung spielen im Ratingverfahren daher eine entscheidende Rolle. Die Analyseergebnisse der quantitativen und qualitativen Faktoren werden dokumentiert, durch Rechenmodelle verknüpft und zu einer Ratingnote zusammengefasst.

Neben diesen **externen** Ratings und den **internen** Ratingverfahren von Banken lässt sich eine weitere Gruppe von Ratings unterscheiden: die so genannten Auskunftsratings. Sie basieren auf den Bonitätsinformationen unabhängiger Wirtschaftsauskunfteien. Verglichen mit internen und externen Ratings haben sie den entscheidenden Vorteil, dass prinzipiell alle Unternehmen über ein solches Rating verfügen. Zudem werden derartige Informationen auch veröffentlicht, was bei klassischen Agenturratings nicht unbedingt der Fall ist. Um die Vorteile eines Auskunftsratings weiter präzisieren zu können, soll im Folgenden zunächst auf die Anforderungen an ein Ratingsystem gemäß Basel II eingegangen werden, bevor die Handhabung eines Auskunftsratings am Beispiel Creditreform verdeutlicht wird.

3.1 Anforderungen an Ratingsysteme gemäß Basel II

Der Begriff „Ratingsystem" umfasst alle Methoden, Prozesse, Kontrollen, Datenerhebungen und DV-Systeme, die zur Bestimmung von Kreditrisiken, zur Zuweisung interner Ratings und zur Quantifizierung von Ausfall- und Verlustschätzungen dienen (Basel II (2003), § 356).

Damit ein Ratingsystem gemäß den Vorgaben von Basel II (2000), § 351, zur Berechnung der Eigenmittelanforderungen für das Kreditrisiko herangezogen werden kann, muss der Bereich der „guten Schuldner" im Falle der Unternehmenskredite aus mindestens sieben

Ratingklassen bestehen. Dazu wird ein zweistufiges Konstruktionsprinzip herangezogen: Im ersten Schritt wird dem Unternehmen ein Score-Wert für die Bonität zugewiesen, sodass die Unternehmen sich in ein Bonitätsranking bringen lassen. Anschließend werden die Ausfälle während eines in der Regel einjährigen Betrachtungszeitraums zugeordnet. Daraus ergibt sich das so genannte **Aufklärungsprofil**. In einem zweiten Schritt werden die gereihten Unternehmen so in Klassen gruppiert, dass sich die gewünschte Anzahl an Ratingklassen mit entsprechenden Eigenschaften ergibt. Dabei wird zusätzlich gefordert,

- dass sich eine sinnvolle Verteilung der Kredite über die Risikoklassen und keine übermäßige Konzentration in einzelnen Klassen ergibt (und zwar sowohl in Bezug auf die Abstufungen zwischen Kreditnehmerratings als auch in der Abstufung der Ratings der Fazilitäten),[10]
- dass genau bezeichnete Ratingdefinitionen, Prozesse und Kriterien für die Zuordnung von Krediten zu den Risikoklassen des jeweiligen Ratingsystems vorliegen, die sowohl plausibel als auch unmittelbar einleuchtend sein und zu einer aussagekräftigen Differenzierung der Risiken führen müssen,[11]
- dass das Verhältnis zwischen den kreditnehmerbezogenen Risikoklassen in Form abgestufter Risikogehalte je Klasse dargelegt wird und das angenommene und gemessene Risiko von einer Risikoklasse zur nächsten in dem gleichen Maße ansteigen muss, wie die Kreditqualität abnimmt. Die Strategie muss dabei das Risiko jeder Klasse deutlich machen, und zwar sowohl in Form einer Darstellung der Ausfallwahrscheinlichkeit, die allen einer bestimmten Risikoklasse zugeordneten Kreditnehmern gemeinsam ist, als auch einer Darstellung der Kriterien, die für die Abstufung der Risikokategorie herangezogen werden.[12]

3.2 Das Auskunftsrating von Creditreform

Die Konkretisierung eines solchen zweistufigen Konstruktionsprinzips soll anhand des Auskunftsratings von Creditreform erfolgen. Dieses wurde von Schwaiger[13] entwickelt und basiert auf dem Bonitätsindex, der Bestandteil der Creditreform-Wirtschaftsauskunft ist. Auskünfte enthalten eine Vielzahl von Einzelinformationen zu Struktur und Finanzsituation, zum Ertrag und zur normativen Kreditbeurteilung, die eine umfassende Beurteilung des fraglichen Unternehmens ermöglichen.

Der Bonitätsindex erlaubt eine schnelle Beurteilung der Kreditwürdigkeit eines Unternehmens. Er fasst alle relevanten Informationen zu einem Wert zusammen, der das abgefragte Unternehmen in Form einer dreistelligen Zahl beurteilt. Vom übrigen Text abgehoben, steht er am Anfang der Auskunft und ermöglicht eine schnelle und sichere Beurteilung der Kreditwürdigkeit. Der Bonitätsindex wird IT-gestützt errechnet und setzt sich aus einer

---

[10] Basel II (2002), § 350, zit. nach Schwaiger (o. J.), S. 4.
[11] Basel II (2002), § 357, zit. nach Schwaiger (o. J.), S. 4.
[12] Basel II (2002), § 344, zit. nach Schwaiger (o. J.), S. 4.
[13] Schwaiger (o. J.).

Vielzahl von Informationen zusammen, welche die Bonität eines Unternehmens beschreiben. Hinter dem Bonitätsindex steht eine lineare Diskriminanzfunktion, anhand derer die einzelnen Risikofaktoren in einem Score-Wert abgebildet werden. Dabei werden insgesamt 15 harte (quantitative) und weiche (qualitative) Risikofaktoren je nach ihrer Relevanz prozentual gewichtet. Im Einzelnen sind dies: Zahlungsweise, Krediturteil, Auftragslage/ Geschäftsgang, Unternehmensentwicklung/Geschäftsentwicklung, Mitarbeiterstruktur, Umsatz/Gesamtleistung, Produktivität als Umsatz pro Mitarbeiter, Eigenkapitalstruktur, Zahlungsverhalten der Kunden, Zahlungsverhalten des Unternehmens, Kapitalumschlag, Rechtsform, Altersstruktur, Gesellschafterstruktur und Branchensituation. Bei der Berechnung des Bonitätsindex gehen je nach Unternehmenstyp und Marktsituation die Zahlungsweise mit 20–24 Prozent sowie das durch Creditreform gegebene individuelle Krediturteil zu 25–30 Prozent in die Berechnung ein. Im Krediturteil werden insbesondere die persönlichen Eindrücke über die Firma bzw. kreditnehmenden Personen und das bisherige Geschäftsgebaren berücksichtigt. Die Umsatz- und Finanzdaten fließen mit ca. 25 Prozent, die Strukturdaten der zu beurteilenden Firmen mit zehn bis 15 Prozent in die Berechnung ein. Die restlichen ca. zehn bis 15 Prozent der Gewichtung gelten für die Einbeziehung von Branchenentwicklungen und Größenklassenmerkmalen. Die gewichteten Faktoren werden anschließend zu einem Gesamtwert zusammengefasst, der in Form einer dreistelligen Zahl dargestellt wird. Je höher der Wert des Bonitätsindex, desto höher ist das Ausfallrisiko des Kunden. Das Bonitätsspektrum reicht von 100, einer sehr guten Bonität, bis 600 – in diesem Fall liegen harte Negativmerkmale vor. Tabelle 2 verdeutlicht die Bedeutung der einzelnen Bonitätsklassen.

Tabelle 2: Beispielhafte Klassifizierung der Ratingklassen des Bonitätsindex
(Quelle: Creditreform)

Ratingklasse	Kreditwürdigkeit	Bonitätsindex
1	Ausgezeichnete Bonität	100–149
2	Sehr gute Bonität	150–200
3+	Gute Bonität	201–250
3	Mittlere Bonität	251–300
3–	Angespannte Bonität	301–350
4	Sehr schwache Bonität	351–499
5	Massive Zahlungsverzüge	500
6	Harte Negativmerkmale	600

Beim Auskunftsrating wird der Bonitätsindex selbst aber nicht direkt als Maß zur Beurteilung der Kreditwürdigkeit verwendet, um die Stichprobe der „guten" von der Stichprobe der „schlechten" Schuldner zu trennen, sondern der Index wird zur Reihung der Unternehmen verwendet. Konkret werden den jeweils am Jahresanfang nach dem Bonitätsindex geordneten Klein- und Mittelunternehmen zur Bestimmung der Ausfallwahrscheinlichkeiten (Probability-of-Default oder kurz: PD) die während der einzelnen Jahre ausgefallenen Unternehmen gegenübergestellt. Daraus werden die Ausfallwahrscheinlichkeiten für die einzelnen Ratingklassen durch Gruppierung der Kreditnehmer in mindestens sieben Ratingklassen[14] (gemäß den Bestimmungen von Basel II) bestimmt, die sich nicht überlappen und das gesamte Ratingspektrum abdecken. Eine derartige als intertemporales Pooling bezeichnete Vorgehensweise steht im Einklang mit den von Basel II (2003) an die PD-Schätzung gestellten Anforderungen: Die PD-Schätzungen müssen einen langfristigen Durchschnittswert der auf ein Kalenderjahr bezogenen, tatsächlichen Ausfallrate der Kreditnehmer in einer Risikoklasse darstellen (Basel II (2003), § 409), zudem muss die Länge der zugrunde liegenden Beobachtungsperiode von wenigstens einer Datenquelle mindestens fünf Jahre betragen (Basel II (2003), § 425). Auch der Umstand, dass die aus diesem Rating abgeleiteten Ausfallwahrscheinlichkeiten (PD) über die Ratingklassen mit Abnahme der Bonität monoton steigen, entspricht den Vorgaben von Basel II (s.o.). Die weitgehende Korrespondenz der Standardausfalldefinition von Basel II (§ 414) mit dem Creditreform/Bonitätsindex von 500–600 wird deutlich, wenn man sich die hinter einem solchen Indexwert stehenden Tatbestände betrachtet:[15] erhebliche Zielüberschreitung bis zu 30 Tagen, erhebliche Zielüberschreitung von mehr als drei Monaten, schleppend, mehrfache Mahnungen, auch Scheckrückgaben, termingebundene Verpflichtungen wurden nicht eingelöst, ein Inkasso-Dienst wurde eingeschaltet, zwangsweise Vorführung zur Abgabe des Vermögensverzeichnisses, Abgabe des Vermögensverzeichnisses, Antrag auf Eröffnung des gerichtlichen Ausgleichsverfahrens, Eröffnung des gerichtlichen Ausgleichsverfahrens, Antrag auf Eröffnung des Konkursverfahrens, Eröffnung des Konkursverfahrens sowie Konkursverfahren mangels Masse abgelehnt.

Im Durchschnitt beträgt die Insolvenzquote etwa 2,5 Prozent.[16] Dieser Wert ist höher als die in öffentlichen Statistiken genannten Zahlen, da neben Konkurs- bzw. Insolvenzverfahren auch andere Negativmerkmale, wie die Abgabe der Eidesstattlichen Versicherung bzw. die Haftanordnung zur Abgabe der Eidesstattlichen Versicherung berücksichtigt werden. Die Trennschärfe des Bonitätsindexes wird daraus sehr deutlich. In der besten Bonitätsklasse erleiden 0,27 Prozent der Unternehmen einen „plötzlichen Herztod". In der schlechtesten Klasse befinden sich Unternehmen, über die bereits deutliche Anzeichen einer drohenden Verschlechterung der Bonität vorliegen. Insbesondere sind hier Inkassomerkmale zu nennen.[17]

3.3 Beurteilung der Güte von Ratingsystemen

Mit Hilfe des beschriebenen Auskunftsratings können im Tagesgeschäft des Leasingunternehmens, wie in Abschnitt 2.2 bereits erläutert, Scoringsysteme entwickelt werden, die eine schnelle und vor allem vergleichbare Einschätzung der Bonität potenzieller Kunden ermöglichen. Doch um mit dem gewählten Ratingsystem den gewünschten Erfolg zu er-

---

[14] Über die sieben geforderten Ratingklassen hinaus kann die Anzahl der Klassen grundsätzlich kundenindividuell modifiziert werden.

[15] Schwaiger/Vernydub (o. J.), S. 6 f.

[16] Vgl. Rödl (2000), S. 8.

[17] Vgl. ebd.

Auskunftsratings für Risikoprüfungen im Leasingprozess

zielen, muss zunächst dessen Güte beurteilt werden. Hierzu soll der so genannte Gini-Koeffizient betrachtet werden.

Dieser ermöglicht eine Aussage über das Ungleichgewicht in Bezug auf ein betrachtetes Merkmal. Im Falle des Bonitätsindex würde also eine Aussage über das Ungleichgewicht in Bezug auf die Konzentration der wirtschaftlichen Ausfälle von Unternehmen, die sich tendenziell aus den schlechteren Risikoklassen ergeben sollten, möglich. Beim Gini-Koeffizienten handelt es sich um ein relatives Konzentrationsmaß, dessen ermittelter Wert zwischen 0 (Gleichverteilung) und 1 (vollkommene Konzentration) liegen kann. Abbildung 3 verdeutlicht beispielhaft eine Verteilung mit einem sehr guten Gini-Koeffizienten. Die Diagonale stellt dabei die Ergebnisse zufälliger Stichproben der zu Beginn eines Jahres beurteilten nicht negativen Unternehmen dar. So werden 20 Prozent der zufällig ausgewählten Unternehmen auch 20 Prozent der Ausfälle bis zum Ende des jeweiligen Jahres aufweisen. Sortiert man die gerateten, nicht negativen Unternehmen dagegen zu Beginn des Jahres entsprechend ihrer Bonität, werden z. B. zehn Prozent der schlechtesten Unternehmen schon 60–70 Prozent der Ausfälle des Jahres enthalten. Die schlechtesten 50 Prozent der sortierten Kunden werden vielleicht schon 90 Prozent der Ausfälle aufweisen.

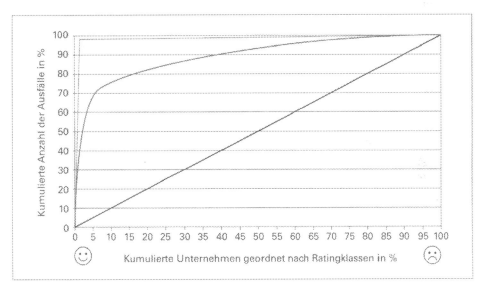

Abbildung 3: Aufklärungsprofil und Gini-Koeffizeint – Verteilung mit sehr gutem Gini-Koeffizienten
(Quelle: Creditreform)

Somit erlaubt der Gini-Koeffizient Aussagen darüber, um wie viel Prozent der Bonitätsindex die Ausfallwahrscheinlichkeit besser voraussagt als ein Zufallsbefund.

Nach gegenwärtiger Auffassung von Bankenaufsicht, Baseler Komitee und Europäischem Parlament spricht man von einem guten Ratingsystem, wenn sich der Erklärungswert oberhalb von 0,7 (> 70 Prozent) befindet. Im Risikomanagement spiegelt ein Wert von über

0,6 (> 60 Prozent) bereits einen guten Wert wider. Ein durchschnittlicher Erklärungswert liegt in etwa zwischen 0,45 und 0,6; Werte unterhalb von 0,45 (< 45 Prozent) beschreiben ein schwaches Prognosegütesystem. Auskunftsratings erreichen Gini-Werte von bis zu 65 Prozent. In Kombination mit Bilanzratings können Gini-Werte von bis zu 75 Prozent erreicht werden.

Durch den Bonitätsindex wird der Analysierende also in die Lage versetzt, die Prognose von Ausfallrisiken zu messen. Abbildung 4 zeigt die Ausfallwahrscheinlichkeit für zwölf aus dem Boniätsindex abgeleitete Ratingklassen:

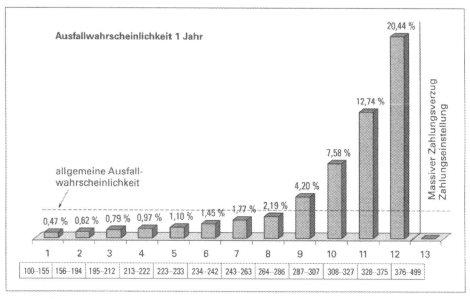

Abbildung 4: Ausfallwahrscheinlichkeiten für zwölf Ratingklassen
(Quelle: Creditreform)

3.4 Das Auskunftsrating im Entscheidungsprozess der Leasinggesellschaft

Bei der Entwicklung von Scoringsystemen hat sich die Einbeziehung von Auskunftsratings als vorteilhaft erwiesen. Neben dem Bonitätsindex werden häufig Daten wie das Zahlungsverhalten, etc. mit im System verwendet (vgl. Abschnitt 2.2). Somit stellen der Bonitätsindex bzw. das darauf aufbauende Auskunftsrating und damit die Auskunftsdaten einen zentralen Parameter für Scoringsysteme dar.

Für die praktische Umsetzung im Entscheidungsprozess der Leasinggesellschaft ist es daher von Vorteil, nach der Programmierung der entsprechenden Scorekarte eine schnelle und stabile Programm-zu-Programm-Kommunikation zwischen dem verwendeten Dialogsystem und dem Zentralrechner der Auskunftei aufzubauen, um den Entscheidungsprozess zu beschleunigen. Die Auskunftsdaten können so in strukturierter und codierter Form empfangen und automatisiert im Scoringsystem verarbeitet werden. Dieses wird wiederum in die Auftragsbearbeitung integriert. Ergänzend kann anschließend eine Kundendatenbank mit den Informationen der Auskunftei aufgebaut werden, welche die Informationsverarbeitung weiter erleichtert. Abbildung 5 veranschaulicht die praktische Anwendung einer automatisierten Scorekarte:

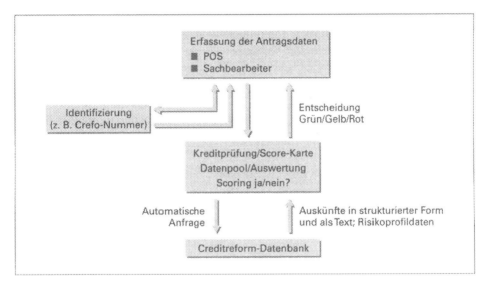

Abbildung 5: Automatisierte Scorekarten-Anwendung

Idealerweise führt eine derartige Implementierung des Scoringsystems in den Entscheidungsprozess in der Praxis dazu, dass der Außendienst des Leasingunternehmens über das Scoringsystem mit der Datenbank der Auskunftei kommuniziert und vor Ort den potenziellen Vertragspartner identifiziert. Dies ermöglicht ein Idealmaß an Information und Risikobewertung noch vor Vertragsabschluss. Überprüfungen aus der Praxis bestätigen zudem, dass ein korrekt implementiertes Scoringsystem mit einer Entwicklungsstichprobe nahezu übereinstimmt.

4. Schlussbemerkungen

Ein effizientes Risikomanagement muss sämtliche Risiken umfassend aufdecken und entsprechende Maßnahmen bereitstellen, Risiken zu vermindern. Dazu gehört der Aufbau interner Frühwarnsysteme. Creditreform entwickelt entsprechende Systeme und fördert damit die Kundenbindung. Intelligente Schnittstellen integrieren die Auskunftsdaten in codierter und strukturierter Form in die Anwendungen der Kunden. Als Beispiel ist das Modul Crefo*sprint* für SAP R/3-Anwender zu nennen. Es bietet die Möglichkeit, Daten aus dem Forderungsmanagement für den Aufbau von Managementinformationssystemen vorzubereiten. Es entstehen Listen, die eine standardisierte Kundenklassifikation aus Risikogesichtspunkten ermöglichen. Durch die Integration der Auskunftsdaten in die Systeme der Kunden wird die Basis für die Weiterentwicklung von Frühwarnsystemen und die Entwicklung von individuellen Scorekarten geschaffen.

Zwei Punkte sprechen für den Einsatz eines Scoringsystems im Leasingprozess: Durch den standardisierten Vorgang bei der Bearbeitung von Leasinganträgen lassen sich im Gegensatz zu traditionellen Prüfmethoden die Prozesskosten deutlich verringern. Darüber hinaus wird natürlich auch bei der Akquisitionsvorbereitung der manuelle Aufwand vermindert. Und schließlich werden durch die Entwicklung einer annähernd optimalen Trennlinie zwischen Befürwortung und Ablehnung eines Geschäfts die Risikokosten gesenkt. Zum zweiten ist der Einsatz eines Scoringsystems unter Marketingaspekten zu betrachten – schließlich geht es ja auch im Leasingbereich um Wettbewerbsvorteile gegenüber Konkurrenten. Hier ist in erster Linie der zeitliche Aspekt als klarer Vorteil zu sehen, wenn die Entscheidungen schneller getroffen werden können. Dies geschieht zunächst durch den Verzicht auf die Bankauskunft, da alle entscheidungsrelevanten Daten bereits vorhanden sind. Die Durchlaufzeiten verkürzen sich dadurch in der Regel um drei bis fünf Tage. Ebenso wird der Entscheidungsprozess insgesamt verkürzt. Nach einer Bearbeitungszeit von weniger als zehn Minuten kann eine Entscheidung über die Kreditvergabe oder einen Leasingantrag getroffen werden. Als weiterer Marketingaspekt ist die Nutzung der gespeicherten Daten für eine gezielte Selektion zu nennen. Aufgrund der großen Datenmenge aus Unternehmens- und Bonitätsdaten ergibt sich eine Vielzahl von Selektionsmöglichkeiten für Akquisitionszwecke. Somit stellt das auskunftsratingbasierte Scoringsystem ein effizientes Instrument für den Einsatz im Standardgeschäft dar und bietet sowohl positive Marketing- als auch Kostenaspekte.

Literatur

BITZ, M./KARIN N. (2002): Wirtschaftliche Analyse des Leasing, in: Krimphove, D./Tytko, D.(Hrsg.): Praktiker-Handbuch Unternehmensfinanzierung. Kapitalbeschaffung und Rating für mittelständische Unternehmen, Stuttgart 2002.

HILLE, H./EVERS, M. (2006): Mittelstandsreport. Ergebnisse einer DIHK-Unfrage bei den Industrie- und Handelskammern, Berlin/Brüssel 2006 (Sommer).

KFW, CREDITREFORM, IFM, RWI, ZEW (Hrsg.) (2006): Konjunkturaufschwung bei anhaltendem Problemdruck – Mittelstandsmonitor 2006 – Jährlicher Bericht zu Konjunktur- und Strukturfragen kleiner und mittlerer Unternehmen, Frankfurt/Main 2006.

PLATTNER, D./PLANKENSTEINER, D. (2006): Unternehmensbefragung 2006. Studie der KfW-Bankengruppe, Frankfurt/Main 2006.

RÖDL, H. (2000): Redemanuskript: Bonitätsprüfung durch Scoring Systeme – Informationsprodukte und Entscheidungssysteme für die Risikoprüfung. Vortrag im Rahmen der Fachkonferenz „Leasing Geschäft der Zukunft Internationalisierung – Operate Leasing – Ecommerce", Frankfurt/Main 2000.

RÖDL, H. (2003): Kunden-Rating in der Leasingbranche – Entscheidungssysteme für die Risikoprüfung. Vortrag im Rahmen der 6. LeaSoft-Leasing-Symposium-Fachtagung, Kloster Banz/Ofr. 2003.

RÖDL, H. (2005): Redemanuskript: Zwischen Konjunktur und Konkurs – Zur wirtschaftlichen und finanziellen Lage des Mittelstands, o. O. 2005.

RÖDL, H. (o. J.): Externes Rating für den Mittelstand, o. O. u. J.

SACHVERSTÄNDIGENRAT ZUR BEGUTACHTUNG DER GESAMTWIRTSCHAFTLICHEN ENTWICKLUNG (2005/2006): Die Chance nutzen – Reformen mutig voranbringen. Jahresgutachten 2005/2006.

SCHWAIGER, W. S. A. (o. J.): Vorlesungsskript: Konstruktion und Güte von Ratingsystemen, Wien o. J.

SCHWAIGER, W. S. A./ANDRIY VERNYDUB (o. J.): Vorlesungsskript: Auswirkungen von Basel II auf den Mittelstand nach Bundesländern und Branchen. Wien o. J.

Kauf, Miete oder Leasing im internen Rating

Eberhard Brezski

1. Einleitung
2. Systematik des internen Rating
3. Kauf, Miete oder Leasing im internen Rating
    3.1 Vorbemerkung
    3.2 Kauf im internen Rating
    3.3 Miete im internen Rating
    3.4 Leasing im internen Rating
4. Fazit

1. Einleitung

Mit der Ankündigung von Basel II und der Einführung der internen Ratingsysteme gewinnt für Unternehmen – und dies gilt insbesondere für mittelständische Unternehmen – die Aufgabe eines aktiven Bilanzstruktur- und Finanzmanagements an Bedeutung. Denn alle Finanzierungsentscheidungen des Unternehmens wirken sich unmittelbar im Rating aus und beeinflussen damit die Beurteilung des Unternehmens durch Banken oder anderen Marktteilnehmern. So kann sich z. B. ein schlechtes Rating dahingehend auswirken, dass das Unternehmen bei neuen Darlehen höhere Kreditzinsen in Kauf nehmen muss, eventuell Probleme bei der Kreditvergabe bekommt oder aber keinen bzw. nur einen eingeschränkten Zugang zu kapitalmarkt- und damit ratingorientierten Finanzierungsprodukten erhält. Es ist ohne weiteres nachvollziehbar, dass damit auch der unternehmerische Entscheidungsspielraum eingeengt wird.

Für die Unternehmen bedeutet dies, dass sie sich mit den Auswirkungen der verschiedenen zur Verfügung stehenden Finanzierungsalternativen im Rating auseinandersetzen müssen. Dies gilt insbesondere auch für die grundsätzliche Wahl zwischen Kauf, Miete oder Leasing bei anstehenden Investitionen in das Anlagevermögen. In vielen Veröffentlichungen der Tagespresse wurde diesbezüglich in der Vergangenheit eine gewisse Präferenz für das Leasing kommuniziert. Begründet wurde dies damit, dass das Leasing eine Off-Balance-Finanzierung sei und damit die Eigenkapitalquote als eine der wichtigen Kennzahlen im Rating nicht beeinträchtigt wird. Ist diese Entscheidung wirklich so einfach? Ohne den folgenden Ausführungen vorgreifen zu wollen, kann aber bereits an dieser Stelle auf berechtigte Zweifel an einer derart vereinfachten Argumentation hingewiesen werden. Schließlich besteht das Rating nicht nur aus einer Kennzahl, sondern aus einem Kennzahlensystem, welches ein zutreffendes holistisches Bild von den wirtschaftlichen Verhältnissen des Unternehmens sowie den bestehenden Ausfallrisiken zeigen und in einer Ratingnote verdichten will.

Daher sollen in den folgenden Abschnitten die Auswirkungen der drei Alternativen Kauf, Miete und Leasing im Rating des Deutschen Sparkassen- und Giroverbands (DSGV), welches bei den Sparkassen und partiell bei den Landesbanken zum Einsatz kommt, exemplarisch diskutiert werden. Die Zielsetzung ist dabei nicht die Erstellung einer „Regieanweisung für das Rating". Dies würde auch nicht funktionieren, da dafür zu viele Aspekte im Rahmen eines Ratings zu beachten sind. Es geht vielmehr um die Vermittlung jenes Wissens, welches den Unternehmen eine sachgerechtere Auseinandersetzung mit dem Zusammenspiel von Finanzierungsalternativen und Rating gestattet.

2. Systematik des internen Rating

Wie alle anderen Ratingsysteme besteht auch dieses Rating aus einem Bilanzrating und der Bewertung der qualitativen Faktoren, die gemeinsam das Basisrating des Unternehmens ergeben (vgl. Abbildung 1). Im Folgenden soll dabei nur auf das Bilanzrating eingegangen werden, da die qualitativen Faktoren für die Diskussion der drei Finanzierungsalternativen nicht relevant sind.

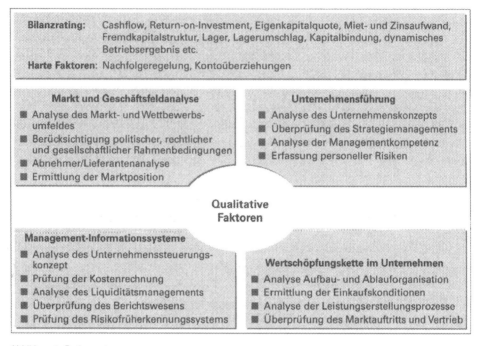

Abbildung 1: Ratingsystem

Das Bilanzrating basiert auf dem letzten Jahresabschluss oder gegebenenfalls Zwischenabschlüssen, deren Zahlen im Rahmen der Bilanzauswertung in das System übernommen werden. Inhaltlich besteht das Bilanzrating aus drei Blöcken von Kennzahlen, die die wirtschaftliche Situation des Unternehmens und die daraus resultierende Ausfallwahrscheinlichkeit der Kredite erfassen sollen:

- Vermögenslage: Diese wird dargestellt durch die Relation von Bilanzgrößen zueinander oder durch eine Relation von Bilanz- und Erfolgsposten zueinander. Kennzahlen in diesem Block sind unter anderem die in der folgenden Tabelle 1 wiedergegebenen.

Tabelle 1: Einzelne Ratingkennzahlen zur Vermögenslage

Kennzahl	Definition
Eigenkapitalquote	Wirtschaftliches Eigenkapital/Bilanzsumme
Liquiditätskennzahl	Flüssige Mittel/Bilanzsumme
Kapitalbindung	Kurzfristige Verbindlichkeiten/Gesamtleistung

- Ertragslage: Diese wird durch die Relation verschiedener Ertragsgrößen zueinander dargestellt. Beispiele hierfür sind in der Tabelle 2 wiedergegeben.

Tabelle 2: Einzelne Ratingkennzahlen zur Ertragslage

Kennzahl	Definition
Return-on-Investment	Betriebsergebnis/Bilanzsumme
Zinsaufwandsquote	Zinsaufwand/Gesamtleistung
Mietaufwandsquote	Mietaufwand/Gesamtleistung

- Finanzlage: Die Kennzahlen in diesem Block, von denen einige in der nachfolgenden Tabelle 3 angegeben sind, sollen letztlich die Fähigkeit des Unternehmens zur Schuldentilgung wiedergeben.

Tabelle 3: Einzelne Ratingkennzahlen zur Finanzlage

Kennzahl	Definition
Cashflow-Kennzahl	Cashflow/(Fremdkapital – Flüssige Mittel)
Dynamisches Betriebsergebnis	Betriebsergebnis/Kurzfristiges Fremdkapital

Jeder Kennzahl im Ratingsystem – von denen hier lediglich die wichtigsten für die nachfolgende Diskussion dargestellt wurden – kommt dabei zunächst eine eigenständige Bedeutung zu. Diese ergibt sich aus ihrem Informationsgehalt hinsichtlich der Analyse der wirtschaftlichen Stabilität des Unternehmens und damit letztlich für die Beurteilung des potenziellen Kreditausfallrisikos. Daher wurden die Kennzahlen methodisch so abgeleitet, dass sie zum einem ein ganzheitliches Bild des Unternehmens zeichnen und zum anderen in Bezug auf die Bestimmung der Ausfallwahrscheinlichkeit besonders aussagekräftig sind. Um den jeweiligen Unternehmenstypen (z. B. Produktionsbetrieb, Handelsunternehmen) Rechnung zu tragen, unterscheiden sich die Kennzahlen ferner auch noch diesbezüglich in ihrer Wertung bzw. Bedeutung.

Diese eigenständige Bedeutung wird beispielhaft anhand der folgenden Kennzahlen kurz skizziert:

- Die **Eigenkapitalquote** gibt aufgrund der dem Eigenkapital zugeschriebenen Funktionen (z. B. Verlustauffangfunktion, Gläubigerschutzfunktion etc.) Aufschluss über die finanzielle Stabilität des Unternehmens. Die Kernaussage lautet dabei: Je höher die Eigenkapitalquote, desto höher ist die finanzielle Stabilität.
- Die **Kapitalbindung** gibt an, welcher Anteil der Gesamtleistung demnächst zur Tilgung der kurzfristigen Verbindlichkeiten benötigt wird.
- Der **ROI** ist ein Indikator dafür, wie effizient das Unternehmen mit dem zur Verfügung stehenden Kapital arbeitet.
- Die **Mietaufwendungen** (incl. der Leasingzahlungen) sind ein Indikator für die Höhe des Fixkostenanteils an der Gesamtleistung.
- Die **Cashflow-Kennzahl** gibt letztlich Auskunft über die Schuldentilgungskraft des Unternehmens.

Seinen Feinschliff erhält das Bilanzrating aber erst aus dem Bezug der Kennzahlen untereinander. Schließlich sind diese nicht unabhängig voneinander, sondern stehen in einem gewissen Wirkungszusammenhang. Dies bedeutet, dass sich – wie auch in den folgenden Abschnitten deutlich werden wird – finanzielle Maßnahmen des Unternehmens zwar auf eine wichtige Kennzahl positiv auswirken können, wohingegen andere Kennzahlen negativ beeinflusst werden. Dies kann dazu führen, dass der positive Effekt bei der einen Kennzahl – trotz ihrer hohen eigenständigen Bedeutung – durch die negativen Effekte bei den anderen überschrieben wird. Die eigenständige Bedeutung der einzelnen Kennzahlen kann sich damit durch ihren Bezug untereinander relativieren. Gleiches gilt auch für Veränderungen im Zeitablauf bei den verschiedenen Kennzahlen. Auch hierdurch kann sich die Bedeutung der einzelnen Kennzahlen relativieren und ein anderes Gesamtbild des Unternehmens ergeben. In diesem Zusammenhang ist auch darauf hinzuweisen, dass die Ausgangssituation des Unternehmens und das Ausmaß der Änderung von Kennzahlen die Auswirkungen von finanziellen Entscheidungen des Unternehmens im Rating zumindest partiell beeinflussen. Wirtschaftlich gesunde sowie stabile Unternehmen verkraften einmalige und kleinere finanzielle Fehlentscheidungen im Rating eher als solche, deren Bilanzrating schon deutliche Risikofaktoren aufzeigen.

Diese Aspekte müssen Unternehmen berücksichtigen, sofern sie bei ihren Finanzierungsentscheidungen auch die Auswirkungen im Rating adäquat berücksichtigen wollen.

3. Kauf, Miete oder Leasing im internen Rating

3.1 Vorbemerkung

An dieser Stelle soll in Form einer Tabelle kurz dargestellt werden, an welchen Stellen im Jahresabschluss der Kauf, die Miete und das Leasing sichtbar werden. Dadurch wird die anschließende Diskussion der Auswirkungen im Rating erleichtert.

Tabelle 4: Kauf, Miete und Leasing im Jahresabschluss

	Bilanzierung	G&V-Rechnung
Kauf	Aktivierung, Bilanzverlängerung	Abschreibungen, Zinsen
Mietkauf	Aktivierung, Bilanzverlängerung	Abschreibungen, Zinsen
Miete	Bilanzneutral	Mieten
Leasing	Bilanzneutral	Leasingraten

Darüber hinaus sei an dieser Stelle ein kurzes Beispiel angeführt, welches als Ausgangs- bzw. Vergleichspunkt für die folgende Diskussion der Auswirkungen im Rating herangezogen werden wird.

Tabelle 5: Bilanz (Ausgangsbeispiel), in TEUR

Aktiva		Passiva	
Anlagevermögen	3.600	Eigenkapital	3.800
Umlaufvermögen	9.400	langfristige Verbindlichkeiten	3.200
Kasse	150	kurzfristige Verbindlichkeiten	6.150
Bilanzsumme	**13.150**	**Bilanzsumme**	**13.150**

Tabelle 6: GuV (Ausgangsbeispiel), in TEUR

Umsatz	23.500
Bestandsveränderung	250
Gesamtleistung	**23.750**
Materialaufwand	16.500
Rohertrag	**7.250**
Personalaufwand	3.300
Abschreibung	400
Mieten	300
sonstiger Betriebsaufwand	2600
Teil-Betriebsergebnis	**650**
Finanzierungsergebnis	390
Betriebsergebnis	**260**

Tabelle 7: Ratingkennzahlen (Ausgangsbeispiel)

Ratingkennzahlen	
Eigenkapitalquote	0,29
Liquiditätskennzahl	0,01
Kapitalbindung	0,26
Return-on-Investment	0,02
Zinsaufwandsquote	0,02
Mietaufwandsquote	0,01
Cashflow-Kennzahl	0,07
Dynamisches Betriebsergebnis	0,04

Das Beispiel bezieht sich auf ein Produktionsunternehmen, dessen aktuelle wirtschaftliche Verhältnisse (Bilanz, GuV und Ratingkennzahlen) in den Tabellen 5 bis 7 dargestellt sind. Dieses Unternehmen möchte nun eine Erweiterungsinvestition in der Größenordnung 1.500 TEUR vornehmen und vergleicht unter dem Gesichtspunkt der Ratingoptimierung die Auswirkungen der hier diskutierten Finanzierungsalternativen.

Im Hinblick auf die Auswirkungen der Investition in der Gewinnverlustrechnung wird unterstellt, dass sich der Umsatz um 700 TEUR erhöht und der Materialaufwand prozentual gleich bleibt. Alle anderen Aufwandsposten werden – mit Ausnahme der Posten, die sich in Abhängigkeit von der gewählten Finanzierungsform ändern – als konstant unterstellt. Ferner wird aus Gründen der Einfachheit auf eine Gewinnthesaurierung verzichtet. Ebenso werden steuerliche Unterschiede zwischen den Varianten an dieser Stelle nicht dargestellt, da sie für die stattfindende Diskussion von untergeordneter Bedeutung sind.

3.2 Kauf im internen Rating

In Abschnitt 2 wurde skizziert, dass die Auswirkungen einer finanziellen Entscheidung auf das Rating insbesondere auch durch den Bezug der Kennzahlen untereinander determiniert werden. Diesbezüglich sind hinsichtlich des Kaufs zwei grundsätzliche Aspekte zu beachten:

- Ausmaß und Geschwindigkeit, mit welcher die Investition erfolgswirksam wird

  Eine Investition, die sich nicht zeitnah in höhere Umsätze und Gewinne umsetzen lässt, wird sich bei einem Kauf zunächst tendenziell eher negativ im Bilanzrating auswirken. Dies ist darauf zurückzuführen, dass die Zukunftsaspekte der Investition zunächst nur im Rahmen des qualitativen Rating erfasst werden und sich einige Ratingkennzahlen durch diese Maßnahmen erst einmal verschlechtern werden. Bei einer richtigen Investitionsentscheidung sollte dies aber nur temporärer Natur sein.

- Art und Weise, wie die Investition finanziert wird

  Diesbezüglich lassen sich – soweit es Fremdkapital betrifft – drei Varianten unterscheiden:

  - Finanzierung der Investition aus dem Betriebsmittelbereich
  - Finanzierung der Investition durch ein langfristiges Darlehen
  - Finanzierung der Investition durch Mezzanine-Kapital

  Die Auswirkungen dieser Varianten werden nachfolgend skizziert.

1. Kurzfristige Finanzierung der Investition

Obwohl der Grundsatz einer fristenkongruenten Finanzierung allgemein bekannt und akzeptiert ist, lässt sich im Mittelstand öfter eine kurzfristige Finanzierung von langfristigen Investitionen beobachten. Insoweit ist dies keineswegs ein theoretischer Fall, der im folgenden Beispiel abgebildet wird. Für die Darstellung der Finanzierung werden ein Zinssatz von sieben Prozent und eine Abschreibung von 150 TEUR angenommen.

Welche Auswirkungen hat nun eine solche Finanzierung? Zunächst verlängert sich die Bilanz um die Investitionssumme, sodass auf alle Fälle die Eigenkapitalquote sinkt. Darüber steigen die kurzfristigen Verbindlichkeiten in einem stärkeren Ausmaß als die Gesamtleistung, sodass sich auch die Kapitalbindung des Unternehmens verschlechtert. Das Umsatzwachstum führt zu einem besseren Betriebsergebnis. Dieses steigt von 260 TEUR auf 265 TEUR. Aufgrund der gestiegenen Abschreibungen und des Betriebsergebnisses ergibt sich eine leichte Verbesserung bei der Cashflow-Kennzahl. Das dynamische Betriebsergebnis sinkt dagegen.

Tabelle 8: Ratingkennzahlen bei einem kurzfristig finanzierten Kauf

Ratingkennzahlen	Ausprägung	Veränderung
Eigenkapitalquote	0,26	negativ
Liquiditätskennzahl	0,01	gleich
Kapitalbindung	0,31	negativ
Return-on-Investment	0,02	gleich
Zinsaufwandsquote	0,02	gleich
Mietaufwandsquote	0,01	gleich
Cashflow-Kennzahl	0,08	positiv
Dynamisches Betriebsergebnis	0,03	negativ

Eine solche Finanzierung wird sich – wie leicht nachzuvollziehen ist – in der Regel gegenüber dem Status quo negativ auf das Bilanzrating auswirken. Die hierdurch hervorgerufenen Verwerfungen in der Bilanz- und Finanzierungsstruktur des Unternehmens sind zu stark, als dass sie die Ratingkennzahlen nicht beeinträchtigen würden.

2. Langfristige Finanzierung der Investition

Bei einer fristenkongruenten Finanzierung der Investition durch ein langfristiges Darlehen ergibt sich dagegen wieder ein ganz anderes Bild. Sicherlich sinkt auch hier die Eigenkapitalquote aufgrund der Bilanzverlängerung. Aufgrund der Einhaltung der Finanzierungsregeln ergeben sich aber keine weiteren Verwerfungen in der Bilanz- und Finanzierungsstruktur. Vielmehr lassen sich noch positive Effekte feststellen:

- Die Kapitalbindung verbessert sich, da ein geringerer Anteil der Gesamtleistung zur Rückführung der kurzfristigen Verbindlichkeiten benötigt wird.
- Die Cashflow-Kennzahl verbessert sich auch hier aufgrund der erhöhten Abschreibungen und des verbesserten Betriebsergebnisses (aufgrund der niedrigeren Zinsen steigt es auf 287 TEUR).
- Auch das dynamische Betriebsergebnis verbessert sich leicht, da die kurzfristigen Verbindlichkeiten nicht gestiegen sind.

Tabelle 9: Ratingkennzahlen bei langfristiger Finanzierung des Kaufs

Ratingkennzahlen	Ausprägung	Veränderung
Eigenkapitalquote	0,26	negativ
Liquiditätskennzahl	0,01	gleich
Kapitalbindung	0,25	positiv
Return-on-Investment	0,02	gleich

Zinsaufwandsquote	0,02	gleich
Mietaufwandsquote	0,01	gleich
Cashflow-Kennzahl	0,08	positiv
Dynamisches Betriebsergebnis	0,05	positiv

In der Summe dürften sich die unterschiedlichen Effekte bei den Ratingkennzahlen so auswirken, dass sich im Vergleich zur Ausgangsposition keine Verschlechterung beim Bilanzrating ergeben sollte. Dies gilt jedoch nur für das vorliegende Beispiel. Es lassen sich aber auch Situationen vorstellen, in denen aufgrund von hohen Vorlaufinvestitionen zunächst eine leichte Verschlechterung eintreten kann. Natürlich ist auch der Fall denkbar, dass eine Investition sehr schnell erfolgswirksam wird und sich schon gleich positiv auswirkt. Konkret kann dies nur anhand der Ausgangsposition des Unternehmens und seiner Planzahlen beurteilt werden. Wesentliches Ergebnis ist jedoch, dass sich ein fristenkongruent finanzierter Kauf keineswegs negativ auf das Unternehmensrating auswirken muss. Ähnliches ist – aufgrund der gleichen Wirkungsstruktur – für den Mietkauf zu konstatieren.

An dieser Stelle soll abschließend noch kurz auf das Schuldscheindarlehen eingegangen werden, welches seit einiger Zeit verstärkt im Mittelstand angeboten wird und sich zunehmender Beliebtheit erfreut. Schuldscheindarlehen sind langfristige Darlehen, die aufgrund eines Schuldscheins am Kapitalmarkt platziert werden. Ihre Wirkungsweise im Rating entspricht damit grundsätzlich der des oben skizzierten langfristigen Darlehens. Für das Unternehmen ergeben sich allerdings insoweit Vorteile, als es seine Finanzierungsquellen durch den Zugang zum Kapitalmarkt erweitert und Schuldscheine in der Regel unbesichert sind. Dieser Vorteil hat allerdings seinen Preis. Der Zins für Schuldscheindarlehen liegt tendenziell zwischen 1–1,5 Prozent über dem Zins eines unbesicherten Darlehens. Im Ergebnis führt das Schuldscheindarlehen daher im Vergleich zum klassischen Darlehen zu einem etwas geringeren Betriebsergebnis. Welche Auswirkungen sich hieraus für das Rating ergeben, kann nur im konkreten Einzelfall festgestellt werden.

Auch der Mietkauf entspricht in seiner Wirkungsstruktur dem Kauf mit einem langfristigen Darlehen, sodass auf diese Finanzierungsform nicht gesondert eingegangen werden soll.

3. Finanzierung der Investition durch Mezzanine-Kapital

Bei einer Finanzierung der Investition durch Mezzanine-Kapital mit einem angenommenen Zinssatz von 8,5 Prozent ergibt sich wiederum ein etwas anderes Bild. Dies liegt daran, dass Mezzanine-Kapital je nach Ausgestaltung dem (wirtschaftlichen) Eigenkapital zugerechnet wird. Allerdings sind noch Unterschiede in der Anerkennung zwischen den Banken zu beobachten. Für das Unternehmen bedeutet dies, dass es mit seinen Hausbanken die Kriterien, die für eine Anerkennung als Eigenkapital im Rating nötig sind, klären muss. Nur dann kann es sicherstellen, dass die nachfolgend skizzierten und in der Tabelle 10 abgebildeten Effekte erzielen kann.

Tabelle 10: Ratingkennzahlen bei einer Mezzanine-Finanzierung des Kaufs

Ratingkennzahlen	Ausprägung	Veränderung
Eigenkapitalquote	0,36	positiv
Liquiditätskennzahl	0,01	gleich
Kapitalbindung	0,25	positiv
Return-on-Investment	0,02	gleich
Zinsaufwandsquote	0,02	gleich
Mietaufwandsquote	0,01	gleich
Cashflow-Kennzahl	0,09	positiv
Dynamisches Betriebsergebnis	0,04	gleich

Im vorliegenden Beispiel führt die Finanzierung mit Mezzanine-Kapital dazu, dass die Eigenkapitalquote stark steigt. Auch die Kapitalbindung und die Cashflow-Kennzahl verbessern sich, während alle anderen Kennzahlen sich gegenüber der Ausgangssituation nicht ändern. Im Endeffekt wird diese Finanzierung – trotz des geringeren Betriebsergebnisses aufgrund der höheren Zinsbelastung – wohl zu einer Verbesserung des Bilanzrating führen. Gerade bei stark wachsenden Unternehmen ist eine derartige Finanzierung dazu geeignet, die Ratingnote zu stabilisieren, da dadurch die Eigenkapitalquote entsprechend dem Bilanzwachstum gestaltet werden kann. Allerdings muss jedes Unternehmen beachten, dass Mezzanine-Kapital relativ teuer ist und am Ende der Laufzeit (in der Regel sieben bis acht Jahre) zurückgezahlt werden muss. Insoweit ist es nur für Unternehmen mit einem stabilen positiven Cashflow geeignet.

Darüber hinaus ist an dieser Stelle darauf hinzuweisen, dass Mezzanine-Kapital häufig auch in Verbindung mit einem Darlehen eingesetzt wird. Dies führt dazu, dass sich die oben abgebildeten Effekte nicht in diesem Ausmaß realisieren lassen.

Im Ergebnis zeigt diese Diskussion der verschiedenen Möglichkeiten zur Finanzierung eines Kaufs, dass die Auswirkungen im Bilanzrating wesentlich durch die Wahl des Finanzierungsinstruments bzw. deren Kombination abhängt. Für ein Unternehmen bedeutet dies, dass es vor dem Hintergrund seiner aktuellen Bilanz- und Finanzierungsstruktur das geeignete Instrument bestimmen muss.

3.3 Miete im internen Rating

Die Wirkungsstruktur der Miete unterscheidet sich grundsätzlich von der des Kaufs. Dies ist darauf zurückzuführen, dass die Miete bilanzneutral ist und kein Eigentumsübergang stattfindet. Die Bilanzierung von Anschaffungskosten und Verbindlichkeiten entfällt somit. Dementsprechend führt sie auch nicht zu einer Bilanzverlängerung, die die Eigenkapitalquote sinken lässt. In die Miete selber fließen – wie auch bei der Leasingrate – die Amortisation, die Zinsen und das Verwaltungshonorar ein.

Unmittelbar wirkt sich die Miete nur in der Gewinn- und Verlustrechnung aus, indem dort gegenüber der Ausgangssituation höhere Mietaufwendungen entstehen. Den erhöhten Aufwendungen stehen aber höhere Umsätze gegenüber, die durch die Investition erzielt werden. Die im Beispiel unterstellte zusätzliche Miete von 150 TEUR würde sich letztlich wie folgt im Rating auswirken (vgl. Tabelle 11):

- Die Kapitalbindung verbessert sich etwas, da die gestiegene Gesamtleistung zu den in ihrer Höhe unveränderten kurzfristigen Verbindlichkeiten in Beziehung gesetzt wird.
- Die Mietaufwandsquote verschlechtert sich etwas.
- Der Return-on-Investment, die Cashflow-Kennzahl und das dynamische Betriebsergebnis ändern sich ebenfalls positiv.

Tabelle 11: Ratingkennzahlen im Fall der Miete

Ratingkennzahlen	Ausprägung	Veränderung
Eigenkapitalquote	0,29	gleich
Liquiditätskennzahl	0,01	gleich
Kapitalbindung	0,25	positiv
Return-on-Investment	0,02	gleich
Zinsaufwandsquote	0,02	gleich
Mietaufwandsquote	0,02	negativ
Cashflow-Kennzahl	0,08	positiv
Dynamisches Betriebsergebnis	0,05	positiv

Im Ergebnis wird sich die Miete in der vorliegenden Datenkonstellation wohl tendenziell im Rating neutral bis positiv auswirken. Es sind aber auch Situationen denkbar, in denen sich eine Miete eher negativ im Rating auswirkt. Dies ist insbesondere dann der Fall, wenn ein Unternehmen bereits hohe Mietverpflichtungen eingegangen ist und diese weiter erhöht. Die hohen fixen Zahlungsverpflichtungen stellen dann einfach – sofern die Ergebnisse des Unternehmens rückläufig sind – ein potenzielles Risiko in Bezug auf die Zahlungsfähigkeit des Unternehmens dar.

3.4 Leasing im internen Rating

Das Leasing ist – wie auch die Miete – bilanzneutral. Dies bedeutet, dass auch das Leasing nur in der Gewinn- und Verlustrechnung ausgewiesen wird. Der Ausweis erfolgt dabei unter den Mietaufwendungen. Dementsprechend werden die Leasingaufwendungen im Rating auch durch die Mietaufwandsquote abgebildet. Im Gegensatz zu anderen Ratingsystemen erfolgt keine Rückrechnung des Leasings in die Bilanz. Allerdings wird dies durch die spezifische Bedeutung der Mietaufwandsquote kompensiert.

Betrachtet man das vorliegende Beispiel, so zeigt sich das in diesem Fall das Leasing wohl tendenziell eher neutral bis positiv im Rating des Unternehmens auswirken dürfte.

Dies ist der Fall, weil sich lediglich der Mietaufwand verschlechtert, während sich Kapitalbindung, Cashflow-Kennzahl und das dynamische Betriebsergebnis etwas verbessern (vgl. hierzu Tabelle 12).

Tabelle 12: Ratingkennzahlen im Falle des Leasings

Ratingkennzahlen	Ausprägung	Veränderung
Eigenkapitalquote	0,29	gleich
Liquiditätskennzahl	0,01	gleich
Kapitalbindung	0,25	positiv
Return-on-Investment	0,02	gleich
Zinsaufwandsquote	0,02	gleich
Mietaufwandsquote	0,02	negativ
Cashflow-Kennzahl	0,08	positiv
Dynamisches Betriebsergebnis	0,05	positiv

Eine solche Wirkung des Leasings ist aber keineswegs selbstverständlich. Vielmehr kann man auch beobachten, dass sich Leasingfinanzierungen negativ im Rating auswirken. Dies ist insbesondere dann der Fall, wenn die Unternehmen bereits in der Vergangenheit aufgrund von hohen Leasingquoten hohe laufende Zahlungsverpflichtungen aufgebaut haben. Dies ist kein Problem, solange die Unternehmen im Umsatz und im Ergebnis wachsen. Bei einer rückläufigen Entwicklung steigt dann aber schnell das Risiko der Zahlungsunfähigkeit.

Interessant ist in diesem Zusammenhang auch zu erwähnen, dass sich die seit einigen Jahren beliebten Sale-and-Lease-back-Transaktionen nicht immer positiv auf das Rating auswirken. Hier gilt der oben angeführte Aspekt ebenfalls. Entstehen aus einer solchen Transaktion hohe laufende Zahlungsverpflichtungen, so ist dies eine Risikoposition, die sich im Rating entsprechend auswirken wird. Davon ungeachtet können solche Transaktionen aber aus anderen Gründen positiv sein und damit aus Gesamtunternehmerischer Sicht eine Umsetzung begründen.

Insgesamt gesehen sollten Unternehmen daher das Thema Leasing mit sehr viel Augenmaß angehen. Zweifellos ist es eine interessante Finanzierungsoption, doch führt die Bilanzneutralität keineswegs automatisch zu einer besseren Ratingnote.

4. Fazit

Im Vergleich der verschiedenen Finanzierungsinstrumente wird deutlich, dass keines dieser Instrumente per se einen Vorteil oder einen Nachteil in Bezug auf das Rating hat. Vielmehr kommt es darauf an, welche Ausgangssituation das Unternehmen hat und wie sorgfältig es die Finanzierung von Investitionen plant sowie durchführt.

Hierbei sollten sich Unternehmen insbesondere vor einfachen „Rezepten" in Bezug auf das Rating hüten. Solche „Rezepte" haben – wie so oft im Leben – nur eine begrenzte Gültigkeit und können daher schnell zu Fehlentscheidungen führen. Stattdessen sollten die Unternehmen die bekannten Finanzierungs- und Bilanzstrukturregeln beachten. Dies wird vor allem deutlich bei der häufig zu beobachtenden kurzfristigen Finanzierung von langfristigen Investitionen, die zwangsläufig zu einem schlechteren Bilanzrating führt. Darüber hinaus führt die Beachtung dieser Regeln auch dazu, dass der Kauf keineswegs die schlechteste aller Finanzierungsoptionen darstellt. Ein gut strukturierter Kauf sollte auch unter Ratinggesichtspunkten nach wie vor in die Entscheidungsfindung für die optimale Investitionsform mit einbezogen werden. Daher ist an dieser Stelle festzuhalten, dass alle Finanzierungsformen ihre Berechtigung haben und sich bei den Unternehmen auch positiv im Rating auswirken können. Unabhängig davon ist auch noch zu konstatieren, dass das Rating nur eine Entscheidungsdeterminante bei Finanzierungen ist.

Für die Unternehmen bedeutet dies, dass es letztlich auf den Finanzierungsmix ankommt. In diesem Finanzierungsmix hat letztlich jedes der vorher skizzierten Instrumente seinen Platz, was die Finanzierungsentscheidungen nicht einfacher macht. Aber durch die Beachtung der klassischen Finanzierungsregeln und ein Verproben der Planungen anhand der obigen Kennzahlen kann ein Unternehmen sich durchaus selbst einen ersten Überblick über die möglichen Auswirkungen im Rating verschaffen. Hierzu kann man vor allem die mittelständischen Unternehmen nur ermutigen, da gerade bei diesen oft eine nur mangelhafte planerische Auseinandersetzung mit Investitions- und Finanzierungsentscheidungen zu beobachten ist.

Ratingansätze zu Kauf, Leasing oder Miete

Johannes Reuke / Christina Weymann

1. Einleitung
2. Begriffliche Grundlagen
   - 2.1 Abgrenzung Kauf versus Leasing/Miete
   - 2.2 Unterschiede in den Bilanzierungsstandards
     - 2.2.1 Kauf im HGB
     - 2.2.2 Leasing im HGB
     - 2.2.3 Internationale Rechnungslegung
   - 2.3 Ratingverfahren
3. Finanzierung in der Ratinganalyse
   - 3.1 Quantitative Ratinganalyse
     - 3.1.1 Ratingabschluss
     - 3.1.2 Konzeption von Kennzahlen
     - 3.1.3 Veränderung von Abschlusspositionen und Kennzahlen
     - 3.1.4 Vergleich von Kennzahlen bei Kauf und Leasing
     - 3.1.5 Liquiditätsbeurteilung
   - 3.2 Qualitative Ratinganalyse
     - 3.2.1 Volumen außerbilanzieller Verbindlichkeiten
     - 3.2.2 Eintrittswahrscheinlichkeit bei Eventualverbindlichkeiten
     - 3.2.3 Kennzahlensimulation
     - 3.2.4 Bilanzpolitik
     - 3.2.5 Qualitative Korrekturmaßnahmen
4. Fazit

Literatur

1. Einleitung

Bei der Entscheidung über eine Investition in (mobile) Wirtschaftsgüter und ihre Finanzierung hat der Investor eine Reihe unterschiedlicher Parameter zu bewerten:

1. Einfluss der Alternativen auf die Nutzungsmöglichkeiten
2. Verteilung von Chancen und Risiken des Vermögenswertes
3. Einsatz von Eigen- und Fremdmitteln (Kapitalbindung)
4. Konditionen der Alternativen
5. Bilanzielle und steuerliche Konsequenzen
6. Auswirkungen auf Gewinnausweis und Ausschüttungen
7. Einfluss der Alternativen auf die Bonitätsbeurteilung (Rating) durch Dritte

Dabei ist die optimale Alternative bezüglich einzelner Aspekte durchaus unterschiedlich, teilweise sogar konträr. So wird jeder Investor seiner Wahl eine subjektive Prioritätenliste zugrunde legen. Entscheidend sollte letztlich der optimale Nutzen der Investition als Mittel zur bestmöglichen Realisierung des Unternehmenszwecks (Leistungserstellung und Absatz) sein.

Die folgenden Überlegungen beziehen sich ausschließlich auf den Aspekt Rating.

Das Rating eines Unternehmens verfolgt das Ziel, ein Urteil über die Insolvenzgefährdung und damit die zukünftige Fähigkeit des Unternehmens, eingegangene Verpflichtungen termingerecht zu erfüllen, abzugeben. Damit ist evident, dass vergleichbare wirtschaftliche Sachverhalte mit gleichen Konsequenzen für die Zahlungsfähigkeit möglichst gleichwertig in das Urteil einfließen müssen. Unterschiedliche Bilanzierungsstandards, bilanzpolitische oder andere gestalterische Maßnahmen des Unternehmens und ähnliche Einflussfaktoren sind daher so weit wie möglich zu neutralisieren.

2. Begriffliche Grundlagen

2.1 Abgrenzung Kauf versus Leasing/Miete

Rechtlich wird zwischen Eigentumserwerb (Kauf) und Gebrauchsüberlassung (Leasing und Miete) unterschieden. Die stärkere Rechtsstellung eines Eigentümers gegenüber einem „nur" Nutzungsberechtigten ist für das Thema Rating ebenso ohne nennenswerte Bedeutung wie spezifische rechtliche oder sonstige Unterschiede zwischen Leasing- und Mietverträgen (für den Investor und seine Investitionsentscheidung gilt dies natürlich nicht).

Der englische Begriff „Leasing" bedeutet „Miete", nämlich die Überlassung bestimmter Gegenstände auf Zeit gegen Entgelt. Leasing wird häufig als eine besondere Art der Miete bzw. als atypischer Mietvertrag[1] bezeichnet. Im Folgenden werden daher Leasing und Miete gleichgesetzt.

Der Vollständigkeit halber sei jedoch auf den wesentlichen Unterschied zwischen Leasing und Miete hingewiesen: Leasing umfasst neben der Miete (Gebrauchsüberlassung) auch die Finanzierung. Für die Finanzierungsfunktion ist im Gegensatz zum typischen Mietvertrag die Amortisation der Investitionsaufwendungen des Leasinggebers durch den Leasingnehmer kennzeichnend.[2] Bei der Miete trifft üblicherweise der Vermieter die Investitionsentscheidung, bemüht sich um die Vermietung und trägt somit das Investitionsrisiko. Beim Leasing wird dagegen häufig das Leasingobjekt nach den Bedürfnissen des Leasingnehmers beschafft und durch den Leasinggeber finanziert. In den letzten Jahren haben sich allerdings zunehmend Leasingformen (Operate-Leases, Verträge mit offenen Restwerten) etabliert, bei denen der Leasinggeber neben der Finanzierung auch Servicefunktionen übernimmt und gleichzeitig das Investitionsrisiko trägt. Ein Beispiel für diese Entwicklung ist das Flottenleasing von Kraftfahrzeugen.

2.2 Unterschiede in den Bilanzierungsstandards

2.2.1 Kauf im HGB

Nach § 246 Abs. 1 HGB hat ein Jahresabschluss sämtliche Vermögenswerte, auch als Sicherheit übertragene, und Schulden zu enthalten. Damit führt der Kauf – auch als Mietkauf – von Investitionsgütern zwangsläufig zur Aktivierung in der Bilanz, während die Finanzierung als Eigen- oder Fremdkapital passiviert werden muss.

In der Gewinn- und Verlustrechnung (GuV) mindern die Zinsen für Fremdkapital ebenso wie plan- und außerplanmäßige Abschreibungen das Ergebnis.

Im Folgenden wird unter Kauf immer der vollständig kreditfinanzierte Kauf verstanden.

2.2.2 Leasing im HGB

Leasingverträge sind bei erlasskonformer[3] Ausgestaltung als schwebende Geschäfte grundsätzlich nicht bilanzierungsfähig.[4] Bei Erfüllung der einschlägigen Kriterien ist die Höhe der Leasingverbindlichkeiten als sonstige Verpflichtung gemäß § 285 Abs. 3 HGB im Anhang in einer Summe (meistens mit weiteren sonstigen Verpflichtungen) anzugeben.

Die Leasingraten erscheinen in der GuV unter den sonstigen Aufwendungen ebenfalls in einem Sammelposten,[5] ohne dass – wie z. B. bei Finance-/Capital-Leases nach IFRS bzw. US-GAAP – zwischen Zins- und Tilgungsanteil unterschieden wird.

---

[1] Vgl. Engel (1993), S. 31.
[2] Vgl. Engel (1993), S. 32.
[3] Vgl. BMF-Schreiben vom 19.04.1971, vom 21.03.1972, vom 22.12.1975 und vom 23.12.1991.
[4] Vgl. IdW (Hrsg.) (2006), Abschnitt E, Tz. 22 und 23.
[5] Vgl. IdW (Hrsg.) (2006), Abschnitt F, Tz. 448.

2.2.3 Internationale Rechnungslegung

Bei der Bilanzierung nach IFRS und US-GAAP werden Operate-Leases und Finance-Leases (IFRS) bzw. Capital-Leases (US-GAAP) unterschieden. Die Klassifizierung hängt davon ab, wer nach der Vertragsgestaltung in wirtschaftlicher Hinsicht im Wesentlichen die mit dem Eigentum verbundenen Chancen und Risiken trägt. Operate-Leases sind de facto Mietverträge und werden beim Leasingnehmer nicht bilanziert, während Finance- bzw. Capital-Leases als Finanzierungsformen vom Leasingnehmer zu bilanzieren sind. Die in Deutschland üblichen Leasingverträge würden überwiegend (noch) als Finance- bzw. Capital-Leases klassifiziert.

Die folgenden Ausführungen basieren auf der deutschen HGB-Rechnungslegung für erlasskonforme Leasingverträge.

2.3 Ratingverfahren

Der Mindestumfang eines Ratings besteht aus der heute meist statistisch fundierten Analyse von Jahresabschlüssen. Vergangenheitsbezogene Jahresabschlüsse sind für die Abschätzung zukünftiger Ereignisse jedoch nur geeignet, soweit man Bedingungen der Vergangenheit in die Zukunft extrapolieren kann. Da dies aber für wesentliche wirtschaftliche Rahmenbedingungen nicht möglich ist, beinhalten Ratings neben quantitativen Faktoren einen meist erheblichen qualitativen Part, der z. B. erwartete Branchen- und Marktentwicklungen oder Aspekte des Managements berücksichtigt. Das Gewicht dieses qualitativen Teils hängt in der Regel davon ab, ob es sich um ein (z. B. von Banken erstelltes) internes oder ein (von Ratingagenturen erstelltes) externes Rating handelt. Der Begriff Rating umfasst im Folgenden in Abgrenzung zum reinen Bilanzrating immer auch einen qualitativen Teil, in dem vor allem zukunftsgerichtete Aspekte betrachtet werden.

3. Finanzierung in der Ratinganalyse

Häufig wird als ein Argument für die Wahl einer Finanzierungsform – insbesondere für Leasing – die positive Beeinflussung eines Ratingurteils angeführt. Für den Analysten gilt es, zur Vermeidung von Fehlurteilen kreative Finanzierungsformen durch den Einsatz einer „Creative-Analyzing-Strategie"[6] zu erkennen und angemessen zu würdigen. Nachfolgend wird untersucht, welche Möglichkeiten hierzu in der quantitativen bzw. qualitativen Ratinganalyse bestehen.

---

[6] Vgl. Baetge (2004), S. 162.

3.1 Quantitative Ratinganalyse

Die heute meist mit mathematisch-statistischen Verfahren durchgeführte quantitative Jahresabschlussanalyse basiert auf Kennzahlen, deren Bestandteile aus den Abschlüssen (Bilanz, GuV, Anhang und Lagebericht, soweit existent) in der Regel maschinell gewonnen werden. Die Auswertung der einschlägigen Fachliteratur[7] zeigt, dass auch nicht bilanzierte Verbindlichkeiten, insbesondere aus Leasing und sonstigen Dauerschuldverhältnissen, schon lange in das Blickfeld (auch) von Kreditinstituten gerückt sind.[8] Soweit möglich sind analytische Anpassungen vorzunehmen, um aussagefähigere, vergleichbarere Daten zu erhalten. Dies kann erfolgen durch:

1. stringente Aufbereitung der Jahresabschlüsse zu einem Ratingabschluss
2. die Konzeption geeigneter Kennzahlen und -systeme.

3.1.1 Ratingabschluss

Für die Überleitung der Jahresabschlussinformationen des Unternehmens in einen Ratingabschluss als Grundlage der Kennzahlenberechnung werden Umgliederungen und Umbewertungen vorgenommen.[9] Hierfür bestehen allgemeine Gliederungsrichtlinien, um sicherzustellen, dass alle Abschlussanalysen nach einheitlichen Kriterien erfolgen. Durch Umgliederungen soll das nachhaltige Ergebnis, beispielsweise durch Aufteilung in ordentliche und außerordentliche Ergebnisbestandteile, ermittelt werden. Bei der Umbewertung geht es um die Wertansätze einzelner Abschlussposten. Die Möglichkeiten und die Güte der Anpassungsmaßnahmen zur Verbesserung der Aussagekraft des einzelnen Ratingabschlusses hängen wesentlich von der Qualität der Informationsquellen ab.

Für eine möglichst exakte Zuordnung der einzelnen Daten sind neben kompletten Abschlussunterlagen (Prüfungsbericht mit Anhang und Lagebericht) häufig ergänzende Erläuterungen aus dem Unternehmen unerlässlich. Informationen über Leasinggeschäfte sind oft in den Abschlussunterlagen, abhängig von Rechtsform und Größe der Unternehmen, gar nicht, rudimentär oder nur so global enthalten, dass sie ohne erhebliche Zusatzerläuterungen kaum sinnvoll beurteilt werden können. Das gilt bei kleineren Unternehmen darüber hinaus für eine Vielzahl anderer Daten, die oft für eine aussagefähige Analyse unverzichtbar sind. Allerdings werden diese Zusatzinformationen bei einem (internen) Rating im breiten Firmenkreditgeschäft schon aus ökonomischen Gründen schwerer zu erlangen sein als bei einem beauftragten externen Rating.

3.1.2 Konzeption von Kennzahlen

Die Daten des Ratingabschlusses dienen der Berechnung einer Vielzahl unterschiedlicher Kennzahlen, von denen die für die Insolvenzprognose trennschärfsten in eine mathematisch-statistische Funktion eingehen, die der Bestimmung einer (vorläufigen) Ausfallwahr-

---

[7] Vgl. z. B. Küting/Weber (1993), S. 112.
[8] Vgl. Meyer (2000), S. 285.
[9] Vgl. Küting/Weber (2006), S. 80.

scheinlichkeit des gerateten Unternehmens dient. Die Entwicklung eines statistischen Verfahrens erfordert eine sehr große, aussagefähige und saubere Datenbasis, für die erhebliche Vorarbeiten notwendig sind.

Die von der GBB-Rating eingesetzte logistische Regression wurde in enger Zusammenarbeit mit der Universität zu Köln auf Basis von rund 80.000 Jahresabschlüssen von etwa 20.000 Unternehmen entwickelt. Details über die Entstehung und die verwendeten Kennzahlen sind für Interessierte in einigen Publikationen dargestellt.[10]

Wegen der benötigten Datenmengen zur Entwicklung eines Ratingverfahrens für mittelständische Unternehmen ist es unvermeidbar,[11] auch eine relativ große Anzahl Personen- und kleiner Kapitalgesellschaften einzuschließen, für die viele Berichtspflichten des HGB nur eingeschränkt oder gar nicht gelten. Dies betrifft insbesondere die Angabe von Miet- und Leasingverpflichtungen nach § 285 Abs. 3 HGB, die zudem durch den interpretationsbedürftigen und -fähigen Wesentlichkeitsgrundsatz selbst für mittelgroße und große Kapitalgesellschaften Ermessensspielräume eröffnet und deshalb zuverlässige Informationen gerade in schwierigen Unternehmenssituationen zweifelhaft erscheinen lässt. Die nachträgliche Klärung eines Sachverhalts ist bei der Vielzahl von Abschlüssen – anders als bei einem einzelnen Ratingabschluss – und insbesondere bei insolventen Unternehmen kaum noch möglich.

Bei der Kalibrierung solcher Analyseverfahren ist zu beachten, dass die Struktur der einbezogenen Unternehmen ebenso wie sich ändernde Rahmenbedingungen eine optimale Funktion immer nur für das jeweilige Portfolio, den Entwicklungsdatensatz, liefern. Daher gibt es auch keine „beste" Funktion, nicht einmal Kennzahlenkombination. Aber die Untersuchungen konvergieren zumindest darin, dass die entscheidenden Bereiche der Kennzahlenanalyse Rentabilität, Liquidität und Eigenkapitalausstattung sind.[12]

3.1.3 Veränderung von Abschlusspositionen und Kennzahlen

Kennzahlenrelevante Jahresabschlusspositionen und die aus ihnen gebildeten gängigsten Kennzahlen in Ratingsystemen[13] werden von der Entscheidung für Kauf oder Leasing nur beim kreditfinanzierten Kauf verändert, da Leasing ausschließlich die (isoliert nicht kennzahlrelevanten) sonstigen Aufwendungen berührt.

Unbeeinflusst von der Finanzierungswahl bleiben das Haft-/Eigenkapital, der Umsatz, das Jahresergebnis und der Cashflow[14] nach Tilgung. Dabei wird – wie auch im Folgenden – unterstellt, dass die Tilgung und die Abschreibung des Investitionsgegenstands gleichgesetzt werden und der Kapitaldienst der Leasingrate entspricht.

---

[10] Vgl. z. B. Hartmann-Wendels/Lieberoth-Leden/Mählmann/Zunder (2005), S. 1–29.
[11] Den Engpass bei der Entwicklung statistischer Verfahren stellt in der Regel die Anzahl insolventer Fälle dar.
[12] Vgl. Gemünden (2000), S. 146.
[13] Vgl. Gleißner/Füser (2002), S. 132.
[14] Für diese Betrachtung ist die Definition des Cashflows unerheblich. Entscheidend ist allein, dass sich Cashflow und Cashflow nach Tilgung um den Abzug der Kredittilgungen unterscheiden. Zu verschiedenen Varianten des Cashflows vgl. z. B. Hauschildt/Leker/Mensel (2000), S. 53.

Höhere Beträge als beim Leasing ergeben sich beim Kauf für die kennzahlenrelevanten (originären und abgeleiteten) Jahresabschlussgrößen:

- Fremdkapital, Nettoverschuldung und Bilanzsumme (jeweils um den Kreditbetrag)
- Zinsaufwand, Anlagenabschreibung und Cashflow (vor Tilgung)

3.1.4 Vergleich von Kennzahlen bei Kauf und Leasing

Für die Kennzahlenberechnung werden Zufälligkeiten des Bilanzstichtags kompensiert, indem bei der Nettoverschuldung und der (bereinigten) Bilanzsumme die liquiden Mittel abgezogen werden.

Die Auswirkungen der Veränderung der Abschlusspositionen auf die Kennzahlen sind nicht immer eindeutig, da sich teils kompensatorische Effekte einstellen oder positive oder negative Veränderungen der Kennzahlen von der konkreten Unternehmenssituation abhängen. Tendenziell wirkt Leasing besonders bei Bilanzstrukturkennzahlen gegenüber dem Kauf eher begünstigend. Dagegen reagieren Ertragskennzahlen überwiegend neutral, während gemischte Kennzahlen nach Situation sehr unterschiedliche Veränderungen zeigen.

Bilanzstrukturkennzahlen

Eine klassische Bilanzstrukturkennzahl von oft großer Bedeutung in Ratingsystemen ist die Eigenkapitalquote in unterschiedlichen Berechnungsformen. Allen Definitionen gemeinsam ist die Messung des Haft-/Eigenkapitals an der Risikogröße (bereinigte) Bilanzsumme. Während Leasing beide Kennzahlengrößen nicht beeinflusst, erhöht der kreditfinanzierte Kauf die Bilanzsumme, was bei unverändertem Eigenkapital zu einer schwächeren Kennzahl führt. Wirtschaftlich muss jedoch der Leasingnehmer seinen Zahlungsverpflichtungen genau so nachkommen wie der Käufer/Kreditnehmer. Fremdverschuldung und Kapitaldienst von Leasingnehmer und Käufer sind mutatis mutandis äquivalent.

Ertragskennzahlen

Als Beispiel wird hier die Umsatzrentabilität herangezogen. Wenn das Jahresergebnis in Relation zum Umsatz beurteilt wird, sind beide Finanzierungsformen grundsätzlich indifferent,[15] da sich die kennzahlbildenden Größen im gleichen Umfang verändern. Misst man dagegen den Cashflow am Umsatz, liefert der Kauf (zu Unrecht) wegen der höheren Abschreibungen eine bessere Kennzahl, obwohl die Differenz in den Abschreibungen grosso modo zur Kredittilgung benötigt wird, was materiell, aber nicht bilanziell der Situation des Leasingnehmers entspricht. Der Abschreibungsgegenwert steht dem Unternehmen nicht zur freien Verfügung.

---

[15] Sofern das Ergebnis vor Fremdkapitalkosten herangezogen wird, ist die Kennzahl beim Kauf besser.

Gemischte Kennzahlen

Als typische gemischte Kennzahlen sollen a) der Entschuldungsgrad und b) die Gesamtkapitalrendite betrachtet werden, um ihre situative Abhängigkeit aufzuzeigen.

a) Entschuldungsgrad

Der Entschuldungsgrad *EG* ist die Relation *Cashflow/Nettoverschuldung*. Er stellt den Kehrwert des häufiger benutzten dynamischen Verschuldungsgrads dar. Wir bevorzugen den *EG*, da er auch bei extremen Ausprägungen des Cashflows oder der Nettoverschuldung im Gegensatz zum dynamischen Verschuldungsgrad noch sinnvolle Werte liefert.

Beim kreditfinanzierten Kauf eines Investitionsgutes steigen der Cashflow durch die Abschreibung und die Nettoverschuldung durch den Kredit. Leasing tangiert weder die Abschreibung noch die Nettoverschuldung.

Der *EG* der Alternative Leasing (EG_L) und der *EG* der Alternative Kauf (EG_K) sind nur in dem Ausnahmefall identisch, wenn zufällig der EG_L exakt der Abschreibungsquote des Investitionsgutes entspricht. Ist die Abschreibungsquote größer (kleiner) als der EG_L, so verbessert (verschlechtert) sich der EG_K gegenüber dem EG_L. In der Regel sind die Auswirkungen auf den EG_K gegenüber dem EG_L relativ gering; abhängig von der Ertragslage, der Investitionshöhe und dem Leverage-Effekt kann die Veränderung des EG_K deutlicher ausfallen, insbesondere bei gleichgerichteter Wirkung der Einflussfaktoren.

b) Gesamtkapitalrendite

Die Gesamtkapitalrendite *GKR* bildet die Relation *(Ergebnis + Zinsaufwand)/Gesamtkapital* ab.

Beim kreditfinanzierten Kauf wachsen der Zinsaufwand durch die Fremdkapitalkosten der Investitionsfinanzierung und das Gesamtkapital um den Kreditbetrag. Beide Größen werden durch Leasing nicht berührt.

Die *GKR* der Alternative Leasing (GKR_L) und die *GKR* der Alternative Kauf (GKR_K) sind nur in dem Ausnahmefall identisch, wenn zufällig die GKR_L exakt dem Fremdkapitalzinssatz des Investitionskredits entspricht. Ist der Zinssatz höher (niedriger) als die GKR_L, so verbessert (verschlechtert) sich die GKR_K gegenüber der GKR_L. Art und Ausmaß der Veränderung hängen von der Ertragslage des Unternehmens und der Investitionshöhe ab.

Ein weiterer Aspekt, der beide Kennzahlen beeinflusst, ist die grundsätzliche Investitionsfinanzierung des Unternehmens. Deutliche Veränderungen der Kennzahlen ergeben sich in jedem Fall, wenn Firmen Investitionen generell über Leasing finanzieren und dadurch kumuliert deutliche Einflüsse auf die kennzahlenbildenden Größen vorliegen. Der Vergleich einer solchen Gesellschaft mit einem traditionell kreditfinanzierenden Unternehmen kann bei materiell durchaus vergleichbarer Lage ohne exakte Analyse und Bewertung der Investitionsfinanzierung leicht zu Fehlurteilen führen.

3.1.5 Liquiditätsbeurteilung

Als Vorteil einer Leasingfinanzierung wird regelmäßig Liquiditätsschonung genannt. Das Argument trifft zu, wenn man alternativ auf den Einsatz vorhandener liquider Mittel inklusive zugesagter, aber für andere Zwecke geplanter Kreditmöglichkeiten abstellt bzw. keine hundertprozentige Kreditfinanzierung erhält. In der Praxis ist eine Vollfinanzierung bei Leasing leichter zu erhalten, da die Objektbonität aufgrund der hohen Objekt- und Verwertungsexpertise der Leasinggesellschaften stärker berücksichtigt wird. Sofern man jedoch – wie hier angenommen – eine Vollfinanzierung als Vergleich heranzieht, sind beide Optionen grundsätzlich gleichwertig, da der Kredit- wie der Leasingnehmer erst nach der Anschaffung pro rata temporis den Kapitaldienst zu leisten hat, den er durch den Einsatz des Investitionsgutes bereits verdient („pay as you earn"). Der Cashflow ist bei Leasing wegen der fehlenden Abschreibungen optisch sogar geringer als beim Kauf; bei Betrachtung des Cashflows nach Tilgung wird dies beim Kauf durch die Kredittilgung jedoch kompensiert.

Bei der statischen Liquiditätsbeurteilung mittels Kennzahlen anhand von Jahresabschlussinformationen wird der kreditfinanzierte Kauf häufig schlechter beurteilt, weil z. B. innerhalb des nächsten Jahres anstehende Tilgungsraten als kurzfristige Verbindlichkeiten angesehen werden, während Leasingraten keine Berücksichtigung finden; diese Benachteiligung ist aber schon deshalb sehr zweifelhaft, weil Liquidität als prospektiver Parameter nur mittels Planzahlen sinnvoll beurteilt werden kann.

3.2 Qualitative Ratinganalyse

Fast alle Insolvenzen zeigen, dass Unternehmen letztlich immer scheitern, weil sie nicht mehr in der Lage sind, ihren Zahlungsverpflichtungen nachzukommen. Das macht deutlich, wie entscheidend die vollständige Kenntnis aller Verbindlichkeiten ist, wenn das Insolvenzrisiko einer Firma analysiert und beurteilt werden soll. Da aber die (HGB-)Bilanzierungsregeln keine systematische, vollständige Berücksichtigung aller für die Solvenz eines Unternehmens wesentlichen Tatbestände verbindlich vorschreiben und der Bilanzierende erhebliche Ermessensspielräume nutzen kann, haben quantitative Analyseverfahren zwangsläufig Lücken. Dies gilt besonders für Verbindlichkeiten aus Dauerschuldverhältnissen (Leasing-, Miet- und Pachtverträge), andere schwebende Geschäfte (z. B. Bestellobligen, Termingeschäfte) und Eventualverbindlichkeiten. Aus solchen Verpflichtungen resultieren oft erhebliche finanzielle Belastungen. Die Bedeutung nicht bilanzierter Verbindlichkeiten kann noch weiter zunehmen, da Banken und Kapitalmärkte permanent Finanzierungstechniken mit dem Ziel „off-balance financing" zur Bilanzentlastung konzipieren und offerieren.

Für alle Verbindlichkeiten, die in das quantitative Rating nicht einfließen, muss eine adäquate Berücksichtigung im qualitativen Bereich erfolgen, die eine gleichwertige Behandlung konventionell und innovativ finanzierender Unternehmen sicherstellt. Im Vordergrund stehen dabei zunächst folgende Überlegungen:

1. Möglichst genaue Ermittlung aller nicht bilanzierten Verbindlichkeiten
2. Wahrscheinlichkeit der Leistungspflicht bei Eventualverbindlichkeiten
3. Simulation von Kennzahlen
4. Gesamttendenz der Bilanzpolitik

3.2.1 Volumen außerbilanzieller Verbindlichkeiten

Für einen möglichst exakten Überblick über die außerbilanziellen Verbindlichkeiten ist der Analyst wegen der fehlenden oder rudimentären Angaben im Jahresabschluss fast immer auf direkten Kontakt mit dem Unternehmen angewiesen, um weitere Erläuterungen und möglichst Unterlagen zu erhalten. Dies sind standardmäßig eine Übersicht über bestehende Leasing-, Miet-, Pacht- und Termingeschäfte sowie die mittel- und langfristige Finanzplanung. Darüber hinaus ist für wesentliche Positionen Einsicht in die jeweiligen Verträge empfehlenswert.

3.2.2 Eintrittswahrscheinlichkeit bei Eventualverbindlichkeiten

Für Eventualverbindlichkeiten wird geprüft, wie wahrscheinlich und in welcher Höhe Inanspruchnahmen zu erwarten sind. Das gilt in gewisser Weise auch für Andienungsrechte des Leasinggebers, die der Leasingnehmer gerade bei einer ungünstigen Wertentwicklung des Leasingobjekts erfüllen muss. Anhaltspunkte für die Eintrittswahrscheinlichkeit von Eventualverpflichtungen liefern Erfahrungen der Vergangenheit und Rückstellungen im Jahresabschluss; bei gewichtigen Einzelrisiken ist auch hier eine Prüfung des jeweiligen Geschäfts angebracht.

3.2.3 Kennzahlensimulation

Durch Parallelrechnungen und Schätzungen wird das Datenmaterial zunächst so weit aufgearbeitet, dass Vergleichskennzahlen errechnet werden können, die den theoretischen Spielraum des Veränderungspotenzials der Kennzahlen bei Kapitalisierung der außerbilanziellen Verbindlichkeiten und gleichzeitiger Anpassung verbundener Größen (z. B. Abschreibungen, Cashflow) erkennen lassen. Angesichts der Bedeutung der Unternehmensverschuldung konzentrieren sich solche Alternativrechnungen vor allem auf die Eigenkapitalquote, den dynamischen Verschuldungsgrad (bzw. dessen Kehrwert Entschuldungsgrad) und die Gesamtkapitalrendite.

3.2.4 Bilanzpolitik

Der HGB-Gesetzgeber hat bewusst darauf verzichtet, für die Bilanzierung aller möglichen Sachverhalte und Einzelfälle detaillierte Vorschriften zu kodifizieren, sondern ein Rahmenwerk geschaffen, das dem Bilanzierenden zwangsläufig eine Vielzahl individueller Gestaltungs- und Interpretationsspielräume belässt. Die unterschiedliche Ausnutzung dieser Möglichkeiten hat auf den Inhalt des Jahresabschlusses erhebliche Auswirkungen, die ein externer Bilanzanalyst ohne Zusatzinformationen kaum hinreichend erkennen oder gar quantifizieren kann. Bilanzpolitik bezeichnet man als progressiv, wenn die Inanspruchnahme der (legalen) Wahlrechte und Ermessensspielräume insgesamt die Erhöhung des Jahresergebnisses und Eigenkapitals zum Ziel hat; für den umgekehrten Fall, bei dem die Bildung stiller Reserven ein wesentliches Motiv ist, hat sich die Charakterisierung der Bilanzpolitik als konservativ eingebürgert.

Empirisch lässt sich belegen, dass die Richtung der Bilanzpolitik stark von der konkreten Unternehmenssituation abhängt und

- konservative Bilanzpolitik eher bei günstigen Unternehmensentwicklungen und
- progressive Bilanzpolitik verstärkt bei schwierigeren Unternehmenssituationen

anzutreffen ist. Die verstärkte Neufinanzierung mittels Leasing oder Sale-and-Leaseback-Transaktionen **können** Indikatoren einer progressiven Bilanzpolitik sein;[16] sie sind so zu werten, wenn andere gleichgerichtete Bilanzierungsmaßnahmen hinzukommen. Allerdings gibt es vielfältige Motive für die Nutzung von Leasing als Finanzierungsform, die unabhängig von der Bilanzpolitik sind. Spezifische Leasingvereinbarungen – wie z. B. kurze Vollamortisationsverträge – können Gewinnminderung/-verschiebung als Ziel und damit sogar den Charakter von Reservebildung haben. Entscheidend ist letztlich das Gesamtbild der Bilanzierungsmaßnahmen.

Ein deutlich erkennbarer Paradigmenwechsel in der Bilanzpolitik hat sich im Laufe der letzten zehn bis fünfzehn Jahre durch den Shareholder-Value-Fokus bei kapitalmarktorientierten Unternehmen durchgesetzt. Hier tritt verstärkt der Ausweis hoher (Zwischen-)Ergebnisse als Treiber für die Kursentwicklung in den Fokus der Bilanzpolitik.

3.2.5 Qualitative Korrekturmaßnahmen

Da das Rating eines Unternehmens die Ausfallwahrscheinlichkeit (Insolvenzgefahr) zutreffend ermitteln will, muss es Zielsetzung der Analyse sein, die gleichwertige Beurteilung unterschiedlicher wirtschaftlicher und rechtlicher Gestaltungsformen, die die gleiche Konsequenz für die Stabilität eines Unternehmens haben, sicherzustellen. Diese grundsätzliche materielle Äquivalenz der Finanzierungsalternativen Kauf und Leasing ist zweifelsfrei gegeben.

Der Vergleich der systemseitig ermittelten und in die statistische Abschlussanalyse eingeflossenen Kennzahlen bei einer Leasingfinanzierung mit den die Verhältnisse für den Kreditkauf simulierenden Parallelkennzahlen zeigt für die Eigenkapitalquote zwangsläufig immer eine Verschlechterung, da ein unverändertes Eigenkapital zur um den Kreditbetrag erhöhten Bilanzsumme in Relation gesetzt wird. Gesamtkapitalrendite und Entschuldungsgrad zeigen je nach Lage des Unternehmens bessere oder schlechtere Werte.

Bei der Bewertung der Bilanzpolitik wird ein insgesamt eher konservatives, Reserven bildendes Vorgehen als risikoverbessernd positiv beurteilt, weil dem Unternehmen ein höheres Risikodeckungspotenzial bleibt, während eine insgesamt eher progressive Bilanzpolitik tendenziell die Haftsubstanz schmälert und deshalb kritischer gesehen wird.

---

[16] Vgl. Keiner (2001), S. 223 und vgl. Winter (2006), S. 25.

Diese Bewertungen fließen mittels eines gewichteten Punktesystems als Bonus (bei Risikoverbesserung) oder Malus (bei Risikoverschlechterung) in das qualitative Teilrating ein. Die größte Bedeutung und damit das größte Gewicht hat in der Regel die Korrekturbewertung der Eigenkapitalquote, da ihre Veränderungsrichtung und ihre ökonomische Wirkung immer eindeutig sind. Veränderungen der simulierten Kennzahlen „Gesamtkapitalrendite" und „Entschuldungsgrad" können dagegen in positiver und negativer Richtung auftreten und sind oft erst nach intensiver Analyse komplexer Einflussfaktoren ökonomisch sinnvoll zu interpretieren.

4. Fazit

Die Tatsache, dass viele – vor allem interne – Ratingsysteme Unternehmen begünstigen, die ihre Investitionen mit Leasing finanzieren, ist in erster Linie Folge mangelhafter Daten über Leasingverbindlichkeiten und daher auf defizitärer Datenbasis entwickelter mathematisch-statistischer Verfahren. Hinzu tritt die im Mengengeschäft häufig bestehende Schwierigkeit, die erforderlichen Detailinformationen zu beschaffen, da hierzu betriebswirtschaftliches Know-how mit hohem Aufwand vorgehalten werden muss und oft die Auskunftsbereitschaft gerade kleinerer Firmen ein erhebliches Hindernis darstellt. Ob dies im standardisierten Kreditgeschäft, auch unter Kosten-Nutzen-Aspekten, akzeptabel ist, kann jeder Kreditgeber letztlich nur für sich entscheiden. Jedenfalls ist in diesem Segment de facto durch den Einsatz von Leasing grundsätzlich ein besseres Bilanzrating möglich, obwohl materiell nicht vertretbar.

Im Individualgeschäft mit größeren Mittelständlern ist solch ein vereinfachtes Vorgehen nicht angemessen. Eine Kompensation der defizitären Bilanzratings kann dabei, wie gezeigt, über Parallelanalysen innerhalb eines qualitativen Teils erfolgen. Dies ist bei externen Ratings, die immer Individualbeurteilungen darstellen, Standard. Dort hat der qualitative Part ohnehin traditionell eine deutlich größere Bedeutung.

Das Bewusstsein von Analysten für die Bedeutung außerbilanzieller Verpflichtungen ist in der letzten Dekade stetig gestiegen. Es dürfte in Zukunft schon wegen der wachsenden Zahl und Volumina innovativer Finanzierungsinstrumente noch weiter zunehmen. Deshalb erwarten wir sukzessive eine Verbesserung der Datenbasis um exakte Zahlen solcher außerbilanzieller Verbindlichkeiten und kontinuierlich eine systematische Einbeziehung dieser Finanzinstrumente in die Weiterentwicklung mathematisch-statistischer Verfahren.

Literatur

BAETGE, J./KIRSCH, H.-J./THIELE, S. (2004): Bilanzanalyse, 2. Aufl., Düsseldorf 2004.

BMF-SCHREIBEN VOM 19.04.1971, IV B 2 – S 2170 – 31/71, in: BStBl I 1971, S. 264; BB 1971, S. 506.

BMF-SCHREIBEN VOM 21.03.1972, F/IV B 2 – S 2170 – 11/72, in: BB 1972, S. 433.

BMF-SCHREIBEN VOM 22.12.1975, IV B 2 – S 2170 – 161/75, in: BB 1976, S. 72.

BMF-SCHREIBEN VOM 23.12.1991, IV B 2 – S 2170 – 115/91, in: BStBl I 1992, S. 13.

ENGEL, J. (1993): Miete, Kauf, Leasing, Bonn 1993.

GEMÜNDEN, H. G. (2000): Defizite der statistischen Insolvenzdiagnose, in: Hauschildt, J./Leker, J. (Hrsg.): Krisendiagnose durch Bilanzanalyse, 2. Aufl., Köln 2000, S. 144–167.

GLEISSNER, W./FÜSER, K. (2002): Leitfaden Rating. Basel II: Rating-Strategien für den Mittelstand, München 2002.

HARTMANN-WENDELS, T./LIEBEROTH-LEDEN, A./MÄHLMANN, T./ZUNDER, I. (2005): Entwicklung eines Ratingsystems für mittelständische Unternehmen und dessen Einsatz in der Praxis, in: zfbf-Sonderheft 52/2005 (Aktuelle Entwicklung im Bankencontrolling. Rating, Gesamtbanksteuerung und Basel II), S. 1–29.

HARTMANN-WENDELS, T./WINTER, J. (2006): Leasing und asymmetrische Informationsverteilung, in: Hartmann-Wendels, T (Hrsg.): Leasing – Wissenschaft & Praxis 01 – 06, Köln 2006, S. 15–27.

HAUSCHILDT, J./LEKER, J./MENSEL, N. (2000): Der Cash Flow als Krisenindikator, in: Hauschildt, J./Leker, J. (Hrsg.): Krisendiagnose durch Bilanzanalyse, 2. Aufl., Köln 2000, S. 49–70.

IDW (Hrsg.) (2006): WP-Handbuch 2006. Handbuch für Wirtschaftsprüfung, Rechnungslegung, Beratung. Band I, 13. Aufl., Düsseldorf 2006.

KEINER, T. (2001): Rating für den Mittelstand, Frankfurt/Main 2001.

KÜTING, K./WEBER, C.-P. (1993): Die Bilanzanalyse, Lehrbuch zur Beurteilung von Einzel- und Konzernabschlüssen, Stuttgart 1993.

KÜTING, K./WEBER, C.-P. (2006): Die Bilanzanalyse, Beurteilung von Abschlüssen nach HGB und IFRS, 8. Aufl., Stuttgart 2006.

MEYER, C. (2000): Kunden-Bilanzanalyse der Kreditinstitute, 2. Aufl., Stuttgart 2000.

Leasing im Rating

Frank Sicking

1. Grundlagen
2. Aussagen der Banken und Leasinggesellschaften
3. Veränderung der Bilanzstruktur durch Leasing
4. Ratingverfahren der Banken
5. Auswirkungen des Leasings auf die Ratingnote
    - 5.1 Kennzahl zur Ertragslage
    - 5.2 Kennzahl zur Vermögenslage
    - 5.3 Kennzahl zur Wertschöpfung
    - 5.4 Kennzahl zur Liquiditätslage
    - 5.5 Kennzahl zur Finanzlage
    - 5.6 Kennzahl zur kurzfristigen Verschuldung
    - 5.7 Kennzahl zum Wachstum der Gesamtleistung
    - 5.8 Zwischenfazit
    - 5.9 Auswirkungen im qualitativen Bereich
6. Fazit

1. Grundlagen

Leasing ist in den letzten Jahrzehnten zu einem wichtigen Faktor bei der Unternehmensfinanzierung geworden. Nach Angaben des BDL (Bundesverband Deutscher Leasing-Unternehmen e.V.) wird heute mehr als die Hälfte aller außenfinanzierten Ausrüstungsinvestitionen durch Leasing realisiert, Leasing löst damit den klassischen Bankkredit für bestimmte Investitionswerte als wichtigste Außenfinanzierungsalternative ab. Trotzdem erreicht die Marktdurchdringung des Leasings wohl noch nicht ihren Höhepunkt, da im Vergleich zum amerikanischen Leasingmarkt, welcher sich schon früher als der deutsche entwickelt hat, noch erheblicher Nachholbedarf besteht.

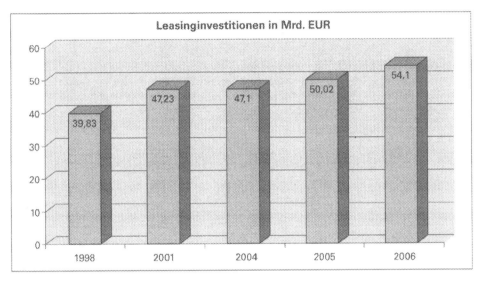

Abbildung 1: Entwicklung der Leasinginvestitionen in Deutschland
(Quelle: BDL, ifo Institut 12/2006)

Mit der Einführung von Basel II ist eine Prüfung der Bonität eines Kreditnehmers mittels eines Ratingverfahrens für die Banken zur Pflicht geworden. Da die Finanzierungsstruktur eines Unternehmens auch Auswirkungen auf das Rating hat, soll in diesem Zusammenhang untersucht werden, in welchem Maße das Leasing zu einer anderen Ratingnote und damit zu veränderten Kreditkonditionen seitens der Bank führt. Im Allgemeinen wird behauptet, dass die Finanzierung des Anlagevermögens mittels Leasing die Ratingnote verbessert. Dabei ist zu klären, ob diese Aussage pauschal richtig ist, nur in bestimmten Situationen Gültigkeit besitzt oder sogar das Gegenteil der Fall ist.

Somit ist aufgrund des zunehmenden Gewichts bei der Finanzierung des Anlagevermögens von mittelständischen Unternehmen eine genauere Betrachtung des Einflusses des Leasings auf die Ratingnote der Banken und Kreditinstitute außerordentlich wichtig, um eine Aussage über die finanziellen Auswirkungen, nicht nur durch das Leasing an sich, sondern auch durch die Effekte, die eine durch Leasing veränderte Bilanzstruktur verursacht, zu ermitteln.

2. Aussagen der Banken und Leasinggesellschaften

Die Aussagen der Banken (mit eigenen Leasinggesellschaften) und unabhängigen Leasinggesellschaften beschränken sich meist darauf, dass das Leasing die Ratingnote des Unternehmens und damit auch die Finanzierungskonditionen verbessern kann oder zumindest einen stabilisierenden Faktor im Vergleich zum fremdfinanzierten Kauf darstellt. Diese pauschalisierten Behauptungen stützen sich auf die Tatsache, dass geleaste Investitionsgüter bilanzneutral sind und damit das Eigenkapital schonen. Zusätzlich können Leasingraten als Betriebsausgaben im vollen Umfang abgesetzt werden. Es wird behauptet, dass bei entsprechender Ausgestaltung des Leasingvertrags die günstigeren Bilanzrelationen einen größeren Einfluss auf die Ratingnote besitzen als die höheren Ausgaben durch die regelmäßig anfallenden Leasingausgaben. Im Folgenden soll daher untersucht werden, ob diese Aussagen korrekt, falsch oder doch auf jedes einzelne Unternehmen und jede Bank mit ihren verschiedenen Ratingverfahren unterschiedlich zu betrachten ist und eine pauschalisierte Aussage gemacht werden kann.

3. Veränderung der Bilanzstruktur durch Leasing

Um den Einfluss einer Fremdfinanzierung mittels Leasing zu ermitteln, sind die Auswirkungen dieser Finanzierungsform hinsichtlich der Liquiditäts- und Ertragslage sowie der Einfluss auf die Bilanzstruktur zu untersuchen.

> Im folgenden Beispiel, welches durch den Diplom-Betriebswirt und Steuerberater Rodion Hilbert ausgearbeitet und aufgrund der Unternehmensteuerreform modifiziert wurde, wird dem Kauf einer Maschine mittels Bankkredit eine Anschaffung der Maschine mittels Leasing gegenübergestellt. Dadurch, dass die Maschine nicht in der Bilanz auftaucht, ist eine Abschreibung im Falle des Leasings im Gegensatz zur Finanzierung (hier lineare AfA) mittels des Bankkredites ausgeschlossen. Die finanziellen Belastungen ergeben sich dabei durch die Leasingraten, die im optimalen Falle aus den laufenden Investitionserträgen geleistet werden. Dadurch lassen sich Wirtschaftsgüter nutzen, ohne dass zum Zeitpunkt der Anschaffung über das Kapital verfügt wird, welches im Falle des Bankkredits zum Eigentumserwerb notwendig wäre. Im Falle des Leasings sind die gesamten steuerminderungsfähigen Betriebsausgaben hier höher als die fälligen Zinsen und die Abschreibung aus einer Investition mittels Bankkredit. Die Steuerminderung durch die erhöhten betrieblichen Ausgaben fällt um 45.402,80 EUR höher aus. Zwar ist der finanzielle Aufwand ohne Berücksichtigung des Restwerts bei der Finanzierung höher als beim Leasing, durch die Hinzunahme des ausstehenden Restwertes summiert sich der zusätzliche finanzielle Aufwand auf 15.638,20 EUR gegenüber der Bankfinanzierung. Die erhöhte Steuerminderung durch die anrechenbaren Betriebsausgaben bewirkt allerdings einen Gesamtvorteil von 29.764,60 EUR für das Leasing. Es ist festzuhalten, dass der finanzielle Aufwand beim Leasing zwar höher ausfällt, das Unternehmen allerdings durch die erhöhte Steuerminderung letztlich einen finanziellen Vorteil erhält.

Leasing im Rating

Annahmen:[1] Unternehmen weist eine gute Bonität aus, Werkzeugmaschine Wert: 500.000 EUR, Abschreibungszeit acht Jahre, zwei Alternativen: 1. Bankkredit 2. Leasingvertrag, Laufzeit 60 Monate, mit einem Restwert von 100.000 EUR, Gewerbesteuerhebesatz = 480 Prozent, Körperschaftsteuer = 25 Prozent (ab 2008 = 15 Prozent, siehe Unternehmensteuerreform 2008)

	Finanzierung	**Leasing**
Finanzierungssumme/AHK	500.000,00 EUR	500.000,00 EUR
Summe der Raten in fünf Jahren	615.496,20 EUR	631.134,40 EUR
Enthaltener Restwert	0,00 EUR	100.000,00 EUR
Auswirkung über fünf Jahre (lineare AfA unterstellt)	**bis 2007**	**bis 2007**
Zinsen/Leasingraten	115.496,20 EUR	531.134,40 EUR
AfA	312.500,00 EUR	0,00 EUR
Betriebsausgaben gesamt	427.996,20 EUR	531.134,40 EUR
Steuerminderung daraus		
Gewerbesteuer	102.720,00 EUR	127.440,00 EUR
Körperschaftssteuer	81.319,05 EUR	100.923,60 EUR
Solidaritätszuschlag	4.472,55 EUR	5.550,80 EUR
Summe Steuerminderung	188.511,60 EUR	233.914,40 EUR
Finanzieller Aufwand (Raten)	615.496,20 EUR	531.134,40 EUR
Restwert	0,00 EUR	100.000,00 EUR
Finanzieller Aufwand (gesamt)	615.496,20 EUR	631.134,40 EUR
Steuerminderung	−188.511,60 EUR	−233.914,40 EUR
Verbleibender finanzieller Aufwand	**426.984,60 EUR**	**397.220,00 EUR**
Auswirkung über fünf Jahre (lineare AfA unterstellt)	**ab 2008**	**ab 2008**
Zinsen/Leasingraten	115.496,20 EUR	531.134,40 EUR
AfA	312.500,00 EUR	0,00 EUR
Betriebsausgaben gesamt	427.996,20 EUR	531.134,40 EUR
Steuerminderung daraus		
Gewerbesteuer	71.904,00 EUR	89.208,00 EUR
Körperschaftssteuer	53.413,83 EUR	66.288,96 EUR
Solidaritätszuschlag	2.937,76 EUR	3.645,89 EUR
Summe Steuerminderung	128.255,59 EUR	159.142,85 EUR
Finanzieller Aufwand (Raten)	615.496,20 EUR	531.134,40 EUR
Restwert	0,00 EUR	100.000,00 EUR
Finanzieller Aufwand (gesamt)	615.496,20 EUR	631.134,40 EUR
Steuerminderung	−128.255,59 EUR	−159.142,85 EUR
Verbleibender finanzieller Aufwand	**487.240,61 EUR**	**471.991,55 EUR**

---

[1] Beispiel aus Synergie Service Journal, 1/2004, S. 4.

Welche Auswirkungen das Leasing oder die Investition in eine Maschine mittels eines Bankkredits auf die Bilanzstruktur haben, soll nachfolgend überprüft werden.

Bilanz vor Leasing

Aktiva		in EUR	in Prozent	Passiva		in EUR	in Prozent
AV	Grundstücke, Maschinen Fahrzeuge	180.000	42,86	EK		240.000	57,14
UV	Warenbestand, Forderungen	240.000	57,14	FK	langfristig	60.000	14,29
					kurzfristig	120.000	28,57
Bilanzsumme		420.000	100,00	Bilanzsumme		420.000	100,00

Im aktuellen Fall ist die Eigenkapitalquote mit einem Wert von 57,14 Prozent im Vergleich zur Gesamtwirtschaft als sehr hoch einzustufen.

Im Jahr 2006 erfolgt eine Investition von 500.000 EUR (Kauf einer Maschine).

Annahmen: Investition 500.000 EUR, AfA 50.000 EUR, Finanzierung: 100.000 EUR kurzfristig (20 Prozent Anzahlung), 400.000 EUR langfristig, Tilgungen 100.000 EUR, durch größeres Auftragsvolumen 80.000 EUR höhere Forderungen und 80.000 EUR höherer Warenbestand.

Aktiva		in EUR	in Prozent	Passiva		in EUR	in Prozent
AV	Grundstücke, Maschinen Fahrzeuge	630.000	61,17	EK		450.000	43,69
UV	Warenbestand, Forderungen	400.000	38,83	FK	langfristig	360.000	34,95
					kurzfristig	220.000	21,36
Bilanzsumme		1.030.000	100,00	Bilanzsumme		1.030.000	100,00

Im Falle der Investition wird ein positiver Geschäftsverlauf unterstellt. Durch die Investition in die Maschine erhöht sich das Anlagevermögen um 450.000 EUR. Durch die zusätzliche Produktionskapazität und das generierte Neugeschäft erhöhen sich die ausstehenden Forderungen und der Warenbestand um 160.000 EUR. Zwar erhöht sich die Gesamtsumme des Eigenkapitals auf 450.000 EUR, durch die Bilanzverlängerung verschlechtert sich die Eigenkapitalrelation zur stark gestiegenen Bilanzsumme und beträgt nur noch 43,69 Prozent von vormals 57,14 Prozent.

In 2006 erfolgt eine Investition von 500.000 EUR (Leasing).

Annahmen: Investition: 500.000 EUR, Leasing ohne Anzahlung, durch größeres Auftragsvolumen 80.000 EUR höhere Forderungen und 80.000 EUR höherer Warenbestand.

Aktiva		in EUR	in Prozent	Passiva		in EUR	in Prozent
AV	Grundstücke, Maschinen Fahrzeuge	180.000	31,03	EK		400.000	68,97
UV	Warenbestand, Forderungen	400.000	68,97	FK	langfristig	60.000	10,34
					kurzfristig	120.000	20,69
Bilanzsumme		580.000	100,00	Bilanzsumme		580.000	100,00

Beim Leasing bleibt das Eigentum an der Maschine beim Leasinggeber. Das Unternehmen bilanziert die zur Verfügung gestellte Maschine nicht und verlängert damit auch nicht die Bilanz. Durch die höheren Forderungen und Warenbestände erhöhen sich bei positivem Geschäftsverlauf das EK und damit auch die Eigenkapitalquote.

4. Ratingverfahren der Banken

Die Kreditinstitute sind durch die Einführung von Basel II verpflichtet, die Bonität eines Kreditnehmers mittels eines Ratingsystems zu überprüfen. Jedes Kreditinstitut hat in der Vergangenheit dabei ein eigenes Verfahren entwickelt und zum Einsatz gebracht. Obwohl sich die verschiedenen Systeme in der Ausarbeitung unterscheiden, ist der grundsätzliche Aufbau bei fast allen Ratingverfahren gleich. Deshalb soll hier kurz das Verfahren der Volks- und Raiffeisenbanken skizziert werden (BVR II), welches stellvertretend für die Verfahren der anderen Kreditinstitute steht. Im Folgenden ist das Ratingverfahren für den Teilbereich Mittelstand beschrieben, da die Volksbanken und Raiffeisenbanken zu den wichtigsten Ansprechpartnern im Bereich der Unternehmensfinanzierung zählen.

Der Aufbau des BVR-II-Ratings gestaltet sich für den Mittelstandsbereich nach einem standardisierten Muster. Die zu bewertenden Informationen teilen sich dabei in zwei Komponenten auf. Der quantitative Teil umfasst die Bewertung der Kennzahlen aus den letzten zwei Jahresabschlüssen und zusätzlich die Beurteilung der Faktoren, die sich aus den aktuellen betriebswirtschaftlichen Auswertungen ergeben. Das Ziel ist hier ein verdichteter Kennzahlenkatalog, der die wirtschaftliche Situation des Unternehmens darstellt und Aussagen über die mögliche zukünftige Entwicklung des Unternehmens enthält.

Der zweite Teil der Prüfung umfasst die qualitativen, zukunftsgerichteten Faktoren. Hierzu werden Informationen aus sechs Teilbereichen des Unternehmens ausgewertet, die in das Ratingergebnis mit einfließen. Die sechs Bereiche umfassen Fragen zum/zur

- Markt,
- Planung,
- Management,
- Kontoführung,

- Jahresabschluss und zur
- Betriebswirtschaftliche Auswertung.

Im Bereich des **Marktes** wird die Branchenentwicklung, Veränderung der Absatz- und Beschaffungsmärkte und die Wettbewerbsposition des Unternehmens ermittelt und bewertet.

Im Bereich der **Planung** werden vor dem Hintergrund der bereits ermittelten Informationen zum Unternehmen der Substanzerhalt und Fragen zu den zukünftigen Cashflows überprüft, da die Volks- und Raiffeisenbanken bestrebt sind, unrealistische oder geschönte Planungen des Unternehmens aufzudecken und somit die Rückführung der gewährten Kredite möglichst sicherzustellen.

Auch das **Management/die Unternehmensführung** unterliegt im qualitativen Teil des Ratings der Einschätzung durch das BVR-II-Rating, in dem die grundsätzliche Frage geklärt werden soll, ob dieses die Planungszahlen erreichen kann und umsichtig agiert. Ein betriebswirtschaftlich ungebildeter, risikofreudiger und allzu optimistischer Geschäftsführer, der im Bereich der Unternehmensführung dazu noch unerfahren ist, wird in diesem Fall zum Risikofaktor für die Rückführung des gewährten Darlehens.

Ein weiterer Aspekt, der auf die Ratingnote Einfluss hat, ist die **Kontoführung** des Kreditnehmers. Durch die internen Unterlagen der einzelnen Volks- und Raiffeisenbanken kann ermittelt werden, wie das Verhalten des Unternehmens in der Vergangenheit im Haus war. Interessant ist hier beispielsweise, ob Kontokorrentlinien unerlaubt überschritten wurden oder ob es Scheckrückgaben gab.

Zusätzlich werden noch nähere Informationen zum **Jahresabschluss** und den **betriebswirtschaftlichen Auswertungen** erhoben, die beispielsweise Angaben zur Bilanzpolitik beinhalten.

Alle Fragen im qualitativen Bereich werden in der geschlossenen Form gehalten, sodass zumeist nur mit Ja- oder Nein-Antworten gearbeitet wird. Dies erleichtert einerseits die Beurteilung durch den Kundenberater, ist aber auch dem hohen Standardisierungsgrad des BVR-II-Ratingverfahrens geschuldet.

Trotz der unzweifelhaften Wichtigkeit dieser sechs Teilbereiche für die Ermittlung der Ratingnote, hat die Betrachtung und Bewertung der Kennzahlen aus den Jahresabschlüssen des Unternehmens im BVR-II-Rating den größten Stellenwert. Das Finanzrating als Teil des Ratingverfahrens erreicht im Rating der Volks- und Raiffeisenbanken eine Gewichtung von bis zu 70 Prozent.

Durch die jeweilige eigene Entwicklung der Ratingverfahren für jedes einzelne Kreditinstitut unterscheiden sich die Faktoren hinsichtlich der jeweiligen Ausgestaltung. Es werden beispielsweise im qualitativen Bereich andere Fragen gestellt, die dem jeweiligen Kreditinstitut Hinweise auf die Bonität des einzelnen Kreditnehmers geben sollen. Auch im quantitativen Bereich werden unterschiedliche Kennzahlen ausgewertet, die die Bonität des Kreditnehmers zuverlässig bewerten sollen.

5. Auswirkungen des Leasings auf die Ratingnote

Wie beschrieben verändert die Finanzierung mittels Operate-Leasing, auf welches sich dieser Abschnitt bezieht, die Bilanzstruktur im Vergleich zum Kauf teilweise erheblich. Da das Finanzrating durch eine Verknüpfung von einzelnen Kennzahlen ermittelt wird, ist eine Auswirkung des Leasings auf das Ratingergebnis gegeben. Doch nicht nur die veränderte Bilanzstruktur wird beim Finanzrating überprüft, sondern auch die Liquiditäts- und Ertragslage. Hier kommen zum einen die klassischen Vorteile des Leasings zum Tragen. Der finanzielle Spielraum wird durch den Einsatz des Leasings als Finanzierungsalternative vergrößert, da Investitionen ohne nennenswerten Kapitaleinsatz und unter Schonung der Liquidität getätigt werden. Allerdings wird durch das Leasing ein Fixkostenblock zu den betrieblichen Verpflichtungen hinzugefügt. Dies hat eine negative Auswirkung auf die Cashflow-Kennzahlen in den Bilanzratings der einzelnen Kreditinstitute. Im Folgenden werden einzelne Kennzahlen des BVR-II-Ratings und der Effekt des Leasings bzw. des Kaufs auf die Kennzahlen und die Ratingnote überprüft. Dabei wird eine Steigerung der Gesamtleistung oder die zusätzliche Kapazität durch den Einsatz der angeschafften Güter nicht berücksichtigt.

5.1 Kennzahl zur Ertragslage

$$Ertragslage = \frac{Betriebsergebnis\ vor\ Steuern + Planmäßige\ AfA}{Gesamtkapital}$$

Die Ertragslage bildet die Fähigkeit des Unternehmens ab, Gewinne zu erzielen und damit die künftige Leistungsfähigkeit sicherzustellen.

Die Kennzahl gibt darüber Auskunft, inwieweit das eingesetzte Kapital Renditen erwirtschaftet. Hierbei wird die Gesamtkapitalrentabilität um die gewöhnlichen Abschreibungen berichtigt. Je höher der ausgewiesene Wert ausfällt, desto besser ist die Ertragslage des Unternehmens einzuschätzen. Bei einem Wert < 0, weist das Unternehmen im operativen Geschäft einen Verlust aus.

Leasing: Diese Kennzahl wird durch das Leasing im Zähler negativ beeinflusst, da durch die höheren Aufwendungen einerseits das Betriebsergebnis vor Steuern sinkt, allerdings auch die planmäßige AfA, die bei einer Finanzierung mittels Bankkredit höher ausfallen würde, wird durch den Eigentumsverbleib beim Leasinggeber nicht erhöht und kann damit die Kennzahl nicht positiv beeinflussen.

Finanzierung: Im Gegensatz zum Leasing verlängert sich die Bilanzsumme bei der Finanzierung über die Bank. Durch die Erhöhung des Gesamtkapitals verschlechtert sich dabei die Relation, dies bewirkt eine Absenkung der Rendite. Hingegen kann die Abschreibung für die Maschine angesetzt werden, dies verbessert die Bilanzrelation.

Beide Finanzierungsarten können zu einer Verschlechterung der Kennzahl führen.

5.2 Kennzahl zur Vermögenslage

$$Vermögenslage = \frac{Bilanzielles\ Eigenkapital + Rückstellungen}{Gesamtkapital}$$

Bei der Überprüfung der Vermögenslage steht das Eigenkapital des Unternehmens im Mittelpunkt. Dies dient dazu die Substanz eines Unternehmens zu überprüfen. Das bilanzielle Eigenkapital wird um die gesamten Rückstellungen erweitert, da diese dem Unternehmen oftmals langfristig zur Verfügung stehen können. Hierbei gilt, dass je höher der Wert ausfällt, desto besser wird die Substanz des Unternehmens bewertet. Sollte diese Kennzahl einen Wert < 0 annehmen, ist eine bilanzielle Überschuldung möglich.

Leasing: Durch die Bilanzneutralität hat das Leasing keine Auswirkungen, weder im positiven noch im negativen auf diese Kennzahl.

Finanzierung: Das bilanzielle Eigenkapital erhöht sich nicht, da der Kauf mittels Finanzierung durch Fremdkapital erfolgt. Die Erhöhung des Gesamtkapitals durch das Ausweiten des Fremdkapitals kann eine bedeutend schlechtere Relation durch die Bilanzverlängerung zur Folge haben.

Da das Leasing bei der Kennzahl zur Vermögenslage keine Einwirkungen auf das Ergebnis im Rating ausweist, ist in diesem Falle das Leasing der Finanzierung mittels Bankkredit vorzuziehen, um eine negative Auswirkung auf das Rating zu vermeiden.

5.3 Kennzahl zur Wertschöpfung

$$Wertschöpfung = \frac{Gesamtleistung - Materialaufwand - Planmäßige\ Afa - Sonstiger\ betrieblicher\ Aufwand}{Gesamtleistung}$$

Die Wertschöpfung als Kennzahl ermittelt den Quotienten der Gesamtleistung (Umsatzerlöse +/− Bestandsveränderungen) subtrahiert um die Vorleistungen zur Gesamtleistung. Ziel ist die Bewertung des durch die wirtschaftliche Tätigkeit des Unternehmens entstandenen Mehrwerts. Auch hier gilt, dass ein höherer Wert auf eine bessere Unternehmenssituation hinweist, da eine höhere Wertschöpfung vorliegt.

Leasing/Finanzierung: Auch hier kann keine pauschale Beurteilung getroffen werden. In diesem Falle ist darauf zu achten, inwieweit die Betriebsausgaben einer Finanzierung sich von denen des Leasings unterscheiden. Fallen diese beim Leasing höher aus, verschlechtert sich die Kennzahl und führt zu einem schlechteren Ratingergebnis, als es bei der Finanzierung der Fall wäre. Andererseits verschlechtert sich durch die Erhöhung der planmäßigen AfA der Wert im Zähler bei einer Finanzierung mittels Kredit.

5.4 Kennzahl zur Liquiditätslage

$$Liquiditätslage = \frac{Monetäres\ Umlaufvermögen}{Kurzfristiges\ Kapital}$$

Die Liquiditätslage beschreibt die Zahlungsfähigkeit des Unternehmens. In der oben genannten Kennzahl enthält das monetäre Umlaufvermögen im Zähler zusätzlich zu den liquiden Mitteln noch die Forderungen. Dem wird das kurzfristige Kapital gegenübergestellt. Hier gilt, dass ein höherer Wert grundsätzlich besser zu bewerten ist, da die Zahlungsfähigkeit zunimmt.

Leasing/Finanzierung: Sowohl beim Leasing auch bei der Finanzierung durch die Bank wird diese Kennzahl nicht direkt beeinflusst.

5.5 Kennzahl zur Finanzlage

$$Finanzlage = \frac{Beteiligungserträge + Zinserträge - Zinsaufwand}{Gesamtleistung}$$

Da das Finanzergebnis bei den allermeisten Unternehmen negativ ausfällt, weil die Zinsaufwendungen die Zins- bzw. Beteiligungserträge übersteigen, wird diese Kennzahl besser bewertet, je geringer das negative Ergebnis ausfällt.

Leasing: Das Leasing beeinflusst diese Kennzahl nicht direkt, da die Ausgaben für Leasing nicht das Finanzergebnis oder die Gesamtleistung betreffen.

Finanzierung: Durch die erhöhten Zinsaufwendungen kommt es zu einer Verschlechterung des Finanzergebnisses. Im Gegensatz zum Leasing würde die Finanzierung mittels Bankkredits zu einem schlechteren Ratingergebnis führen.

5.6 Kennzahl zur kurzfristigen Verschuldung

$$Kurzfristige\ Verschuldung = \frac{\begin{array}{c}Kurzfristige\ Bankverbindlichkeiten + kurzfristige\ Verbindlichkeiten \\ aus\ Lieferungen\ und\ Leistungen + kurzfristige\ Wechselverbindlichkeiten \\ + sonstige\ kurzfristige\ Verbindlichkeiten\end{array}}{Gesamtleistung}$$

Die kurzfristige Verschuldung gibt Auskunft in welchem Zeitraum die kurzfristigen Verbindlichkeiten theoretisch bedient werden könnten, unter der Prämisse, dass die Umsatzerlöse ausschließlich zum Abbau der kurzfristigen Verbindlichkeiten verwendet würden. Je kleiner der Quotient ausfällt, desto besser wird dies bewertet, da davon ausgegangen wird, dass die kurzfristigen Verbindlichkeiten leichter bedient werden können.

Leasing: Je nach Ausgestaltungsform können die Leasinggebühren den sonstigen kurzfristigen Verbindlichkeiten zugerechnet werden. Dadurch würde sich der Quotient erhöhen und das Ratingergebnis negativ beeinflussen.

Finanzierung: Auch hier ist die Ausgestaltungsform der Finanzierung ausschlaggebend. Handelt es sich um eine langfristige Finanzierung, wird die Kennzahl nicht beeinflusst. Bei einer kurzfristigen Finanzierung würde sich die Summe im Zähler erhöhen und das Rating schwächer ausfallen.

5.7 Kennzahl zum Wachstum der Gesamtleistung

$$Wachstum\ der\ Gesamtleistung = \frac{Jahresgesamtleistung - Vorjahresgesamtleistung}{Vorjahresgesamtleistung}$$

Die Gesamtleistung eines Jahres ergibt sich aus dem Umsatz einer Periode, dem Saldo von Bestandsveränderungen und den aktivierten Eigenleistungen. Diese Kennzahl misst die Entwicklung der Leistungen im Vergleich zum Vorjahr. Unter normalen Umständen gilt, dass je höher die Zahl ausfällt, desto besser ist die Bewertung. Bei einem negativen Ergebnis schrumpft die Gesamtleistung des aktuellen Jahres im Vergleich zum Vorjahr.

Leasing/Finanzierung: Da sich diese Kennzahl ausschließlich mit den leistungsbezogenen Faktoren beschäftigt, haben weder das Leasing noch die Finanzierung mittels Bankkredit direkte Auswirkungen auf das Rating.

5.8 Zwischenfazit

Beide Arten der Beschaffung einer Maschine können sich auf das Ratingergebnis auswirken, doch es zeigt sich nicht, dass eine der beiden Finanzierungsformen an sich einen ausschließlich positiven Einfluss hat. Im Vergleich zum Ursprungszustand vor der Finanzierung kommt es oftmals zu einer Verschlechterung der Kennzahlen. Hierbei wird allerdings der Grund der Finanzierung, beispielsweise eine Erweiterungsinvestition, um die Gesamtleistung erhöhen zu können, nicht berücksichtigt. Werden die angestrebten Ziele durch die Anschaffung der Betriebsausstattung erreicht, werden sich die Kennzahlen unabhängig von der Finanzierungsform verbessern. Hier könnten sich Vorteile für das Leasing ergeben, da die steuermindernde Wirkung sich weiter entfalten kann. Welche Form der Finanzierung sich jetzt für das BVR-II-Rating positiver auswirken würde, kann aufgrund der Intransparenz im Ratingverfahren nicht beurteilt werden, da die Gewichtungen geheim gehalten werden. Allgemein kann aber gesagt werden, dass Leasing auch im Ratingverfahren der Volks- und Raiffeisenbanken im Bereich der Bilanzstruktur Vorteile aufweist, die zusätzlichen festen Leasinggebühren einen negativen Einfluss ausüben. Auch die anderen Kreditinstitute gestalten ihre Ratingverfahren undurchsichtig, sodass die Entscheidung „Leasing oder Finanzierung" aufgrund fehlender Angaben der Banken nicht konkretisiert werden kann. Es existieren auch zu viele Variablen, beispielsweise die Vertragsgestaltung des Leasings, die berücksichtigt werden müssen, sodass eine pauschale Aussage nicht getroffen werden kann. Der Unternehmer ist also aufgefordert, seine spezielle Situation zu analysieren und die Vor- und Nachteile der jeweiligen Finanzierungsform auf seine Ansprüche hin zu überprüfen. Hier ist auch eine Auskunft des jeweiligen Kreditinstitutes erforderlich, ob nicht eine Darstellung des Leasings als Mietkauf erfolgt, um das Leasing mit anderen Finanzierungsformen vergleichbar zu machen, und somit die Wirkungen für das Rating auszuhebeln.

5.9 Auswirkungen im qualitativen Bereich

Im qualitativen Bereich können folgende Punkte zu einer Verbesserung des Ratings führen:

- Konzentration auf Kernkompetenzen

  Verringerung des Verwaltungsaufwandes bei Beschaffung, Buchung und Verwertung des Investitionsgegenstands

- Erleichterung, Folgeinvestitionen zu tätigen

  Durch die Auseinandersetzung mit auslaufenden Leasingverträgen ist eine Beurteilung der Wirtschaftlichkeit von Anlagegütern besser gegeben, beispielsweise steigende Service- und Reparaturkosten bei IT-Systemen.

- Erfahrung der Leasing-Geber nutzen
  1. durch konsequente Marktbeobachtung, um die Verhandlungsposition gegenüber den Lieferanten zu stärken,
  2. durch Kenntnisse über neue Technologien und
  3. durch juristische Kenntnisse bei Großinvestitionen.

- Erleichterung der Planung

  Durch genau bestimmte Zahlungsverpflichtungen erhöht sich die Kalkulationssicherheit, unvorhergesehene Folgekosten werden je nach Vertragsgestaltung ausgeschlossen.

- Verringerung des Risikos von Fehlinvestitionen

  Abhängig von der Laufzeit des Leasingvertrags kann ein nicht wirtschaftlich nutzbares Gut nach Ablauf wieder zurückgegeben werden, ohne sich um die Verwertung kümmern zu müssen.

Auch hier ist es von den einzelnen Ratingverfahren der Banken abhängig, inwieweit die oben genannten Punkte in die Bewertung der Bonität des Kreditnehmers einfließen. Pauschale Aussagen können deshalb auch hier nicht getroffen werden.

6. Fazit

Das Leasing kann zu positiveren Bilanzrelationen führen und damit das Ratingergebnis verbessern bzw. nicht negativ beeinflussen. Die anfallenden Belastungen durch die Leasinggebühren mindern allerdings den Gewinn und können sich dadurch negativ auf das Ratingergebnis auswirken. Vor allem Unternehmen, die einen Verlust erwirtschaften, profitieren nicht von den steuermindernden Effekten des Leasings.

Ob die Vorteile des Leasings die Nachteile überwiegen, ist dabei vom Unternehmen, abhängig von der eigenen Situation, genauestens zu prüfen, um zu einem individuellen Ergebnis zu kommen.

Ähnlich verhält es sich mit den Auswirkungen des Leasings auf das Rating. Einerseits ist dies abhängig von der eigenen Unternehmenssituation. Auf der anderen Seite ist natürlich das von der jeweiligen Bank angewendete Ratingverfahren ausschlaggebend, ob das Leasing die Ratingnote verändert und welche Effekte, im positiven oder im negativen Sinn, sich dadurch ergeben.

Kauf, Miete oder Leasing im Kennzahlenvergleich: Auswirkungen auf das Rating

Johannes Wassenberg / Sabine Renner

1. Einleitung
2. Warum nimmt Moody's Leasinganpassungen vor?
3. Welche Leasinganpassungen werden von Moody's durchgeführt?
4. Welchen Einfluss haben die Anpassungen auf ratingrelevante Kennzahlen?
5. Fazit
6. Über Moody's

1. Einleitung

Ratings haben in den heutigen Kapitalmärkten die zentrale Aufgabe, die Kreditqualität eines Emittenten bzw. einer Wertpapieremission hinsichtlich der Wahrscheinlichkeit eines Zahlungsverzugs oder Zahlungsausfalls zu beurteilen. Sie fungieren im Rahmen von Investitions- und Finanzierungsprozessen als Entscheidungshilfen, indem sie eine relative Einschätzung des Ausfallrisikos eines Emittenten bzw. eines Wertpapiers ermöglichen.[1]

Ein von Moody's Investors Service (Moody's) erteiltes Rating[2] ist hierbei das Ergebnis einer ganzheitlichen Kreditanalyse des jeweiligen Emittenten, die neben den jeweiligen länder-, branchen- und geschäftspolitischen Risiken eines Emittenten des Unternehmenssektors[3] auch finanzwirtschaftliche Risiken umfasst. Um die Stärke und Stabilität der laufenden und zukünftigen Finanz- und Ertragskraft eines Unternehmens und somit die Fähigkeit der Schuldenrückführung beurteilen zu können, bedient sich Moody's verschiedener Finanzkennzahlen, die im brancheninternen und branchenübergreifenden Vergleich sowie im Zeitverlauf eine relative Risikoeinschätzung ermöglichen.

Um das finanzwirtschaftliche Risiko eines Emittenten einschätzen und vergleichen zu können, muss gewährleistet sein, dass

- der tatsächliche Risikogehalt einer wirtschaftlichen Transaktion richtig widergespiegelt wird und
- die Jahresabschlüsse verschiedener Emittenten hinsichtlich der angewendeten Bilanzierungsansätze vergleichbar sind.

Um diesen Ansprüchen gerecht zu werden, nimmt Moody's standardisierte Anpassungen verschiedener Positionen der Gewinn- und Verlustrechnung, der Bilanz und der Kapitalflussrechnung vor.[4] Eine dieser Anpassungen steht im direkten Zusammenhang mit Verbindlichkeiten aus Leasing- und Mietverträgen, die im Rahmen der folgenden Fragestellungen näher erläutert werden:

- Auf welchen wirtschaftlichen Grundlagen bauen die von Moody's vorgenommenen Leasinganpassungen auf? Wie unterscheidet sich Leasing bzw. Miete vom Kauf eines Wirtschaftsgutes?
- Welche Leasinganpassungen werden von Moody's durchgeführt?
- Welchen Einfluss haben Leasinganpassungen auf ratingrelevante Kennzahlen?

---

[1] Zwecks Vereinfachung wird im Folgenden nur noch von Emittenten gesprochen.
[2] Weitere Informationen über Moody's und die von Moody's veröffentlichten Ratings: http://www.moodys.com.
[3] Unternehmen, die nicht der Finanzdienstleistungsbranche (Banken, Versicherungen, Fonds) zugehören.
[4] Weitere Informationen zu diesem Thema: „Moody's Approach to Global Standard Adjustments in the Analysis of Financial Statements for Non-Financial Corporations – Part II" (Moody's Investors Service, Februar 2006).

In diesem Zusammenhang ist anzumerken, dass Moody's prinzipiell nicht zwischen Leasing und Miete unterscheidet, sodass die folgende Betrachtung auf die Unterschiede von Leasing bzw. Miete im Vergleich zum Kauf eingehen wird.

2. Warum nimmt Moody's Leasinganpassungen vor?

Benötigt ein Unternehmen neue Sachanlagen, beispielsweise um die Produktionskapazitäten zu erhöhen oder um veraltete Sachanlagen zu ersetzen, so steht das Unternehmen vor der Entscheidung, entweder das Eigentum, oder ein Nutzungsrecht an dem jeweiligen Wirtschaftsgut durch einen Miet- bzw. Leasingvertrag zu erwerben.

Entscheidet sich das Unternehmen für den **Kauf** des Wirtschaftsgutes, gehen mit dem Eigentum auch der Nutzen und das Risiko auf den Käufer über. Die Übertragung des Eigentums an dem Wirtschaftsgut hat zur Folge, dass dieses in der Bilanz des Käufers aktiviert wird. Die Finanzierung erfolgt hierbei entweder durch eigene Mittel (Reduzierung des Kassenbestandes bzw. eine Erhöhung des Eigenkapitals) oder durch Fremdmittel (Erhöhung der Finanzverbindlichkeiten). In der Gewinn- und Verlustrechnung wird die Abnutzung des Wirtschaftsgutes und somit dessen Wertminderung über die wirtschaftliche Nutzungsdauer als Abschreibung verbucht. In der Kapitalflussrechung führt der Kauf des Wirtschaftsgutes zu einem Mittelabfluss im Investitionscashflow, welcher, sofern er nicht durch einen entsprechenden Mittelzufluss aus Fremd- bzw. Eigenfinanzierung abgedeckt wird, zu einer Reduzierung des Kassenbestandes des Unternehmens führt.

Erwirbt das Unternehmen hingegen nur ein zeitlich begrenztes Nutzungsrecht an einem Wirtschaftsgut, für welches regelmäßige Miet- bzw. Leasingzahlungen an den Eigentümer zu leisten sind, spricht man von **Miete** bzw. **Leasing**.

Die geltenden Bilanzierungsrichtlinien nach US-GAAP („Generally Accepted Accounting Principles") unterscheiden zwischen zwei Formen des Leasings, den so genannten Capital-Leases und den Operate-Leases (Operating Leases). Eine Leasingtransaktion ist dann als Capital-Lease zu klassifizieren, wenn eines der folgenden Kriterien zutrifft:

- Das Eigentum an dem geleasten Wirtschaftsgut wird am Ende der Laufzeit auf den Leasingnehmer übertragen.
- Der Leasingvertrag sieht die Möglichkeit vor, dass der Leasingnehmer das Wirtschaftsgut zu einem im Vergleich zum Marktwert des Wirtschaftsgutes günstigeren Preis erwerben kann.
- Die Laufzeit des Leasingvertrages umfasst mindestens 75 Prozent der wirtschaftlichen Nutzungsdauer des Wirtschaftsgutes.
- Der Barwert der zukünftigen Leasingaufwendungen entspricht mindestens 90 Prozent des Marktwerts des Wirtschaftsgutes.

Gemäß den internationalen Bilanzierungsrichtlinien (IFRS) („International Financial Reporting Standards") wird eine Leasingtransaktion bereits dann als Finance-Lease – dem IFRS-Äquivalent zu Capital-Lease – kategorisiert, wenn dem Leasingnehmer der Nutzen an dem geleasten Wirtschaftsgut und das Risiko weitestgehend übertragen werden. Für beide Bilanzierungsrichtlinien gilt, dass eine Leasingtransaktion nur dann als Operate-Lease kategorisiert werden kann, wenn keines der Kriterien eines Capital- bzw. Finance-Leases erfüllt ist.

Wird eine Leasingtransaktion als **Capital-Lease**[5] klassifiziert, so geht man, wie bereits ausgeführt, davon aus, dass dem Leasingnehmer der Nutzen und die Risiken aus dem Wirtschaftsgut weitestgehend übertragen werden. Da die Leasingtransaktion wirtschaftlich einem Kauf gleichkommt, wird das geleaste Wirtschaftsgut in der Bilanz des Leasingnehmers aktiviert und dessen Verschuldung – basierend auf den zukünftigen Zahlungsverpflichtungen – entsprechend erhöht. Die jährliche Leasingzahlung wird in der Gewinn- und Verlustrechnung in den Positionen Abschreibungen und Zinsaufwand verbucht. In der Kapitalflussrechnung stellt der Zinsaufwand einen Mittelabfluss im operativen Cashflow (CFO) dar, die Abschreibungskomponente wird als Rückführung von Finanzverbindlichkeiten verbucht und kommt somit einem Mittelabfluss im Finanzierungscashflow gleich.

Bei einem **Operate-Lease** hingegen erfolgt keine Aktivierung des Nutzungsrechts bzw. Erhöhung der Verschuldung – man spricht in diesem Zusammenhang auch von einer bilanzunwirksamen Finanzierung. Die jährlich an den Leasinggeber zu zahlende Miete bzw. Leasinggebühr wird als betrieblicher Aufwand in der Gewinn- und Verlustrechnung und als Mittelabfluss im operativen Cashflow verbucht.

Viele Leasingnehmer ziehen aus wirtschaftlichen Gründen die Klassifizierung einer Leasing Transaktion als Operate-Lease vor. Zwei wesentliche Argumente gegen eine Klassifizierung als Capital-Lease sind:

- **Geringere Rentabilität:** Im Rahmen eines Capital-Leases erhöht sich durch die Aktivierung des Wirtschaftsgutes die Bilanzsumme; folglich sind Kennzahlen wie z. B. Kapitalumschlag und Gesamtkapitalrentabilität im Vergleich zu Operate-Leases in der Regel vergleichsweise schlechter.
- **Höherer Verschuldungsgrad:** Capital-Leases haben eine Erhöhung der bilanzwirksamen Verschuldung zur Folge; somit verschlechtern sich im Vergleich zum Operate-Lease in der Regel Finanzkennzahlen wie beispielsweise das Verhältnis von Cashflow zu Verschuldung.

Wie den obigen Ausführungen zu entnehmen ist, zeigen sich zwischen Capital-Leases und Operate-Leases weit reichende Unterschiede in den Auswirkungen auf Bilanz, Gewinn- und Verlustrechnung sowie Kapitalflussrechnung. Bedingt durch diese Unterschiede ist ein direkter Vergleich zwischen zwei Unternehmen, von denen eines Capital-Leases bzw. den Kauf eines Wirtschaftsgutes und das andere Operate-Leases ausweist, nicht möglich.

---

[5] Im Folgenden wird vereinfachend nur von Capital-Leases gesprochen. Die Ausführungen beziehen sich jedoch ebenfalls auf Finance-Leases.

Die von Moody's vorgenommene Leasinganpassung setzt genau an diesem Punkt an, mit dem Ziel, bilanzunwirksamen Operate-Leases einen bilanzwirksamen Charakter zu verleihen und sie somit mit einem Capital-Lease bzw. dem Kauf eines Wirtschaftsgutes vergleichbar zu machen.

Aus wirtschaftlicher Sicht unterstützen folgende Aspekte diese Anpassung:

- Für den Leasingnehmer in einer Operate-Lease-Transaktion ergibt sich, ähnlich wie bei einem Capital-Lease, eine vertragliche Verpflichtung, Leasingzahlungen an den Leasinggeber abzuführen. Sollte der Leasingnehmer dieser Verpflichtung nicht nachkommen, könnte dies, wie auch unter einem normalen Kreditvertrag, in der Regel zu einem Ausfallereignis („event of default") führen.
- Operate-Leases reduzieren aufgrund der zukünftigen Zahlungsverpflichtungen die Verschuldungskapazität des Leasingnehmers; sie kommen somit einer zusätzlichen Fremdverschuldung gleich.
- Sollte die Möglichkeit, ein Wirtschaftsgut zu leasen, nicht bestehen, bestünde für das Unternehmen die Alternative, dieses zu kaufen und somit zu aktivieren, und den Kauf entweder durch Eigen- oder Fremdmittel zu finanzieren.

3. Welche Leasinganpassungen werden von Moody's durchgeführt?

„Ich bezweifle, dass Sie jemals in einem Flugzeug geflogen sind, welches in der Bilanz der jeweiligen Fluggesellschaft aktiviert war ...

... einer wirklichkeitsgetreuen Darstellung von wirtschaftlichen Tatsachen entspricht dies jedoch nicht."[6]

Wie im vorhergehenden Abschnitt erläutert, nimmt Moody's im Rahmen der Finanzanalyse standardisierte Anpassungen für Operate-Leases vor. Die einzelnen Schritte der vorzunehmenden Änderungen in der Bilanz, der Gewinn- und Verlustrechnung sowie der Kapitalflussrechnung werden in Abbildung 1 näher erläutert.

---

[6] Sir David Tweedie (Vorsitzender des International Accounting Standards Board (IASB)), Aussage im Rahmen seiner Befragung als Sachverständiger vor dem Finanzausschuss des britischen Parlaments am 02.07.2002.

> **Bilanz:** Auf der Aktivseite erfolgt eine Erhöhung des Sachanlagevermögens. Auf der Passivseite der Bilanz erfolgt eine entsprechende Erhöhung der Verschuldung. Ausschlaggebend für die Höhe dieser Anpassung ist das Ergebnis der Berechnung der zukünftigen Zahlungsverpflichtungen mittels des Multiplikator- bzw. Barwertansatzes (siehe Abbildung 2).
>
> **Gewinn- und Verlustrechnung:** Grundannahme ist, dass der jährliche Leasingaufwand in einen Zins- und einen Abschreibungsanteil aufzuteilen ist. Aufgrund praktischer Schwierigkeiten, den genauen Zins- und Abschreibungsanteil der Leasingzahlung zu ermitteln, verwendet Moody's vereinfachend eine Ein-Drittel/Zwei-Drittel-Aufteilung des Leasingaufwandes. Ein Drittel des im operativen Ergebnis enthaltenen jährlichen Leasingaufwands wird dem Zinsaufwand hinzugerechnet, das heißt, das operative Ergebnis wird um diesen Betrag erhöht. Die verbleibenden zwei Drittel des Leasingaufwands werden auf die Position „Abschreibungen – Aktivierte Verbindlichkeiten aus Operate-Leases" umgegliedert und sind somit auch weiterhin in der Berechnung des operativen Ergebnisses enthalten. Es erfolgt eine proportionale Reduzierung der Herstellungs-, Verwaltung- und Vertriebskosten sowie anderer betrieblicher Aufwendungen.
>
> **Kapitalflussrechnung:** Für die Abschreibungskomponente (zwei Drittel des Leasingaufwandes) erfolgen zwei Anpassungen:
>
> 1. In einem ersten Schritt werden die Abschreibungen dem Vorsteuerergebnis im operativen Cashflow hinzugerechnet. Gleichzeitig erfolgt ein Mittelabfluss im Finanzierungscashflow; dieser stellt die Rückführung der mit dem Leasingvertrag in Verbindung stehenden Verschuldung dar.
> 2. In einem zweiten Schritt geht man davon aus, dass neue Investitionen in Höhe der jeweiligen Abschreibung erforderlich sind, um Anlagevermögen und somit Produktionskapazitäten auf einem stabilen Niveau zu halten. Dies führt zu einem Mittelabfluss im Investitionscashflow, der durch die Erhöhung der Finanzverbindlichkeiten, das heißt einem Mittelzufluss im Finanzierungscashflow, finanziert wird.
>
> Es erfolgt keine Anpassung für die Zinskomponente.

Abbildung 1: Leasinganpassungen: Änderungen in der Bilanz, der Gewinn- und Verlustrechnung sowie der Kapitalflussrechnung
(Quelle: Moody's Investors Service)

Die in Abbildung 1 geschilderten Änderungen werden exemplarisch anhand des Beispiels der Fluggesellschaft British Airways dargestellt. Fluggesellschaften zeigen im Allgemeinen hohe, geschäftsmodellspezifische Leasingaufwendungen auf. Grund hierfür ist, dass viele Fluggesellschaften einen erheblichen Anteil ihrer Flotte und/oder der genutzten Flughafengebäude – bilanzunwirksam über Operate-Lease-Transaktionen – finanzieren.

Wie bereits in Abbildung 1 gezeigt, ermittelt Moody's die Höhe des zu aktivierenden Wirtschaftsgutes bzw. der zu passivierenden Finanzverbindlichkeit anhand des Multiplikator- bzw. des Barwertansatzes, die in Abbildung 2 näher erläutert werden.[7]

Der Multiplikatoransatz basiert auf dem Miet- bzw. Leasingaufwand des letzten Geschäftsjahrs; dieser betrug beispielsweise bei British Airways im Geschäftsjahr 2005/06 251 Mio. GBP. Moody's wählt – in Abhängigkeit der Branchenzugehörigkeit des jeweiligen Unternehmens – einen Multiplikator, mittels dessen die Höhe der zukünftigen Leasingver-

---

[7] Weitere Informationen zu dem Multiplikator- und Barwertansatz: „Off-Balance Sheet Leases: Capitalization and Ratings Implications" (Moody's Investors Service, Oktober 1999) sowie „Guideline Rent Expense Multiples for Use with Moody's Global Standard Adjustment to Capitalize Operating Leases" (Moody's Investors Service, März 2006).

bindlichkeiten berechnet wird. Für Fluggesellschaften wird ein achtfacher Multiplikator angewendet, der auf folgenden Annahmen basiert:

- Sechsprozentiger Zinssatz für die Finanzierung des Wirtschaftgutes
- Fünfzehnjährige durchschnittliche Nutzungsdauer des Wirtschaftsgutes

Da die Zinssätze und Nutzungsdauern jedoch von Branche zu Branche – bedingt durch die Unterschiede in den geleasten Wirtschaftsgütern – variieren, finden in diesem Ansatz branchenspezifische Multiplikatoren Anwendung. So unterscheidet Moody's je nach Branche zwischen einem fünf-, sechs-, acht- und zehnfachen Multiplikator.

Die mittels des Multiplikatoransatzes ermittelten zukünftigen Leasingverbindlichkeiten betragen für British Airways 2 Mrd. GBP.

Beim Barwertansatz werden die Leasingverbindlichkeiten eines Unternehmens aus Operate-Leases mittels des Barwertes der zukünftigen Leasingzahlungen ermittelt. Hierzu werden die im Geschäftsbericht auszuweisenden zukünftigen Leasingzahlungen mit dem für die jeweilige Ratingkategorie anzuwendenden langfristigen Zinssatz abdiskontiert und aufsummiert. Die Summe der zukünftigen Leasingaufwendungen bei British Airways beträgt 2,1 Mrd. GBP, dies entspricht einem Barwert von 1,2 Mrd. GBP.

British Airways plc (per 31.03.2006 in Mio. GPB)	
Schritt 1: Multiplikatoransatz	
Leasing- bzw. Mietaufwand des letzes Geschäftsjahres	251
Multiplikator (Fluggesellschaften)	8x
Leasing-/Mietaufwand × Multiplikator	2,008
Schritt 2: Barwertansatz	
Langfristiger Zinssatz	6,81 %
Leasing-/Mietaufwand	
Jahr 1 (nächstes Geschäftsjahr)	177
Jahr 2	104
Jahr 3	104
Jahr 4	104
Jahr 5	104
Folgende Jahre	1,535
Summe zukünftiger Leasing-/Mietaufwendungen	2,126
Barwert	1,177
Schritt 3: Vergleich Multiplikator-/Barwertansatz	
	2,008 > 1,177
Schritt 4: Berechnung des Anpassungen	
Erhöhung des Sachanlagevermögens und der Verschuldung	2,008
Leasing-/Mietaufwand: Anteil Abschreibung (2/3 des Leasing-/Mietaufwandes)	167
Leasing-/Mietaufwand: Anteil Zinsen (1/3 des Leasing-/Mietaufwandes)	84

Abbildung 2: Multiplikator- und Barwertansatz im Vergleich am Bespiel British Airways, Zahlen per Geschäftsjahresende März 2006
(Quelle: Moody's Investors Service; British Airways plc, Jahresabschluss 2005/06)

Abschließend erfolgt ein Vergleich der Ergebnisse des Multiplikator- und des Barwertansatzes. Der jeweils höhere Betrag fließt in die Anpassung des Sachanlagevermögens und der Verschuldung ein. Bei British Airways findet folglich der Multiplikatoransatz Anwendung; somit wird die Verschuldung, wie in Abbildung 3 gezeigt, um 2 Mrd. GBP erhöht. Ausgehend von einer bilanzwirksamen Verschuldung von 4 Mrd. GBP bedeutet dies eine Erhöhung der Finanzverbindlichkeiten um 50 Prozent.

Des Weiteren erfolgt eine Erhöhung der Abschreibung um 167 Mio. GBP und des Zinsaufwandes um 84 Mio. GBP. Die Herstellungs-, Verwaltungs- und Vertriebskosten sowie sonstigen betrieblichen Aufwendungen werden entsprechend um 251 Mio. GBP reduziert. Der Cashflow wird, wie in Abbildung 1 beschrieben, um die Abschreibungskomponente angepasst.

British Airways plc (per 31.03.2006 in Mio. GBP)		
Anpassung	Soll	Haben
Bilanz		
Sachanlagen	2,008	
Verschuldung		−2,008
Zweck: Aktivierung der Verpflichtungen aus dem Capital-Lease und Erhöhung der Verschuldung		
Gewinn- und Verlustrechnung		
Zinsen	84	
Abschreibung	167	
Herstellungs-, Verwaltungs- und Vertriebskosten sowie sonstige betriebliche Aufwendungen		−251
Zweck: Umgliederung der Mietaufwendungen (Annahme: proportional enthalten in den Herstellungs-, Verwaltungs- und Vertriebskosten sowie sonstigen betrieblichen Aufwendungen) in Abschreibung (2/3 des jährlichen Leasingaufwandes) und Zinsen (1/3)		
Kapitalflussrechnung		
Operativer Cashflow:		
Abschreibung	167	
Finanzierungscashflow:		
Rückführung Verschuldung		−167
Erhöhung Verschuldung	167	
Investitionscashflow:		
Investitionen Sachanlagen		−167
Zweck: Umgliederung der Abschreibung (2/3 des Leasingaufwandes) von Abschreibungen zu einem Mittelabfluss im Finanzierungscashflow, gefolgt von einer Erhöhung der Fremdverschuldung zur Finanzierung von Investitionen in Sachanlagevermögen, keine Anpassung bezüglich des Zinsaufwandes im operativen Cashflow		

Abbildung 3: Übersicht der Leasing-Anpassungen am Beispiel British Airways, Zahlen per Geschäftsjahresende März 2006
(Quelle: Moody's Investors Service; British Airways plc, Jahresabschluss 2005/06)

4. Welchen Einfluss haben die Anpassungen auf ratingrelvante Kennzahlen?

Abbildung 4 verdeutlicht die Auswirkungen der Leasinganpassungen auf vier ausgewählte Finanzkennzahlen, die in die von Moody's durchgeführte Analyse eines Emittenten (hier British Airways) und seiner Ertrags- und Finanzkraft eingehen.

British Airways plc (per 31.03.2006) in Mio. GPB)

Anpassung		Gemäß JA [1]	Leasing Anp. [2]	[1] + [2]
Rentabilität				
EBIT-Marge (EBIT/Umsatz)	Vorsteuerergebnis	592		592
	+ Zinsaufwand	239	84	323
	= EBIT	831		915
	Umsatz	8,515		8,515
		9,8 %		10,7 %
ROA (EBIT/Aktiva)	EBIT	831	84	915
	Aktiva	12,175	2,008	14,183
		6,8 %		6,5 %
Verschuldungsgrad				
Retained Cashflow (RCF)/Verschuldung	CFO (exkl. Betriebsmittel)	1,266	167	1,433
	– Dividenden	–14		–14
	= RCF	1,252		1,419
	Verschuldung	4,081	2,008	6,089
		30,7 %		23,3 %
Verschuldung/EBITDA	Verschuldung	4,081	2,008	6,089
	Vorsteuerergebnis	592		592
	+ Zinsaufwand	239	84	323
	+ Abschreibung	717	167	884
	= EBITDA	1,548		1,799
		2,6		3,4

Abbildung 4: Auswirkungen der Leasinganpassungen auf ausgewählte Kennzahlen, Beispiel: British Airways, Zahlen per Geschäftsjahresende März 2006
(Quelle: Moody's Investors Service; British Airways plc, Jahresabschluss 2005/06)

In der Spalte „Gemäß Jahresabschluss" werden die von British Airways im Jahresbericht per März 2006 ausgewiesenen, für die Berechnung der Kennzahlen benötigten, Zahlen aufgeführt. Die Spalte „Leasinganpassungen" greift die in Abbildung 3 bereits aufgezeigten Anpassungen nochmals auf und dient der Herleitung der von Moody's angepassten Zahlen bzw. Kennzahlen in der rechten Spalte.

Wie Abbildung 4 zu entnehmen ist, haben die von Moody's durchgeführten Leasinganpassungen folgende Auswirkungen:

- **Rentabilität**

    Die Gesamtkapitalrentabilität (ROA) zeigt eine Verschlechterung von 6,8 Prozent auf 6,5 Prozent auf. Zu erklären ist dies durch Aktivierung der geleasten Wirtschaftsgüter, die einer Erhöhung der Aktiva von British Airways um ca. 16 Prozent gleichkommt. Diese Erhöhung der Bilanzsumme fällt vergleichsweise höher aus als die Verbesserung des operativen Ergebnisses vor Zinsaufwendungen (EBIT), welches sich durch die Klassifizierung eines Teils des Leasingaufwands als Zinsaufwand erhöht, sodass es zu einer Verschlechterung der Gesamtkapitalrentabilität kommt.

    Betrachtet man hingegen die EBIT-Marge, so fällt auf, dass sich diese bedingt durch die Leasinganpassung von 9,8 Prozent auf 10,7 Prozent verbessert. Zu erklären ist dies durch die bereits erläuterte Erhöhung des EBIT bei gleich bleibendem Umsatz.

- **Verschuldungsgrad**

    Die beiden aufgeführten Kennzahlen zeigen, dass der Verschuldungsgrad eines Unternehmens wesentlich stärker durch die vorgenommen Leasinganpassungen beeinflusst wird als beispielsweise die Rentabilität. So führt die fünfzigprozentige Erhöhung der bilanzwirksamen Verschuldung zu einer Verschlechterung des Verhältnisses von Retained Cashflow (RCF) zu Verschuldung von 30,7 Prozent auf 23,3 Prozent und des Verhältnisses von Verschuldung zu EBITDA von 2,6 x auf 3,4 x.

Im Fall British Airways führen die Leasinganpassungen somit zu einer Verschlechterung der Gesamtkapitalrentabilität, des Verhältnisses Retained Cashflow zu Verschuldung und des Verhältnisses Verschuldung zu EBITDA, die im Gesamtkontext der durchzuführenden Analyse negative Auswirkungen auf die Beurteilung der Finanzlage und somit auf das Rating haben können.

In diesem Zusammenhang ist anzumerken, dass die Leasinganpassungen in der Regel unternehmensübergreifend zu ähnlichen Ergebnissen, das heißt einer Verschlechterung der Gesamtkapitalrentabilität und Verschuldungskennzahlen führen, dies jedoch nicht grundsätzlich der Fall sein muss. So können sich die Leasinganpassungen auch positiv auf die genannten Kennzahlen auswirken, wenn beispielsweise die anpassungsbedingte Erhöhung des EBIT bzw. des Retained Cashflows verhältnismäßig größer ist als die des Sachanlagevermögens bzw. der Verschuldung.

5. Fazit

Wie bereits erläutert, stellt ein Rating eine Einschätzung hinsichtlich der Wahrscheinlichkeit eines Zahlungsausfalls eines Emittenten dar. Für diese Einschätzung ist der Verschuldungsgrad eines Unternehmens – neben anderen quantitativen und qualitativen Faktoren – von besonderer Bedeutung. Je höher der Verschuldungsgrad, das heißt, je schlechter die beiden im vorhergehenden Abschnitt erwähnten Verschuldungskennzahlen, desto höher ist die Wahrscheinlichkeit eines Zahlungsausfalls, die wiederum negative Auswirkungen auf das Rating haben kann.

Betrachtet man nun, dass Operate-Leases trotz ihres bilanzunwirksamen Charakters zukünftige Zahlungsverbindlichkeiten eines Emittenten und somit zusätzliche Verschuldung darstellen, wird die Notwendigkeit der von Moody's durchgeführten Leasinganpassungen deutlich. Wie am Beispiel British Airways gezeigt wurde, führen die Anpassungen zu einer wirklichkeitsgetreueren Darstellung der Verschuldung eines Unternehmens und ermöglichen somit eine genauere Einschätzung des relativen Ausfallrisikos.

6. Über Moody's

Moody's, eine der weltweit führenden Ratingagenturen, veröffentlicht Ratings, Research und Risikoanalysen zu festverzinslichen Wertpapieren und deren Emittenten. Insgesamt werden Verbindlichkeiten mit einem Volumen von über 35 Billionen USD bewertet.

Moody's war die erste der international renommierten Ratingagenturen, die in Deutschland mit einem eigenen Büro vertreten war. Das 1991 in Frankfurt/Main eröffnete Büro ist eines von sieben analytischen Kompetenzzentren in Europa, zuständig für Ratings in den Bereichen „Corporate-Finance" (Industrieunternehmen), „Structured Finance" (strukturierte Finanzierungen), „Financial Institutions" (private, genossenschaftliche und öffentlich-rechtliche Banken) und „Sovereigns" (staatliche Emittenten, EU-Länder).

Am Standort Frankfurt werden im Bereich „Corporate-Finance" Analysen und Ratings für europäische Industrieunternehmen aus folgenden Branchen erstellt: Maschinen- und Anlagenbau, Elektrotechnik und Technologie, Stahl, Metall, Automobilhersteller und -zulieferer), Investitionsgüter und Baustoffe, Industriegase, Verpackung, Papier und Zellstoffe sowie Krankenpflege.

Kauf, Miete oder Leasing unter qualitativen Ratingkriterien

Martin Amann / Uwe Burkert / Marco Göck

1. Leasing:
   Alternative zur Erhöhung der finanziellen Flexibilität bei Unternehmen

2. Kapitalstrukturanalyse:
   Inhalt und Bedeutung

3. „Schuldenähnliche" Verpflichtungen:
   Wertung der Ratingagenturen am Beispiel von Standard & Poor's

4. Vorteile von Operate-Lease unter Ratinggesichtspunkten

5. Fazit:
   Vorteile überwiegen, Adjustierungen sind jedoch methodologisch zwingend

Literatur

1. Leasing: Alternative zur Erhöhung der finanziellen Flexibilität bei Unternehmen

Für die international renommierten externen Ratingagenturen Moody's, Standard & Poor's sowie Fitch Ratings ist die Analyse der Kapitalstruktur eines Unternehmens eine Hauptkomponente bei der Ermittlung des Finanzprofils und somit der Ratingeinstufung.

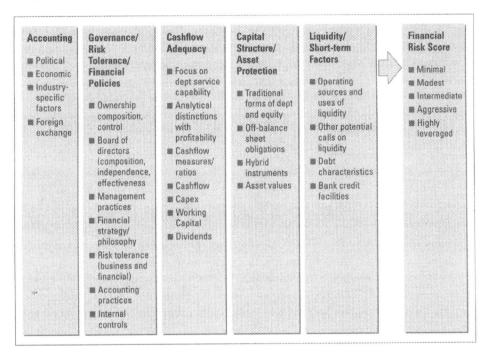

Abbildung 1: Analyse des Finanzrisikoprofils
(Quelle: S & P)

Aus qualitativer Sicht kann die Möglichkeit zur Nutzung von Leasing positive Implikationen für eine Ratingbeurteilung haben, da Leasing eine alternative Finanzierungsform im Sinne der Ratingagenturen darstellt.

Dieser Beitrag orientiert sich insbesondere an der Methodologie von Standard & Poor's. Grundsätzlich gelten diese Aussagen in qualitativer Hinsicht jedoch auch für die anderen Ratingagenturen.

2. Kapitalstrukturanalyse: Inhalt und Bedeutung

In der Kapitalstrukturanalyse ermitteln die Ratingagenturen die Verschuldung des Unternehmens. Die Kapitalstrukturanalyse bei Standard & Poor's erfolgt durch Ermittlung der Schulden und „schuldenähnlichen" Verpflichtungen. Eine „schuldenähnliche" Verpflichtung wird von Standard & Poor's als eine finanzielle Eintrittsverpflichtung definiert, die ein Unternehmen zu einem zukünftigen Zeitpunkt zu erfüllen hat und die nicht als traditionelle Bankverschuldung oder Anleihe berücksichtigt wird. Neben der reinen Finanzverschuldung (also beispielsweise Bankkredite, Schuldscheindarlehen und Anleihen sowie bilanziell berücksichtigte Finance-Lease-Verschuldung) sehen Ratingagenturen die Verschuldung – auch als adjustierte Verschuldung definiert – somit deutlich umfassender. Bei vielen Unternehmen sind in der adjustierten Verschuldung neben Pensionsverpflichtungen und Forderungsverbriefungen auch Leasingverpflichtungen aus Operate-Lease-Verträgen bzw. Mietzahlungsverpflichtungen enthalten. Darüber hinaus kann es noch zu weiteren Adjustierungen z. B. von Eventualverbindlichkeiten kommen, auf die an dieser Stelle jedoch nicht weiter eingegangen werden soll.

Bei der Kapitalstrukturanalyse geht es insbesondere um die Höhe sowie Ausgestaltung der adjustierten Verschuldung, also der Finanzverschuldungskomponenten sowie der „schuldenähnlichen" Verpflichtungen. Weiter ist die adjustierte Verschuldung relativ zu den Cashflows des Unternehmens bzw. relativ zur Höhe des Eigenkapitals für die Ratingeinstufung von wesentlicher Bedeutung.

Zusätzlich wird von den Ratingagenturen auch die relative Rangfolge der jeweiligen Verschuldungsinstrumente in der Kapitalstruktur beleuchtet und Überlegungen hinsichtlich der Sicherstellung der Verbindlichkeiten durch den Wert des Unternehmens und/oder von als Sicherheit gestellten Vermögenswerten angestellt. Diese Überprüfungen spielen für die Ratingeinstufung von Verschuldungsinstrumenten wie Anleihen (Notching-Überlegungen) sowie Recovery-Ratings (wie hoch ist im Verwertungsfalle die Rückzahlungshöhe aus dem Verschuldungsinstrument?) eine wesentliche Rolle. Vom Unternehmen geleaste Vermögensgegenstände sind für Gläubiger des Unternehmens im Falle der Insolvenz nicht verfügbar. Die gegenüber Leasinggebern relative „Junior"-Position der ungesicherten Kreditgeber kann die Ratings von einzelnen Schuldemissionen beeinflussen. Sofern gerechtfertigt, werden die Schuldemissionen um eine oder zwei Ratingstufen (Notches) niedriger eingestuft, um die Unterschiede in den erwarteten Recovery-Raten zu reflektieren. Die Leasing-Methodologie von Standard & Poor's soll den Umfang der Leasingaktivitäten des Unternehmens und gleichzeitig die Wesentlichkeit hinsichtlich der Recovery-Analyseüberlegungen verdeutlichen.

Auf eine detaillierte Darstellung der Notching-Kriterien sowie der Implikationen auf Recovery-Gesichtspunkte durch Leasing soll an dieser Stelle verzichtet werden, da dies den Umfang des Beitrags überschreiten würde.

3. „Schuldenähnliche" Verpflichtungen: Wertung der Ratingagenturen am Beispiel von Standard & Poor's

Für die Analyse der Ratingagenturen spielt die rechnungswesentechnische (bilanzielle oder außerbilanzielle) Behandlung von „schuldenähnlichen" Verpflichtungen keine Rolle. Es geht vielmehr darum, ob diese letztlich vom Unternehmen zu bezahlen sind.

Gemäß Standard & Poor's handelt es sich bei Operate-Lease-Verpflichtungen um eher standardmäßige und weit verbreitete „schuldenähnliche" Verpflichtungen. Um ökonomisch den geleasten Vermögensgegenstand nutzen zu können, müssen die laufenden finanziellen Verpflichtungen aus dem Leasingvertrag – sprich Leasingzahlungen – geleistet werden. Die Ratingagentur Standard & Poor's argumentiert dabei, dass die (geleasten) Vermögenswerte wie z. B. Produktionsfabriken, Hauptverwaltungsgebäude sowie wesentliche Ausstattungen (Maschinen oder Computer) fast immer als strategisch anzusehen sind.

Das im Nachfolgenden dargestellte Operate-Lease-Modell[1] von Standard & Poor's beabsichtigt, die Finanzkennziffern von Unternehmen genauer und vergleichbarer zu machen, indem alle Vermögenswerte und Verbindlichkeiten (unabhängig von der bilanziellen Behandlung) betrachtet werden. Wesentliche Absicht der Ratingagenturen ist, die Vergleichbarkeit der Finanzkennziffern von Unternehmen – unabhängig von den gewählten Finanzierungsformen (bilanziell/außerbilanziell) – insbesondere für einen Peer-Vergleich herzustellen. Standard & Poor's berücksichtigt die Leasingverpflichtung als „schuldenähnlich", indem ein Barwert der zukünftigen Leasingverpflichtung ermittelt wird und diese Verschuldung sowie der (geleaste) Vermögenswert in die Bilanz hinzugenommen werden. Die Mindestleasingzahlungen werden in Zinsaufwands- und Abschreibungskomponenten aufgeteilt. Somit ist eine Vielzahl von Finanzkennziffern betroffen. Insbesondere die für die Gesamtratingbeurteilung relevanten Kennziffern wie beispielsweise

- Verschuldung zu Gesamtkapital,
- Verschuldung zu EBITDA und
- Brutto-Cashflow (FFO) zu adjustierter Verschuldung

werden angepasst.

Zusätzlich werden die in der Kapitalflussrechnung berichteten Investitionen um den Effekt durch den nicht-liquiditätswirksamen Zugang von Leasing-Vermögensgegenständen angepasst. Somit erhöhen sich sowohl die Investitionen als auch Finanzierungsaufnahmen in der Kapitalflussrechnung.[2]

Zur Ermittlung des Barwerts bedient sich die Ratingagentur Standard & Poor's der leasingspezifischen Angaben im Anhang des Geschäftsberichts.[3] Abhängig von dem jeweils

---
[1] Samson (2005) und Samson (2007).
[2] Bukspan (2006).
[3] Harding (2007).

gewählten Bilanzierungsstandard des Unternehmens variiert hierbei der Detaillierungsgrad der aufgezeigten Mindestleasingaufwendungen. Während beispielsweise unter US-GAAP eine Unterteilung der Mindestleasingzahlungen in die fünf Folgejahre sowie einem darüber hinaus liegenden Restbetrag erfolgt, erlaubt die Darstellung nach IFRS eine Clusterbildung nach Jahren.[4] Auf mögliche Korrekturen der Mindestleasingverpflichtungen vor allem durch Subleasing – also Untervermietung an Dritte – soll an dieser Stelle nicht näher eingegangen werden.

US-GAAP	Jahr	2006	2005	Jahr	IFRS	2006	2005
Jahr 1	(2007)	55	45	(2006)	Bis 1 Jahr	55	45
Jahr 2	(2008)	50	40	(2007)	1–5 Jahre	175	145
Jahr 3	(2009)	45	40	(2008)	über 5 Jahre	170	110
Jahr 4	(2010)	45	35	(2009)			
Jahr 5	(2011)	35	30	(2010)	Gesamt	400	300
Danach		170	110				
Gesamt		400	300				

Die nach US-GAAP dargestellten Restzahlungen werden durch die Ratingagentur Standard & Poor's, abhängig von der Mindestleasingzahlung im fünften Jahr, verteilt. Dargestellt an dem obigen Beispiel (US-GAAP) bedeutet dies eine vereinfachte Verteilung der Restzahlungen auf weitere gerundete fünf Jahre (170 dividiert durch 35).

Abbildung 2: Leasingverpflichtungen im Anhang eines beispielhaften Jahresabschlusses 2006 (vereinfacht) (Quelle: S & P, LBBW Rating Advisory)

Als Diskontierungszinssatz zur Barwertermittlung kann ein Durchschnittszinssatz verwendet werden, welcher sich aus dem Zinsaufwand im jeweiligen Jahr bezogen auf die Durchschnittsverschuldung (ermittelt aus dem Stand des Vorjahresendes sowie dem Stand zum Ende des betrachteten Jahres) errechnet. Soweit die Informationen bekannt sind, können optimalerweise auch alternativ der in der Leasingrate zugrunde liegende Zinssatz bzw. die Konditionen für besicherte Kredite des Unternehmens als Diskontierungszinssatz herangezogen werden.

Durch die Rückrechnung der nicht bilanzwirksamen Operate-Lease-Geschäfte in eine bilanzielle „Darstellung" wird das Leasinggeschäft analog einem fremdfinanzierten, besicherten Kauf behandelt. Es ist somit aus Sicht der Ratingagenturen konsequent, dass neben einem hieraus resultierenden Schuldenanstieg (Barwert) zudem sowohl ein fiktiver Zinsaufwand aus der Verschuldung als auch eine fiktive Abschreibung auf den erworbenen Gegenstand in der Analyse berücksichtigt werden.

---

[4] IFRS (2005), IAS 17.31 b.

Kauf, Miete oder Leasing unter qualitativen Ratingkriterien

	2006	2005	2004
adj. Gesamtverschuldung*	500	550	575
Zinsaufwand	26,25	27,5	
Zinssatz	5,0 %	4,9 %	

Mindestleasingzahlungen
Jahr 2007   55   45   ⟶ Ø 50
Jahr 2008   50   40
...

Barwert (BW)   320   250   ⟶ Ø 285
                                                    5,0 %
Zins   14 ⟵
Abschreibung   36**

* vor Leasingadjustierung
** Ø Mindestleasingzahlung von 50 abzüglich Zinsanteil von 14

Die für 2007 ausgewiesene Mindestleasingverpflichtung von 55 Mio. EUR wird mit dem Zinssatz von fünf Prozent auf das Jahresende 2006 abdiskontiert (der Barwert beträgt somit rund 52 Mio. EUR). Die für 2008 ausgewiesene Mindestleasingzahlung von 50 Mio. EUR ergibt bei einer Abzinsung auf zwei Jahre einen Barwert von rund 45 Mio. EUR. Für die weiteren darauffolgenden Jahre wird diese Berechnung analog fortgesetzt.

Den aus dem durchschnittlichen Barwert der Leasingraten (285 Mio. EUR, ermittelt aus dem Durchschnitt der Barwerte für 2006 von 320 Mio. EUR sowie 250 Mio. EUR für 2005) resultierenden Zinsaufwand errechnet die Ratingagentur S & P auf Basis des zuvor ermittelten Diskontierungssatzes von fünf Prozent (vgl. Abbildung oben). Unter der Annahme, dass die Mindestleasingzahlungen – für das betrachtete Jahr 2006 – alle mit dem Barwert verbundenen Verpflichtungen beinhaltet, ergibt sich aus der Differenz der durchschnittlichen Mindestleasingzahlung (50 Mio. EUR) und der errechneten Zinszahlung der zur weiteren Kalkulation/Adjustierung benötigte Abschreibungsanteil.

Abbildung 3: Ermittlung der Mindestleasingverpflichtung
(Quelle: S & P, LBBW Rating Advisory)

Diese Anpassungen haben Einfluss auf eine Vielzahl von Positionen in der Bilanz, Gewinn- und Verlustrechnung sowie Kapitalflussrechnung. Die folgende Berechnung ratingrelevanter Finanzkennzahlen soll für ausgewählte Positionen für das Jahr 2006 dargestellt werden:

- Verschuldung: Die Verschuldung per Ende 2006 gemäß S & P-Methodologie erhöht sich um den aus den Mindestleasingzahlungen ermittelten Barwert (320 Mio. EUR).
- EBITDA: Das EBITDA 2006 erhöht sich lediglich um den ermittelten Zinsaufwand (14 Mio. EUR). Die Vernachlässigung des Abschreibungsanteils begründet die Agentur unter anderem damit, dass das EBITDA häufig als eine Cashflow-Größe gesehen und verwendet wird. Da die Miet- und Leasingzahlungen voll liquiditätswirksam sind, erachtet die Agentur die Annahme, dass die gesamten Miet- und Leasingzahlungen zur Zinszahlung zur Verfügung stehen, als ungeeignet. Ein um den impliziten Leasingzinsaufwand sowie der Leasingabschreibung adjustiertes EBITDA bezeichnet die Ratingagentur als „operating income (before D & A)" oder EBITDAR und wird beispielsweise für einige Branche (z. B. Einzelhandel) verwendet.
- EBIT: Das EBIT 2006 erhöht sich um den ermittelten Zinsaufwand (14 Mio. EUR).
- Zinsaufwand: Der vom Unternehmen berichtete Zinsaufwand 2006 wird in Höhe der errechneten Zinszahlung angepasst (im oben dargestellten Beispiel würde dies eine Erhöhung um 14 Mio. EUR auf rund 40 Mio. EUR bedeuten).
- FFO (Brutto-Casflow gemäß S & P): Der Brutto-Cashflow (FFO) 2006 gemäß S & P erhöht sich um den Abschreibungsanteil der ermittelten durchschnittlichen Mindestleasingzahlung (36 Mio. EUR).
- CAPEX (Investitionen in Sachanlagen und immaterielle Vermögenswerte): Die Investitionen in Sachanlagen werden um den Abschreibungsanteil an der Mindestleasingzahlung von 36 Mio. EUR angepasst. Die getätigte FFO-Anpassung hat somit keine Auswirkung auf die Liquiditätssituation bzw. den tatsächlichen freien Cashflow, welcher unter anderem zur Schuldentilgung zur Verfügung steht.

2006	berichtet	adjustiert
FFO (funds from operations)	140	140
Abschreibungsanteil aus Leasing		36
FFO (adjustiert)	140	176
Working Capital	0	0
Cashflow aus laufender Geschäftstätigkeit	140	176
CAPEX (wie berichtet)	50	50
Abschreibungsanteil aus Leasing		36
FOCF (Freier operativer Cashflow) vor Barwert-Änderung	90	90
Anstieg aus Leasing-Barwert (320 Mio. EUR in 2006 abzügl. 250 Mio. EUR in 2005)		70
FOCF (Freier operativer Cashflow) nach Barwert-Änderung		20

> Kommt es zu einem Anstieg des Barwerts gegenüber dem Vorjahr (unter der Annahme gleichbleibender Prämissen z. B. beim Diskontierungszinssatz), so wird diese Differenz analytisch ebenfalls den CAPEX (Investitionen in Sachanlagen und immaterielle Vermögensgegenstände) zugerechnet. Damit soll vermieden werden, dass Unternehmen über die Steuerung ihrer Leasingengagements den tatsächlich benötigten CAPEX-Betrag reduzieren und es somit möglicherweise zu einer Verzerrung bei der Darstellung und Ermittlung der tatsächlichen Finanzsituation bzw. Möglichkeit zur nachhaltig freien Cashflow-Generierung kommt.

Abbildung 4: Leasingadjustierungen bei der Cashflow-Ermittlung gemäß S & P (vereinfacht)
(Quelle: S & P, LBBW Rating Advisory)

Zusammenfassend lässt sich festhalten, dass diese Adjustierungen zu einer Verschlechterung der jeweiligen Finanzkennzahlen gegenüber einer Kalkulation basierend auf den berichteten bilanziellen Daten führen (vgl. nachfolgende Abbildung).

Wie in der nachfolgenden Berechnung dargestellt, reduziert sich die Finanzkennziffer FFO im Verhältnis zur adjustierten Verschuldung deutlich im Beispiel von 28 Prozent auf ca. 21,4 Prozent. Ohne Anpassungen würde dies aus Sicht der Vergleichbarkeit bedeuten, dass Unternehmen, welche lediglich eine klassische bilanzielle Finanzierungsform (z. B. Bankkredit) nutzen, gegenüber Unternehmen, die verstärkt auf das Finanzierungsinstrument Operate-Lease setzen, grundsätzlich schlechtere Finanzrelationen aufweisen würden. Dies gilt natürlich nur unter der Prämisse einer ansonsten identischen Ertrags- und Cashflow-Entwicklung. Dies wiederum hätte unter Umständen – unter anderem abhängig vom Geschäftsrisiko – eine unter externen Ratinggesichtspunkten schlechtere Ratingeinstufung zur Folge. Diese Fehlinterpretation soll vermieden werden.

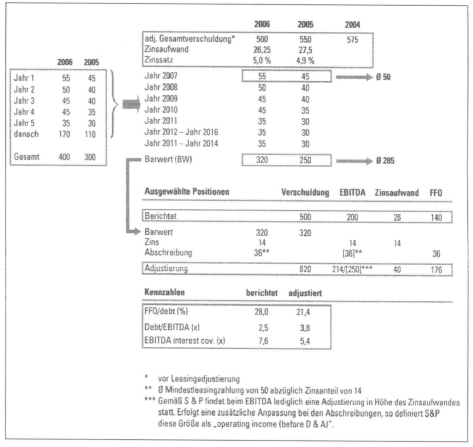

Abbildung 5: Gesamtdarstellung der Leasingadjustierung durch S & P (vereinfacht)
(Quelle: S & P, LBBW Rating Advisory)

4. Vorteile von Operate-Lease unter Ratinggesichtspunkten

Unabhängig von der quantitativen Berücksichtigung von Operate-Lease und damit der Vergleichbarkeit von Unternehmen durch diese Adjustierungen kann die Nutzung von Leasing auch unter externen Ratingaspekten überlegenswert und sinnvoll sein. Die Einschätzung der Liquiditätssituation und der finanziellen Flexibilität (und somit des Finanzrisikoprofils) bei Unternehmen kann bei zusätzlichen Finanzierungsalternativen vorteilhafter angesehen werden, unabhängig von der Betrachtungsweise und Höhe der „adjustierten" Verschuldung.[5] Aus Ratingsicht ist es sinnvoll, eine Vielzahl von Finanzierungsalterna-

---
[5] Delz Lynch (2006).

tiven zu haben, um zu einem gegebenen Zeitpunkt oder in einer bestimmten Situation nicht allein auf beispielsweise Bankkredite angewiesen zu sein. Weitere Finanzierungsinstrumente wie Factoring oder Leasing können hier insbesondere sinnvolle und ökonomisch interessante Finanzierungsalternativen bieten.

Die Möglichkeit der Nutzung von Operate-Lease kann die finanzielle Flexibilität eines Unternehmens deutlich erhöhen und eine Finanzierungsalternative sein.

Standard & Poor's führte in einem Kriterienartikel aus, dass die Fähigkeit, Cash durch Vermögensveräußerungen zu generieren, die finanzielle Flexibilität eines Unternehmens erhöht.[6] Auch nach Ansicht der Ratingagentur Moody's kann Leasing im Vergleich zu anderen Finanzierungsmethoden eine größere finanzielle und operative Flexibilität geben.[7] Einige Leasingalternativen können z. B. kurzfristiger Natur sein. Das heißt beispielsweise, dass eine kurzfristigere Leasingdauer als die wirtschaftliche Nutzungsdauer des Vermögensgegenstands möglich ist. Ein Kauf mit bilanziellem Ausweis wäre eventuell in diesem Fall nicht unbedingt sinnvoll. Weiter kann das Residual-Value-/Restwert-Risiko (bei Kauf von Vermögenswerten und Nutzung für einen bestimmten Zeitraum mit anschließendem Verkauf zu unsicheren/nicht definierten Werten) reduziert werden. Wesentlicher Beweggrund könnte sein, dass Unternehmen Volatilitäten in Ergebnisgrößen wie EBITDA, EBIT und EBT durch Gewinne/Verluste aus Verkäufen von bilanziellem Anlagevermögen vermindern möchten.

Insbesondere auch für Unternehmen mit Limitierungen bei der Eigenkapitalaufnahme kann die Möglichkeit der Nutzung von Leasing bzw. Sale-and-Lease-back-Transaktionen positive Implikationen für die Entwicklung des Unternehmens sowie dessen Rating haben. Als Beispiel für die finanzielle Flexibilität durch die Nutzung von Sale-and-Lease-back sei an dieser Stelle auf das Research von Standard & Poor's für die Hornbach Baumarkt AG vom 05.12.2006 (Rating: BB/Stable/—) verwiesen:[8]

> „Trotz einiger Restriktionen hinsichtlich zukünftiger Eigenkapitalfinanzierungen aufgrund der Eigentümerstruktur der Firma ist die Liquidität und finanzielle Flexibilität der Hornbach Baumarkt AG mehr als adäquat für die Ratings. Dies begründet sich durch die Liquidität aus Anleiheemission, die derzeit nur teilweise genutzt ist, sowie die Möglichkeit für die Hornbach Baumarkt AG, Sale-and-Lease-back-Erlöse aus dem Immobilienvermögen des Unternehmens zu nutzen."

Darüber hinaus können Unternehmen durch Sale-and-Lease-back-Transaktionen liquide Mittel generieren, ohne damit den Bank- oder Anleihemarkt in Anspruch nehmen zu müssen. Insbesondere in Zeiten von restriktiven Kreditvergaben und/oder ökonomisch nicht sinnvollen Kreditkonditionierungen kann Liquidität gewonnen werden, die zur weiteren organischen Entwicklung des Unternehmens verwendet werden kann.

Zudem bietet sich Leasing häufig als ein Mittel zur Wachstumsfinanzierung (z. B. in Zeiten mit starkem Investitionsvolumen) an.

---

[6] Samson (2006).
[7] Moody's Investors Service (2001), S. 4.
[8] Standard & Poor's (2006).

5. Fazit: Vorteile überwiegen, Adjustierungen sind jedoch methodologisch zwingend

Im Sinne der Ratingagenturen werden Operate-Lease-Verpflichtungen als „schuldenähnliche" Verpflichtungen für die Ermittlung des Finanzprofils angesehen. Dadurch soll die Vergleichbarkeit der Finanzkennziffern mit anderen Unternehmen sichergestellt werden. Gleichzeitig bietet Leasing für die Unternehmen jedoch eine finanzielle Flexibilität, die unter qualitativen Gesichtspunkten positiv für die Ratingeinstufung eines Unternehmens sein kann. Für die Ratingeinstufung von Unternehmen ist eine adäquate Liquiditätssituation von wesentlicher Bedeutung. Leasing kann als eine alternative Finanzierungsform im Sinne der Ratingagenturen hier zusätzlichen finanziellen Spielraum geben. Insbesondere kann Leasing ein Mittel zur Wachstumsfinanzierung (z. B. in Zeiten mit starkem Investitionsvolumen) darstellen.

Andere finanzielle Ressourcen und Finanzierungsalternativen (wie z. B. Banklinien) können dabei offengehalten werden und somit erhöhen sich die Liquidität und die finanzielle Flexibilität eines Unternehmens. In Zeiten von limitiertem Zugang zu externen Quellen kann durch Sale-and-Lease-back-Transaktionen ebenfalls kurzfristig Liquidität generiert werden.

Aus unserer Sicht überwiegen trotz der bilanziellen, GuV-technischen und kapitalflussrechnerischen Adjustierungsnotwendigkeiten in den meisten Fällen die Vorteile und die positive Bewertung des Leasings durch die Ratingagenturen. Die Adjustierungen müssen sinnvollerweise in der Unternehmensplanung berücksichtigt werden, sind dann aber – so ist unsere Erfahrung – kommunizierbar und auch unter Berücksichtigung anderer Finanzierungsalternativen und deren bilanzieller Abbildung – vertretbar. Klar ist aber, dass die Behandlung von Operate-Lease und die Bewertung durch Ratingagenturen zumeist eine kontinuierliche Beratung durch einen profunden Rating-Advisor bedarf, um eine weitestgehende Vergleichbarkeit der Finanzierungsalternativen und damit eine optimale Finanzierungsentscheidung zu ermöglichen. Aber grundsätzlich gilt: je mehr Alternativen, desto besser – auch aus Sicht der Ratingagenturen!

Literatur

BUKSPAN, N. (2006): A Closer Look At Industrials Ratings Methodology: Accounting and Financial Reporting, in: RatingsDirect/13.11.2006.

DELZ LYNCH, N.: A Closer Look At Industrials Ratings Methodology: Liquidity, in: RatingsDirect/ 13.11.2006.

HARDING, S. (2007): IFRS Figures Require Signifcant Adjustments To Deduce True Performance Of Corporate Issuers, in: RatingsDirect/22.01.2007.

IFRS (International Financial Reporting Standards) (2005), IAS 17.31 b, Stand: 02/2005.

MOODY'S INVESTORS SERVICE (2001): European Telecommunication Operators' Use Of Sale And Leseback Transaction Can Pressure Ratings, 10/2001.

SAMSON, S. B. (2005): Corporate Ratings Criteria – Operating Lease Analytics, in: RatingsDirect/09.06.2005.

SAMSON, S. B. (2006): A Closer Look At Industrials Ratings Methodology, in: RatingsDirect/13.11.2006.

SAMSON, S. B. (2007): Standard & Poor's Encyclopedia of Analytical Adjustments for Corporate Entities, in: RatingsDirect/09.07.2007.

STANDARD & POOR'S (2006): Credit Research Hornbach Baumarkt AG, in: RatingsDirect/05.12.2006.

Die Herausgeber

Prof. Dr. **Christoph J. Börner** ist seit 2002 ordentlicher Professor für Betriebswirtschaftslehre und leitet an der Universität Düsseldorf den Lehrstuhl für Finanzdienstleistungen. Er beschäftigt sich in der universitären Lehre mit den Geschäftstätigkeiten von Banken, Versicherungsunternehmen, Leasinggesellschaften und anderen Finanzintermediären. Neben den Produkten analysiert er vornehmlich das Risikomanagement, die Regulierung sowie die strategischen Konzepte von Finanzdienstleistern. Außerdem befasst er sich in seinen Forschungsprojekten unter anderem mit der ökonomischen Theorie der Finanzdienstleistungswirtschaft, strategischem Bankmanagement und Gründungs- und Mittelstandsfinanzierung. Zudem ist er Autor zahlreicher Zeitschriften- und Buchbeiträge. Er unterrichtet an der Heinrich-Heine-Universität Düsseldorf und ist Dozent an der Düsseldorf Business School.

Dr. **Oliver Everling** berät und publiziert als Geschäftsinhaber der 1998 gegründeten Everling Advisory Services und CEO der RATING EVIDENCE GmbH in Frankfurt am Main zu Ratingfragen und organisiert Veranstaltungen zu diesen Themen. Seine Unternehmensmission ist es, den Nutzen von Ratings zu erschließen. Als Mitglied des Vorstands des Bundesverbands der Ratinganalysten und Ratingadvisor e. V. und verschiedener Ratingkommissionen wie etwa in der Deutschen Vereinigung für Finanzanalyse und Asset Management e. V. oder auch als Gastprofessor an der Fakultät für Rating an der Capital University of Economics and Business in Peking ist er aus verschiedenen Perspektiven mit Ratings befasst. Ferner nimmt er Aufsichtsratsmandate in Aktiengesellschaften wie auch in der Ratinganalystenausbildung an der Universität Augsburg wahr und ist Mitherausgeber der Zeitschrift „Kredit & Rating Praxis".

Robert Soethe, Diplom-Kaufmann, ist seit 1983 für die LHI Leasing GmbH in München tätig. Zunächst verantwortlich für den Bereich Steuern wurde er 1988 Mitglied der erweiterten Geschäftsleitung. Zwischen 1992 und 2004 erarbeitete er als Berater steuerliche Konzepte für die LHI und führte parallel eine eigene Steuerkanzlei mit dem Schwerpunkt Gestaltungsberatung. Seit 2004 ist Robert Soethe als Geschäftsführer der LHI für die Bereiche Akquisition, Konzeption & Kalkulation sowie Steuermanagement verantwortlich.

Die Autoren

Dr. **Marcus Albrecht** ist als Direktor bei der GFKL Financial Services AG für das Konzerncontrolling und das Risikomanagement verantwortlich. Außerdem ist er Lehrbeauftragter am Lehrstuhl für Allgemeine BWL und Bankbetriebslehre der Universität zu Köln.

Martin Amann studierte Betriebswirtschaftslehre mit der Fachrichtung Bank an der Berufsakademie Villingen/Schwenningen. Er arbeitete dann beim Badischen Genossenschaftsverband in der Bankenprüfung. Anschließend war er als Senior Analyst (Associate Director) bei Standard & Poor's für die Analyse von Unternehmen aus der Logistikbranche sowie der Investitionsgüterbranche mit besonderem Fokus auf die Automobilzulieferer verantwortlich. Seit Juni 2005 ist er im Rating Advisory bei der LBBW beschäftigt und dort Ansprechpartner für sämtliche Themen und Fragestellungen hinsichtlich des externen Ratings für Unternehmen, Banken und Versicherungen. Zudem werden Rating- und Debt-Advisory-Mandate für Kunden übernommen, die sich insbesondere mit Verschuldungskapazitäten und externen Ratingeinstufungen befassen.

Simone Angloher ist als Rechtsanwältin und Steuerberaterin bei Deloitte im Bereich Strukturierte Finanzierungen tätig und beschäftigt sich schwerpunktmäßig mit geschlossenen Fondsgestaltungen.

Dr. **Eberhard Brezski** ist zuständig für das Mezzanine-Programm der NORD/LB und Lehrbeauftragter an der Fachhochschule Osnabrück. Er ist Autor vielfältiger Beiträge und Bücher zu den Themen Basel II und Mezzanine-Finanzierungen. Zudem ist er Vorstandsvorsitzender eines Fördervereines und an verantwortlicher Stelle kommunalpolitisch tätig.

Uwe Burkert studierte Wirtschaftswissenschaften an der Universität Hohenheim mit den Schwerpunkten Finanzwissenschaft, Außenwirtschaft, Rechnungswesen/Finanzierung und Internationales Management. Während seines Studiums war er Vorstandsassistent bei einer großen regionalen Bank. Er arbeitete im strategischen Controlling bei der Südwest-LB und betreute dort unter anderem den Ratingprozess für die Bank mit allen führenden internationalen Ratingagenturen. Anschließend übernahm er im Research der Bank die Zuständigkeit für Konjunktur-, Zins- und Währungsprognosen für die europäischen Länder. Darüber hinaus baute er die Credit Analyse auf. Aktuell verantwortet er das Credit Research der LBBW. Dabei konzentriert sich das Analysespektrum auf Anleihen aus dem Investment-Grade-Bereich, Kreditderivaten/ABS und Covered Bonds/Pfandbriefen. Zugleich leitet er das Rating Advisory in der LBBW.

Rainer Goldberg, Diplom-Volkswirt, war nach dem Studium zunächst zwei Jahre in der Logistikbranche beschäftigt, bevor er 1984 als Assistent der Geschäftsführung zur IKB Leasing wechselte. Im Jahre 1988 wurde er zum Leiter Marketing und in der Folge zum

Prokuristen berufen. Begleitend zu seiner Tätigkeit in der IKB Leasing war er langjährig als Dozent an der privaten Hamburger Rackow-Schule an der Ausbildung einer großen Zahl von Leasingfachwirten in den Disziplinen Kostenrechnung, Kalkulation und Finanzierung von Leasinggesellschaften beteiligt. Seit 2006 ist er Mitglied des Öffentlichkeitsausschusses im Bundesverband Deutscher Leasing-Unternehmen.

Marco Göck studierte Betriebswirtschaftslehre mit der Fachrichtung Bank an der Berufsakademie in Heidenheim. Seit 2004 arbeitet er bei der LBBW im Credit Research zunächst als Credit Analyst für die Branchen Basic Industries und Logistik, bevor er dann ins Rating Advisory wechselte. Dort ist er Ansprechparter für sämtliche Themen und Fragestellungen hinsichtlich externer Ratings für Unternehmen, Banken sowie Versicherungen.

Nach dem Abschluss seines wirtschaftswissenschaftlichen Studiums an der Universität Hohenheim begann **Konrad Fritz Göller** 1995 bei KPMG München. Er ist dort als Partner im Bereich Audit tätig und betreut insbesondere Leasingunternehmen und Anbieter strukturierter Finanzierungen. Er hat aus der langjährigen Betreuung weltweit tätiger Konzerne umfassende Kenntnisse in der Prüfung von Einzel- und Konzernabschlüssen unter HGB, US-GAAP und insbesondere IFRS. Er leitet Projekte zur Umstellung der Rechnungslegung auf IFRS und hält Schulungen zur internationalen Rechnungslegung insbesondere im Bereich Leasing.

Prof. Dr. **Thomas Hartmann-Wendels** ist Direktor des Seminars für Allgemeine Betriebswirtschaftslehre und Bankbetriebslehre und geschäftsführender Direktor des Instituts für Bankwirtschaft und Bankrecht an der Universität zu Köln. Darüber hinaus ist er Direktor des Forschungsinstituts für Leasing an der Universität zu Köln und Mitherausgeber der Zeitschriften „Bankhistorisches Archiv" und „Das Wirtschaftsstudium".

RA **Benno Kreuzmair** ist Seniorpartner der Anwaltssozietät „Rechtsanwälte Kreuzmair, Schmeiser & Coll." in München mit dem Tätigkeitsschwerpunkt Leasing in Beratung und Prozessvertretung. Er hat Recht an den Universitäten München und Genf studiert und war 14 Jahre lang Chef-Justiziar einer großen deutschen Leasinggesellschaft. Er ist Mitautor des im Gabler Verlag bereits in zweiter Auflage erschienenen Buchs „Der Leasingvertrag" und publiziert in den Zeitschriften „Finanzierung – Leasing – Factoring FLF" und „Autoflotte". Er ist Leasing-Referent an der Frankfurt School of Finance & Management. Im Übrigen unterrichtet und prüft er Leasing-Zivilrecht im „Leasing-Fachwirt" in München.

Klaus Löffler ist geschäftsführender Partner bei Deloitte. Er ist seit ca. 17 Jahren bei Deloitte im Bereich Assurance tätig. Schwerpunkt seiner Tätigkeit ist die Betreuung von kapitalmarktorientierten Unternehmen im Finanzdienstleistungsbereich, insbesondere geschlossene Fondsgestaltungen und Leasing.

Dipl.-Geograph **Elmar Pfeiffer** blickt auf 20 Jahre immobilienwirtschaftlicher Erfahrung zurück. Er arbeitete als Unternehmensberater und Projektentwickler und ist jetzt Head of Research & Analysis der LHI Leasing GmbH. Tätigkeitsschwerpunkte bilden unter anderem die Markt- und Standortanalytik, Wertermittlung sowie Systementwicklungen. Elmar Pfeiffer arbeitet international (EU, RF, USA/CA). Seit 1994 ist er Autor der Haufe-Mediengruppe. Er verfasste über 80 Printpublikationen, darunter die Serie EFI – „Englisch für Immobilisten". Er betreibt das Internetportal „Immobilien-Kosmos".

Sabine Renner, Associate Analyst bei der Moody's Deutschland GmbH, unterstützt einen der leitenden Analysten für europäische Unternehmen in den Branchen Maschinenbau und Industriegase. Vor ihrem Eintritt bei Moody's im Januar 2006 war sie in den Bereichen Leveraged Finance und Kreditrisikomanagement der Commerzbank in Frankfurt und New York tätig.

Johannes Reuke war fast 20 Jahre im Risikomanagement und Corporate Finance deutscher und internationaler Banken tätig. Seit 1996 ist er Geschäftsführer der GBB-Rating GmbH, die zum Prüfungsverband deutscher Banken e. V. gehört und jährlich eine Klassifizierung der am Einlagensicherungsfonds mitwirkenden Banken vornimmt. Seit 2002 bietet die GBB-Rating GmbH zusätzlich externe Ratings für Finanzdienstleister und mittelständische Unternehmen an.

Prof. Dr. **Helmut Rödl** arbeitet am Lehrstuhl für Wirtschaftstheorie und Wirtschaftspolitik der Universität Innsbruck in den Bereichen Kapital- und Finanzmärkte, Finanz-, Kredit- und Informationsmanagement. Er ist Mitglied des Gesamtvorstands im Verband der Vereine Creditreform und stellvertretender Vorsitzender des Aufsichtsrates der Creditreform AG. Professor Rödl gehört einer größeren Anzahl von Aufsichts- und Beiräten an. Er ist Mitglied des Präsidiums des Bundesverbands des Deutschen Groß- und Außenhandels sowie Generalsekretär der FEBIS (Internationale Förderation für Wirtschaftsinformationsdienste).

Martin Sauermann studierte Volkswirtschaftslehre und European Public Affairs an den Universitäten Mannheim, Bonn und Maastricht. 2004–2006 arbeitete er als Consultant bei der PricewaterhouseCoopers AG WPG. Seit 2006 ist er wissenschaftlicher Mitarbeiter von Professor Dr. Christoph J. Börner am Lehrstuhl für Betriebswirtschaftslehre, insbesondere Finanzdienstleistungen, an der Heinrich-Heine-Universität Düsseldorf.

Dr. **Burkhard Scherer** studierte Wirtschaftswissenschaften und promovierte anschließend am Institut für Volkswirtschaftslehre (Lehrstuhl für Wirtschaftstheorie) der Universität Hohenheim. Seit 1996 ist er im Konzern der Landesbank Baden-Württemberg (LBBW) bzw. ihrem Vorgängerinstitut Landesgirokasse, Stuttgart, tätig: zunächst im Backoffice Kreditgeschäft und als Firmenkundenberater, ab 2000 als Referent im Zentralbereich Konzernentwicklung/Beteiligungen, seit 2007 als Referent bei der LBBW Leasing GmbH, Stuttgart/Mannheim. Seit 1991 ist er nebenberuflich Dozent für Volkswirtschaftslehre und Bankwirtschaft (Bankakademie, Berufsakademien Stuttgart und Mosbach (Baden), Württembergische Verwaltungs- und Wirtschaftsakademie).

Frank Sicking ist Analyst und Prokurist der MAR – Gesellschaft für Mittelstands- und Ärzterating mbH, deren Leistungen durch alternative Kapitalgeber, Klein- und Mittelunternehmen und Institutionen im Gesundheitswesen in Anspruch genommen werden. Zusätzlich ist er Mitglied im Bundesverband der Ratinganalysten und Ratingadvisor e.V.

Hanns-Peter Siebert war mehrere Jahre in der Leasingbranche beschäftigt und ist nun als selbständiger Steuerberater in Leverkusen tätig. Neben der allgemeinen Steuerberatung liegt ein Schwerpunkt seiner Tätigkeit in der Verbesserung und Dokumentation der qualitativen Ratingkriterien zur Vorbereitung von internen und externen Ratings und der Strukturierung von Finanzierungen.

Dr. **Martin Starck** studierte Rechtswissenschaften und promovierte anschließend an der Universität Mannheim. Nach dem zweiten Staatsexamen absolvierte er ein berufsbegleitendes Zusatzstudium der Betriebswirtschaftslehre an der Fernuniversität Hagen. Seit 1985 ist er im Konzern der Landesbank Baden-Württemberg (LBBW) und ihrer Vorgängerinstitute tätig: zunächst als Referent in der Rechtsabteilung, dann 1989 als Abteilungsleiter im Zentralbereich Recht, ab 1995 als Geschäftsführer der SüdLeasing GmbH, seit 2006 als Sprecher der Geschäftsführung der LBBW Leasing GmbH, Stuttgart/Mannheim.

Franz Unterbichler, Dipl.-Ingenieur für Stadt- und Regionalplanung, kam 2001 mit zehn Jahren Erfahrung in der Stadterneuerung und Wohnungswirtschaft unter anderem als Vorstand einer Wohnungsgenossenschaft zur LHI Leasing GmbH. Nach verschiedenen Positionen mit Schwerpunkten in den Aufgabengebieten „Immobilienleasing" und „Geschlossene Immobilienfonds" ist er nun im Bereich der strukturierten Finanzierungen als Projektmanager für alle Assets außerhalb der Immobilie verantwortlich.

Johannes Wassenberg ist Team Managing Director bei der Moody's Deutschland GmbH und leitet das Frankfurter Analystenteam (Schwerpunkt: verarbeitende Industrie). Zusätzlich betreut er auch die Teams in Prag und Moskau und ist damit zuständig für Emittenten in Mittel- und Osteuropa sowie in den GUS-Staaten. Johannes Wassenberg kam 1999 zu Moody's und war unter anderem als leitender Analyst im Corporate-Finance-Bereich tätig.

Christina Weymann, CFA, studierte nach einer Ausbildung zur Bankkauffrau Betriebswirtschaftslehre an der Universität Mannheim und der Grande Ecole ESSEC, Paris. Nach Tätigkeiten in einer Großbank und einer Wirtschaftsprüfungsgesellschaft ist sie seit 2001 bei der GBB-Rating GmbH als Teamleiterin beschäftigt.

Patrick Wohl ist wissenschaftlicher Mitarbeiter am Forschungsinstitut für Leasing der Universität zu Köln.

Stichwortverzeichnis

40–90-Prozent-Regel 37, 65

Abnahmegehilfe 73
Abschlussunterlagen 246
Abschlusszahlung 38
Abschreibungen 24, 171, 248
Abschreibungsgegenwert 248
Abschreibungsquote 249
Abzinsungssatz 129
Adressenrisiken 85
AfA 65
Aktivierungsverbot 198
Allgemeine Vertragsbedingungen 57
Andienungsrecht 37, 251
Ankaufsoption 108
Ankaufspflicht 173
Ankaufsrecht 173
Anlagemedium 169
Assetklasse 193
Aufklärungsprofil 218
Ausfallwahrscheinlichkeit 219, 221, 231, 252
Auskunftsrating 211, 214, 217 ff.
Ausrüstungsinvestitionen 177

Bargain purchase option 172
Barwert 72, 285
Barwertansatz 276
Basel II 178, 229
Basisrating 229
Besitzgesellschaft 70
Betriebskostenoptimierungen 164
Bevölkerungsentwicklung 162
Bilanz- und Finanzierungsstruktur 235, 237
Bilanzanalyse 87
Bilanzierungsmaßnahmen 252
Bilanzierungsstandards 244
Bilanzneutralität 187, 189, 239

Bilanzpolitik 251 f.
Bilanzrating 229, 236, 245, 253, 263
Bilanzstruktur- und Finanzmanagement 229
Bilanzstrukturkennzahlen 248
Bonität 219
Bonitätsindex 218 ff.
Bonitätsprüfung 84, 86, 211, 214 ff.
Bonitätsrating 83
Bonitätsrisiko 75
BVR-II-Rating 261

Cashflow 237, 247, 249
Cashflow-Ermittlung 289
Cashflow-Kennzahl 231
Chancen-Risiko-Verhältnisse 166
Cost-Approach 199
Covenants 65

Datenbasis 247, 253
Dauerschuldverhältnis 250
Demografie 168
Discounted-Cashflow-Methode 19
Doppelstock-Modell 70
Drei-Personen-Verhältnis 69
Dynamischer Verschuldungsgrad 185, 187, 249

Eigenkapital 18, 252
Eigenkapitalquote 122, 184, 187, 201, 229, 231, 234, 248, 252, 253
Eigenkapitalrentabilität 15 ff.
Eigenkapitalstärkung 201
Eigentum 49, 63
– wirtschaftliches 73, 103
– juristisches 44
Eigentümer
– wirtschaftlicher 65
Eigentumserwerb 243

Eigentumsvorbehalt 50
- verlängerter 52
Einmalzahlung 113
Eintrittswahrscheinlichkeit 251
Einzugsradien 157
Entschuldungsgrad 249
Ermessensspielräume 247
Erreichbarkeit 156
Ertragskategorien 164
Ertragslage 230
Eventualverbindlichkeiten 250, 284
Externes Rating 179

Faktoren
- qualitative 229
Festpreis 127
Festpreisoption 171
Finanzanlagen 193
Finanzierung
- bilanzunwirksame 273
Finanzierungsalternative 291
Finanzierungsentscheidungen 232
Finanzierungsfunktion 244
Finanzierungsleasingverträge 17, 35, 64, 79, 100, 179
Finanzierungsmix 240
Finanzierungsprodukte 229
Finanzierungsrisiko 39
Finanzkennzahlen 271, 278, 287
Finanzlage 231
Finanzrating 262
Finanzrisikoprofil 283
Finanzverschuldung 284
Flächeneffizienz 163
Flexibilität 188
Fördermittel 44
Forderungsausfall 215
Forderungsverkauf 70
Forfaitierung 70
Fremdkapitaläquivalent 24
Fremdkapitalzinssatz 249
Fremdverschuldung 248, 274
Fungibilität 66
Future fair market value 172

Gap-Versicherung 74
Gebrauchsmuster 195
Gebrauchsüberlassung 243
Gesamtkapitalrendite 249
Gesamtkapitalrentabilität 27, 184, 263, 279
Geschäft
- schwebendes 99, 244, 250
Geschmacksmuster 195
Gewährleistungs- und Sachrisiken 67
Gini-Koeffizient 221
Gliederungsrichtlinien 246
Globalisierungsbegriff 170
Grundmietzeit 65, 105

Haltedauer 169

IAS 17 123, 181
IFRS 40, 126, 172, 245
Income-Approach 199
Individualgeschäft 253
Inflationsniveau 171
Insolvenz 58, 250
Internationale Rechnungslegung 245
Internationalisierung 170
Internes Rating 178
Investitionsentscheidung 243
Investitionsfinanzierung 249
Investitionsrisiko 17, 39

Jahresabschlussanalyse 246

Kapitalbindung 231
Kapitaldienst 248
Kapitalflussrechnung 285
Kapitalkosten 25, 26
Kapitalstruktur 283
Kapitalwert 25
Kaufoption 36, 106, 113
Kaufrechtliche Elemente 68
Kaufvertrag 49 ff., 71, 99, 180
Kennzahlensimulation 251
Kennziffern 285
Kilometer-Leasingvertrag 76

Kilometervereinbarung 37
Klassifizierung 245
Kostenaspekte 164
Kostenbelastbarkeit 157
Kreditfinanzierung 250
Kreditmanagementprozess 214
Kreditprüfung 211, 212
Kreditwürdigkeit 219
Kreditwürdigkeitsanalyse 86
Kundenklassifikation 224
Kurzfristige Finanzierung 234

„Leasingdreieck" 69
„Leasingkreuz" 70
Lageklassen 166
Latente Steuerrückstellung 203
Laufzeit
– kalkulatorische 38
Leasing 244
Leasingadjustierungen 289
Leasinganpassungen 271
Leasingerlass 65, 103, 104, 181
Leasingfinanzierungen 239
Leasinginvestitionen 257
Leasingkerngeschäft 71
Leasingklassifizierung 125
Leasingkonnexgeschäft 71
Leasinglösungen 171
Leasingnehmer-Bonitätsrisiko 85
Leasingobjekt
– Verschlechterung 56
Leasingquote 177
Leasingraten 24
Leasingrisiko 75
Leasingverbindlichkeiten 253
Leasingverpflichtungen 286
Leasingvertrag 12, 71, 84, 109, 121, 147, 210, 272
– Besicherung 88
– kündbarer 37
– Rechtsnatur 68
– strukturierter 39
Leitbild des Finanzierungsleasingvertrags 68

Leverage-Effekt 20, 249
LHI-Ratingmodell 174
Lieferanten-Bonitätsrisiko 85
Liquiditätseffekt 188
Liquiditätsschonung 250
Liquiditätsschöpfung 201
Loan-to-Value-Curve 90
Logistische Regression 247

Mängelhaftung 73
Mängelrechte 68
Marken 195
Markenrecht 201
Market-Approach 199
Markttransparenz 169
Marktwert 129
Mehrerlös 74
Mehrerlösbeteiligung 37
Mehrnutzerfähigkeit 163
Mengengeschäft 253
Mezzanine-Kapital 236
Mietaufwandsquote 238
Mietaufwendungen 231
Mietkauf 44
Mietkaufvertrag 100
– unechter 101
Mietrechtliche Elemente 68
Mietverlängerungsoption 36, 106
Mietvertrag
– atypischer 244
Mindererlös 74
Mindererlöserstattung 37
Mindestbeteiligungsquote 117
Mindestleasingzahlungen 128
Moody's Investors Service 271
Multiplikatoransatz 276

Nachmieterlöse 74
Nettoverschuldung 249
Notches 284
Nutzbarkeit 63
Nutzungsangemessenheit 163
Nutzungsdauer
– betriebsgewöhnliche 65, 106

– wirtschaftliche 41
Nutzungsdifferenzierung 156
Nutzungsüberlassung 63
Nutzungsüberlassungsentgelt 173
Nutzungsüberlassungsvarianten 173

Obermietvertrag 70
Objektbonität 250
Objektklassifikation 165
Objektrating 84
Objektrisiko 75, 85
Objektverwertungskompetenz 81
Off-Balance-Finanzierung 35, 229

Patent 194
Pay-as-you-earn-Effekt 173, 188
Pionierstadium 171
Potenzialraumtypen 159
Preisgefahr 74

Ratenkauf 99
Rating 43, 178, 182, 243, 245
– externes 183, 246
– internes 182, 246
– qualitatives 188
– quantitatives 184
Ratingabschluss 246
Ratinganalyse 245
Ratingmodelle 164
Ratingsysteme 87
– interne 229
Ratingverfahren 245, 261
Raumorganisation 156
Rechnungsabgrenzungsposten 114 ff.
Rechtsrisiko 76
Recovery-Rate 80
Recovery-Rating 284
Refinanzierungsgeschäft 72
Rentabilität 27, 273
Rentenkauf 101
Rentenverpflichtung 101
Restamortisation 107
Restbuchwert 171
Restwert 24

Restwertrisiko 40, 291
Return-on-Investment (ROI) 184, 187, 231
Risiko 131
Risiko-Verlagerung 67
Risikoklassen 164
Risikomanagement 221, 223
Risikostruktur 79
Risikozuordnung 166
Rückgabeverpflichtung 56
Rückstellungen 251
Rückwirkungen 76

Sach- und Preisgefahr 68
Sachanlagen 193
Sachgefahr 73
Sale-and-Lease-back-Lösungen 204
Sale-and-Lease-back-Transaktionen 239, 252, 291
Score-Wert 219
Scorekarte 222, 224
Scoringsystem 86, 214 ff., 220, 222 ff.
Shareholder-Value-Fokus 252
Sicherungsgeschäft 72
Sicherungsübereignung 54
Spezialleasing 66, 104, 130
Standortangemessenheit 163
Standortklassifikation 165
Steuerersparnis 24
Steuerrückstellung 203
Synallagma 66

Tauschleistung 66
Teilamortisation 113, 191
Teilamortisationsvertrag 36, 106, 181
Tilgungsanteil 112

Übergabegehilfe 73
Überlassungsgehilfe 71
Übernahmebestätigung 73
Umsatzrealisierung 134
Umsatzrentabilität 248
Umschlagsgeschwindigkeit 169
US-GAAP 40, 117, 122, 172, 245, 272

Verarbeitungsklausel 53
Verbindlichkeiten 250
Verbundvorteile 158
Vergleichskennzahlen 251
Verhaltensrisiken 85
Vermögenslage 230
Verschuldungsgrad 20, 201, 273
Verstädterungswelle 170
Vertragsbeendigung 74
Vertragsentscheidung 84
– Prozess 82
Vertragsgestaltung 88
Vertragsprüfung 93
Vertragsrisiko 75
Vertrauenstatbestand 76
Vollamortisation 38, 64, 112, 122, 138
Vollamortisationsgarantie 65
Vollamortisationsvertrag 36, 104, 180, 191, 252
Vollfinanzierung 250

Wachstumsfinanzierung 291
Weighted-Average-Cost-of-Capital-Methode 19

Wertminderungsbedarf 135
Wesentlichkeitsgrundsatz 247
Wirtschaftsauskunft 218
Wirtschaftsgut
    Leasingfähigkeit 88
Wirtschaftsinformationen 211

Zahlungsverpflichtungen 238, 248
Zahlungsverzug 74
Zeit-Eigentum 66
Zeitkomponente 173
Zeitlichkeit 66
Zentrenklassen 166
Zentrensystem 159, 166
Zentrentypen 167
Zinsanpassung 114
Zinsanteil 112
Zufälligkeit 68
Zuordnung 63
Zurechnung 63
Zwangsvollstreckung 58
Zweckgesellschaften 132

Banking im 21. Jahrhundert

Der Wegweiser für effiziente Alternative Investments

Der Wegweiser für effiziente Alternative Investments - National und international führende Wissenschaftler und Praktiker skizzieren ein Gesamtbild der Alternativen Investments und Absolute Return-Strategien. Sie zeigen die jüngsten Entwicklungen und Perspektiven des Marktes auf.

Dieter G. Kaiser | Michael Busack (Hrsg.)
Handbuch Alternative Investments Band 1
2006. XV, 780 S.
Geb. mit SU EUR 129,00
ISBN 978-3-8349-0151-4

Handbuch Alternative Investments Band 2
2006. XX, 821 S.
Geb. mit SU EUR 129,00
ISBN 978-3-8349-0298-6

Hedgefonds - Wertentwicklung, Risiken und Nutzen für Investoren!

Gute Renditen bei geringen Kursschwankungen: können Hedgefonds diese Forderung der Investoren erfüllen? Das Buch zeigt die Anlagestrategien und ihre Ergebnisse von Hedgefonds und schildert die Vorzüge von Dach-Hedgefonds (Fonds-in-Fonds-Strukturen). Die Daten und Argumente dieses Buches, das auf "Fachchinesisch" verzichtet und sich auf kompakte Darstellungen konzentriert, werden dem Anleger eine wichtige Entscheidungshilfe sein.

Klaus-Wilhelm Hornberg
Hedgefonds
Gute Renditen durch Risikokontrolle und Verlustvermeidung
2006. XII, 185 S.
Mit 27 Abb. u. 70 Tab.
Geb. EUR 39,90
ISBN 978-3-8349-0276-4

Kompakt und kompetent – alles Wissenswerte über Geschlossene Fonds

Ein Grundlagenwerk, das den Wissensbedarf zu einem Markt mit Zukunft deckt und verständlich die Produktwelt "Geschlossene Fonds" vorstellt. Ergänzt durch eine Abgrenzung zu den Offenen Fonds und das Thema REITs.

Edmund Pelikan
Chancen mit Geschlossenen Fonds
Attraktive Renditen und effektive Risikosteuerung für das private Portfolio
apano akademie gmbh, (Hrsg.)
2007. 176 S.
Br. EUR 29,00
ISBN 978-3-8349-0605-2

Änderungen vorbehalten. Stand: Juli 2007.
Erhältlich im Buchhandel oder beim Verlag.
Gabler Verlag · Abraham-Lincoln-Str. 46 · 65189 Wiesbaden · www.gabler.de

GABLER

Das Magazin für professionelle Finanzberater

Kostenloses Probeheft unter:
Tel. 0 52 41/80 19 68
Fax 01805/787870

FINANZ BUSINESS

Informationen zu aktuellen Entwicklungen des Finanz- und Anlagemarktes

Themeninhalte befassen sich mit:

- Investmentfonds
- steueroptimierte Beteiligungsmodelle
- Private Equity
- Special-Interest-Themen wie Rentenfonds, Aktienfonds, Hedge Fonds, Anlagemärkte wie Biotechnologie, Telekommunikation, Energie und Pharma

- FINANZ BUSINESS erscheint 6x jährlich
- kostenloser 14-tägiger E-Mail-Newsletter

Probeabo auch unter: **www.finanzbusiness-online.de**

Änderungen vorbehalten. Stand: Juli 2007.
Gabler Verlag · Abraham-Lincoln-Str. 46 · 65189 Wiesbaden · www.gabler.de

Für Führungskräfte der Finanzwirtschaft

Kostenloses Probeheft unter:
Tel. 0 52 41/80 19 68
Fax 01805/787870

Bankmagazin

- **Wissen im Überblick**
  Seit über 50 Jahren vermitteln Experten fundierte Informationen und Trends aus der Bankbranche und geben Anwendungsbeispiele aus der Praxis.

- **Erfolgreiche Vertriebskonzepte**
  Vertrieb und Beratung sind die **Gewinnfaktoren der Zukunft** und deshalb ein regelmäßiges Schwerpunktthema im Bankmagazin.

- **Personal**
  Überblick über Weiterbildung und Karriere sowie Stellenmarkt Damit Sie weiter kommen!

- **Bankmagazin erscheint 12x im Jahr.**

Mit ausführlichem Archiv für alle Abonnenten
Mit kostenlosem wöchentlichen E-Mail-Newsletter
Mit Vergünstigungen bei Bankmagazin-Veranstaltungen

Wenn Sie mehr wissen wollen: **www.bankmagazin.de**

Änderungen vorbehalten. Stand: Juli 2007.
Gabler Verlag · Abraham-Lincoln-Str. 46 · 65189 Wiesbaden · www.gabler.de

Printed in the United States
By Bookmasters